Brigitte Kronauer

Gegenwartsliteratur –
Autoren und Debatten

Brigitte Kronauer

Narrationen von Nebensächlichkeiten
und Naturdingen

Herausgegeben von
Tanja van Hoorn

DE GRUYTER

ISBN 978-3-11-058804-0
e-ISBN (PDF) 978-3-11-058971-9
e-ISBN (EPUB) 978-3-11-058871-2
ISSN 2567-1219

Library of Congress Cataloging-in-Publication Data
Names: Hoorn, Tanja van, editor.
Title: Brigitte Kronauer : Narrationen von Nebensachlichkeiten und
 Naturdingen / herausgegeben von Tanja Hoorn.
Description: Boston : De Gruyter, 2018. | Series: Gegenwartsliteratur |
 Includes bibliographical references and index.
Identifiers: LCCN 2018030923 (print) | LCCN 2018032739 (ebook) | ISBN
 9783110589719 (electronic Portable Document Format (pdf) | ISBN
 9783110588040 (paperback) | ISBN 9783110589719 (e-book pdf) | ISBN
 9783110588712 (e-book epub)
Subjects: LCSH: Kronauer, Brigitte, 1940---Criticism and interpretation. |
 BISAC: LITERARY CRITICISM / European / German.
Classification: LCC PT2671.R599 (ebook) | LCC PT2671.R599 Z56 2018 (print) |
 DDC 833/.914--dc23
LC record available at https://lccn.loc.gov/2018030923

Bibliografische Information der Deutschen Nationalbibliothek
Die Deutsche Nationalbibliothek verzeichnet diese Publikation in der Deutschen
Nationalbibliografie; detaillierte bibliografische Daten sind im Internet
über http://dnb.dnb.de abrufbar.

© 2018 Walter de Gruyter GmbH, Berlin/Boston
Coverabbildung: © Udo Weier,
Lesung von Brigitte Kronauer im Heinrich Heine Haus, Düsseldorf, am 13. November 2013
Satz: Dörlemann Satz, Lemförde
Druck und Bindung: CPI books GmbH, Leck

www.degruyter.com

Inhaltsverzeichnis

Tanja van Hoorn
Vorwort —— 1

I Textarchitektur

Günter Häntzschel
Grenzen und Grenzüberschreitungen. Ein variables Strukturprinzip in Brigitte Kronauers literarischen Texten —— 11

Julia Bertschik
Glanz der Oberfläche. *Frau Mühlenbeck im Gehäus* **als Bildungs-Roman** —— 23

Dörte Linke
Existenzielle Räume. Meer, Strand und Mensch bei Brigitte Kronauer —— 39

Ludwig Fischer
Warum Oostende? Erwägungen zur Szenerie des Romans *Verlangen nach Musik und Gebirge* —— 62

II Multiperspektive

Matthias N. Lorenz
Brigitte Kronauers Conrad-Analysen und -Parodien. *Berittener Bogenschütze* **und** *Heart of Darkness* —— 79

Birgit Nübel
(Multi-)Perspektivität in Brigitte Kronauers *Rita Münster* —— 95

Mandy Dröscher-Teille
Metatextualität in Brigitte Kronauers Erzählband *Die gemusterte Nacht* —— 118

Michael Penzold
»Und warum fliegt die Pfuhlschnepfe den weiten Weg von Neuseeland nach Alaska?« Die Didaktik des Rätselhaften in Brigitte Kronauers Roman *Gewäsch und Gewimmel* —— 138

Andreas Vejvar
»Dazu Musik. Dazu ein Vogelzwitschern?« Musikalischer Glanz und Trost bei Brigitte Kronauer —— 160

III Naturansichten

Tanja van Hoorn
Brigitte Kronauers politische Natur-Aisthetik —— 187

Alke Brockmeier
Eine Utopie der Natur? Multiperspektivische Naturbetrachtungen in Erzählungen von Brigitte Kronauer —— 203

Ute Weidenhiller
Anpassung, Verführung, Täuschung. Extreme Natur(an)sichten in Brigitte Kronauers *Die Tricks der Diva* —— 218

Alexander Honold
Selbstbegegnung auf gewundenem Pfad. Erzählte Landschaftsräume in Kronauers *Berittener Bogenschütze* —— 236

Verzeichnis der Beiträgerinnen und Beiträger —— 256
Sachregister —— 261
Personenregister —— 264
Werkregister (Brigitte Kronauer) —— 266

Tanja van Hoorn
Vorwort

Brigitte Kronauer, 2005 mit dem Georg-Büchner-Preis geehrt, hochgelobt – und ungelesen? Seit über vierzig Jahren publiziert die in Hamburg lebende Schriftstellerin Erzählungen, Romane und Poetologisches, sie hatte Poetik-Dozenturen in Tübingen, Wien und Zürich inne – und ihr Werk ist gleichwohl literaturwissenschaftlich erstaunlich sporadisch erschlossen. Das verwundert umso mehr, als sie bekanntlich ebenso kunstvoll komponierte wie hochpoetische Prosa schreibt, dabei intertextuelle Feuerwerke zündet und in verzwickter Weise ein polyphones Stimmengewirr durch metapoetische (Ich-)Erzähler(innen) zum Flirren bringt.

Kronauers erzählte Welten sind bei aller ausgestellten Künstlichkeit und Konstruktivität auffällig alltagsaffin. Der Duktus ist weniger der eines ›Es war einmal‹, sondern einer der Unvermitteltheit: Wir sind gleich mittendrin, worin aber, das wissen wir kaum. Statt großer Geschichte oder kühner Theorie herrscht eine ›Poetik der Nebensächlichkeit‹ (Bertschik) und des ›Tagtäglichen‹ (Honold).[1] In diesem Sinne werden die darstellerischen *Tricks der Diva* – so der Titel der bekannten Geschichtensammlung aus dem Jahre 2004 – angewandt etwa zur erzählerischen Erkundung eher durchschnittlicher Figuren (*Das Taschentuch*, 1994) oder scheinbar banaler Gegenstände (*Die Kleider der Frauen*, 2008).

Ganz diesseitig und durchaus im Sinne einer neuen politischen Literatur ist die Kronauer aber auch in ihrem ästhetischen Engagement für Natur. Die legendäre Zerstörung des Mühlenberger Lochs an der Hamburgischen Niederelbe hat sie nicht nur in Aufsätzen kritisiert, sondern in ihrem Roman *Teufelsbrück* (2000) auch literarisiert; bei ihr wimmelt es von Tieren, singt ein Buschwindröschen ein »Liedchen« (2004), kämpft ein Hans Scheffer im Renaturierungsgebiet gegen Birkenschösslinge (*Gewäsch und Gewimmel*, 2013). Kaum überraschend publizierte die Autorin 2015 einen Doppelband zum Thema *Natur und Poesie / Poesie und Natur*.

Alltäglich-Allerweltshaftes, Banal-Unspektakuläres einerseits und vitales Interesse an der und Engagement für die Natur andererseits: Beides, Nebensächlichkeiten und Naturdinge, führt Kronauer mit anerkannter Virtuosität im Hall-

---

[1] Julia Bertschik: Propheten des Alltags – Poetiken einer ›Neuen Nebensächlichkeit‹ in der Gegenwartsliteratur, besonders bei Brigitte Kronauer. In: Alltag als Genre. Hg. von Heinz-Peter Preusser und Anthonya Visser. Heidelberg 2009, S. 191–206; Alexander Honold: Gewäsch und Gewimmel. Zeitmuster und Erzählformen des Tagtäglichen bei Brigitte Kronauer. In: Zeit, Stillstellung und Geschichte im deutschsprachigen Gegenwartsroman. Hg. von Tanja van Hoorn. Hannover 2016, S. 47–73.

https://doi.org/10.1515/9783110589719-001

raum der Literatur zusammen. Worin aber bestehen sie im Einzelnen, die »Tricks der Diva«? Wie verhalten sich die frühen Versuchsreihen (*Der unvermeidliche Gang der Dinge*, 1974; *Die gemusterte Nacht*, 1981) zu den Tafelbildern und dem Stimmengewirr der großen Romane (etwa in den von der Autorin zu einer »Trilogie« zusammengefassten Romanen *Rita Münster* [1983], *Berittener Bogenschütze* [1986] und *Die Frau in den Kissen* [1990], aber auch in *Teufelsbrück* [2000] oder *Gewäsch und Gewimmel* [2013])?[2] Was hat es mit den Erzähler(inne)n auf sich, wie taktieren sie multiperspektivisch zwischen Nebensächlichem und emphatischem Blick auf die Dinge, die Menschen, die Welt? Wie werden Naturansichten und -erfahrungen gestaltet und erzählerisch funktionalisiert? Welche Vorgänger von Jean Paul bis Ror Wolf werden theoretisch aufgerufen, welche literarisch fortgeschrieben? Wie situiert sich Kronauers offensichtlich musikaffines Werk im Feld der Lieder, Opern und Arien? Inwiefern knüpft die Autorin mit ihrer Prosa an Strategien der bildenden Kunst, insbesondere an den Neuen Realismus der Gruppe ›Zebra‹ an?

Der vorliegende Sammelband beruht weitgehend auf den überarbeiteten Beiträgen einer im Frühjahr 2017 an der Leibniz Universität Hannover veranstalteten Tagung. Die Veranstaltung zielte auf eine kultur- und musikwissenschaftlich erweiterte umfassende literaturwissenschaftliche Sondierung von Brigitte Kronauers bisherigem schriftstellerischen Werk. Angeknüpft werden konnte an zwei bereits in den 1990er Jahren erschienene Sammelpublikationen, das Text+Kritik-Heft 112 (1991), das Kronauers Schaffen bis inklusive der Trilogie beleuchtet, sowie den von Heinz Schafroth herausgegebenen Band *Die Sichtbarkeit der Dinge* (1998), der auf einer Vortrags- und Diskussionsreihe am Collegium Helveticum von Dezember 1997 bis Februar 1998 beruht.[3] Aufgebaut wurde ferner auf das pionierhafte, maßgeblich von Bettina Clausen getragene *Literarische Portrait Brigitte Kronauer* (2004) sowie auf die wegweisenden Vorarbeiten Einzelner zu verschiedenen Werken und Werkgruppen. Tendenzen der Kronauer-Philologie wurden, sei es in den erweiterten Bahnen des spatial turns, sei es in Anknüpfung an narratologische Perspektiven oder inspiriert von neueren literatur-naturtheoretischen Fragestellungen, gemeinsam weitergedacht. In diesem Sinne situiert sich der Band auf den drei Arbeitsfeldern Textarchitektur, Multiperspektive und Naturansichten.

---

[2] Brigitte Kronauer: Zur Trilogie *Rita Münster*, *Berittener Bogenschütze*, *Die Frau in den Kissen*. In: Die Sichtbarkeit der Dinge. Über Brigitte Kronauer. Hg. von Heinz Schafroth. Stuttgart 1998, S. 152–154.
[3] Text+Kritik (1991), H. 112: Brigitte Kronauer. Hg. von Heinz Ludwig Arnold; Schafroth.

1 Textarchitektur

Brigitte Kronauers Prosa ist gekennzeichnet durch ein Spannungsverhältnis von strenger, geometrischer Form und anti-storyhafter, flächig-tableauartiger Unübersichtlichkeit. Für das Ineinander dieser beiden Tendenzen greift die Autorin auf verschiedene Techniken der Textorganisation, aber auch auf Gestaltungsprinzipien der bildenden Kunst zurück. Eine besondere Rolle bei der Modellierung des Textgewebes spielen Räume, Flächen und Schauplätze.

Günter Häntzschel verweist in seinem Beitrag darauf, dass Kronauer der modernen Linie des Zeitromans eine Prosa des Raums entgegensetze. In dieser Erzählkunst bildeten »Grenzen und Grenzüberschreitungen« ein »variables Strukturprinzip«. Während der Roman *Frau Mühlenbeck im Gehäus* (1980) mit aktivierenden Leerstellen arbeite, indem der Leser dazu animiert werde, die beiden getrennten Erzählerinnen-Räume der Frau Mühlenbeck und der namenlosen Lehrerin zu verknüpfen, arbeite der Roman *Errötende Mörder* (2007) in seiner ausgestellten Binnen- und Rahmenerzählungsstruktur geradezu mit einer Inflation von Grenzziehungen – ein Prinzip, das Häntzschel in *Zwei schwarze Jäger* (2008) im Gewand der Groteske in faszinierender Weise realisiert sieht.

Julia Bertschik nähert sich dem »Bildungs-Roman« *Frau Mühlenbeck im Gehäus* (1980) ausgehend vom Neuen Realismus des Kronauer-Freundes Dieter Asmus. In der Abkehr von der Abstraktion interessiere sich der Neue Realismus programmatisch für die Oberfläche. Im Anschluss an diese Aufwertung des scheinbar Nicht-Kommentierungsbedürftigen, Offensichtlichen, basiere auch Kronauers Schreiben auf einer Verweigerung »der wertenden Unterscheidung zwischen ›oberflächlicher‹ Oberfläche und ›tiefsinniger‹ Tiefe«. Daher verleihe sie Alltagsmomenten wie dem Trinken einer Tasse Kaffee Glanz und modelliere aus ihnen im Sinne des Konzeptes einer »tiefen Oberfläche« ekstatische Epiphanien.

Dörte Linke fragt nach den »existenziellen Räumen« Kronauers. Ein solcher Raum sei insbesondere das Meer. Wenn im Roman *Die Frau in den Kissen* (1990) eine lange dünne Gräfin mit theatralischen Gesten auf einem roten Plastikboot agiere, werde das Meer mit der »für Kronauer typische[n] Mischung von Ironie und Pathos« zum U-Topos zugleich von Lächerlichkeit, Tragik und transzendenter Sehnsucht. Auch in der Geschichte »Wie!« aus *Die Tricks der Diva* (2004) sei das Meer weniger ein Ort des Erhabenen, als der Ambivalenz und Konfrontation, der abweisenden Ödnis und der maßlosen Enttäuschung: ein Erwartungsraum, der zunächst alles durch Formlosigkeit aufsauge – um dann zu ästhetischen Antworten zu inspirieren.

Ludwig Fischer stellt für den Roman *Verlangen nach Musik und Gebirge* (2004) die Frage nach dem Schauplatz: »Warum Oostende?« Das schillernde Kaleidoskop der Figuren, Stimmen und Perspektiven werde zusammengehalten durch das Meer und den das Meer geradezu erotisch anschwärmenden Maler James Ensor, der auch in Form nur lose eingebauter wörtlicher Zitate durch den Roman geistere. Der Text feiere aber nicht nur die Präsenz des Meeres und die Meereshymnen Ensors; er erzähle vielmehr von der Widersprüchlichkeit einer Stadt, die sich ganz über das Meer definiert und sich doch durch Betonbarrieren von ihm abschneidet und die zudem ihren bekanntesten Sohn in einer Art Hassliebe lange verschwieg. Oostende erweise sich damit als Ort der »Brechungen, Täuschungen, Obsessionen, Verkennungen und Illusionen« – mithin als perfekter Schauplatz des programmatisch auf Zweideutigkeit zielenden Erzählprogramms der Kronauer.

2 Multiperspektive

Die Vielleserin Kronauer hat sich in ihren Essays kenntnisreich mit dem Werk von Kollegen auseinandergesetzt. Aber auch in ihren Erzähltexten zieht sie Linien zu prominenten literarischen Prätexten. Sie kombiniert dies mit virtuos inszenierten Perspektivwechseln und verschiedenen anderen narratologischen Tricks, die die spezifische Polyphonie ihrer Prosa erzeugen. Es erklingen Stimmen, Rätsel, Lieder.

Matthias N. Lorenz widmet sich Kronauers Joseph Conrad-Lektüren. In Essays hat die Autorin immer wieder ihrer Faszination für Conrads Verfahren der systematischen Leser-Irritation etwa durch intern fokalisierte, erst nachträglich verständliche Wahrnehmungspartikel (*delayed decoding*) Ausdruck verliehen. Conrads berühmtesten Text, *Heart of Darkness*, hält Kronauer für überschätzt und erwähnt ihn auch in ihrem Roman *Berittener Bogenschütze* (1986) in auffälliger Weise nicht – was sie aber nicht daran hindert, ihn versteckt zugrunde zu legen. Lorenz weist nach, wie die Autorin bei der Charakterisierung des Conrad-Forschers Matthias Roth mit einer gezielten Re-Inszenierung von Motiven aus *Heart of Darkness* arbeitet.

Birgit Nübel zeigt Brigitte Kronauers Spiel mit (Multi-)Perspektivität in *Rita Münster* (1983) auf. Der Roman spiegele die titelgebende Perspektivfigur in einem »Figurenpanoptikum«, das sich weniger zu einer linearen Geschichte, sondern zu flächig ausgelegten Mosaiken füge: Hier durchkreuzten sich Heiliges und Profanes, werde Matthias Grünewalds Isenheimer Altar von Ansichtskarten flankiert. Dabei spreche in *Rita Münster* eine multiple Erzähl- und Fokalisierungsinstanz, die in den drei Teilen des Romans zwar durchweg »Ich« sage, dies jedoch in verschiedener Weise: Kronauer gestalte mit diesem Perspektivenspektrum die von ihr selbst immer wieder ins Feld geführte Ambivalenz.

Mandy Dröscher-Teille legt die Spuren einer komplexen Metatextualität in den Erzählungen des Bandes *Die gemusterte Nacht* (1981) frei. Sie zeigt, wie die Erzählungen mit einer Darstellungslogik geometrischer Flächigkeit arbeiten und dies mit Strukturen des Biologisch-Wuchernden kombinieren; Elemente des Lyrischen wechselten mit essayistischen Reflexionen. Die Erzählungen seien gekennzeichnet durch ein ebenso spannungsvolles wie programmatisches Nebeneinander dieser Inhalts- und Formelemente, mit dem Kronauer ihre »essayistische Poetik des Umweges« umsetze.

Michael Penzold geht der »Didaktik des Rätselhaften« in Brigitte Kronauers *Gewäsch und Gewimmel* (2013) nach. In diesem Roman fallen teilweise explizit als Rätsel bezeichnete Mikropartikel auf. Unterscheiden ließen sich funktional-rekursive, extra-textuelle, figurativ-existenzielle, seriell-relationale und allegorische Rätsel. Penzold zeigt, dass Kronauer sie als Mittel »struktureller und textueller Verknüpfungen« verwendet, um so ein vernetztes polyperspektivisches Gewebe zu erzeugen, das in ganz verschiedene Richtungen und Dimensionen mäandert. Ziel sei die Aktivierung des Lesers.

Andreas Vejvar verfolgt Spuren der Musik in Kronauers Werk. Gegen die Indifferenz der Welt mobilisierten die Figuren ihrer Erzähltexte immer wieder Anklänge von Liedern, Operetten und Schlagern, ließen sich bezaubern von Naturlauten wie dem Gesang der Nachtigall. Kronauer arbeite mit einer »Partikel-Methode«, die darin bestehe, kommentarlos kleine Musikfragmente in den Erzähltext einzumontieren, sie mitschwingen zu lassen und so einen musikalischen Raum zur Halluzination einer anderen, besseren Zauberwelt anzubieten: Musikalisches sei in der Prosa Kronauers nicht philiströser Diskurs, sondern atmosphärisches Antidot.

3 Naturansichten

Kronauers Protagonisten bewegen sich in Natur- und Kulturlandschaften, sie begegnen Tieren, besuchen »prekäre Idyllen« wie Zoos, Botanische Gärten, Naturschutzgebiete.[4] Die Erzählungen dieser Begegnungen setzen unterschiedliche Strategien zur Modellierung von Natur und Naturerfahrung ein. Sie sind gekennzeichnet durch ein Sowohl-als-auch von Emphase und Engagement.

---

4 Brigitte Kronauer: Vorwort. In: B. K.: Zweideutigkeit. Essays und Skizzen. Stuttgart 2002, S. 9–14, hier S. 13.

Tanja van Hoorn zeigt unter Rückgriff auf poetologische Aussagen der Autorin, dass Brigitte Kronauer ihre Naturästhetik im Sinne Alexander Gottlieb Baumgartens und Gernot Böhmes als Aisthetik, als Wahrnehmungskunst, anlegt. Kronauers Programm der Gestaltung intensiver, für den Leser im Sprachraum erlebbar werdender Naturerfahrungen wurzelt im Bekenntnis der Autorin zur ethischen Verpflichtung des Künstlers, der gefährdeten Natur beizuspringen. Beispiele aus dem literarischen Werk Kronauers von der Kurzgeschichte »Die Wiese« (1992) bis zum Roman *Gewäsch und Gewimmel* (2013) machen deutlich, wie Kronauer der Natur eine Stimme gibt und dabei tradierte Grenzen zwischen Natur und Mensch systematisch unscharf werden lässt.

Alke Brockmeier untersucht die Naturbetrachtungen in den Geschichten des *Schnurrer*-Bandes (1992) und der *Tricks der Diva* (2004). Kronauers Schreiben über die Natur sei durch ein Wechselspiel zwischen Bezugnahmen auf die literarische Tradition der Romantik (Eichendorff) und auf die antilinearen Tendenzen der Avantgarde (Heißenbüttel) gekennzeichnet, was Kronauer mit der Jean Paul'schen Gleichzeitigkeit von Erhabenem und Banalem verknüpfe. Gegen die Gefährdung der Natur setze sie eine »Utopie der Natur«, die sich an deren Komplexität orientiere und mit einer systematischen Vervielfältigung von Perspektiven arbeite.

Ute Weidenhiller begibt sich auf die Spuren »extremer Natur(an)sichten« in Brigitte Kronauers *Die Tricks der Diva* (2004). Sie zeigt, wie die Autorin Mimikry-Phänomene literarisch produktiv macht, indem sie mit Überblendungen von Mensch und Tier, mit melodramatisch-romantischen imaginären Landschaften und mit wuchernden Täuschungsmanövern arbeitet. Die Geschichten inszenierten gerade in den Begegnungen der Protagonisten mit der Natur einen stetigen, flimmernden Wechsel von der Poesie romantischer Natur-Sehnsüchte und der Prosa der Verhältnisse, von Naturemphase und profaner Realität.

Alexander Honold sucht Kronauers »erzählte Landschaftsräume« auf. In paradigmatischer Weise seien sie bereits in *Berittener Bogenschütze* (1986) Orte »kalkulierter Verschränkung« von Natur und Artistik und enthielten damit zugleich Kernelemente der Kronauer'schen Poetik. Für die Landschaftswahrnehmungen Matthias Roths arbeite Kronauer mit einem fein austarierten Spannungsverhältnis von Beschreiben und Erzählen, von stillgestellten Bildern und Bewegung im Raum, von subjektiver Naturwahrnehmung und ausgestellter Konstruktion. Bahnfenster-Perspektiven aufs Gelände würden von Abirrungen des wenig erfahrenen Wanderers abgelöst. Dessen Orientierungsprobleme bestimmt Honold mit Michel de Certeau als Diskrepanz von Gehen und Sehen; wie Kronauer dies narratologisch umsetzt, wird luzide aufgezeigt.

Bleibt nur noch die angenehme Pflicht des Danke-Sagens – vor allem an die Fritz Thyssen Stiftung für die Förderung des Unternehmens. An Anja-Simone

Michalski für das freundliche Interesse an einer Aufnahme dieses Bandes in das Programm des de Gruyter-Verlags. Ein Dank geht ferner an Theresia Lehner für die redaktionelle Unterstützung. Und an Martin Rector, der in bewährter Weise mit Rat und Tat zur Seite stand.

Einiges ist begonnen, viel bleibt noch zu tun. Möge der vorliegende Band weitere Studien anregen.

I Textarchitektur

Günter Häntzschel
Grenzen und Grenzüberschreitungen

Ein variables Strukturprinzip in Brigitte Kronauers
literarischen Texten

Die seit längerer Zeit prosperierende Untersuchung von Räumen in literarischen Texten ist bekanntlich vor allem seit der Rezeption von Michail M. Bachtins *Chronotopos* von 1975 und Jurij M. Lotmans *Die Struktur literarischer Texte* von 1972 mit dem Konzept der Grenze und Grenzüberschreitung verbunden.[1] Als Ergänzung zu der vorher im Zentrum stehenden zeitlich strukturierten Folge von Ereignissen fanden nun die Kategorien des Raums und der Räumlichkeit im Zusammenhang mit dem Zeitfaktor und in Abgrenzung mehrerer, unterschiedlicher Räume voneinander besondere Aufmerksamkeit. »Insbesondere Bachtin hat mit seinem Konzept des ›Chronotopos‹ darauf aufmerksam gemacht, dass Raum und Zeit im Roman nicht unabhängig voneinander darstellbar sind, sondern in einem ›untrennbare[n] Zusammenhang‹ stehen.«[2] Unter Räumen sind sowohl in der Wirklichkeit existierende Orte, Länder, Städte, Landschaften oder Bauwerke zu verstehen, die in den Texten neben ihrer realen Existenz fiktive Bedeutsamkeit in Relation zu den agierenden Protagonisten annehmen, wie auch imaginäre Örtlichkeiten, Idyllen, Grotesken, Utopien und andere fiktive Orte jeglicher Art als Schau- und Handlungsplätze der in ihnen auftretenden Figuren. Lotman zeigt in seiner Untersuchung den Übergang von räumlicher Statik zu agierender Dynamik, wenn Figuren die Grenzen zwischen einzelnen Räumen überschreiten. Der Grenzübergang von einem semantischen Feld in ein anderes bildet ein handlungsförderndes oder handlungsintensives Ereignis.[3]

Grenz- und Raum-Kategorien sind in Brigitte Kronauers literarischem Werk bislang noch nicht umfassend untersucht worden, obwohl die meisten ihrer Texte weniger auf dem Entwurf eines zeitlichen als auf dem eines räumlichen Aktionsfeldes basieren, in dem die einzelnen Räume durch Grenzen voneinander getrennt sind. Die zeitlichen Momente realisieren sich in der Regel als Abfolge

---

[1] Michail M. Bachtin: Chronotopos. Aus dem Russischen von Michael Dewey. Mit einem Nachwort von Michael C. Frank und Kirsten Mahlke. Frankfurt a. M. 2008; Jurij M. Lotman: Die Struktur literarischer Texte. München 1972.
[2] Birgit Neumann: Raum und Erzählung. In: Handbuch Literatur & Raum. Hg. von Jörg Dünne und Andreas Mahler. Berlin/Boston 2015, S. 96–104, hier S. 96.
[3] Vgl. in diesem Zusammenhang Eva Geulen und Stephan Kraft (Hg.): Grenzen im Raum – Grenzen der Literatur. Berlin 2010 (Zeitschrift für Deutsche Philologie, Sonderheft 129 [2010]).

und Wechsel unterschiedlicher, durch Grenzen und deren Überschreitungen markierter Räume.

Nach einem kurzen Hinweis auf Brigitte Kronauers diesbezügliche theoretische Überlegungen (1) möchte ich das variable Strukturprinzip von Grenzen exemplarisch in *Frau Mühlenbeck im Gehäus* skizzieren (2), Grenzüberschreitungen in der Rahmenhandlung des Romans *Errötende Mörder* in den Blick nehmen (3), die Verbindung von Grenzüberschreitung und Groteske in *Zwei schwarze Jäger* zeigen (4) und mit einem Ausblick auf weitere Texte schließen (5).

1 Zu Brigitte Kronauers theoretischen Überlegungen

Dem hier näher zu analysierenden Textbefund entsprechen Brigitte Kronauers literaturtheoretische Essays, mit denen sie sich als eine rational konstruierende Autorin zeigt, die im Allgemeinen erst nach einem Strukturentwurf die markierten Räume mit phantastischen, irrationalen, skurrilen Handlungen und Figuren ausgestaltet. Fiktionale Texte versteht sie als »modellierte Gestalt, Gefüge, deren Souveränität sich ergibt aus der kalkulierten, relativierten, relativierenden Position ihrer einzelnen Bausteine, nicht-zufällige, also poetische Gebilde, ob von ihren Konstrukteuren als Gegenentwurf zur davon sehr verschiedenen Wirklichkeit, als deren vereinfachtes Abbild oder als beides zugleich gedacht.«[4] »Je verworrener die Situation, desto unerläßlicher, sie durch Begriffe zu geometrisieren, sie nach rechts und links, nach oben und unten zu bündeln. Wir setzen die Begriffe in Beziehung zueinander und haben uns wirklich eine, wie auch immer, beruhigende Übersichtlichkeit hergestellt.«[5] Literatur habe die Aufgabe, »die uns umgebende chaotische Umwelt zu ordnen, bzw. ihr eine Ordnung entgegenzustellen«.[6] Den Texten liege »eine geometrische Form als Architekturprinzip zugrunde, in dem sich ihre innere Dynamik ausdrückt«.[7]

---

[4] Brigitte Kronauer: Vorwort. In: B. K.: Aufsätze zur Literatur. Stuttgart 1987, S. 7 f., hier S. 8.
[5] Brigitte Kronauer: Das Idyll der Begriffe. Zu Adalbert Stifter [1978]. In: B. K.: Die Lerche in der Luft und im Nest. Zu Literatur und Kunst. Fotos von Renate von Mangoldt. Berlin 1995 (Text und Porträt. Bd. 19), S. 13–21, hier S. 13.
[6] Brigitte Kronauer: Auftritt am Horizont. Zur Prosa Ror Wolfs [1975]. In: Aufsätze zur Literatur, S. 9–21, hier S. 15.
[7] Brigitte Kronauer: Zur Trilogie *Rita Münster, Berittener Bogenschütze, Die Frau in den Kissen*. In: Die Sichtbarkeit der Dinge. Über Brigitte Kronauer. Hg. von Heinz Schafroth. Stuttgart 1998, S. 152–154, hier S. 152.

2 Begrenzungen: *Frau Mühlenbeck im Gehäus*

Brigitte Kronauers erster Roman, *Frau Mühlenbeck im Gehäus*,[8] lässt sich als variierte und erweiterte Großform der von ihr zuvor erprobten Schemata lesen, die sie aus früheren Veröffentlichungen 1981 in dem Sammelband *Die gemusterte Nacht* zusammengestellt hat. Diese Beschreibungen, Skizzen und kurzen Erzählungen sind experimentelle Schreibübungen, aus denen diverse Konstruktionsverfahren und Motive in erweiterter Form in ihr späteres Werk eingehen. So bestehen etwa die Textgruppen »Wechselnde Ereignisse in gleicher Bewegung«, »Vorkommnisse mit geraden und ungeraden Ausgängen«, »Von einem Zustand rasch in den nächsten«[9] jeweils aus einer Reihe kurzer, in begrenzten Flächen angesiedelter, isolierter Vorgänge, die, in der Ich-Form erzählt, in ihrer Aufeinanderfolge sich verändernde Zustände schildern. Ein anderer Text, »Der entscheidende Augenblick«, spricht zu Beginn die enge Begrenztheit programmatisch aus:

> Besonders in diesem Garten mit den geraden, verhältnismäßig hohen Hecken habe ich das Bedürfnis, nur das von ihnen eingeschlossene Stück Fläche anzusehen, kein bißchen darüber hinaus, auch nicht darüber wegzuhören. Zwischen den Hecken ist alles grün und natürlich. Ich will nicht gestört werden.[10]

Der Garten stellt jedoch keine Idylle dar, sondern variiert in wechselnden Stimmungen zwischen Heiterkeit, »Schrecken« und »Entsetzen«.[11] In dem umfangreicheren Roman agieren statt einer zwei Figuren neben- und gegeneinander. Die bloße Folge von Textabschnitten ist im Roman zu einem streng strukturierten Textgefüge ausgebaut. In sechs Kapiteln sind jeweils dreimal vier Sequenzen abgeteilt, in deren erster die etwa sechzigjährige Titelfigur rückblickend in der Ich-Form aus ihrem Leben erzählt, während die dritte Sequenz ihrem derzeitigen Alltag angehört. Die zweite Sequenz schildert akribisch Frau Mühlenbecks häusliche Tätigkeit aus der Perspektive einer anonymen Erzählerfigur. Und in der vierten Sequenz spricht eine etwa dreißigjährige Lehrerin in innerem Monolog assoziativ aus ihrem eigenen Leben. Obwohl die Sequenzen eins bis drei thema-

---
[8] Brigitte Kronauer: Frau Mühlenbeck im Gehäus. Roman. Stuttgart 1980. Im Folgenden: [FMG]. – Zu diesem Roman vgl. in diesem Band auch den Beitrag von Julia Bertschik.
[9] Brigitte Kronauer: Die gemusterte Nacht. Erzählungen. Stuttgart 1981, S. 26–38, S. 39–52, S. 100–104. – Zu dieser Erzählungs-Sammlung vgl. in diesem Band den Beitrag von Mandy Dröscher-Teille.
[10] Brigitte Kronauer: Der entscheidende Augenblick. In: Die gemusterte Nacht, S. 65–69, hier S. 65.
[11] Kronauer: Der entscheidende Augenblick, S. 67.

tisch im Fokus des ›Gehäuses‹ konvergieren, bleiben sie im gesamten Textgefüge voneinander abgegrenzt und konfrontieren gemeinsam die Erzählungen der Nebenfigur.

Dem im Titel genannten kollektiven Singular »Gehäus«, der die eingegrenzte Innensphäre, alles zum Haus und der engeren Häuslichkeit Gehörende umfasst und zugleich Schutz und Absonderung bezeichnet, stehen seitens der Lehrerin offene Räume von Natur und Landschaft, von Reisen und Liebeserfahrungen gegenüber, die jeweils mit Erörterungen über ihre Berufstätigkeit enden.

So sind zwei in psychischer Befindlichkeit, Mentalität und Lebensweise ganz unterschiedliche Figuren konfrontiert. Frau Mühlenbeck, die ebenso resolute wie selbstbewusste und selbstgerechte soziale Aufsteigerin, von Kindheit an auf Leistung bedacht und lebenslang stolz auf ihre Errungenschaften und Erfolge, sich als Tüchtigkeitsmuster für ihre Umgebung ausgebend, deren Repräsentanten sie als überzeugte Besserwisserin gerne herabsetzt, bespöttelt und korrigiert, dabei von erschütternd phantasieloser Nüchternheit, ist ironisch als Monstrum eines verhängnisvollen ›Gutmenschen‹ gezeichnet. Mit ihrem Leitspruch, immer nach vorn zu blicken, die Vergangenheit hinter sich zu lassen, Probleme auszuklammern, unsensibel und unfähig, solche überhaupt wahrzunehmen, kann sie als Prototyp der durch Wirtschaftswunder, Nachkriegszeit und dem Verschweigen der nationalsozialistischen Vergangenheit geprägten Gesellschaft gelten. Mit ihrem sprechenden Vornamen Margarete in der Bedeutung von ›Perle‹ steht sie von vornherein auf der vermeintlich moralisch positiven Seite.

Ihre jeweils dreiteilig gegliederte Rede ähnelt der emblematischen Struktur, die in ihrer Gewichtigkeit und Didaktik besonders skurril wirkt, wenn die Protagonistin ganz unwichtige Vorgänge bierernst behandelt. Dafür ein Beispiel: Der Eingangssatz: »Schön, wenn ein Bote mit einem Blumenstrauß für die Nachbarn kommt, nehme ich ihn natürlich an« (FMG, 161) entspricht der inscriptio. Die pictura schildert ausführlich das Für und Wider einer solchen Gefälligkeit und endet auf die subcriptio: »Bei mir muß eine Sache aus einem Guß sein, aber lieber noch nehme ich Umständlichkeiten in Kauf, als mich auf solche Abhängigkeiten einzulassen. Das meine ich ganz grundsätzlich!« (FMG, 164) Unter den Ironie-Signalen der Präsentation Frau Mühlenbecks sticht deren leitmotivische Bezeichnung als Linkshändlerin hervor, wohl ein Hinweis, sie entgegen ihrer eigenen Einschätzung als linkisch, unbeholfen oder ungeschickt zu entlarven.

Es erübrigt sich hier, die anonym bleibende Kontrastfigur der Lehrerin ausführlich nachzuzeichnen. Sie ist in ihrer Reflexivität, Labilität und in ihren Stimmungsschwankungen mit dem niemals ruhenden Meer symbolisiert.[12]

---

[12] Zum Meer bei Kronauer vgl. im vorliegenden Band den Beitrag von Dörte Linke.

Als ich zum ersten Mal an der Küste stand, wußte ich sofort, daß es genauso in mir selbst aussah, und je wüster die Brandung, umso besser, und je grauer, je finsterer, umso besser. [...] Ich stand so lange am Ufer und nahm alles auf mit bösem, glücklichem Herzen, auch die schreienden Möwen mit ihren harten Augen. Das Meer war mein einziges Gegenüber, das zählte, ein Freund, ein Widerstand, eine Entsprechung in seiner Entschlossenheit. (FMG, 215)

Eine Begegnung beider Figuren kommt nicht zustande. Obwohl einander nahe gegenüber, sind sie in zwei entgegengesetzten Räumen voneinander abgegrenzt. Ein einziger Hinweis auf eine mögliche Grenzüberschreitung, von der Lehrerin ausgesprochen – »Die Ferien sind halb um, und ich will niemanden eigentlich sehen, oder nur so etwas Vertrautes oder Fremdes wie diese Frau Mühlenbeck« (FMG, 29) – bleibt folgenlos, regt aber den Rezipienten an, die im Text ausgesparte Beziehung beider Figuren zu einander zu ergründen. Das heißt, die Grenzziehung wirkt leseanimierend, indem sie durch ihr permanentes Aneinanderstoßen von Textsegmenten Leerstellen erzeugt, die bei aktiver Lektüre individuelle Auffüllung verlangen und die Frage aufwerfen, ob hinter dem gegenseitig ›Fremden‹ doch etwas ›Vertrautes‹ stecken könne.

3 Grenzüberschreitungen in der Rahmenhandlung: *Errötende Mörder*

Der 2007 veröffentlichte Roman *Errötende Mörder* bildet in seinem Überhäufen von Grenzüberschreitungen und Verschachtelungen unterschiedlicher Grade einen ebenso komplizierten wie problematischen Text.[13] Auf eine Grenzüberschreitung innerhalb der Rahmenhandlung folgen drei weitere im Überschreiten der Rahmenhandlung in die Binnenerzählungen und von dort wieder zurück in den Rahmen, wobei die Binnenerzählungen ihrerseits Grenzüberschreitungen thematisieren.

Jobst Böhme, Besitzer eines Fachgeschäfts für Bürobedarf, liiert mit seiner jüngeren russischen Angestellten und kurz vor der Scheidung von seiner Frau stehend, von seinem Beruf unterfordert sich als »Karton«, als »Pappkamerad[ ]« (EM, 8) fühlend, nimmt von einem seiner Kunden, einem Schriftsteller, dem er

---

13 Brigitte Kronauer: Errötende Mörder. Roman. Stuttgart 2007. Im Folgenden: [EM]. Vgl. auch Anja-Simone Michalski: Ist das Kunst oder kann man das essen. Anmerkungen zu Brigitte Kronauers *Errötenden Mördern*. In: Essen. Hg. von Dorothee Kimmich und Schamma Schahadat. Bielefeld 2012, S. 97–108.

bei Computerproblemen geholfen hat, als Dank dafür eine dreitätige Einladung in dessen Schweizer Ferienhaus bei Davos an, verbunden mit der Bitte, drei von jenem verfasste Romane Korrektur zu lesen.

Obwohl die drei Binnenerzählungen mit jeweils eigenem Personal und Handlungsverlauf weder untereinander noch mit der Rahmenhandlung verbunden sind, verlangt die Kennzeichnung des Gesamttexts als Roman, seine vier Teile – Rahmen und Binnenerzählungen – nicht als Einzeltexte zu lesen, sondern sie als eine durch Grenzüberschreitungen aufeinander bezogene Einheit zu verstehen, zumal die karge Rahmenhandlung allein für ein Romangeschehen zu wenig Substanz bietet.

Hier stellt sich die Frage, wie weit eine derartig komplizierte Struktur überzeugen kann, genauer, ob die jeweils selbständigen Handlungsstränge auf einer Metaebene untereinander und mit der Rahmenhandlung korrelieren oder lediglich isoliert nebeneinanderstehen. Sind Konzeption und Handlungsgefüge schlüssig aufeinander bezogen? Schon die Ausgangssituation erscheint inhaltlich brüchig: Warum sollte gerade ein frustrierter und offenbar an Literatur nicht interessierter Papierwarenhändler Romane Korrektur lesen? Warum geht Böhme fraglos auf die Bitte ein? Ein anklingendes Nebenmotiv, der Autor möchte den Papierhändler für eine Zeitlang fortschicken, um ihm seine Freundin auszuspannen, verliert sich später. Die näher liegende Vermutung, Jobst Böhme könne sich durch die Romanlektüre von seiner ihn frustrierenden Arbeit lösen und beim Überschreiten der gewohnten beruflichen Grenze psychische Entlastung finden, lösen die Texte nicht ein, die kaum zu identifizierender Lektüre anregen. Selbst Böhme bleibt jedes Mal von der Lektüre unberührt und kann lediglich enttäuscht feststellen, keine Tippfehler gefunden zu haben.

Die erste Geschichte mit dem Titel »Der böse Wolfsen oder das Ende der Demokratie« könnte zwar mit ihrem Eingangssatz »Meine Freundin Dottie Wamser hat mich verlassen« (EM, 21) eine Analogie zu Jobst Böhmes Situation herstellen. Sie führt jedoch in eine andere Richtung, wenn der in der Ich-Form erzählende leidenschaftliche Sammler verunsichert, kontaktscheu, zwanghaft handelnd und sich bedroht fühlend, die Grenze zwischen Alltagswelt und seinem Sammlungsrefugium überschreitet, wo er allein Halt und Schutz findet, bis seine ritualisierte Ordnung durch die Begegnung mit der zudringlich-mysteriösen Figur Wolfsen gestört wird, die den Verunsicherten in Schuldgefühle und in den Wahn treibt, er hätte einen Mord an seiner ihn verlassen habenden Freundin begangen. Wäre hier eine Korrespondenz zwischen Wolfsen und dem Böhme begegnenden mysteriösen Wanderer anzunehmen?

Die am folgenden Tag von Böhme gelesene Erzählung »Errötende Mörder«, die den versehentlich in den Ausflugsbus einer Seniorengruppe auf deren Fahrt zur Rapsblüte auf die Insel Fehmarn geratenen Motorradfahrer Sven Strör schildert, als er im Sog der Achtzig- bis Neunzigjährigen in mysteriöser Weise die Grenze zwischen Leben und Tod überschreitet, bietet zwar versteckte Schnittstellen zwischen Strör und Böhme, die aber von diesem selbst nicht wahrgenommen werden. So entspricht etwa Strörs Zusammentreffen mit der grotesken Seniorengesellschaft Böhmes erstaunter Wahrnehmung der »zahlreichen grau- und weißhaarigen Menschen« in einem Restaurant, wo er »der einzige offenbar noch nicht Fünfzig-, Sechzigjährige« (EM, 239) war. Oder: Die seltsame »Lippenmanie« (EM, 246) des ihm wieder und wieder begegnenden Wanderers, der beim Reden auffällig mit einem Finger über seine Lippen streicht, erinnert an Böhmes ihn abschreckendes Verhalten seiner Frau, das »Abspreizen ihrer kleinen Finger von der übrigen Hand« (EM, 8), eine der Ursachen seines Scheidungswunschs.

Mit der dritten Binnenerzählung, »Der Mann mit den Mundwinkeln«, legt Brigitte Kronauer nicht nur dem überforderten Böhme, sondern auch dem geduldigen Leser eine besonders schwere Bürde auf. Das wiederholte Motiv der Überschreitung eines Raums in den anderen ist nur angedeutet, der Ausgangsraum nicht vergegenwärtigt, sondern lediglich einer vorangestellten, als handschriftliche Notiz des fiktiven Verfassers ausgegebenen Bemerkung zu entnehmen: Die Erzählerin »stellt sich am Ort des Unglücks [ihrer sogenannten Liebesgeschichte] vor, als Fremdenführerin im Dom einer Touristengruppe in Stein gemeißelte Momente aus dem Leben einer anderen, einer gewissen Heiligen namens Petronia zu erläutern.« (EM, 255)

Jobst Böhme und mit ihm die realen Leser erfahren die Geschichte einer Vergewaltigung und der Ermordung des Täters nur verschlüsselt. Und doch wird Böhme erstaunlicherweise nach der Lektüre zum ersten Mal nachdenklich, denkt über mögliche Analogien zu seiner eigenen Befindlichkeit nach, zweifelt an seiner beabsichtigten Scheidung, leidet unter Schuldgefühlen und Gewissensbissen. Lässt sich nach derartig vage angedeuteten Korrespondenzen das Ende der Rahmenerzählung möglicherweise als ein Selbstfindungsprozess verstehen, wenn Brigitte Kronauer den anfangs als gefühllos geschilderten »Pappkamerad« Böhme, der »unbedingt wieder ein Mann aus Fleisch und Blut werden« (EM, 21) möchte, nun von sich und anderen Personen sagen läßt: »Und doch waren sie wie er aus Fleisch und Blut!« (EM, 333)? Entsprechen die drei Hauptpersonen der Binnenerzählungen der Befindlichkeit des Protagonisten der Rahmenhandlung? Brigitte Kronauer scheint selber daran zu zweifeln: »Eigentlich mußte ihm [dem Erzähler] doch daran liegen, daß man jede seiner Erzählungen möglichst lange in sich nachklingen ließe und nicht die eine mit der anderen totgeschlagen würde.« (EM, 322)

So ergeben sich folgende Befunde: *Erstens*: Die literarische Qualität der drei Romane an sich steht außer Frage, ihre Instrumentalisierung als Binnenerzählungen wirkt dagegen zweifelhaft. *Zweitens*: Scheint nicht im Gegensatz zu *Frau Mühlenbeck im Gehäus* hier die Gestaltung der Grenze und deren Überschreiten überstrapaziert zu sein, da der Text in seinen einzelnen Segmenten unverbunden und jeweils mit Unwahrscheinlichkeiten überhäuft ist? In seiner Struktur erinnert er an Romane Christoph Martin Wielands, Jean Pauls, Novalis', Ernst Theodor Amadeus Hoffmanns, Ludwig Tiecks, in seiner Komposition dagegen entbehrt er deren Stringenz. *Drittens*: Auch die Logik bleibt rätselhaft. Kann ein frustrierter Papierwarenhändler aus dem Vorort einer norddeutschen Großstadt, noch dazu von dem ihm fremden Lektüreexperiment unberührt, zu intensivem Leseinteresse herausfordern? Anders Frau Mühlenbeck: Als Prototyp der Nachkriegsgesellschaft kann sie die Leser einnehmen, in ihrer provozierenden Art Interesse erwecken oder zu Widerspruch anreizen. *Viertens*: Das erstaunliche Resultat: Begrenzungen im Text regen die Rezipienten in deren Realisation des Gelesenen zu individuellen Grenzüberschreitungen an, während die Menge von Grenzüberschreitungen im Text Gefahr läuft, die Rezipienten bei ihrer Lektüre zu begrenzen.

4 Grenzüberschreitung in die Groteske: *Zwei schwarze Jäger*

Um wie viel konziser und überzeugender ist dagegen die Grenzüberschreitung in dem Roman *Zwei schwarze Jäger* gestaltet![14] Schon die fast krude Häufung lokaler Angaben weist auf den Charakter des im Grunde außerhalb der Welt gelegenen Ortes hin.

»»Bei uns gehen die Uhren anders«, verkündete Herr Schüssel und ergriff ihren Arm« (ZSJ, 19), den Arm der Dichterin Rita Palka, als diese in der Titelerzählung ihres Romans »Zwei schwarze Jäger« nach einigen Mühen auf ihrer Lesereise den Weg »ins Dunkle, ins Dunkel des Städtchens W., in der angeblich verträumten Mittelgebirgslandschaft E. des verschlafenen Bundeslandes I.« (ZSJ, 11) gefunden hatte und dort im Schloss, dem Veranstaltungsort, angekommen war. Später spricht der Veranstalter Schüssel von »unser[em] idyllische[m] Nest« (ZSJ, 284). Doch bildet die Darstellung von Städtchen und Schloss keine Idylle, sondern eine Groteske.

Die Idylle schildert einen einfachen, friedlichen, geborgenen Raum natürlicher Daseinsweise und stellt in der Moderne ein Gegenbild zu der als schlecht

---

14 Brigitte Kronauer: Zwei schwarze Jäger. Roman. Stuttgart 2008. Im Folgenden: [ZSJ].

und ungenügend empfundenen Wirklichkeit dar. Jean Paul spricht vom »Vollglück in der Beschränkung«.[15] Schiller bezeichnet die moderne Idylle als »poetische Darstellung unschuldiger und glücklicher Menschheit« und fordert von ihr statt sehnsüchtiger Rückkehr nach vergangenen Zuständen ein Vorwärtsstreben zu höherer Harmonie und »Ruhe der Vollendung«.[16] Die Groteske zeichnet sich dagegen als eine provozierende Kombination des Heterogenen, Gewaltsamen und Abgründigen mit dem Komischen, Lächerlichen und Heiteren aus. Das Groteske spielt – so Friedrich Schlegel in den Athenäums-Fragmenten – »mit wunderlichen Versetzungen von Form und Materie, liebt den Schein des Zufälligen und Seltsamen, und kokettiert gleichsam mit unbedingter Willkür.«[17]

Den skurrilen Charakter in Brigitte Kronauers Text deutet schon die zitierte umständliche Angabe des abgelegenen Ortes an. Das Groteske wird zur Gewissheit, wenn die Dichterin Rita Palka ihrem dort gehaltenen Vortrag den Titel »Die Grotte« gibt und damit auf die ursprüngliche Bezeichnung für antike Ornamente, die Ende des fünfzehnten Jahrhunderts in italienischen Grotten entdeckt wurden, anspielt, von der aus später in Kunst und Literatur die Groteske ihren Namen erhielt. Dass Herr Schüssel den seltsamen Ort als ›Idylle‹ verkennt, ist also bereits ein Zeichen für die Groteske.

Rita Palka überschreitet die Grenze der realen Welt und tritt in einen Raum des Abstrusen und Bizarren, des minutiös ausgemalten Absonderlichen ein. Das Schloss ist nicht leicht zu finden, da sich die Einwohner des Städtchens als unwirsche, »zerrüttete Gestalten« gebaren. Einer »mit einer kleinen Stirnwunde am Straßeneckpapierkorb [...] bestarrte das unbekannte Auto.« Ein weiterer Fußgänger mit einem sauberen Pflaster auf dem Kinn »schlurfte [...] aus einer Gasse«, »schüttelte aber zu ihrer Bitte um Auskunft heftig mit dem Kopf [...]. Dann riß er kichernd aus.« (ZSJ, 15) Ein Hinkender »fuhr [...] zusammenknickend, wohl auch zähneknirschend, herum.« (ZSJ, 16) Als die Dichterin schließlich doch am Schloss eintrifft, macht dieses, »[b]raun und bröcklig« (ZSJ, 17), auf sie einen desolaten Eindruck. Es ist kein wirklich altes, sondern ein später auf den Fundamenten eines Bauwerks aus dem sechzehnten Jahrhundert errichtetes bescheidenes Schlösschen, von einem eher armseligen Park mit »einer bescheidenen Schloß-

---

15 Jean Paul: Vorschule der Ästhetik. § 73: Die Idylle. In: Werke. Hg. von Norbert Miller. Bd. 5. München 1963, S. 257–262, hier S. 258.
16 Friedrich Schiller: Über naive und sentimentalische Dichtung. In: Sämtliche Werke. Säkular-Ausgabe. Hg. von Eduard von der Hellen. Bd. 12. Stuttgart/Berlin [1905], S. 161–263, hier S. 222 und S. 229.
17 Friedrich Schlegel: Charakteristiken und Kritiken I (1796–1801). Hg. von Ernst Eichner (Kritische Friedrich-Schlegel-Ausgabe. Hg. von Ernst Behler. Bd. 2). München/Paderborn/Wien 1967, S. 217.

fontäne« (ZSJ, 17) umgeben. Dass eine dortige »›Rocaille-Schnitzerei‹« (ZSJ, 18) von Balthasar Neumann stammen soll, wird nur behauptet. Die Innenausstattung ist aus dem Schutt des abgerissenen glanzvolleren Vorgängerbaus gestaltet. Hier ist eine Örtlichkeit geschildert, deren Charakter den Rezipienten nachvollziehbar ist, weil sie an bekannte literarische Vorgänger wie das Schilda aus dem Volksbuch von den Schildbürgern, an Christoph Martin Wielands Abdera oder Gottfried Kellers Seldwyla erinnert.

Das Gewaltsame in seiner Verbindung mit dem Komischen dauert an. Erstaunt erfährt die zur Lesung Eingeladene, dass ihr Publikum nur aus sieben Personen besteht, die fast alle zum Inventar der Schloss- und Stadtverwaltung gehören. Mit ihren skurrilen Namen ähneln sie den zuvor im Ort begegneten Sonderlingen und setzen sich fast ausschließlich aus literaturfremden ungeistigen Personen zusammen, die nicht freiwillig aus Interesse erschienen sind, sondern dienstverpflichtet und für ihre Anwesenheit zum Teil bezahlt wurden. So wundert es nicht, dass sich die Lesung schnell zu einer Burleske entwickelt. Die Reinigungskraft Frau Carla Altpeter stört durch vergebliches Suchen nach ihrer Geldbörse, zwei mitgebrachte Kinder der Familie Schüssel verhalten sich teilnahmslos, andere schlafen, Frau Schüssel gähnt ungeniert offenen Mundes, der zur Begrüßung kurz eintreffende Bürgermeister spricht Rita Palka mit falschem Namen an. Vergeblich sucht der Initiator, Schlossherr Schüssel, treffend als »Saugheber des Absurden« (ZSJ, 22) bezeichnet, die vielen Peinlichkeiten zu überspielen.

Außer ihm hat keiner der Anwesenden die vorgetragene Erzählung »Zwei schwarze Jäger« verstanden. Sie haben unbeeindruckt zugehört, und nur der Kassenwart Herr Ochs äußert sich: »›[...] Rita, Mädel, warum nicht weniger künstlich dichten? Warum nicht ein bißchen mehr frisch drauflos erzählt?‹« (ZSJ, 38) Nach der Pause gehorcht die verkannte Autorin diesem Rat: Ihre der Grotte des Tiberius in Sperlonga gewidmete Erzählung wandelt sie improvisierend in freien Vortrag um, in dem statt der antiken Grotte bald »eine Gartenlaube [...], eine Schrebergartenbude« (ZSJ, 47) in den Mittelpunkt rückt, als Zufluchtsort eines Heimatvertriebenen, dessen Schicksal sie über Inflation und Zweiten Weltkrieg bis in die 50er Jahre verfolgt, eine Groteske in der Groteske.

Die nach der Skulpturengruppe in der Villa Borghese erzählte Geschichte von den zwei schwarzen Jägern dagegen, in der die beiden Sklaven zwei Löwen an Ketten führen, aber auch selbst an sie gefesselt sind – von Herrn Schüssel als Allegorie der Ehe verstanden –, bringt ebenfalls eine komödienhafte Groteske ins Spiel, die in einer ominösen Abschlussszene gipfelt. Die Scherben der aus Eifersucht von Frau Schüssel zertrümmerten Attrappe der Skulptur lesen beide Schüssels gemeinsam mit Rita Palka auf und suchen diese wieder zusammenzusetzen, zugleich eine symbolische Anleitung zur Lektüre der weiteren Texte dieses Bandes, die ihrerseits Bruchstücke eines zusammenzufügenden Gesamttextes bilden, ein Spiel, das jedoch nur bisweilen gelingt und infolge abrupter Grenzziehungen zwischen den Textscherben enigmatische Leerstellen produziert.

5 Ausblick auf weitere Texte

Eine vollständige Untersuchung zur literarischen Praxis von Grenzen und Grenzüberschreitungen könnte die mit ihnen thematisierten Räume nach realen und imaginären Örtlichkeiten unterscheiden. Reale Räume, Landschaften, Orte, Länder, von denen bisher die Insel Fehmarn in *Errötende Mörder* eher beiläufig in Erscheinung trat, profilieren sich in anderen Romanen im Zusammenhang mit Grenzphänomenen konkreter. Der Literaturwissenschaftler Matthias Roth in *Berittener Bogenschütze* löst sich beim Übertritt aus seinem engen Zimmer in die Weite der südlichen Welt von seiner depressiven Erstarrung, seine Sinne erwachen und sein Untersuchungsobjekt, der Dichter Joseph Conrad, wird ihm in der befreienden Natur lebendig.[18] Das belgische Seebad Oostende, Ziel mancher Reisen des skurrilen Apothekers Willi Wings in *Das Taschentuch*, wird auch Schauplatz des auf einem Touristenprospekt basierenden gleichnamigen Essays »Zu James Ensor«. In dem Roman *Verlangen nach Musik und Gebirge* taucht die Erzählerin Frau Fesch, mit dem Zug nach Oostende fahrend, dort für drei Tage in eine bunte, ausgelassene, komödienhafte und geheimnisreiche, von Literaten, Künstlern und zwielichtigen Gestalten belebte Welt ein. Ähnlich wie in *Errötende Mörder* überschneidet sich in *Teufelsbrück* ein realer mit einem imaginären Raum, wenn die Hamburger Brücke der Elbchaussee, zugleich Ort des Elbeeinkaufszentrums, in Anlehnung an E. T. A. Hoffmanns Novelle *Der goldene Topf* den Übertritt aus der realen in eine romantisch-phantastische Traumwelt markiert. Der imaginäre Raum erweitert sich ins Grenzenlose: Der auch in anderen Texten gestaltete Schauplatz des Zoos[19] wächst in *Die Frau in den Kissen* in »Troposphäre, Stratosphäre, Jonosphäre«.[20] Weite und Enge korrelieren, in der Spannung beider inszeniert sich Brigitte Kronauers Welt.

---

18 Vgl. hierzu im vorliegenden Band den Beitrag von Matthias N. Lorenz.
19 Vgl. Jutta Ittner: Becoming Animal? Zoo Encounters in Rilke, Lispector, and Kronauer. In: KulturPoetik 3 (2003), S. 24–41.
20 Brigitte Kronauer: Die Frau in den Kissen. Roman. Stuttgart 1990, S. 7.

Literaturverzeichnis

Brigitte Kronauer

Kronauer, Brigitte: Frau Mühlenbeck im Gehäus. Roman. Stuttgart 1980.
Kronauer, Brigitte: Die gemusterte Nacht. Erzählungen. Stuttgart 1981.
— darin: Der entscheidende Augenblick, S. 65–69.
Kronauer, Brigitte: Aufsätze zur Literatur. Stuttgart 1987.
— darin: Vorwort, S. 7 f.
— darin: Auftritt am Horizont. Zur Prosa Ror Wolfs [1975], S. 9–21.
Kronauer, Brigitte: Die Frau in den Kissen. Roman. Stuttgart 1990.
Kronauer, Brigitte: Die Lerche in der Luft und im Nest. Zu Literatur und Kunst. Fotos von Renate von Mangoldt. Berlin 1995 (Text und Porträt. Bd. 19).
— darin: Das Idyll der Begriffe. Zu Adalbert Stifter [1978], S. 13–21.
Kronauer, Brigitte: Zur Trilogie *Rita Münster, Berittener Bogenschütze, Die Frau in den Kissen*. In: Die Sichtbarkeit der Dinge. Über Brigitte Kronauer. Hg. von Heinz Schafroth. Stuttgart 1998, S. 152–154.
Kronauer, Brigitte: Errötende Mörder. Roman. Stuttgart 2007.
Kronauer, Brigitte: Zwei schwarze Jäger. Roman. Stuttgart 2008.

Weitere Primärquellen

Jean Paul: Vorschule der Ästhetik. § 73: Die Idylle. In: Werke. Hg. von Norbert Miller. Bd. 5. München 1963, S. 257–262.
Schiller, Friedrich: Über naive und sentimentalische Dichtung. In: Sämtliche Werke. Säkular-Ausgabe. Hg. von Eduard von der Hellen. Bd. 12. Stuttgart/Berlin [1905], S. 161–263.
Schlegel, Friedrich: Charakteristiken und Kritiken I (1796–1801). Hg. von Ernst Eichner (Kritische Friedrich-Schlegel-Ausgabe. Hg. von Ernst Behler. Bd. 2). München/Paderborn/Wien 1967.

Forschungsliteratur

Bachtin, Michail M.: Chronotopos. Aus dem Russischen von Michael Dewey. Mit einem Nachwort von Michael C. Frank und Kirsten Mahlke. Frankfurt a. M. 2008.
Geulen, Eva und Stephan Kraft (Hg.): Grenzen im Raum – Grenzen der Literatur. Berlin 2010 (Zeitschrift für Deutsche Philologie, Sonderheft 129 [2010]).
Ittner, Jutta: Becoming Animal? Zoo Encounters in Rilke, Lispector, and Kronauer. In: KulturPoetik 3 (2003), S. 24–41.
Lotman, Jurij M.: Die Struktur literarischer Texte. München 1972.
Michalski, Anja-Simone: Ist das Kunst oder kann man das essen. Anmerkungen zu Brigitte Kronauers *Errötenden Mördern*. In: Essen. Hg. von Dorothee Kimmich und Schamma Schahadat. Bielefeld 2012, S. 97–108.
Neumann, Birgit: Raum und Erzählung. In: Handbuch Literatur & Raum. Hg. von Jörg Dünne und Andreas Mahler. Berlin/Boston 2015, S. 96–104.

Julia Bertschik
Glanz der Oberfläche

Frau Mühlenbeck im Gehäus als Bildungs-Roman

Über ihre Faszination für Oberflächen äußert sich Brigitte Kronauer vor allem in ihren Texten über den Maler Dieter Asmus, ihren Wohn-, Lebens- und Arbeitspartner sowie Mitbegründer der seit Ende 1964 existierenden, neurealistischen Gruppe ›Zebra‹:

> Dieter Asmus verdanke ich die Bewußtmachung und Bestärkung meiner eigenen Faszination von der Oberfläche, ja ich möchte es provozierender formulieren: von der Oberflächlichkeit der Welt, über die Goethe sagt: »Nichts ist drinnen, nichts ist draußen: Denn was innen, das ist außen«, von der Gewalt purer Gegenwart, von der unauslotbaren, geballten Augenfälligkeit der Erscheinung.[1]

Diesem Oberflächen-Interesse entsprechen die häufigen Bild- und Naturbeschreibungen in Kronauers Texten ebenso wie ihre in Alltägliches und Nebensächliches, ja in »nullpunktartig[ ] [...] Beiläufige[s] noch außerhalb der Bewertungen von schön, häßlich, gut, böse« verstrickten Figuren und Geschichten zwischen »Kartoffelschälmesser, Bleistiftanspitzer, Impfnarbe«.[2] Bilder, Landschaften, alltägliche Dinge und Personen wirken dabei zugleich glanzvoll und in »epiphanischem Feuer«. So hat Kronauer den ›Magischen Realismus‹ scharf konturierter Gegenstände in Asmus' modernem Stillleben *Katze + Maus* beschrieben:

---

1 Vgl. Brigitte Kronauer: Zu Dieter Asmus [Eröffnungsrede zur Ausstellung D. A. in der Galerie der Stadt Fellbach, 2004]. In: http://www.dieter-asmus.de/Texte/pages/Kronauer_zu_Asmus.htm, zuletzt 06.12.2016, S. 1 f., hier S. 1 sowie Martin Mosebach: Brigitte Kronauer und die Malerei. In: Literarisches Portrait Brigitte Kronauer. Hg. von Bettina Clausen, Thomas Kopfermann und Uta Kutter. Mit einem Vorwort von Thomas Kopfermann. Stuttgart 2004 (Schriften der Akademie für gesprochenes Wort. Bd. 6), S. 109–118.
2 Vgl. Brigitte Kronauer: Literatur und Staubmäntel [1990]. In: B. K.: Literatur und schöns Blümelein. Graz/Wien 1993, S. 13–18, hier S. 14 sowie Julia Bertschik: Propheten des Alltags – Poetiken einer ›Neuen Nebensächlichkeit‹ in der Gegenwartsliteratur, besonders bei Brigitte Kronauer. In: Alltag als Genre. Hg. von Heinz-Peter Preußer und Anthonya Visser. Heidelberg 2009 (Jahrbuch Literatur und Politik. Bd. 4), S. 191–206.

https://doi.org/10.1515/9783110589719-003

Abb. 1: Dieter Asmus: Katze + Maus (1988/89), mit freundlicher Genehmigung des Künstlers

Auf dem 1989/90 [!] entstandenen Gemälde von Dieter Asmus erscheinen alle Gegenstände: Heidnisch? Fromm? Noch? Wieder!
Sie erscheinen trocken und in epiphanischem Feuer. Es sind hervorgetriebene und festgenagelte Appelle, aus und auf säkularisiertem, verkappten Goldgrund, als gäbe es kein größeres Wunder als sie selbst: Wäscheklammer, Trillerpfeife, Katzenpupille, Kuchenform.³

---

3 Vgl. Brigitte Kronauer: »Es gibt keine Ideen außer in Dingen«. [Zu Dieter Asmus, 1993]. In: B. K.: Die Einöde und ihr Prophet. Über Menschen und Bilder. Stuttgart 1996, S. 97–101, hier S. 101 sowie Julia Bertschik: Die Einöde und ihre Propheten. Demonstrative Legendenbildung

Kronauer verweigert und unterläuft damit die wertende Unterscheidung zwischen ›oberflächlicher‹ Oberfläche und ›tiefsinniger‹ Tiefe, wie sie für hermeneutische, dialektische, existenzialistische oder psychoanalytische Denkmodelle typisch ist.[4] Ähnlich wie für Asmus verbindet sich dies bei Kronauer zugleich mit einem Protest gegen die von Nivellierung, Übersehen, Vergessen und Verschwinden bedrohte Qualität der Einzelheiten von Menschen, Tieren, Dingen und Landschaften sowie mit einem ›interphänomenalen‹ Plädoyer für eine »Wertsteigerung der Wirklichkeit«[5] in ihrem alltäglichen, »tadellos sprühende[n], anstrengungslose[n] Glanz.«[6] Ebenso wie für den Maler die Oberflächigkeit der Leinwand wird dabei auch für die Schriftstellerin die Oberfläche des Papiers zu einem Thema. Die Verbindung von Oberfläche und Tiefe, Alltäglichem und Nichtalltäglichem, Nebensächlichkeiten und Naturdingen kann bereits an Kronauers erstem Roman *Frau Mühlenbeck im Gehäus* von 1980 gezeigt werden.[7] Er lässt sich dazu in mehrfacher Hinsicht und durchaus programmatisch als ein ›Bildungs-Roman‹ lesen, der performativ einübt in ›bildende‹ Wahrnehmungs-, Sicht- und Erzählweisen.

Soweit ich sehe, ist Brigitte Kronauers Roman *Frau Mühlenbeck im Gehäus* noch nicht in diesem Kontext betrachtet worden. Hier geht es u. a. um die Figur einer jungen Lehrerin, deren berufliche und persönliche Sinnkrise durch narra-

---

bei Brigitte Kronauer. In: Jahrbuch für Internationale Germanistik 34 (2002), H. 2, S. 75–86 und Andreas Fluck: »Magischer Realismus« in der Malerei des 20. Jahrhunderts. Frankfurt a. M. [u. a.] 1994 (Europäische Hochschulschriften. Reihe 28. Bd. 197), S. 60–62.

4 Vgl. Brigitte Kronauer: Die Sprache von Zungen- und Sockenspitze [2006]. In: http://www.dieter-asmus.de/Texte/pages/Kronauer_Sprache_von_Zunge.htm, zuletzt 06.12.2016, S. 1 f., hier S. 1 (»Wir sind erst zufrieden, wenn wir unter der sogenannten Oberfläche zur Tiefe einer sogenannten Bedeutung vorgestoßen sind«) sowie Gerhard Regn: Postmoderne und Poetik der Oberfläche. In: Poststrukturalismus – Dekonstruktion – Postmoderne. Hg. von Klaus W. Hempfer. Stuttgart 1992 (Text und Kontext. Romanische Literaturen und Allgemeine Literaturwissenschaft. Bd. 9), S. 52–74, v. a. S. 53–56.

5 Vgl. Kronauer: Literatur und Staubmäntel, S. 18; Karlheinz Schmid: Qualität ist keine Frage der Einschaltquote. Ein Gespräch mit Dieter Asmus. In: http://www.dieter-asmus.de/Texte/pages/Schmid_Interview_mit_Asmus.htm, zuletzt 06.12.2016, S. 1–4, hier S. 4. Im Folgenden: [Schmid/Asmus] (»Der Neue Realismus bringt die nötige Sturheit, Konzentration, ja, sagen wir es ruhig: die Liebe auf, die nötig ist, um Menschen, Tiere, Dinge, Landschaften so darzustellen, daß ihr Verlust wirklich an die Eingeweide geht«), sowie Joachim Fischer: Interphänomenalität. In: Sprache und Literatur 45 (2014), H. 113: Oberflächen, S. 3–18.

6 Brigitte Kronauer: Ein tadellos sprühender Glanz. Rede zum achtzigsten Geburtstag von Ror Wolf, gehalten am 4. September 2012 in der Deutschen Nationalbibliothek in Frankfurt am Main. Frankfurt a. M. 2012, S. 10.

7 Brigitte Kronauer: Frau Mühlenbeck im Gehäus. Roman [1980]. 2. Aufl. Stuttgart 1981, S. 230 (»Einmal möchte ich gern ausschweifend über meine Verhältnisse leben, mit Glanz!«). Im Folgenden: [FMG].

tive und typografische Ordnungsschemata im wahrsten Sinne des Wortes noch einmal in den Griff bekommen und zu einem sinnvollen Ganzen geformt, ja – in einer etymologischen Variante des Bildungsbegriffs – ›gebildet‹ werden kann.[8] Dies geschieht in permanenter Auseinandersetzung mit der älteren Titelfigur, der Hausfrau Mühlenbeck. In Abwandlung der prototypischen Bildungsroman-Vertreter seit der Goethezeit[9] geht es hier also um die krisenhafte Entwicklung einer jungen weiblichen Protagonistin, die aber zugleich Vertreterin des Bildungssystems selbst ist. Dabei spielen Oberfläche und Glanz, Nebensachen und Natur eine zentrale Rolle, wie im Folgenden zu sehen sein wird.

Abgesehen vom kurzen Schlusskapitel besteht in Kronauers Roman dazu jeder der sechs Hauptteile aus vier Unterkapiteln, deren Abfolge sich immer wiederholt: Auf die Ich-Erzählungen Frau Mühlenbecks aus ihrem vergangenen Leben vor, zwischen und nach den Weltkriegen folgen minuziöse Beobachtungen einer namenlos bleibenden, jüngeren Erzählerin über die hausfraulichen Alltagsverrichtungen Frau Mühlenbecks. Durch die Evokation »ekstatische[r] Momente«, etwa beim kurzen Genuss einer zuvor hektisch zubereiteten Tasse Kaffee,[10] verleiht der Text dem Mühlenbeck'schen Alltagsleben dabei den »Glanz« profaner Erleuchtungen, den sie selbst in ihrem unspektakulären Leben vermisst:

> Jetzt trinkt sie, schließt die Augen, hält still mit der Tasse an den Lippen, hebt die Schultern, senkt die Tasse zum Tisch zurück, doch erstarrt noch einmal, jetzt also ist es soweit, sie zieht ihr Gesicht zusammen vor Konzentration, nach innen gerichtet, und so verharrend und schließlich, bei geöffnetem Mund lächelnd, mit einem kleinen, glücklichen Stöhnen, setzt sie die Tasse ab, so angenehm erschöpft, so erlöst, und es entsteht beinahe ein Läuten, als die Tasse gegen Untertasse und Löffelchen schlägt. (FMG, 147)

Anschließend präsentiert sich Frau Mühlenbeck wieder selbst, diesmal mit Episoden aus ihrem gegenwärtigen Leben. Danach versucht die zweite Erzählerin, ihr eigenes Leben als Lehrerin zu vergegenwärtigen. Dies geschieht neben den Erinnerungen an ihre Urlaubsreisen und den Beschreibungen der Beziehung zu ihrem Freund vor allem in den Reflexionen über ihr Verhältnis zur Natur und ihren Arbeitsalltag in der Schule.

---

8 Vgl. Rudolf Vierhaus: Bildung. In: Geschichtliche Grundbegriffe. Historisches Lexikon zur politisch-sozialen Sprache in Deutschland. Bd. 1. Hg. von Otto Brunner, Werner Conze und Reinhart Koselleck. Stuttgart 1972, S. 508–551, v. a. S. 509–511.
9 Vgl. Jürgen Jacobs: Wilhelm Meister und seine Brüder. Untersuchungen zum deutschen Bildungsroman. München 1972 und Ortrud Gutjahr: Einführung in den Bildungsroman. Darmstadt 2007.
10 Vgl. Kronauer: Literatur und Staubmäntel, S. 18 sowie Bertschik: Propheten des Alltags, S. 198 f. und S. 205.

Im ferienhaften Naturerlebnis sucht auch sie glanzvolle »Höhepunkt[e]«, »anhaltende[ ] Augenblick[e]« (FMG, 216) und »glorreiche[ ] Moment[e]« der Intensität (FMG, 214). Und zwar durch die Verschmelzung dreier grundlegender Oberflächen: ihrer Hautoberfläche mit den Oberflächen von Erde und Meer. Außerhalb ihres bedrückenden Schulalltags, aber auch ihrer Liebesbeziehung, sucht sie dabei in Vorfreude oder Rückschau »Verklärung« (FMG, 214) und »Andacht« (FMG, 216):

> Auf den Sommer freue ich mich so, jedes Jahr, weil ich dann ausgestreckt auf einer Wiese oder im Sand liege, auf alle Fälle ausgestreckt auf dem Boden, auf der Erde, man fühlt sie mit dem ganzen Körper. [...] Liebe kann darüber nicht wegtrösten, ein Körper, der auf oder unter einem liegt, ist nicht dasselbe. (FMG, 28 f.)

> Ich faßte alles an und streckte mich im Schatten aus, und manchmal konnte ich das Meer [...] sehen. Hier ging es mir gut. Ich dehnte mich aus vor Zufriedenheit. Das war der Sommer, und ich fühlte den warmen Boden unter mir ganz für mich allein, für mich gemacht, und mich gab es, damit ich darauf liegen konnte. (FMG, 137)

> Ich rannte ins Wasser, das so ruhig und klar über dem Grund lag [...]. Ich tauchte mein Gesicht tief ein, ich ließ das Wasser in meinen Mund laufen und in meine Augen, ich vergaß alle Bedenklichkeiten. Ich wußte vor Entzücken schon nicht mehr, ob ich wach war oder döste, so faltete ich mich auseinander und zog mich zusammen und wieder auseinander, wie eine Qualle, die sich durchströmen läßt. (FMG, 166)

Die junge Lehrerin versucht mit ihren Oberflächenkontakten und -durchlässigkeiten an die Gefühlstiefe ihres Kindheitserlebnisses einer vor der Folie des blauen Himmels funkelnden Pappelspitze anzuknüpfen, was sich später zunächst noch im Anblick der aufgewühlten Oberfläche der Nordsee bzw. beim Eintauchen in die sanfte Oberfläche des Mittelmeers erfüllt. Die rigide Trennung von Arbeitsalltag und Ferienerlebnis, der dadurch gesteigerte Erwartungsdruck sowie der zunehmende Tourismus verstellen schließlich jedoch eine solch interphänomenale Naturwahrnehmung tiefer Oberflächen, in der außen und innen untrennbar eins waren. Wiederum erfährt die Lehrerin dies unmittelbar über ihre »Hautlichkeit«, deren Oberflächen(be)kenntnis schon Nietzsche zu den glücklichen menschlichen Augenblicken gezählt hat: »Alle Menschen der Tiefe haben ihre Glückseligkeit darin, einmal den fliegenden Fischen zu gleichen und auf den äussersten Spitzen der Wellen zu spielen; sie schätzen als das Beste an den Dingen, – dass sie eine Oberfläche haben: ihre Hautlichkeit.«[11] Bei Kronauer heißt es hingegen am Ende, aus der desillusionierten Perspektive der Lehrerin:

---

11 Friedrich Nietzsche: Die fröhliche Wissenschaft. In: Werke. Kritische Gesamtausgabe. Abt. V. Bd. 2. Hg. von Giorgio Colli und Mazzino Montinari. Berlin/New York 1973, S. 195.

> Die Gegend trennte sich von mir ab, zugesperrt und zugemauert. [...] Der Funke sprang nicht mehr über, alles war jetzt bewußt, übervölkert und ausgenutzt. [...] Das Meer verlor seine Wirkung. [...]
> [I]ch bin nichts Eigentümliches mehr, aber handlich. Ich spüre es direkt mit meiner Haut, wie wir beide, das Meer und ich, benutzbar sind und weiter nichts. (FMG, 216 f.)

Aber auch von schwer verständlichen »Oberflächen« als »anhaltende[r] Fremde« ist die Lehrerin fasziniert (FMG, 101). Das betrifft die Sprachbarriere im Auslandsurlaub ebenso wie die detailliert beobachteten heimischen Haushaltsverrichtungen Frau Mühlenbecks: »Die Ferien sind halb um, und ich will niemanden eigentlich sehen, oder nur so etwas Vertrautes oder Fremdes wie diese Frau Mühlenbeck.« (FMG, 29) Die Lehrerin konzentriert sich auch hier auf äußere Formen, auf eine oberflächig-oberflächliche Struktur, diesmal nicht, um glanzvolle Momente, sondern um überhaupt Ordnung und Orientierung zu erlangen, insbesondere in der Schule:

> Schon von Anfang an war es ja so, daß ich mich vor der Klasse befand mit einem Flimmern vor den Augen. Ich wußte genau, wie ich die Situation betrachten mußte, wenn alles gut gehen sollte: Es kam einzig darauf an, mir zu verdeutlichen, daß ich als erwachsene Person vorn stand, und etwas abgerückt, zu einem Block geformt, die Menge, die Masse der Schüler, ein Ganzes relativ gleichartiger Wesen in rechteckiger Formation, deren Blicke auf mich gerichtet waren, damit ich auf sie reagierte insgesamt, ich Einzelne zurück auf ein Einziges – aus vielen Gebildetes, aber das mußte in den Hintergrund treten –: die Klasse. [...] Kaum stand ich vor ihnen, wimmelten sie mir auseinander im Gehirn, es zitterte, es summte, ich wollte sie in meiner inneren Anschauung schnell zu einem Riegel zurückschmelzen, aber ich verzettelte mich sofort an den vielen, schief und schräg gehaltenen Gesichtern. (FMG, 225 f.)

Kronauers mit autobiografischen Zügen versehene Lehrerin (die Autorin war von 1963 bis 1971 selbst Lehrerin im Schuldienst) scheitert immer wieder an der Unvereinbarkeit von Distanz und Nähe, Abgrenzung und Gemeinsamkeit, Beobachten und Handeln. Was sie im ferienhaften Naturerlebnis herbeisehnte, die Verschmelzung von innen und außen über den Oberflächenkontakt von Haut, Erde und Meer, erweist sich hier gerade als verfehlt und hinderlich. Nur »mit Anstrengung« (FMG, 228) und immer wieder unterbrochen von erlösenden Rauchpausen und apathischen Rückzügen in einen todesähnlichen Schlaf, also mit den ferienanalog legitimierten Auflösungsmomenten jenseits des Schulalltags, gelingt es ihr, eine lediglich »täuschende Ordnung« aufrechtzuerhalten (FMG, 228). Diese besteht darin, die namenlos bleibenden Schüler ihrer wechselnden Klassen und verschiedenen Unterrichtsfächer immer wieder »zu Blöcken« anzuordnen (FMG, 191), in ihnen allein den allgemeinen Typus des Schülers zu sehen, statt einzelne Subjekte mit individuellen Freudens- und Leidensgeschichten. Gerade von diesem Unterschiedlichen, Einzelnen und Besonderen fühlt sie sich gleichzeitig jedoch magisch angezogen, versinkt während des Unterrichts entweder in eine isolierte, reine »Zuschauerlust« (FMG, 40). Oder aber sie wird von ihren Erinnerungen an die eigene Schulzeit überwältigt und verliert sich daraufhin in distanzloser Empathie, in einer maßstabslosen Verwechslung und unzulässigen Vermischung mit ihren Schülern. In beiden Fällen, der distanzierten Zuschauerlust bzw. einer distanzlosen Empathie, wird sie ihrer Aufgabe nicht gerecht, vergisst regelrecht, wo sie sich befindet und wozu:

> Ich steigere mich so hinein in meine Gefühle, Anblicke, Träumereien, daß ich die Schüler nicht richtig wahrnehme, erst recht nicht, was sie benötigen. [...] Ich bin im Grunde mit mir allein, ich helfe ihnen nicht. Ich handle nicht. (FMG, 228)

Dabei ist sich Kronauers Lehrerin sehr wohl bewusst, dass sie es ist, die über die Freiheit wie auch die Allmacht verfügt, im abgeschlossenen Areal des Klassenzimmers, »bei dreißig Menschen in diesem Augenblick, die Gefühle nach meinen Absichten zu lenken« (FMG, 63). Andernfalls entfalten sich Zerstörungswut und -begeisterung ihrer Schüler exemplarisch wie auf einer »Urinsel« (FMG, 167), deren vorzivilisatorisch-anarchische Aspekte von der jungen Lehrerin bis zu einem gewissen Grad interessiert registriert werden. Wie schon in der Zeit ihres Referendariats, der verunsichernden Situation einer von anderen beobachteten Beobachterin, hängt auch hier alles jedes Mal »an einem seidenen Faden« (FMG, 52). Die Situation des Unterrichts wird von ihr weniger als Ort bildender Wissensvermittlung erlebt, denn als existenzieller Kampfplatz der Lebensbehauptungen und -niederlagen, »zwischen einem Einzelnen und einer festen Gruppe« (FMG, 101), als quasi »physische Auseinandersetzung mit [ihr] als Unterlegener« (FMG, 138).

Einen ordnenden Ausweg aus diesem Chaos bietet allein die strukturierende Stundenvorbereitung. Über die dafür notwendigen Handwerkzeuge Papier, Stift und Buch in ihrem Zusammenspiel aus Oberfläche, Werkzeug und Zeichen wird dabei zugleich auto(r)reflexiv die ›Schreibszene‹ einer Schriftstellerin problematisiert:[12]

---

[12] Vgl. Rüdiger Campe: Die Schreibszene. Schreiben. In: Paradoxien, Dissonanzen, Zusammenbrüche. Situationen offener Epistemologie. Hg. von Hans Ulrich Gumbrecht und K. Ludwig Pfeiffer. Frankfurt a. M. 1991, S. 759–772 sowie Martin Stingelin: ›Schreiben‹. Einleitung. In: »Mir ekelt vor diesem tintenklecksenden Säkulum«. Schreibszenen im Zeitalter der Manuskripte. Hg. von M. S. München 2004 (Zur Genealogie des Schreibens. Bd. 1), S. 7–21, v. a. S. 14 f.

> Man nimmt einen Stift und Papier, auch Bücher, alles mögliche kann man hinzunehmen, aber was man macht, ist eine kleine, runde Einheit, ein Kabinettstückchen mit Zwischenergebnissen. Alles hat seinen Sinn, der wird immer, bei allem verfolgt, auch wenn es wie der reinste Unsinn aussieht. Am Ende steht das eigentliche Ziel. Wenn es in der Wirklichkeit auch nicht klappen sollte, in der Vorstellung war es eine vernünftige, ordentliche Welt. Jeden Tag, wenigstens im Kopf, stellt man sich sowas her, zum Teil aus dem Nichts. Das ist sehr künstlich. (FMG, 113 f.)

Dem scheinbar ›natürlichen‹, *unvermeidliche[n] Gang der Dinge* mit Künstlichem, mit Kunst beizukommen, bezeichnet aber exakt Kronauers Poetologie einer *Revolution der Nachahmung*, welche sie bis heute in ihren Texten verfolgt.[13] Für Kronauer ist auch die empirische Wirklichkeit durch Formen »wilder Literatur«, d. h. durch überkommene, z. T. mündlich tradierte Erzählmuster, durch narrative Verfahrensweisen oder »vulgarisierte[ ] Kunstrudimente« im Sinne einer lebensnotwendigen »Ideologie[ ] der Wahrnehmung« ›sinnvoll‹ vorstrukturiert.[14] Dies wird in Kronauers Roman *Frau Mühlenbeck im Gehäus* nun an der zweiten, titelgebenden Erzählerinnenfigur exemplifiziert. Denn während der innere Monolog der namenlosen Lehrerin aus zunächst ungeordneten, ja »›urwaldhaft‹ verworren[en]« Assoziationen besteht und auch ihr phänomenologisches Registrieren die Außenwelt in scheinbar zusammenhanglose Einzelpartikel zerfallen lässt,[15] erweist sich Frau Mühlenbeck von Anfang an als Meisterin des spannungsgeladenen, sinnvollen und geordneten Erzählens. Vergangenheit und gegenwärtiges Erleben fügen sich bei ihr – rund, schlüssig, pointiert und bedeutungsvoll – zu Anekdoten in der Art kleiner Kalendergeschichten. Sie laufen entweder auf ein Sprichwort hinaus oder gehen, umgekehrt, von einer Lebensweisheit aus und erläutern diese exemplarisch. Denn Kronauers Titelfigur liebt »›das Aufschlußreiche, [...] die beispielhafte Situation‹« (FMG, 9) im Leben wie in der Literatur und macht sich so zur »fest umrissene[n] Erscheinung«, zur »Heldin« ihrer eigenen »Lebensgeschichte«. (FMG, 233 f.)

Traditionelle Erzählmuster von Exposition, Peripetie und abgeschlossener Handlung führen hier also erst zur Formung einer sinnvollen Biografie und stellen narrative Ordnungsmuster zur Orientierung in der aktuellen Gegenwart

---

13 Vgl. neben Kronauers frühen, titelgebenden Kurzprosasammlungen *Der unvermeidliche Gang der Dinge* (1974) und *Die Revolution der Nachahmung* (1975) später auch Brigitte Kronauer: Poetische Würde? Was soll das denn. Schiller-Rede 2010. In: Jahrbuch der deutschen Schillergesellschaft 55 (2011), S. 463–472.

14 Brigitte Kronauer: Nachwort. In: B. K.: Die Wiese. Erzählungen. Stuttgart 1993, S. 119–126, hier S. 123.

15 Brigitte Kronauer: Ist Literatur unvermeidlich? In: Die Sichtbarkeit der Dinge. Über Brigitte Kronauer. Hg. von Heinz Schafroth. Stuttgart 1998, S. 12–27, hier S. 21.

bereit: In einem solchen ›Gehäuse‹, wie es der Romantitel in Anspielung auf die heilige Gelehrtenfigur des ›Hieronymus im Gehäus‹ nennt, findet Frau Mühlenbeck Schutz und Geborgenheit. Sie ist darin andererseits auch gefangen. Mit den beiden Erzählerinnen stehen sich somit nicht nur Lebenspositionen von Entlastung und Entfremdung, Naivität und Reflexion, Tradition und Moderne gegenüber, sondern zugleich auch unterschiedliche narrative Modelle: In den autobiografischen Geschichten der Frau Mühlenbeck finden sich traditionell lehrhafte und mimetisch-realistische Erzählstrukturen ebenso wie Verweise auf die dokumentarische Methode einer *Oral History*. Die Selbstvergewisserungsversuche der Lehrerin hingegen stehen in der Tradition des vornehmlich weiblichen ›Verständigungstextes‹ der ›Neuen Subjektivitäts‹-Bewegung aus den 1970er Jahren. Dem wiederum stehen die scheinbar neutral beobachteten, hyperrealistischen Aufzeichnungen der Mühlenbeck'schen Alltagsverrichtungen entgegen. Sie sind der etwa zeitgleichen Programmatik von Nouveau Roman und Neuem Realismus in Literatur und bildender Kunst verpflichtet,[16] so etwa der schon zu Beginn erwähnten, von Dieter Asmus mitbegründeten Gruppe ›Zebra‹.

Am Ende des Romans nähern sich die Positionen der beiden Frauen, der im Leben stehenden Frau Mühlenbeck und ihrer verunsicherten Beobachterin und Zuhörerin, einander an. Während sich im Mühlenbeck'schen Erzählen zunehmend Enttäuschungen, Versäumnisse und Ängste artikulieren, beginnt die Lehrerin nun, deren erzählpraktische Wahrnehmungsideologie als ›Flucht nach vorn‹-Strategie zu adaptieren. Auch außerhalb der Stundenvorbereitung baut sie sich Lehrsätze auf, sucht sich »ein[en] Anfang, mindestens ein Ende« (FMG, 236) und weist schließlich erste Anzeichen von der ersehnten »Lebenstüchtigkeit, [...] allerdings auch von Erstarrung auf[ ]«.[17] Im nicht näher gekennzeichneten Verhältnis zur Titelfigur erweist sich jetzt also die Lehrerin als gelehrige Schülerin.[18] Die nun bezeichnenderweise »vorgeschriebene[ ] Entschlossenheit« (FMG, 236) am Ende ihres eigenen Bildungsprozesses spiegelt sich im Verlauf des Romans dabei auch in der formalen Struktur ihres Erzählstrangs wider bzw. scheint durch diesen überhaupt erst hervorgebracht: Das zunächst ungeordnet wirkende Assoziations-Durcheinander der Lehrerin formiert sich ab der Mitte des Romans

---

16 Eine solch ›multiple Schreibweise‹ bemerkt hier auch Uwe Schweikert: »Es geht aufrichtig, nämlich gekünstelt zu!« Ein Versuch über Brigitte Kronauer. In: Neue Rundschau 95 (1984), H. 3, S. 155–171, hier S. 164 f.
17 Kronauer: Ist Literatur unvermeidlich?, S. 21.
18 Vgl. Brigitte Kronauer: Kleine poetologische Autobiographie. In: Sprache im technischen Zeitalter 42 (2004), H. 171, S. 267–282, hier S. 276 sowie Jutta Müller-Tamm: Die Unvermeidlichkeit der Literatur. Zu Brigitte Kronauers Poetik des Autobiographischen. In: Sprache im technischen Zeitalter 42 (2004), H. 172, S. 414–427.

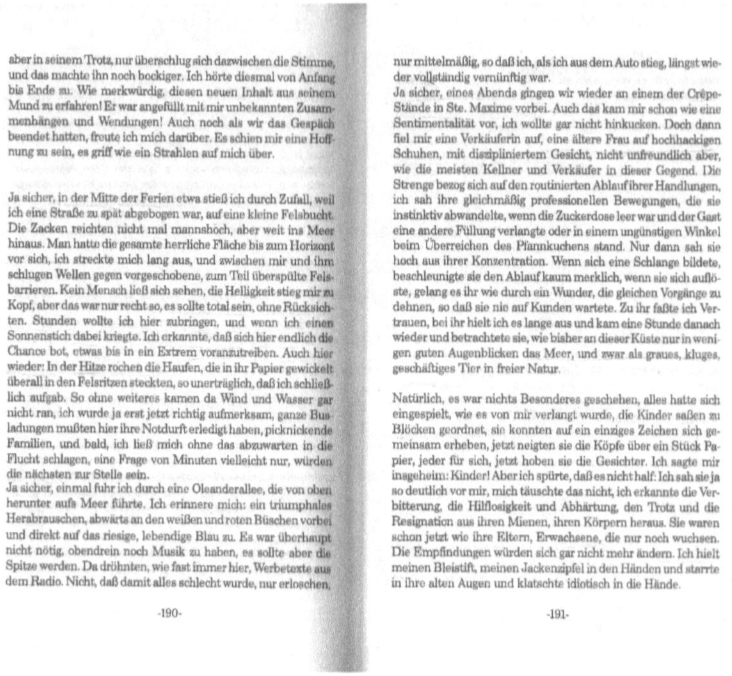

aber in seinem Trotz, nur überschlug sich dazwischen die Stimme, und das machte ihn noch bockiger. Ich hörte diesmal von Anfang bis Ende zu. Wie merkwürdig, diesen neuen Inhalt aus seinem Mund zu erfahren! Er war angefüllt mit mir unbekannten Zusammenhängen und Wendungen! Auch noch als wir das Gespäch beendet hatten, freute ich mich darüber. Es schien mir eine Hoffnung zu sein, es griff wie ein Strahlen auf mich über.

Ja sicher, in der Mitte der Ferien etwa stieß ich durch Zufall, weil ich eine Straße zu spät abgebogen war, auf eine kleine Felsbucht. Die Zacken reichten nicht mal mannshoch, aber weit ins Meer hinaus. Man hatte die gesamte herrliche Fläche bis zum Horizont vor sich, ich streckte mich lang aus, und zwischen mir und ihm schlugen Wellen gegen vorgeschobene, zum Teil überspülte Felsbarrieren. Kein Mensch ließ sich sehen, die Helligkeit stieg mir zu Kopf, aber das war nur recht so, es sollte total sein, ohne Rücksichten. Stunden wollte ich hier zubringen, und wenn ich einen Sonnenstich dabei kriegte. Ich erkannte, daß sich hier endlich die Chance bot, etwas bis in ein Extrem voranzutreiben. Auch hier wieder: In der Hitze rochen die Haufen, die in ihr Papier gewickelt überall in den Felsritzen steckten, so unerträglich, daß ich schließlich aufgab. So ohne weiteres kamen da Wind und Wasser gar nicht ran, ich wurde ja erst jetzt richtig aufmerksam, ganze Busladungen mußten hier ihre Notdurft erledigt haben, picknickende Familien, und bald, ich ließ mich ohne das abzuwarten in die Flucht schlagen, eine Frage von Minuten vielleicht nur, würden die nächsten zur Stelle sein.
Ja sicher, einmal fuhr ich durch eine Oleanderallee, die von oben herunter aufs Meer führte. Ich erinnere mich: ein triumphales Herabrauschen, abwärts an den weißen und roten Büschen vorbei und direkt auf das riesige, lebendige Blau zu. Es war überhaupt nicht nötig, obendrein noch Musik zu haben, es sollte aber die Spitze werden. Da dröhnten, wie fast immer hier, Werbetexte aus dem Radio. Nicht, daß damit alles schlecht wurde, nur erloschen,

-190-

nur mittelmäßig, so daß ich, als ich aus dem Auto stieg, längst wieder vollständig vernünftig war.
Ja sicher, eines Abends gingen wir wieder an einem der Crêpe-Stände in Ste. Maxime vorbei. Auch das kam mir schon wie eine Sentimentalität vor, ich wollte gar nicht hinkucken. Doch dann fiel mir eine Verkäuferin auf, eine ältere Frau auf hochhackigen Schuhen, mit diszipliniertem Gesicht, nicht unfreundlich aber, wie die meisten Kellner und Verkäufer in dieser Gegend. Die Strenge bezog sich auf den routinierten Ablauf ihrer Handlungen, ich sah ihre gleichmäßig professionellen Bewegungen, die sie instinktiv abwandelte, wenn die Zuckerdose leer war und der Gast eine andere Füllung verlangte oder in einem ungünstigen Winkel beim Überreichen des Pfannkuchens stand. Nur dann sah sie hoch aus ihrer Konzentration. Wenn sich eine Schlange bildete, beschleunigte sie den Ablauf kaum merklich, wenn sie sich auflöste, gelang es ihr wie durch ein Wunder, die gleichen Vorgänge zu dehnen, so daß sie nie auf Kunden wartete. Zu ihr faßte ich Vertrauen, bei ihr hielt ich es lange aus und kam eine Stunde danach wieder und betrachtete sie, wie bisher an dieser Küste nur in wenigen guten Augenblicken das Meer, und zwar als graues, kluges, geschäftiges Tier in freier Natur.

Natürlich, es war nichts Besonderes geschehen, alles hatte sich eingespielt, wie es von mir verlangt wurde, die Kinder saßen zu Blöcken geordnet, sie konnten auf ein einziges Zeichen sich gemeinsam erheben, jetzt neigten sie die Köpfe über ein Stück Papier, jeder für sich, jetzt hoben sie die Gesichter. Ich sagte mir insgeheim: Kinder! Aber ich spürte, daß es nicht half: Ich sah sie ja so deutlich vor mir, mich täuschte das nicht, ich erkannte die Verbitterung, die Hilflosigkeit und Abhärtung, den Trotz und die Resignation aus ihren Mienen, ihren Körpern heraus. Sie waren schon jetzt wie ihre Eltern, Erwachsene, die nur noch wuchsen. Die Empfindungen würden sich gar nicht mehr ändern. Ich hielt meinen Bleistift, meinen Jackenzipfel in den Händen und starrte in ihre alten Augen und klatschte idiotisch in die Hände.

-191-

Abb. 2: Brigitte Kronauer: Frau Mühlenbeck im Gehäus. Roman. 2. Aufl. Stuttgart 1981, S. 190 f.

immer deutlicher zu – diesmal – thematisch in sich geschlossenen Text-Blöcken, deren Abfolge sich ebenfalls wiederholt (Beziehung, Urlaub und Schule wechseln einander ab). Im Verlauf der zweiten Hälfte des Romans werden diese zudem durch Absätze auch optisch voneinander getrennt, »durch das umgebende Weiß [der Papierseite] zusätzlich aufs Podest gestellt«,[19] sowie durch stereotype Einlei-

19 So heißt es schon 1975 im programmatischen Klappentext von Kronauers *Die Revolution der Nachahmung*, zit. nach Brigitte Kronauer: Zwei Klappentexte. In: Text+Kritik (1991), H. 112: Brigitte Kronauer. Hg. von Heinz Ludwig Arnold, S. 3–5, hier S. 5. Vgl. auch Lothar Müller: Weiße Magie. Die Epoche des Papiers. München 2012, v. a. S. 321–323 sowie noch einmal Kronauer selbst, mit direktem Bezug auf *Frau Mühlenbeck im Gehäus*: »Der Aussagewert leerer Stellen auch dort, wo einzeilige, zweizeilige, ja dreizeilige Absätze einschneidend wirken, ist punktgenau miterfaßt worden. Erst eine solch punktgenaue Beobachtung ließ es zu, minimale Volumenabweichungen der je einzelnen ›lebenden‹ Bausteine hochzurechnen in die ehernen [!] Kunstarchitektur, der das Bauwerk des ›Mühlenbeck‹-Romans folgt.« (zit. nach Bettina Clausen: Realität und Literatur. Zu den Grundlagen der Arbeit Brigitte Kronauers. In: Literarisches Portrait Brigitte Kronauer, S. 19–33, hier S. 33).

tungsfloskeln (›natürlich‹, ›ja sicher‹) in einen scheinbar kausallogischen Zusammenhang gebracht.

Formale, ja materielle (Text-)Oberfläche und subjektive, innere Tiefe bedingen einander im Sinne der von Hans Ulrich Gumbrecht so benannten ›flachen Diskurse‹ einer ihrer Materialität bewussten Kommunikation.[20] Erst in der Kombination aus Arbeit und Freizeit bzw. Ferien, Routine und besonderem, als auratisch empfundenem Moment, entsteht zudem über das »Nichtalltägliche *im* Alltäglichen« – wie es der Klassiker der Alltagssoziologie, Henri Lefebvre, genannt hat[21] – der notwendige Glanz. Wo die Oberfläche der Mühlenbeck-Figur anhand von Erzählforme(l)n klar konturierte Grenzen erfährt, erscheint das Leben der Lehrerin zunächst wie loser Inhalt ohne Form. Es scheint, als könne sie den tieferen Sinn ihres Lebens nicht erfassen, solange sich die Oberfläche nicht in Form bringen lässt, Innen und Außen nicht klar voneinander geschieden werden, um erst dann interagieren und letztlich miteinander verschmelzen zu können. Der Text präferiert also keinen der beiden Bereiche, weder Oberfläche noch Tiefe, sondern er weist auf ihr notwendiges Zusammenspiel *ex negativo* gerade auch durch die strikte Trennung der wortmächtigen Erzähl- und der stummen Handlungs-, Ereignis- bzw. Beobachtungspassagen als eigentlich notwendigem Text-Ensemble der beiden erzählenden Protagonistinnen hin. Damit schließt sich Kronauers Roman auch keinem eindimensionalen ›Lob der Oberfläche und der Oberflächlichkeit‹ an[22] – so, wie es als postmoderne Absage an ein lange Zeit dominierendes »Pathos der Tiefe«[23] propagiert worden ist. Wird hierbei doch häufig unterschlagen, dass die Semantik räumlicher Oppositionen nur gemeinsam wirksam ist. Denn wo keine Tiefendimension mehr existiert bzw. mitgedacht wird, erscheint schließlich auch die Rede von Oberflächen hinfällig, die diese begrenzen sollen. Die gängigen

---

[20] Vgl. Hans Ulrich Gumbrecht: Flache Diskurse. In: Materialität der Kommunikation. Hg. von H. U. G. und K. Ludwig Pfeiffer. Frankfurt a. M. 1988, S. 914–923 sowie dazu auch Sybille Krämer: Von der ›Tiefe‹ des intellektualistischen Sprachbildes zur ›Oberfläche‹ der verkörperten Sprache. In: Oberfläche und Performanz. Untersuchungen zur Sprache als dynamischer Gestalt. Hg. von Angelika Linke und Helmuth Feilke. Tübingen 2009 (Reihe Germanistische Linguistik. Bd. 283), S. 33–48, v. a. S. 41 f.
[21] Henri Lefebvre: Kritik des Alltagslebens. Grundrisse einer Soziologie der Alltäglichkeit [1958/1961]. Übers. von Burkhart Kroeber und Karl Held. Frankfurt a. M. 1987, S. 51 [meine Hervorhebung, J. B.].
[22] Vgl. Thomas Eder und Juliane Vogel (Hg.): Lob der Oberfläche. Zum Werk von Elfriede Jelinek. München 2010 und Vilém Flusser: Lob der Oberflächlichkeit. Für eine Phänomenologie der Medien. Hg. von Stefan Bollmann und Edith Flusser. Bensheim/Düsseldorf 1993 (Schriften 1).
[23] Rainer Adolphi: Bedienoberflächen der technischen Wirklichkeit. In: Oben und Unten. Oberflächen und Tiefen. Hg. von Kurt Röttgers und Monika Schmitz-Emans. Essen 2013 (Philosophisch-literarische Reflexionen. Bd. 15), S. 113–139, hier S. 128.

Oppositionsschemata von Oberfläche und Tiefe sind in Kronauers Text hingegen in einer dritten Dimension, als ›tiefe Oberfläche‹[24] eines »in der geschlossenen Oberfläche anschaulich gemachte[n] Innere[n]«,[25] aufgehoben. Darauf verwies ja bereits die ›hautliche‹ Naturwahrnehmung der Lehrinnenfigur. Kronauer selbst hat es später so beschrieben, bezeichnenderweise wieder in einem, diesmal explizit poetologisch gemeinten Naturbild:

> Ich wünschte mir [...], meine Geschichten würden, durchaus wörtlich, »eine gute Figur machen«, am liebsten, wenn auch kaum erreichbar, wie ein Blatt, das seine Mikroorganisation in unnachahmlicher und ja keineswegs langweiliger Diskretion verbirgt in und unter seiner jedem Auge erkennbaren ovalen oder gezackten Erscheinung, je nach Jahreszeit oder Witterung schwankend und dennoch fest.[26]

Die Oberfläche kann somit zum Ort des Sinns von Sprache und Ausdruck werden, der sich, laut Gilles Deleuze, »auf beide Seiten gleichzeitig verteilt, als Ausgedrücktes, das in den Sätzen subsistiert, und als Ereignis, das den Körperzuständen [also ihrer ›Hautlichkeit‹] widerfährt«.[27] Deleuze fügt hinzu: »Der Glanz, die Pracht des Ereignisses, das ist der Sinn«.[28] Textanordnung und Erzählung werden bei Kronauer dabei zu sinnstiftenden Verknüpfungsmomenten kontingenter Ereignisse der Selbst- und Welterschließung im narrativen Akt. Ebenso wie der Neue Realismus in der Kunst von Dieter Asmus und der Gruppe ›Zebra‹, der in seiner Abwendung von der Abstraktion hin zu einer neuen Gegenständlichkeit nicht zurückgegangen ist, sondern »durch die Moderne hindurch [und] über sie hinaus«,[29] gelingt es mit solchen »Trick[s]« auch Brigitte Kronauer, im Angesicht der Moderne und ihrer berechtigten Kritik am konventionellen Geschichtenverlauf, Geschichten erzählen zu können, »ohne rückfällig zu werden«.[30]

---

[24] Vgl.: Tiefe Oberflächen. In: Neue Rundschau 113 (2002), H. 4, S. 9–102 sowie Julia Bertschik: Reisen auf dem Papier oder Vom Ober-Flächenland (in) der Literatur des 19. Jahrhunderts: Abbott – Carroll – Raabe. In: Literatur als Interdiskurs. Realismus und Normalismus, Interkulturalität und Intermedialität von der Moderne bis zur Gegenwart. Eine Festschrift für Rolf Parr zum 60. Geburtstag. Hg. von Thomas Ernst und Georg Mein. München 2016, S. 181–197.
[25] Brigitte Kronauer: Die Gewalt der Bilder [3. Vorlesung, Tübinger Poetik-Dozentur 2011]. In: B. K.: Poesie und Natur. Stuttgart 2015, S. 103–120, hier S. 118 (es handelt sich um eine Bildbeschreibung von Dieter Asmus' *Frau unter der Höhensonne*, 1968).
[26] Kronauer: Nachwort, S. 126.
[27] Gilles Deleuze: Logik des Sinns [1969]. Übers. von Bernhard Dieckmann. Frankfurt a. M. 1993, S. 161.
[28] Vgl. Deleuze, S. 187 sowie Selin Gerlek: Das Ereignis bei Deleuze und Badiou und seine ästhetische Dimension. In: Oben und Unten, S. 153–160, v. a. S. 155–157.
[29] Schmid/Asmus, S. 1.
[30] Kronauer: Ist Literatur unvermeidlich?, S. 24.

Denn das bei Kronauer dazu in ihrem ersten Roman *Frau Mühlenbeck im Gehäus* gleichzeitig exemplifizierte wie hinterfragte, aus der schulischen Praxis entlehnte Prinzip einer ›didaktischen Reduktion‹ komplexer Wirklichkeiten[31] am Beispiel von Naturbeschreibungen, Unterrichtsplanungen, Modellgeschichten und formalästhetischem Textaufbau dient hier in erster Linie der Konstruktion ›narrativer Identitäten‹ aus der sich in den 1980er Jahren im psychologischen Feld parallel dazu etablierenden Forschungsrichtung der Narrativen Psychologie.[32] Kronauers etwa zeitgleich publizierter Roman aktualisiert und verlängert durch die Montage der »autobiografische[n] Mystifizierung«[33] ihrer Figuren somit das aus der Tradition des Bildungsromans vertraute biografische Entwicklungsmodell polyphon und metafiktional. Unter konstruktivistischen Vorzeichen entsteht so eine lebenspraktische ›Erzählschule‹ für die Figuren wie für die im klassischen Verständnis der Gattung dabei immer auch mit zu bildenden Leser. Dies erscheint in Zeiten sozialer Netzwerke als ubiquitärer Erzählplattformen digitaler Oberflächen, auf denen das eigene Leben als serielle Autobiografie inszeniert und sinnstiftend angeordnet wird,[34] aktueller denn je.

Literaturverzeichnis

Brigitte Kronauer

Kronauer, Brigitte: Frau Mühlenbeck im Gehäus. Roman [1980]. 2. Aufl. Stuttgart 1981.
Kronauer, Brigitte: Zwei Klappentexte [1974/75]. In: Text+Kritik (1991), H. 112: Brigitte Kronauer. Hg. von Heinz Ludwig Arnold, S. 3–5.
Kronauer, Brigitte: Die Wiese. Erzählungen. Stuttgart 1993.
— darin: Nachwort, S. 119–126.
Kronauer, Brigitte: Literatur und schöns Blümelein. Graz/Wien 1993.
— darin: Literatur und Staubmäntel [1990], S. 13–18.

---

31 Vgl. Martin Lehner: Didaktische Reduktion. Bern 2012.
32 Vgl. Jerome Bruner: Life as Narrative. In: Social Research 54 (1987), H. 1, S. 11–32; Kenneth J. Gergen und Mary M. Gergen: Narrative and the Self as Relationship. In: Advances in Experimental Social Psychology. Hg. von Leonard Berkowitz. San Diego 1988, S. 17–56 und Paul Ricœur: Narrative Identity. In: Philosophy Today 35 (1991), H. 1, S. 73–81. Zur Universalität des Erzählens im Sinne eines *Homo narrans* vgl. darüber hinaus Albrecht Koschorke: Wahrheit und Erfindung. Grundzüge einer allgemeinen Erzähltheorie. Frankfurt a. M. 2012.
33 Kronauer: Nachwort, S. 124.
34 Vgl. Daniela Otto: Empathische Medien. Oder warum es bei Vernetzung um das große Gefühl geht. In: http://www.literaturkritik.de/public/rezension.php?rez_id=21218, zuletzt 16.01.2017, S. 1 f.

Kronauer, Brigitte: Die Einöde und ihr Prophet. Über Menschen und Bilder. Stuttgart 1996.
— darin: »Es gibt keine Ideen außer in Dingen«. [Zu Dieter Asmus, 1993], S. 97–101.
Kronauer, Brigitte: Ist Literatur unvermeidlich? In: Die Sichtbarkeit der Dinge. Über Brigitte Kronauer. Hg. von Heinz Schafroth. Stuttgart 1998, S. 12–27.
Kronauer, Brigitte: Kleine poetologische Autobiographie. In: Sprache im technischen Zeitalter 42 (2004), H. 171, S. 267–282.
Kronauer, Brigitte: Zu Dieter Asmus [Eröffnungsrede zur Ausstellung D. A. in der Galerie der Stadt Fellbach, 2004]. In: http://www.dieter-asmus.de/Texte/pages/Kronauer_zu_Asmus.htm, zuletzt 06.12.2016, S. 1f.
Kronauer, Brigitte: Die Sprache von Zungen- und Sockenspitze [2006]. In: http://www.dieter-asmus.de/Texte/pages/Kronauer_Sprache_von_Zunge.htm, zuletzt 06.12.2016, S. 1f.
Kronauer, Brigitte: Poetische Würde? Was soll das denn. Schiller-Rede 2010. In: Jahrbuch der deutschen Schillergesellschaft 55 (2011), S. 463–472.
Kronauer, Brigitte: Ein tadellos sprühender Glanz. Rede zum achtzigsten Geburtstag von Ror Wolf, gehalten am 4. September 2012 in der Deutschen Nationalbibliothek in Frankfurt am Main. Frankfurt a. M. 2012.
Kronauer, Brigitte: Poesie und Natur. Stuttgart 2015.
— darin: Die Gewalt der Bilder [3. Vorlesung, Tübinger Poetik-Dozentur 2011], S. 103–120.

Weitere Primärquellen

Deleuze, Gilles: Logik des Sinns [1969]. Übers. von Bernhard Dieckmann. Frankfurt a. M. 1993.
Nietzsche, Friedrich: Die fröhliche Wissenschaft. In: Werke. Kritische Gesamtausgabe. Abt. V. Bd. 2. Hg. von Giorgio Colli und Mazzino Montinari. Berlin/New York 1973.

Forschungsliteratur

Adolphi, Rainer: Bedienoberflächen der technischen Wirklichkeit. In: Oben und Unten. Oberflächen und Tiefen. Hg. von Kurt Röttgers und Monika Schmitz-Emans. Essen 2013 (Philosophisch-literarische Reflexionen. Bd. 15), S. 113–139.
Bertschik, Julia: Die Einöde und ihre Propheten. Demonstrative Legendenbildung bei Brigitte Kronauer. In: Jahrbuch für Internationale Germanistik 34 (2002), H. 2, S. 75–86.
Bertschik, Julia: Propheten des Alltags – Poetiken einer ›Neuen Nebensächlichkeit‹ in der Gegenwartsliteratur, besonders bei Brigitte Kronauer. In: Alltag als Genre. Hg. von Heinz-Peter Preußer und Anthonya Visser. Heidelberg 2009 (Jahrbuch Literatur und Politik. Bd. 4), S. 191–206.
Bertschik, Julia: Reisen auf dem Papier oder Vom Ober-Flächenland (in) der Literatur des 19. Jahrhunderts: Abbott – Carroll – Raabe. In: Literatur als Interdiskurs. Realismus und Normalismus, Interkulturalität und Intermedialität von der Moderne bis zur Gegenwart. Eine Festschrift für Rolf Parr zum 60. Geburtstag. Hg. von Thomas Ernst und Georg Mein. München 2016, S. 181–197.
Bruner, Jerome: Life as Narrative. In: Social Research 54 (1987), H. 1, S. 11–32.
Campe, Rüdiger: Die Schreibszene. Schreiben. In: Paradoxien, Dissonanzen, Zusammenbrüche. Situationen offener Epistemologie. Hg. von Hans Ulrich Gumbrecht und K. Ludwig Pfeiffer. Frankfurt a. M. 1991, S. 759–772.

Clausen, Bettina: Realität und Literatur. Zu den Grundlagen der Arbeit Brigitte Kronauers. In: Literarisches Portrait Brigitte Kronauer. Hg. von B. C., Thomas Kopfermann und Uta Kutter. Mit einem Vorwort von Thomas Kopfermann. Stuttgart 2004 (Schriften der Akademie für gesprochenes Wort. Bd. 6), S. 19–33.

Eder, Thomas und Juliane Vogel (Hg.): Lob der Oberfläche. Zum Werk von Elfriede Jelinek. München 2010.

Fischer, Joachim: Interphänomenalität. In: Sprache und Literatur 45 (2014), H. 113: Oberflächen, S. 3–18.

Fluck, Andreas: »Magischer Realismus« in der Malerei des 20. Jahrhunderts. Frankfurt a. M. [u. a.] 1994 (Europäische Hochschulschriften. Reihe 28. Bd. 197), S. 60–62.

Flusser, Vilém: Lob der Oberflächlichkeit. Für eine Phänomenologie der Medien. Hg. von Stefan Bollmann und Edith Flusser. Bensheim/Düsseldorf 1993 (Schriften 1).

Gergen, Kenneth J. und Mary M. Gergen: Narrative and the Self as Relationship. In: Advances in Experimental Social Psychology. Hg. von Leonard Berkowitz. San Diego 1988, S. 17–56.

Gerlek, Selin: Das Ereignis bei Deleuze und Badiou und seine ästhetische Dimension. In: Oben und Unten. Oberflächen und Tiefen. Hg. von Kurt Röttgers und Monika Schmitz-Emans. Essen 2013 (Philosophisch-literarische Reflexionen. Bd. 15), S. 153–160.

Gumbrecht, Hans Ulrich: Flache Diskurse. In: Materialität der Kommunikation. Hg. von H. U. G. und K. Ludwig Pfeiffer. Frankfurt a. M. 1988, S. 914–923.

Gutjahr, Ortrud: Einführung in den Bildungsroman. Darmstadt 2007.

Jacobs, Jürgen: Wilhelm Meister und seine Brüder. Untersuchungen zum deutschen Bildungsroman. München 1972.

Koschorke, Albrecht: Wahrheit und Erfindung. Grundzüge einer allgemeinen Erzähltheorie. Frankfurt a. M. 2012.

Krämer, Sybille: Von der ›Tiefe‹ des intellektualistischen Sprachbildes zur ›Oberfläche‹ der verkörperten Sprache. In: Oberfläche und Performanz. Untersuchungen zur Sprache als dynamischer Gestalt. Hg. von Angelika Linke und Helmuth Feilke. Tübingen 2009 (Reihe Germanistische Linguistik. Bd. 283), S. 33–48.

Lefebvre, Henri: Kritik des Alltagslebens. Grundrisse einer Soziologie der Alltäglichkeit [1958/1961]. Übers. von Burkhart Kroeber und Karl Held. Frankfurt a. M. 1987.

Lehner, Martin: Didaktische Reduktion. Bern 2012.

Mosebach, Martin: Brigitte Kronauer und die Malerei. In: Literarisches Portrait Brigitte Kronauer. Hg. von Bettina Clausen, Thomas Kopfermann und Uta Kutter. Mit einem Vorwort von Thomas Kopfermann. Stuttgart 2004 (Schriften der Akademie für gesprochenes Wort. Bd. 6), S. 109–118.

Müller, Lothar: Weiße Magie. Die Epoche des Papiers. München 2012.

Müller-Tamm, Jutta: Die Unvermeidlichkeit der Literatur. Zu Brigitte Kronauers Poetik des Autobiographischen. In: Sprache im technischen Zeitalter 42 (2004), H. 172, S. 414–427.

Otto, Daniela: Empathische Medien. Oder warum es bei Vernetzung um das große Gefühl geht. In: http://www.literaturkritik.de/public/rezension.php?rez_id=21218, zuletzt 16. 01. 2017, S. 1 f.

Regn, Gerhard: Postmoderne und Poetik der Oberfläche. In: Poststrukturalismus – Dekonstruktion – Postmoderne. Hg. von Klaus W. Hempfer. Stuttgart 1992 (Text und Kontext. Romanische Literaturen und Allgemeine Literaturwissenschaft. Bd. 9), S. 52–74.

Ricœur, Paul: Narrative Identity. In: Philosophy Today 35 (1991), H. 1, S. 73–81.

Schweikert, Uwe: »Es geht aufrichtig, nämlich gekünstelt zu!« Ein Versuch über Brigitte Kronauer. In: Neue Rundschau 95 (1984), H. 3, S. 155–171.

Stingelin, Martin: ›Schreiben‹. Einleitung. In: »Mir ekelt vor diesem tintenklecksenden Säkulum«. Schreibszenen im Zeitalter der Manuskripte. Hg. von M. S. München 2004 (Zur Genealogie des Schreibens. Bd. 1), S. 7–21.
Tiefe Oberflächen. In: Neue Rundschau 113 (2002), H. 4, S. 9–102.
Vierhaus, Rudolf: Bildung. In: Geschichtliche Grundbegriffe. Historisches Lexikon zur politisch-sozialen Sprache in Deutschland. Bd. 1. Hg. von Otto Brunner, Werner Conze und Reinhart Koselleck. Stuttgart 1972, S. 508–551.

Interview

Schmid, Karlheinz: Qualität ist keine Frage der Einschaltquote. Ein Gespräch mit Dieter Asmus. In: http://www.dieter-asmus.de/Texte/pages/Schmid_Interview_mit_Asmus.htm, zuletzt 06.12.2016, S. 1–4.

Dörte Linke
Existenzielle Räume
Meer, Strand und Mensch bei Brigitte Kronauer

Das Meer ist in der menschlichen Imagination sowohl mit Schrecken als auch mit Faszination verbunden. Als Naturgewalt steht es den geordneten und sicheren Welten des Landes entgegen. Zunächst prägten die Empfindungen daher Angst und Abscheu ob der ungegliederten Fläche und dem Chaos. Die Fahrt auf das Meer verband sich mit dem Bewusstsein, dort dem eigenen Schicksal ausgesetzt zu sein. Erst seit dem achtzehnten Jahrhundert entwickelte sich die Lust daran, sich den Fluten mental und real entgegenzuwerfen – im erhabenen Blick auf die Weite oder beim Eintauchen in das Wasser. Dies verdankte sich auch einem neuen Verhältnis zur Natur – indem der Mensch diese mittels seiner Vernunft und Technik mehr und mehr zu beherrschen glaubte, wurden die Entdeckung und Ästhetisierung auch der ›wilden Zonen‹ möglich.[1] Die Ästhetisierung wurde in der Romantik noch gesteigert und der Strand zum Ort der Sehnsucht – hier eröffneten sich neue Perspektiven, das Meer versprach die Überschreitung eines begrenzten Daseins auf die Unendlichkeit hin. Der Vitalismus feierte es als Quelle der Erneuerung und als Ort der metaphysischen Vereinigung mit dem Leben selbst.[2] Das Meer, so zeigt dieser kurze Überblick, steht paradigmatisch für die physische und mentale Auseinandersetzung des Menschen mit den Gewalten der Natur. Es macht ihm einerseits die Begrenzungen der eigenen Kultur und seiner Existenz deutlich. Als ›Anderes‹ wird es aber auch zur Projektionsfläche für die eigenen Vorstellungen und Träume. Tiefe Fremdheit und imaginäre Aneignung zeichnen somit das menschliche Verhältnis zum Meer gleichermaßen aus. Dies wird sich auch in den Texten Brigitte Kronauers zeigen.

---

[1] Vgl. dazu Carsten Zelle: »Angenehmes Grauen«. Literaturhistorische Beiträge zur Ästhetik des Schrecklichen im achtzehnten Jahrhundert. Hamburg 1987, S. 81 ff.
[2] Vgl. dazu ausführlich Alain Corbin: Meereslust. Das Abendland und die Entdeckung der Küste. Berlin 1990; Thorsten Feldbusch: Zwischen Land und Meer. Schreiben auf den Grenzen. Würzburg 2003 und Uwe Schneider: Meer. In: Metzler Lexikon literarischer Symbole. Hg. von Günter Butzer und Joachim Jacob. Stuttgart/Weimar 2008, S. 268 f. Vgl. auch Hannah Baader und Gerhard Wolf: Maritime Tableaus. Eine Vorbemerkung. In: Das Meer, der Tausch und die Grenzen der Repräsentation. Hg. von H. B. und G. W. Zürich [u. a.] 2010, S. 7–11.

Die Frage, in welchem Verhältnis die menschliche Kultur und Natur zueinander stehen, ist heute aktueller denn je.[3] Der gegenwärtige Naturdiskurs hinterfragt die seit der Neuzeit tradierten kulturellen Sichtweisen, welche die Natur als Objekt der geistigen und physischen Beherrschung durch ein menschliches Subjekt unterwerfen. Brigitte Kronauer widmet sich insbesondere in ihrem Erzählband *Die Tricks der Diva* (2004) den mit Natur verbundenen Denktraditionen. Generell ist ihr Schreiben von einem großen Interesse an den Bildern, Strukturen und Mustern geprägt, mit denen der Mensch die Welt für sich ordnet. Diese »Konfigurationen«[4] hält sie zwar für notwendig, um angesichts einer äußerst heterogenen und vielfältigen Wirklichkeit nicht verrückt zu werden; als eine Art Schablone sind sie aber immer auch reduktiv, mit dem Potenzial, in sich selbst zu erstarren, dem Menschen den Blick auf die Wirklichkeit zu verstellen und ihn dieser zu entfremden. In ihren Texten scheint daher das Brüchige der menschlichen Vorstellungen von Welt immer wieder auf: Sie sind vorläufige, die der Sache, dem ›Ding an sich‹ und der Fülle des eigenen Erlebens, nicht gerecht werden.[5] Dies zeigt sich auch im Blick auf Natur, die für Kronauer eine Instanz ist, die sich allen »herrische[n] Enträtselungs-, auch Kastrationsversuche[n] [...] konstant entzieht, u. a. deshalb, weil sie die zuverlässige Nicht-Konstante ist, wenn es sein muß mit eingeplanten, planetarischen Zerstörungsphasen.« Zugleich fungiere sie jedoch insbesondere in der Literatur als »Stimulans und einzigartige[r]

---

3 Mir ist natürlich bewusst, dass sowohl der Natur- als auch der Kulturbegriff eingehender zu problematisieren wären. Dies ist im Rahmen dieses Aufsatzes nicht möglich. Ich verstehe den Naturbegriff als Konstrukt, als Ordnungskategorie, die sich auf Phänomene bezieht, welche sich durch ihre Eigendynamik und Lebendigkeit der vollständigen Kontrolle durch den Menschen entziehen und nicht von ihm geschaffen worden sind, aber auch als abstrakte Idee und Denkfigur, die historisch immer wieder unterschiedlich ausgeformt wird.
4 Brigitte Kronauer: Kleine poetologische Autobiographie. In: Sprache im technischen Zeitalter 42 (2004), H. 171, S. 267–282, hier S. 273.
5 Vgl. dazu ausführlich Kronauer: Kleine poetologische Autobiographie, S. 267 ff. und Brigitte Kronauer: Vom Umgang mit der Natur und wie sie mit uns umspringt [2. Vorlesung, Tübinger Poetik-Dozentur 2011]. In: B. K.: Poesie und Natur. Stuttgart 2015, S. 85–102, hier S. 87 ff. Vgl. auch Meike Feßmann: Gezielte Verwilderung. Modernität und Romantik im Werk von Brigitte Kronauer. In: Sinn und Form 56 (2004), H. 4, S. 487–503, hier S. 488 f.; Jutta Ittner: Der nachdrückliche Blick. Gespräch mit Brigitte Kronauer. In: neue deutsche literatur 49 (2001), H. 1, S. 44–57, hier S. 44 f. und S. 47; Dörte Thormählen: Schattenspiele. Das Wirkliche als das Andere bei Brigitte Kronauer. In: Sprache im technischen Zeitalter 32 (1994), H. 132, S. 379–390, hier S. 380 ff. sowie Anja Gerigk: Postmodernes Erzählen auf Leben und Tod. Die Aporie der Zweideutigkeit in Brigitte Kronauers Roman *Teufelsbrück*. In: Sprachkunst 38 (2007), H. 1, S. 67–88, hier S. 67.

Projektionsträger.«[6] Am augenfälligsten wird diese Dialektik in der Poetik Kronauers am Motiv des Meeres. Das Meer bietet, wie oben skizziert, durch seine Leere und Weite viel Raum für Phantasien, widersetzt sich durch seine Formlosigkeit und stetige Veränderung aber letztendlich jeglicher Aneignung. Es wird damit zum paradigmatischen Ort, an dem das Bedürfnis des Menschen, Sinnmuster zu kreieren, besonders deutlich sichtbar wird. So sagt die Autorin selbst:

> Das Meer ist für mich im Grunde genommen die Öde, die Leere – eine Projektionsfläche. Ich habe von klein auf eine intensive Beziehung zum Meer gehabt. Wahrscheinlich weil es eben auf der einen Seite diese Kahlheit hat und andererseits den ununterbrochenen Gestaltenreichtum; jede winzigste Windbewegung erzeugt eine Welle, die stets wechselnde Reflexion des Lichts und so weiter. Ich habe sicherlich sowohl eine Zuneigung wie einen Schrecken vor solch einem Nichts, vor einer Gestaltenleere. [...] Es sind die Pole, zwischen denen sich mein Schreiben bewegt. Und insofern ist es wichtig, die Dinge der Realität zu benennen, damit sich eine undeutliche oder sogar leere Welt bevölkert. Nun kann man sagen, die ist doch gar nicht leer und unbevölkert. Aber für einen Schriftsteller ist eigentlich nur das da, was er nennt.[7]

Das Meer setzt die schöpferischen und poetischen Kräfte des Menschen frei, macht aber zugleich als fundamental Fremdes deren Haltlosigkeit und Flüchtigkeit deutlich.[8]

Anhand dieses Motivs lässt sich daher das Naturverhältnis der Gegenwart und sein Zusammenhang mit Poesie und Literatur erörtern.[9] Es wird sich zeigen, dass Kronauer tradierte Deutungsweisen des Meeres aufnimmt, diese aber auch

---

6 Brigitte Kronauer: Fünfzehnmal Natur? Ein Nachwort [1990]. In: B. K.: Die Tricks der Diva. Geschichten. Stuttgart 2004, S. 107–112, hier S. 110 f. – Zu Kronauers Naturansichten vgl. in diesem Band insbes. die Beiträge von Tanja van Hoorn, Alke Brockmeier und Ute Weidenhiller.
7 Werner Jung: Literatur ist Gestalt. Gespräch mit Brigitte Kronauer. In: neue deutsche literatur 42 (1994), H. 2, S. 29–38, hier S. 32.
8 Interessant wäre hier ein Vergleich mit den Berglandschaften bei Brigitte Kronauer, die, anders als das Meer, vor allem mit der Zerrüttung von Sinn verknüpft sind. Dies zeigt sich beispielsweise in der Erzählung »Im Gebirg'«, erschienen in Die Tricks der Diva, in der die schroffe Berglandschaft auch als Bild für die sich immer weiter zersetzende bzw. nicht mehr zusammenhängende Erinnerung und Identität erscheint. Hier ist somit vor allem eine Auflösung ›materialisierter‹ Sinnkonstruktionen im Blick, was deren Flüchtigkeit faktisch von der anderen Seite aus inszeniert. Vgl. dazu auch Leonie Silber: »Die Gesteine brauchen sein Gedächtnis nicht«. Über die Erosion von Berg, Selbst und Erinnerung bei Max Frisch und Brigitte Kronauer. In: Das Erschreiben der Berge. Die Alpen in der deutschsprachigen Literatur. Hg. von Johann Georg Lughofer. Innsbruck 2014, S. 219–230.
9 Beides ist für Kronauer sehr eng verknüpft. So seien die Sinnmuster, die Menschen für sich kreieren, wesentlich auch von literarischen Narrativen geprägt. Vgl. dazu Kronauer: Kleine poetologische Autobiographie, S. 274. Darauf werde ich noch zurückkommen.

dekonstruiert. Dies erlaubt ihr, eine neue Problemstellung sichtbar zu machen: Der Mensch ist als Wesen fundamental auf ›Sinn‹ angewiesen. Dieser ist jedoch in einer entzauberten Welt und angesichts einer Natur, die in ihrer Eigendynamik wahrgenommen wird, nicht mehr einfach zu gewinnen. Dies soll nachfolgend anhand von zwei Texten Kronauers aufgezeigt werden: einem Ausschnitt aus *Die Frau in den Kissen* (1990)[10] und einer Erzählung aus *Die Tricks der Diva*.

1 *Die Frau in den Kissen* – Sehnsucht nach dem Absoluten

In *Die Frau in den Kissen* sind die Beziehung zwischen Ich und Welt, das Schaffen von Sinnstrukturen sowie die menschliche Existenz die zentralen Themen. Nach den oben ausgeführten Überlegungen erscheint daher fast zwangsläufig, dass eine längere Passage, nämlich das zweite Kapitel, das Meer als Leitmotiv hat. Zu Beginn des Kapitels wird das Bild des Meeres langsam heraufbeschworen:

> Jetzt aber beuge ich mich, auf halber Strecke zwischen Meeresboden und Himmel, über die Wasseroberfläche. So beugt man sich über einen runden Tisch [...] wie ich hier, [...] am kreisrunden Tisch des Zoocafés [...]. Besetzung des Tisches, Besetzung des Meeres. Tisch glatt, Meer wellenlos. Das Meer steht still am Horizont und an den Felsen. [...] Die einfachste Kulisse der Welt, zwei penetrant auf ewige Dauer anspielende Elemente, die, je länger man hinschaut, den unterhaltsamen Wirbel eines kleinen Schicksals verlangen [...]. (FK, 63)

Wie der Geist Gottes über dem Wasser der Schöpfungsgeschichte schwebt der Kopf der Erzählerin über der Tischplatte. Unterstrichen wird damit die Kraft des Erzählens, das aber zugleich mit feiner Ironie als Konstruktion ausgewiesen wird: Meeresoberfläche und Tischplatte sind eins und werden gleichermaßen mit den eigenen Vorstellungen besetzt.[11] Die Szenerie, die im Folgenden entstehen wird, weist sich somit von Beginn an selbst als Phantasie aus, die sich mit Reflexionen über das menschliche Dasein verbinden wird. Die Formulierung vom »kleinen Schicksal[ ]« verweist auf eine für Kronauer typische Mischung von Ironie und

---

10 Brigitte Kronauer: Die Frau in den Kissen. Roman. Stuttgart 1990. Im Folgenden: [FK].
11 Der Roman ist als ein fortlaufender Bewusstseinsstrom der Protagonistin gestaltet. Feßmann spricht hier von einer »Poetologie der Verwilderung«, dem Sammeln von Geschichten und Eindrücken, die nicht mehr zu einer Einheit gefasst werden können. Dies lasse die Situation des modernen Menschen sichtbar werden: »*Die Frau in den Kissen* ist ein Bewußtseinsstrom, der in den Weiten des Alls keine Grenzen findet. Er zeigt die Conditio humana des modernen, aller Sicherheiten beraubten Menschen in ihrer gewaltigen Schauerlichkeit.« (Feßmann, S. 498)

Pathos, da sich das Große, die Frage nach dem gelingenden Leben, mit dem Banalen und Komischen verbindet.

So spielt sich das Geschehen in einem roten, »ordinären Gummiboot« (FK, 65) ab, das vor der Küste treibt. In dem Boot sitzt ein ungleiches Paar: Eine Gräfin und ihr vermeintlicher Liebhaber, ein Hausmeister und Polizist, sie, lang aufragend, ein Strich in der Landschaft, er, athletisch gebaut und vor vitalem Leben nur so strotzend.[12] Vom Strand aus wird das Boot beobachtet, es ist

> der einzige feste Punkt, die bei jedem Aufblicken neu gesuchte, brisante Stelle auf dem kahlen Meer. Die lange Latte und ihr Wundertier. Das komische Paar, zwei exquisite Mißgestalten, die deshalb zueinandergehören. [...] [D]er adlige Leuchtturm und der Muskelprotz. Nun sollen sie der Strandbevölkerung ihren Traum erfüllen, indem sie ihn einander erfüllen, eine verschiedengeschlechtliche Abart von Dick und Doof. (FK, 69)

Mit dem Boot verbinden sich die Wünsche und Projektionen der Zuschauer. Es erinnert an Foucaults Definition des Schiffes als ›Heterotopie par excellence‹, indem es die Phantasie einer skandalösen Liebesgeschichte weckt, die den banalen und begrenzten Alltag und seine Normen buchstäblich über Bord wirft.[13] Zugleich lässt sich an Blumenbergs Überlegungen zur Metapher des ›Schiffbruchs

---

[12] Auf diese Unterschiede der Körper wäre noch weiter einzugehen. Sie beziehen sich auch auf ein Verhältnis von Körper und Geist. So ist der Mann körperlich sehr präsent, scheint jedoch wenig geistige Kapazitäten zu haben, während die Gräfin ihre kaum vorhandenen körperlichen Reize zwar immer wieder in Szene zu setzen versucht, insgesamt aber abwesend ist und in Gedankenwelten umherschweift. Auch Liebertz-Grün bemerkt hierzu: »Die Gräfin karikiert das Sehnsuchtsbild naturnaher Weiblichkeit durch ihre bohnenstangenähnliche Gestalt und durch den von ihrer Phantasie geschaffenen idealen Mann, von dem sie nur Trägheit, schieres Sein, Animalität verlangt, obwohl er wider Erwarten sprechen und denken kann.« (Ursula Liebertz-Grün: Romane als Medium der Wahrheitssuche. Ingeborg Bachmann, Irmtraud Morgner, Brigitte Kronauer. In: Nora verlässt ihr Puppenheim. Autorinnen des zwanzigsten Jahrhunderts und ihr Beitrag zur ästhetischen Innovation. Hg. von Waltraud Wende. Stuttgart/Weimar 2000, S. 172–221, hier S. 205) Durch ihre Länge lässt sich die Gräfin auch mit den »metaphysischen Achsen«, der Verbindung zwischen Himmel und Erde und dem Horizontstrich, und damit mit dem Kosmischen verknüpfen. Die gedrungene Form des Mannes steht hingegen eher für das Materielle und Irdische. Er ist allerdings, wie Liebertz-Grün richtig bemerkt, ausschließlich durch die Augen der Gräfin zugänglich und damit in einer verzerrten Sicht.

[13] Der heterotopische Ort ist bei Foucault ein Ort, der mit der Gesellschaft verbunden ist und zugleich deren Regeln außer Kraft setzt. So wird das Schiff zur einer Außenzone, die auch als Projektionsfläche heimlicher Träume und Wünsche dient: »In den Zivilisationen, die keine Schiffe haben, versiegen die Träume. An die Stelle des Abenteurers tritt dort die Bespitzelung und an die Stelle der Freibeuter die Polizei.« (Michel Foucault: Von anderen Räumen. In: Raumtheorie. Grundlagentexte aus Philosophie und Kulturwissenschaften. Hg. von Jörg Dünne und Stephan Günzel. Frankfurt a. M. 2006, S. 317–329, hier S. 327).

mit Zuschauer‹ denken. Das drohende Scheitern des Paars in seinem schaukelnden Gefährt weckt bei den sicher an Land Zurückgebliebenen einen wohligen Schauer.[14] Beide Vorstellungen werden von der Erzählstimme allerdings als stereotype Muster ausgewiesen, die, »zahm in ihrer Kalkulierbarkeit« (FK, 69) sind und das Eigenleben des Bootes und seiner Insassen nicht erfassen. So wird nach und nach deutlich, dass es nicht primär um eine Verführung geht, sondern das ungleiche Paar gemeinsam seinen letzten Lebenstag auf dem Meer verbringt. Am Abend werden beide mithilfe von Gift aus dem Leben scheiden. Dies kodiert die Bootsfahrt um: Die Loslösung vom Strand ist kein zeitlich begrenztes Verlassen des Alltags, keine harmlose Überschreitung, sondern eine Loslösung vom Leben an sich. Das Meer wird zum Ort der Auflösung der eigenen irdischen Identität als Mensch zugunsten einer Flucht in die Imagination. Damit steigert das Boot das im Roman so virulente Motiv des Bettes, das ebenfalls mit einem Zustand der Verflüssigung, der Auflösung der Ich-Grenzen, der eigenen Identität und deren Bindung an die Gesellschaft assoziiert ist, ebenso wie mit dem Schlaf – dem kleinen Tod. Die Gräfin fungiert, wie ich zeigen werde, als utopische Projektionsfigur der Erzählerin.[15] Sie wird zum Bild eines Ichs, das sich endgültig nicht mehr mit der Wirklichkeit konfrontieren muss, weil es in der eigenen Vorstellungswelt aufgeht.[16]

Zunächst wird das Meer jedoch zu einem Zwischenraum, der erlaubt, die menschliche Problematik, die die Gräfin in den Tod treibt, eingehender zu erörtern. Diese reflektiert im Boot liegend das eigene Leben. Kronauer greift hier auf tradierte Topoi zurück, die den Aufenthalt am Meer mit Momenten der Selbstfindung, der Reflexion über das eigene Dasein und dem Bewusstsein für die eigene Endlichkeit verknüpfen.[17] Auch der Topos der Lebensreise mit dem Schiff über

---

14 Hans Blumenberg untersucht den ›Schiffbruch mit Zuschauer‹ als Daseinsmetapher und legt in seiner gleichnamigen Studie dar, wie dieser jeweils kodiert und gedeutet wird. Vgl. dazu Hans Blumenberg: Schiffbruch mit Zuschauer. Paradigma einer Daseinsmetapher. Frankfurt a. M. 1979.
15 Vgl. dazu Ina Appel: Von Lust und Schrecken im Spiel ästhetischer Subjektivität. Über den Zusammenhang von Subjekt, Sprache und Existenz in Prosa von Brigitte Kronauer und Ror Wolf. Würzburg 2000 (Epistemata. Bd. 299), S. 89.
16 So wird das Boot auch als Doppel- bzw. Himmelbett beschrieben. Vgl. zum Motiv des Bettes ausführlich Oliver Sill: Rückzug ins Grenzenlose. ›Das Bett‹ als Leitmotiv in der Prosa Brigitte Kronauers. In: Neue Generation – Neues Erzählen. Deutsche Prosa-Literatur der achtziger Jahre. Hg. von Walter Delabar, Werner Jung und Ingrid Pergande. Opladen 1993, S. 15–23, sowie auch Jutta Ittner: My Self, My Body, My World: Homemaking in the Fiction of Brigitte Kronauer. In: Homemaking. Women Writers and the Politics and Poetics of Home. Hg. von Catherine Wiley und Fiona R. Barnes. New York/London 1996, S. 53–69, hier S. 57. Ittner macht deutlich, dass das Bett auch eine Art Versteck vor der Welt ist, in dem das Ich ›nach Hause kommen‹ und ganz bei sich selbst sein kann. Vgl. auch Feßmann, S. 496 f.
17 Vgl. dazu Corbin, S. 40, S. 130 f. und S. 213 ff.

das Meer wird aufgerufen, aber insofern umgedeutet, als diese nur noch rückblickend und mental unternommen wird.[18] Die Bilder des Meeres werden dabei zu poetischen Konstruktionen, die die Sichtweise der Gräfin auf ihr menschliches Dasein illustrieren. Bezeichnend ist dabei, dass das Meer vollkommen ruhig daliegt in der »totenstillen Mittagszeit, die ergraut vor Hitze.« (FK, 73) Deutlich klingen hier die bekannten Gedichtzeilen Goethes an: »Tiefe Stille herrscht im Wasser, / Ohne Regung ruht das Meer, / Und bekümmert sieht der Schiffer, / Glatte Fläche rings umher. / Keine Luft von keiner Seite! / Todesstille fürchterlich! / In der ungeheuern Weite / Reget keine Welle sich.«[19] Das ruhige Meer wird zum Bild für ein banales und ereignisloses Leben, das weder Energie noch Dynamik aufweist.[20] Angesichts des monotonen Hebens und Senkens der Wellen sehnt sich die Gräfin nach Leidenschaft, die sie allerdings selbst nur einmal erlebt hat. Auch dieses Liebeserlebnis wird in einem Meeresbild gefasst. Wie die Welle sich an den Steinen bricht, »die das Wasser zwingen, sich in vielfältigen Aufbäumungen zu artikulieren« (FK, 120), erlebte die Gräfin in der lustvollen Konfrontation mit dem anderen ›Element‹ ihre eigene Identität:

> Dieser eine, andere Mann zwang sie als einziger, das heimliche Ausgebreitetsein in der Verborgenheit aufzugeben und die Last eines geradezu militanten Umrisses auf sich zu nehmen. Der Muskelmann andererseits traut arglos der von ihr vorgegaukelten Oberfläche und ahnt nicht, daß sie auf Reisen ist, durch die Luft- und Wasserzonen, unentwegt in weiten Gedankensprüngen. [...] [W]ie hob sich dieses allgemein Männliche immerzu von ihr ab, ein Glück, dem am besten ihr eigener Tod gefolgt wäre. (FK, 115 f., [...] 120 f.)

---

[18] Vgl. dazu Christian Sinn: Schiff. In: Metzler Lexikon literarischer Symbole, S. 368–370, hier S. 368 f.

[19] Johann Wolfgang von Goethe: Gedichte. 1756–1799. In: Sämtliche Werke. Hg. von Karl Eibl. Darmstadt 1998, S. 650. Böhme bemerkt, in diesem Gedicht erscheine das spiegelglatte Meer als »Bild eines still-ungeheuren Todes in fürchterlicher Weite.« (Hartmut Böhme: Eros und Tod im Wasser – »Bändigen und Entlassen der Elemente«. Das Wasser bei Goethe. In: Kulturgeschichte des Wassers. Hg. von H. B. Frankfurt a. M. 1988, S. 208–233, hier S. 215).

[20] Das Meer fungiert auch in der Tradition vielfach als Metapher für das Dasein des Menschen. So inszeniert beispielsweise Nietzsche die stürmische See als Bild für das unruhige Leben, das faszinierend und bedrohlich zugleich ist. Den festen Boden in Form von Vorstellungen und Erkenntnissen über das Leben, betrachtet Nietzsche nur als Provisorium, als notwendige Illusionen, die jederzeit zerbrechen können. Vgl. ausführlicher Feldbusch, S. 162 ff. und S. 180 ff. Gleichzeitig wurde die Lebendigkeit und Bewegtheit des Meeres auch als notwendig angesehen, um voranzukommen; ein zu ruhiges und glattes Meer erschien daher problematisch. Vgl. dazu Corbin, S. 203 ff. und S. 302 sowie Blumenberg, S. 34 ff. Die Welle fungiert vor diesem Hintergrund als Symbol für die Wechselfälle des Lebens. Vgl. dazu ausführlich Geraldine Gutiérrez de Wienken: Welle. In: Metzler Lexikon literarischer Symbole, S. 483.

Die Dramatik der Begegnung mit dem Anderen reißt das Ich aus dem grauen Einerlei des Lebens, für die die Weite des Meeres steht. Sie führt zu einem gesteigerten Ich-Gefühl, das es aus der Masse heraushebt. Dieses ergibt sich einerseits aus einer neuen Sichtbarkeit, indem der Blick des Anderen die Äußerlichkeiten und das hohle Rollenspiel auf das Innere hin überschreitet. Dem Ich wird damit eine Individualität und Innerlichkeit verliehen, eine Präsenz, die wiederum die Welt als geformtes Gegenüber erscheinen lässt: »Damals hatte ihre Liebesangelegenheit ihr ganzes Leben mit einem Innenraum versehen, so daß sie aus der eigenen Üppigkeit auf die nun zu deutlichen Ansichten geformte Welt sah.« (FK, 124) Eine weitere wichtige Rolle spielt hierbei auch die Sexualität als körperliche Erfahrung, die dem Ich ein Gespür für sich selbst verleiht, es aber auch mit der Dynamik des Lebens verbindet. Zu denken ist dabei an vitalistische Konzepte, die das Leben selbst als untergründige, dunkle Kraft sehen, die sich in der eigenen Sexualität, aber auch in den Rhythmen der Natur, wie dem Pulsieren des Blutes oder den Gezeiten, zeigt. So erscheint auch das Bad im Meer dem Vitalismus als Verbindung mit den Urkräften.[21] Die Liebe, wie Kronauer sie inszeniert, ist dabei in der Lage, ein entscheidendes Paradox aufzulösen: Der Gang ins Meer und die Verbindung mit den Lebenskräften stehen der individuellen Existenz entgegen und für ein Verlangen des Ich, sich mit einem großen Ganzen zu verbinden. So sehnt sich auch die Gräfin an einer Stelle nach der Aufgabe ihrer Individualität zugunsten einer absoluten Hingabe, einer Form- und Verantwortungslosigkeit: »Sie wollte ein Nichts sein, leicht, konturlos, nicht identifizierbar, eine anstrengungslose Existenz, die monotone Welle im gewellten Wasser.« (FK, 88) Zugleich erscheint diese Auflösung dem Ich bedrohlich, weil es das eigene Leben damit verwirkt. In der Liebe, die die Gräfin anvisiert, scheint jedoch beides möglich: In ihr kann der Mensch die eigene Hülle, sein »Gehäuse«[22], auf die Welt und den Anderen hin öffnen. Er muss sich seiner Sehnsucht nach Unendlichkeit und Fülle nicht mehr verschließen, weil er sich zugleich als Individuum im Blick des Anderen und im Spüren des eigenen Selbst präsent, erkannt und gehalten weiß. Bezeichnenderweise wird dies in das Bild der sich aufbäumenden Welle gefasst,

---

21 Vgl. dazu ausführlicher Dörte Linke: Nacht. Überlegungen zu Cora Sandels Alberte-Trilogie. In: Phänomene der Atmosphäre. Ein Kompendium Literarischer Meteorologie. Hg. von Urs Büttner und Ines Theilen. Stuttgart 2017, S. 210–221, hier S. 216 f.

22 Kronauer: Kleine poetologische Autobiographie, S. 276. Diesem Begriff des ›Gehäuses‹ bei Kronauer wäre weiter nachzugehen. Für Kronauer symbolisiert es eine in sich geschlossene Weltsicht, eine hermetische Verfassung, die sich weder auf den anderen noch auf die Welt hin wirklich öffnen kann. An dieser scheitern die Kronauer'schen Figuren immer wieder. Die Sehnsucht nach Lebensfülle und Erfüllung ist daher ein wichtiges Motiv in Kronauers Texten. Vgl. dazu ausführlicher Thormählen, S. 387 ff. Vgl. auch Appel, S. 104.

die der Weite des Meeres eine temporäre Form verleiht, die für Lebenskraft und Dynamik ebenso wie für die Schönheit steht. Die Liebe enthebt den Menschen dem alltäglichen Einerlei und macht ihn und sein Leben zum kurzzeitigen Schauspiel und Ereignis.[23] Nach dem Verlust dieser Liebe sinkt die Gräfin in die graue Monotonie zurück. Auch dies wird in ein Meeresbild gefasst: das Aufsteigen vom Grund, das mit dem langsamen Gewinn von Form verbunden wird, der Sprung durch die Wasseroberfläche ans Licht und schließlich das ermattete Zurücksinken ins Wasser und in die Auflösung, auf den dunklen Grund, an dem nur die Erinnerung an das Helle bleibt.[24] Gerade die Erinnerung macht die graue und formlose Weite in der Folge unerträglich. Die Liebeserfahrung lässt sich nicht wiederholen, so dass die Gräfin es vorzieht, den begrenzten und bedeutungslosen menschlichen Verhältnissen für immer zu entfliehen.

Während andere Menschen am Strand eine schnelle Befriedigung und Lust suchen, geht es der Gräfin um eine dauerhafte Hingabe an ein anderes, ohne danach »alltäglich zurückkehren« (FK, 151) zu müssen:

> Nun endlich identifiziert sie die Strecke, die ihre Augen von der Küste auf die verschwommene Ferne zu überspringen – und es existiert kein versöhnlicher Mittelgrund – als das furchtlose Ausschauhalten der Kinder nach einer von niemandem benannten, aber gewissen Versprechung, die alle Gegenstände stärker oder schwächer erhellte. Die alten Erwachsenen aber sind mit verrenkten Rücken und krampfhaft gereckten Köpfen bemüht, nur den Strand wahrzunehmen, Sandkörner und Kieselsteine, Einzelheiten, ein Plastikeimerchen, ein Hündchen, eine verlorene kleine Sandale vielleicht, das soll sie retten vor der schneidenden Abstraktheit des Horizonts. (FK, 152 f.)

Mit dem Motiv des Horizonts, das hier aufscheint, beschäftigt sich ausführlich Albrecht Koschorke. Er macht deutlich, dass der Horizont gerade in der Romantik eine Figur der Überschreitung ist, die mit der Transzendenz verbunden ist, der Sehnsucht nach einer ›anderen Welt‹ und nach Entgrenzung. Er ist ein Ort, an dem sich das Himmlische und das Irdische berühren und miteinander verschwimmen.[25] Für die am Strand Gebliebenen markiert der Horizont in seiner

---

23 So macht Kronauer deutlich, dass die große Liebe auch der Protagonistin in *Teufelsbrück* als »Luxus der Einzigartigkeit«, als eine »Schwung und Lebenssinn verleihende [...] Vision« erscheint, die allerdings nur um den Preis aufrecht erhalten werden kann, dass »verschiedene Tatsachen« ausgeblendet werden. (Kronauer: Kleine poetologische Autobiographie, S. 279) Diese große Liebe wird damit selbst zum ›Gehäuse‹, zu einer Art Ideologie, wie ich es im Folgenden auch in Bezug auf die Gräfin zeigen werde.
24 Vgl. dazu FK, S. 54 f.
25 Vgl. dazu Albrecht Koschorke: Die Geschichte des Horizonts. Grenze und Grenzüberschreitung in literarischen Landschaftsbildern. Frankfurt a. M. 1990, S. 173 ff. Auch die Loslösung vom sicheren Gestade wird in der Romantik neu kodiert, es entwickelt sich das Phantasma, von der

»schneidenden Abstraktheit« vor allem die Grenze des Vorstellbaren, der sichtbaren Welt. Er symbolisiert den Tod, den Verlust des Irdischen und der Blick in die Ferne wird daher vermieden.[26] Die Gräfin jedoch strebt eben diese Verbindung mit etwas Größerem an. Der eigene Abgang wird dabei furios inszeniert. Nach einer endgültigen Ablösung vom Strand am Abend steuert das Boot, begleitet von einer Arie, auf den Horizont zu.[27] Die Kronauer'sche Ironie, Vielstimmigkeit und Ambivalenz schwingt hier deutlich mit. Das ganze Szenario wirkt ausgesprochen theatralisch und pathetisch. Es verweist damit auf eine Art ›Spleen‹ der Gräfin, die ohne eine gesteigerte Bedeutsamkeit nicht mehr leben will und es nicht erträgt, dass die Welt ihren Idealen nicht gerecht wird. Zugleich zeigt sich darin aber eine tatsächliche Tragik: Die Gräfin entpuppt sich als Gefangene ihrer Sehnsucht nach dem Absoluten und ihrer Vorstellungen von der Liebe. Eben dadurch scheitert sie am menschlichen Leben, an dessen grauem Mittelgrund, seiner Banalität und Widersprüchlichkeit.[28] Nur der Tod ermöglicht ihr, die eigene Existenz noch einmal ins Mythische und Märchenhafte zu steigern. Wie im erotischen Schauer ihrer Kindheit, erlebt die Gräfin einen

> scheinbaren Verlust ihrer gewohnten weiblichen Linien unterhalb des Bauchnabels schätzungsweise zugunsten eines Windens und sich Wendens, eines Schlingerns wie aus einem einzigen, sehr behenden Stück, eine peitschenförmige Bewegung, ein Schnellen durch die

---

Tiefe verschlungen zu werden, das faszinierend und bedrohlich zugleich erscheint. Die Weite ist damit nicht mehr erschreckend und negativ, sondern lädt vielmehr zu Auflösung und Verschmelzung ein. Vgl. dazu Corbin, S. 217 ff.
26 Dies kann natürlich auch als ironischer Verweis auf eine Phantasielosigkeit gelesen werden, die keine Träume mehr hat.
27 Bezeichnenderweise trägt die italienische Arie von Giacomo Leopardi den Titel »L'Infinito« [Unendlichkeit]; in der deutschen Übersetzung von Rainer Maria Rilke lautet diese: »Immer lieb war mir dieser einsame/ Hügel und das Gehölz, das fast ringsum/ ausschließt vom fernen Aufruhn der Himmel/ den Blick. Sitzend und schauend bild ich unendliche/ Räume jenseits mir ein und mehr als/ menschliches Schweigen und Ruhe vom Grunde der Ruh.// Und über ein Kleines geht mein Herz ganz ohne/ Furcht damit um. Und wenn in dem Buschwerk/ aufrauscht der Wind, so überkommt es mich, daß ich/ dieses Lautsein vergleiche mit jener endlosen Stillheit./ Und mir fällt das Ewige ein/ und daneben die alten Jahreszeiten und diese/ daseiende Zeit, die lebendige, tönende. Also/ sinkt der Gedanke mir weg ins Übermaß. Unter-/ gehen in diesem Meer ist inniger Schiffbruch.« (Rainer Maria Rilke: Die Übertragungen. In: Sämtliche Werke. Bd. 7. Hg. vom Rilke-Archiv. In Verbindung mit Hella Sieber-Rilke. Besorgt durch Walter Simon, Karin Wais und Ernst Zinn. Frankfurt a. M./Leipzig 1997, S. 769).
28 Für Kronauer, dies macht sie in Bezug auf ihren Roman *Frau Mühlenbeck im Gehäus* deutlich, offenbart sich in dieser Unfähigkeit, von den eigenen Vorstellungen abzusehen, eine »hermetische Perspektive«, die sich »manisch, über Grille und Spleen erheblich hinausgehend, [...] ihr Leben zurechtgelegt hat.« (Kronauer: Kleine poetologische Autobiographie, S. 276 u. S. 277).

Wasserräume mit silbrigem, grünglitzerndem Unterleib, der sich wollüstig rieb und drängte an jede Welle. [...] Irgendwann [...] muß sie das Wasser verlassen haben, kriechend und schleimig, aus Übermut oder unbezwingbarer Sehnsucht nach jenem anderen Bereich mit zerbrechlichen, starren Geschöpfen besiedelt. Eine feste, dauerhafte Haut galt es daraufhin anzulegen. Ausgeliefert war sie von nun an den Faustschlägen und Beilhieben eines kaum gefilterten Lichts und, schlimmer noch, den Einbrüchen menschlicher Gefühle. Sie war gefangen im fugenlosen Panzer einer Gestalt und doch tatsächlich nie hinausgekommen über die Stunde, wo Schlamm und Brandung sie widerwillig entlassen hatten in die Verwundbarkeit und den Eigensinn. Hat sie nicht stets, ohne es zu erkennen, das zarte Saugen und Ziehen der Tentakeln, Zangen, Mäuler des Meeres an sich gespürt und erst recht in seiner Nähe die verklausulierten Aufrufe zur Kopulation, zu Rückkehr und Versinken in die fließenden Gesteinsschichten, die Falten, die Verantwortungslosigkeit der See? Höchste Zeit, dem Appell zu folgen, schon hält die Haut ja nicht mehr stand, zurück, zurück in die Zuflucht. Der Polizist, der schweigsame Fährmann hinter ihr, ist der Abgesandte, ausgeschickt, die Abtrünnige wiederzubringen. [...] Eines jener fischschwänzigen Wesen ist die Gräfin, die aus dem Saum des Wassers fallen, sich aufrichten zu ihrer komplizierten, für solche Leistungen ungeeigneten Höhe, bis sie schließlich, von der eigenen oder der Untauglichkeit der Welt überzeugt, heimkehren zum düsteren Grund. (FK, 163 f.)

Das Meer wird zum Ort des Fließenden und des Nicht-Fassbaren, da es die eigenen Konturen rückgängig macht bzw. verschwimmen lässt. Dies schließt wiederum an vitalistische Motive der Regression und Auflösung der eigenen Identität an, durch die der Mensch zum Leben selbst, auf den Urgrund des Seins, zurückgeführt wird.[29] Allerdings erscheint die Gräfin zugleich in dem Szenario in einer neuen Form: als Nixe und damit als Inbegriff der Verführung und des begehrten Objekts. Dies ist insofern von großer Bedeutung, als der eigene Körper, der den weiblichen Schönheitsidealen entgegenstand, ihr solches zuvor verwehrte. Als mythische Sehnsuchtsfigur bleibt sie dem konkreten Zugriff durch das Männliche dabei zugleich entzogen.[30] Deutlich wird somit, dass sich hier

---

[29] Der Untergang im Meer wird im Vitalismus verknüpft mit einer Regression, als Auflösung im archaischen Element des Urwassers, das als mütterliche Matrix imaginiert wird, und Rückkehr in den großen Kreislauf von Leben und Tod. Das Meer erscheint in diesem Zusammenhang als weiblicher Ursprung des Lebendigen, der fasziniert, aber auch der potenzielle Untergang für das (männliche) Ich ist. Vgl. dazu Corbin, S. 217 ff., S. 230 und S. 304, Böhme, S. 212 f. und S. 228 und Schneider, S. 268 f.

[30] Die Meerfrau erscheint gerade in der Romantik als »wäßrige Materialisation der weiblichen Verführung«, die dem menschlichen Herrschen »die erotische Seligkeit des Untergangs im nassen Element« gegenübergestellt. (Böhme, S. 212) Vgl. auch Inge Stephan: Weiblichkeit, Wasser und Tod. Undinen, Melusinen und Wasserfrauen bei Eichendorff und Fouqué. In: Kulturgeschichte des Wassers, S. 234–262, hier S. 236 ff. Zu fragen wäre in diesem Zusammenhang, inwiefern die Gräfin auch eine Tragik des Weiblichen in Szene setzt: Die Problematik von Hingabe und Gestaltwerdung sowie die Reduktion auf die eigene Körperlichkeit und bestimmte Rollenvorstel-

anders als in der Liebe kein konkretes menschliches Selbst bildet. Vielmehr wird die menschliche Form und Identität überwunden, um einem Traum von sich selbst Platz zu machen.[31] Das Unbehagen und die Entfremdung gegenüber der eigenen Materialität und Wirklichkeit werden gelöst, indem die Gräfin ganz in einer ›Irrealität‹ aufgeht. Gerade die Übersteigerung weist die Metamorphose der Gräfin als künstlerisch-poetische aus. In ihrem inszenierten Liebestod wird sie zum »Wahrzeichen von eigener Hand«: »Vom Strand aus betrachtet sind die ihrer Auflösung Entgegensinkenden wie nie zuvor gehärtet zur scharf umrissenen Gestalt. Legendenfiguren, der eine Tod ein Echo des anderen.« (FK, 166)[32] Eine widersprüchliche, banale und begrenzte menschliche Existenz wird damit in ein feststehendes Sinnkonstrukt, den eigenen Mythos, überführt. Das Meer wird zum Ort des Übergangs von der Wirklichkeit zur Phantasie und damit wie in der Romantik mit Projektionen und Befreiung, einer Flucht in die eigenen Träume, verknüpft.

Sichtbar wird dabei allerdings, dass die Konsequenz dessen das Ende der Erzählung selbst ist. Indem sich die Gräfin als Legende in einem Narrativ festschreibt, erreicht sie mit dem Horizont nicht nur das Ende der eigenen menschlichen Geschichte, sondern wird als »Stoff« auch für die Erzählstimme unsichtbar und uninteressant. Sie verschwindet buchstäblich in eine himmlische Vorstellungswelt und zwingt damit die Protagonistin des Romans, an den eigenen Ausgangspunkt zurückzukehren: »[H]öchste Zeit, nach dem zweiten Kännchen Kaffee und der stets niederschmetternden Zootorte hier aufzubrechen, zurück zu den Tieren – aus der gedachten Verbindung verstreuter Punkte am tiefen Meeresfirmament.« (FK, 166) Im Umkehrschluss wird damit der menschliche Alltag, die graue Fläche, als jener Ort ausgewiesen, an dem die Erzählungen und Imaginationen immer wieder neu entstehen. Es geht Kronauer gerade nicht um einen festgelegten Sinn, um die erschöpfende Ausdeutung des Lebens und des

---

lungen, die nicht in Frage gestellt werden können. So entsteht immer wieder der Eindruck, dass die Gräfin an ihrem Körper leidet und das »Frausein« sowohl als Lust als auch als Zwang empfindet. Auch Thormählen geht davon aus, dass die Gräfin ihren Körper nur in der Betrachtung von außen wahrnehme und insofern über diesen auch keinen Zugang zu sich und zur Welt finden könne. Vgl. dazu Thormählen, S. 387 f. Dem wäre weiter nachzugehen.

31 Vgl. auch FK, S. 160: »Ich bin gar kein Mensch, flüstert die Gräfin. [...] Ein im Wasser seine Beute packender Vogel, ein springender Fisch, eine aufspritzende Welle, ein flackerndes Feuer [...].«

32 Analog zu der Verwandlung der Gräfin in eine Nixe wird der Polizist zum mythischen Fährmann, zum Begleiter auf dem Weg in die Unterwelt, der in dieser letzten Szene das Boot steuert und der Gräfin die Flasche mit dem Gift reicht, der also Liebhaber und zugleich der Tod ist. Auf diese Narrative wäre noch weiter einzugehen. Vgl. dazu u. a. Schneider, S. 269.

menschlichen Selbst. Diese erscheint als romantische und faszinierende Utopie, zugleich aber als ein Endpunkt, an dem nichts mehr hinzuzufügen ist. Interessanter erscheint die Dialektik, welche die Gräfin vermeidet und die Protagonistin widerwillig weiterführt: die stetige Auseinandersetzung mit einer kontingenten Wirklichkeit, in der der Mensch immer wieder nach Sinn und nach Augenblicken von Erlösung und Erleuchtung sucht. Bei Kronauer erscheinen diese vor allem als flüchtige Momente der poetischen Verzauberung. Im Schicksal der Gräfin leuchtet die Weite des Meeres für kurze Zeit in einem mythischen Licht auf, das aber schnell wieder verfliegt. Das Meer wird mit seinen verschiedenen Formen und Bildlichkeiten zur Metapher für das Dasein des Menschen. Dessen Sinn ist nicht ein für alle Mal festgeschrieben. Er muss vielmehr immer wieder neu erschrieben und erzählt werden. Vor diesem Hintergrund erscheint vor allem die Literatur selbst geeignet, die obengenannte Utopie einer Verbindung von Form und unendlicher Wirklichkeit einzulösen, nach der die Gräfin heimlich strebt. Sie ist es, die die Wirklichkeit in immer wieder neue sprachliche Konstellationen und Vorstellungswelten fasst.[33] Die neue Metaphysik liegt daher nicht mehr in einer umfassenden Erkenntnis der Welt durch das menschliche Ich. Sie ist vielmehr ein bewusster und stetiger Akt der Transzendierung der Wirklichkeit, der zugleich prekär und vorläufig bleibt. Deutlich wird das auch im zweiten Text, dem ich mich jetzt zuwenden möchte.

2 »Wie!« oder Die Verzauberung der Welt

Die Erzählung »Wie!«[34] ist in dem Erzählband *Die Tricks der Diva* erschienen. Die Skepsis in Bezug auf die Vorstellungen vom Meer, die in *Die Frau in den Kissen* schon anklingt, wird hier noch deutlicher sichtbar. Dies verdankt sich wesentlich der Thematik des Erzählbandes, der die menschlichen Sichtweisen auf Natur reflektiert und ironisch hinterfragt. Dabei wird das Meer zum paradigmatischen Ort, an dem sich die Kraft der menschlichen Imagination mit den Naturgewalten messen muss. Der Strand fungiert als Zwischenzone und Ort der Reflexion über Sein und Nichtsein, Sinn und Nicht-Sinn, Wirklichkeit und Traum, an dem der Mensch sich seiner zerbrechlichen Sinnkonstrukte und seiner prekären Existenz bewusst wird.[35] Schon in der Überschrift der Erzählung offenbart sich eine tiefe

---

33 Vgl. dazu Ittner: Der nachdrückliche Blick, S. 51 und Jung, S. 34.
34 Brigitte Kronauer: Wie! In: Die Tricks der Diva, S. 68–72. Im Folgenden: [W!].
35 Der Strand ist als Landschaft mit vielfältigen Konnotationen verbunden. So ist er ein intimer Ort der Selbstfindung, an dem der Mensch, beispielsweise auf langen Strandspaziergängen,

Ambivalenz, indem ein vorsichtig und offen anmutendes »Wie« mit einem Ausrufezeichen verbunden wird, was einen paradoxen Akt der Selbstbehauptung nahelegt. Im Text erscheint das »Wie« zunächst als Frage:

> Aber wie? Ist das nicht die heimliche Frage, die sich alle am Meer, an der See, am Ozean stellen?
> Zugeben wird das niemand. An vielen Stellen der Welt hauen sich die Völker sprichwörtlich und gewohnt schauerlich auf die Köpfe. Trotzdem und auch deshalb gibt es hier [...] für die vom Schlag getroffen Herumhockenden nichts Dringenderes, nichts Bohrenderes als die Frage nach dem Wie. Wie verhält man sich hier, sozusagen am Ziel? Sich nicht täuschen lassen von ihm, das so katastrophal aufgetaucht ist, steinern, wenn auch plärrend. (W!, 68)

Der Strand wird, an tradierte Deutungsweisen anschließend, als Sehnsuchtsort präsentiert, der zugleich Assoziationen der Endlichkeit, des Finalen, aufruft. Er ist ein Ort des Entrücktseins, der sich der Weltpolitik entzieht, wobei das Erschlagensein mit dem Einschlagen der Köpfe im Kriegsgeschehen korrespondiert. Hier ist es das Meer selbst, das die Menschen abseits des alltäglichen Geschäfts schachmatt setzt. Angespielt wird damit auf das Konzept des Erhabenen, das die Vorstellung beinhaltet, dass sich der Mensch angesichts der Gewalt und Kraft einer übermächtigen Natur der eigenen Vergänglichkeit und seiner Begrenzungen bewusst wird. Dies lässt ihn erschauern, löst aber auch eine Faszination aus. Zugleich ist es ihm jedoch möglich, sich kraft seiner Vernunft über den sinnlichen Eindruck zu erheben. In einem Gefühl des »angenehmen Grauens«[36] erfährt er sich selbst und die eigene geistige Kraft. Diese Konfrontation deutet Kronauer in ihrer Erzählung fundamental um. So beeindruckt das hier dargestellte Meer gerade nicht durch die Dynamik und Gewalt seiner Wellen, sondern ist eine steinerne Gegenwehr, ein erstarrtes Antlitz. Der Wellenschlag wird pejorativ als »plärrend« bezeichnet, er heischt zwar nach Aufmerksamkeit, ist aber vom rhythmischen Wohlklang und dem Bild des Meeres als großem Hin und Her des Lebens weit entfernt.[37] Es ist daher auch nicht ein Gefühl des Erstaunens oder Erschreckens, das die Menschen am Kronauer'schen Meer ereilt, sondern vielmehr das einer

---

dem eigenen Leben nachsinnen kann. Weiterhin ist er ein Ort der geistigen Aufbrüche, der imaginierten Entgrenzung, an dem die festen Formen des menschlichen Lebens in Frage gestellt werden. Mit der Entstehung des Badelebens im neunzehnten Jahrhundert erscheint der Strand zunehmend auch als Ort der Lust, des Vergnügens und der Erotik, an dem aber trotzdem gesellschaftliche Regeln gelten. Er stellt somit eine Zwischenzone dar, einen Ort, der der Gesellschaft entzogen ist, aber auch auf sie zurückverweist. Vgl. dazu Corbin, S. 40, S. 130, S. 213 ff. Vgl. auch Feldbusch, S. 50 und S. 100 ff.
36 Zelle, S. 87.
37 Vgl. dazu Feldbusch, S. 180 ff.

maßlosen Enttäuschung. Die Zerstörungskraft des Meeres, so wird schnell deutlich, ist keine physische Bedrohung mehr, sondern wird auf die mentale Ebene verlegt. Die reale Landschaft widersetzt sich den Bildern und Assoziationen, den Vorstellungen und Wünschen, die die Menschen mit ihr verbinden. Sie ist weder Sehnsuchts- noch Ort der moralischen Selbstfindung, sondern als solche erst einmal völlig leer von Bedeutung: »Wassermassen? Augenscheinlich ja. Aber das Meer? DAS MEER? Nein!« (W!, 70) Die Krise, in die der Mensch dadurch gerät, ist allerdings ebenfalls existenziell. Die »Wassermassen« konfrontieren ihn mit der Möglichkeit der absoluten Sinnlosigkeit, einer Welt, die ihm völlig fremd gegenübersteht. Die Flucht in die eigene Gedankenwelt, die die Gräfin noch unternehmen konnte, ist für die Protagonisten der Erzählung unmöglich geworden. Sie bleiben ratlos auf den Strand und auf sich selbst zurückgeworfen.

Von der Erzählstimme werden sie dabei ausgesprochen ironisch vorgeführt. Sie lässt die Strandszene als eine Art Gemälde vor den Augen der Leser entstehen, das einer Karikatur gleicht. So erhofft sich die »magere Frau im Bikini, zerklüftet das Gesicht, [...] eine zeitweilige Erlösung von der Lebensunfruchtbarkeit« (W!, 69) und der Banalität des eigenen Schicksals. Angespielt wird hier auf die Hoffnung einer Revitalisierung am Meer, eine Erlösung von der Nervosität und Melancholie durch das Bad in den kalten Fluten. Diese zeigte sich bereits in der entstehenden Badekultur des achtzehnten Jahrhunderts, aber auch später im Vitalismus. Ebenso lassen sich hier exotisch-erotische Strandschönheiten assoziieren, von denen diese Frau allerdings weit entfernt ist.[38] »›Wie schultert man das Meer?‹ fragt jener Männerkörper in neuer Badehose mutig im Ausfallschritt. Er weiß es auch nicht [...] und mustert entschieden den Horizontstrich, sonst nichts.« (W!, 69) Keine erhabene Selbsterhebung und Selbstfindung also. »Ein für allemal« will sich eine junge Frau von der Liebe verabschieden, »wollte am Meeresufer trotzig denken: Alles abgestorben, ertränkt für immer und ewig und aufgelöst die Vergangenheit in der Wasserfläche.« (W!, 69 f.) Stattdessen stellt sich der Wind, der die Haare flattern lassen sollte wie die der verführerischen Sirenen, »nicht recht ein« (W!, 69) und die dramatische Geste des Abschieds verfliegt ob der neu erweckten Sehnsucht, die ein Liebespaar auslöst, das die junge Frau beobachtet. Ein Junggeselle oder Witwer hat »ein einsames Glas Campari abgestellt. Wie das funkelt im Abendsonnenschein! Das soll nun als Köder funktionieren oder als Brennglas, dem blond- oder schwarzhaarig der Meereszauber entspringt.« (W!, 71) Der »Abendsonnenschein« lässt hier das Lied der Loreley anklingen, die die Fischer verführt und in den zugleich gefürchteten und ersehnten Abgrund reißt. Der Strand wird von den Besuchern imaginiert als Ort des Zaubers und der

---

[38] Vgl. dazu ausführlicher Corbin, S. 83 ff. und Feldbusch, S. 100 ff.

Erotik, der Überschreitung des Alltäglichen, nach der sie sich kollektiv sehnen. Das hat deutlich romantische Anklänge,[39] birgt aber auch Züge einer Suche nach utopischer Glückseligkeit. So eilt dem Meer bei Kronauer auch der Ruf voraus, »die allergrößte Wonne und Leidenschaft von Groß und Klein zu sein.« (W!, 68) Stattdessen zeigt sich, das die großen Gesten nicht mehr gelingen und die Menschen den eigenen Mustern nicht entkommen: »Sehen Sie auch den Polizisten mit Brille? Gerade rutscht ihm das Handtuch vom Hinterteil. Leistet sich mit der kleinen Familie das Meer. ›Dieses Jahr ist Urlaub am Meer, am Meer für uns alle drin!‹, hat er gesagt, und nun vergleicht er dauernd die Preise, die Kosten, die Preise.« (W!, 70) Einzig ein kleiner Hund scheint zunächst im Spiel mit einem Stöckchen die gesuchte Erfüllung zu finden, bis »die teuflischen kleinen Jungen kommen und lockend Steine ins Wasser schmeißen, wo sie sogleich spurlos, gemäß ihrer Eigenart, versinken. Steine, die der begeisterte Hund apportieren will, bis er schließlich, suchend auf leerer Wasserfläche rudernd, aufgibt.« (W!, 69) Auch für den Hund wird das Meer damit sinnlos und leer und erneut klingt der Leserin hier das Lied der Loreley im Kopf, das mit der Zeile beginnt: »Ich weiß nicht, was soll es bedeuten«?[40] Deutlich zeigt der Text somit, dass tradierte Narrative prekär geworden sind: Sie erscheinen als hohle Phrasen, die das eigene Erleben nicht beschreiben und erfassen können, als Sinnmuster, die sich nicht mehr aktualisieren lassen. Ohne diese steht der Mensch dem Meer allerdings hilflos gegenüber.

Darin zeigt sich, wie in der Einleitung bereits angedeutet, auch ein neues Verhältnis zu Naturphänomenen in der Gegenwart. Diese können den kulturellen Mustern des Menschen nicht mehr einfach unterworfen werden, sondern weisen vielmehr eine Eigendynamik auf, die dem entgegensteht. Der ›Schiffbruch‹, den der Mensch auf bzw. am Meer erleiden kann, ähnelt somit einem Zusammenbruch der geistigen Kräfte aufgrund der Einsicht, dass der eigene Sinn eine haltlose Konstruktion ist. Anders als im klassischen Konzept des Erhabenen wird der Mensch zum Verlierer in seinem »autosuggestiven Kräftemessen mit der Prosa der Realität.«[41] Katastrophal ist dementsprechend in der Erzählung vor allem die reale Anwesenheit des Meeres: »Und nun: verheerend aufgetaucht, platt, präsent, daß es eine Annulierung ist. Vorhanden wie nichts Gutes, das Meer […]

---

39 In der Romantik wurde der Strand zum Ort der Verzauberungen und der Gefahren. Imaginiert wurde beispielsweise in den Erzählungen der Nixen eine verzaubernde und verschlingende Weiblichkeit, zugleich war der Strand aber auch ein Ort der gesteigerten sinnlichen Empfindungen und der Selbstreflexion, ein Ort der Verheißung des Aufbruchs, der Materialisierung der Träume und der romantischen Schwärmerei. Vgl. dazu Corbin, S. 213 ff.
40 Heinrich Heine: Buch der Lieder. Gedichte. Frankfurt a. M. 2008, S. 115.
41 Kronauer: Kleine poetologische Autobiographie, S. 281.

grausig anwesend bis zur Unsichtbarkeit.« (W!, 68) Unter Unsichtbarkeit sei hier, so bemerkt Kronauer in ihren theoretischen Überlegungen zum Verhältnis von Poesie und Natur,

> die Abstraktion zu verstehen, die das physikalische Sein bestimmt, wenn wir es von allen mythologischen Bedeutungen und Verknüpfungen mit unserer eigenen Geschichte, unserem eigenen Dasein, seinen tiefen Befürchtungen und hochfliegenden Hoffnungen entblößen, wenn wir, in schattenloser Aufgeklärtheit, beginnen, die Geheimnisse der Dinge und unseres eigenen Selbst abzustreiten.[42]

Die Autorin macht damit deutlich, wie sehr der Mensch auf seine Narrationen, Mythen und eine poetische Verzauberung der Welt angewiesen ist. Erst seine Deutungen erlauben ihm, sich mit ihr in Beziehung zu setzen und in ihr zurechtzufinden. Sie schaffen seine eigene ›Welt‹ in der Welt und machen sie dadurch zu einem Ort, der dem Menschen als sinnvoll und als eine Art ›Heimat‹ erscheinen kann.[43] Dem gegenüber steht eine fundamentale Fremdheit und ein Gefühl des Verlorenseins, das Kronauer nicht nur in der Erzählung gestaltet, sondern, einem autobiographischen Bericht zufolge, selbst bei einem Ferienaufenthalt auf der Insel Rhodos erlebt hat:

> Ich jedenfalls setzte mich sogleich dem Meer in der Mittagshitze gegenüber und starrte es an, zu jeder Herzenserhebung bereit. Und was passierte? Es starrte blöde zurück. Es starrte zwei Wochen lang mit einem Briefkastengesicht, stets schön blau am Tage, schulmäßig unter Sternbildern in der Nacht, völlig nichtssagend zurück und ließ sich nicht erweichen zu einem letzten Schimmer der alten, mythischen Kraft, die es immer für mich besessen hatte. [...] Es war, wie wenn man plötzlich den Glauben an Gott verliert. Ich befand mich, aus allen Wolken fallend, zum ersten Mal von nacktem Angesicht zu nacktem Angesicht

---

42 Kronauer: Vom Umgang mit der Natur und wie sie mit uns umspringt, S. 98.
43 Der Heimatbegriff wäre natürlich ausführlicher zu diskutieren. Hier geht es mir darum, dass ein zentraler Aspekt von ›Heimat‹ ist, dass diese als ein geordneter Raum gedacht wird, in dem sich Kultur und Natur harmonisch verbinden, vor allem, da Kultur selbst als eine Art natürlich gewachsene Struktur erscheint. Dieser Raum, mit dem sich Traditionen, Wertungen etc. verbinden, wirkt für das Ich im besten Falle identitätsstiftend und erscheint als ein mit Sinn erfüllter, der Geborgenheit ausstrahlt. Vgl. dazu ausführlicher Peter Blickle: Heimat. A Critical Theory of the German Idea of Homeland. Rochester, NY [u. a.] 2004. Dieses Gefühl des Eingebundenseins geht in der Kronauer'schen Erzählung verloren. Auf der anderen Seite kann ›Heimat‹ natürlich auch mit Enge assoziiert werden, die an Kronauers Überlegungen zu geschlossenen Weltsichten erinnert. Vor diesem Hintergrund könnte das Meer im klassischen Sinne auch als Ort der Befreiung gedeutet werden, der die Loslösung aus tradierten Zusammenhängen erlaubt. Dies betrifft auch das poetische Schaffen selbst, das im Angesicht des Meeres immer neue Ausdrucksformen finden muss. Zunächst scheint bei den Figuren, wie auch bei Kronauer selbst, allerdings das Unbehagen zu überwiegen. Vgl. dazu weiter unten.

mit der zufälligen, gleichgültigen Natur. Sie offenbarte ihr zweites Gesicht: das einer kompletten Indifferenz.[44]

Interessant ist hier der Verweis auf den Glauben, der auch in der Erzählung ausdrücklich aufgenommen wird. Nahegelegt wird damit, dass sich angesichts einer Natur, in der innere Erfüllung, Zielrichtung und Sinn nicht mehr generiert werden können, eine Art ›transzendentale Obdachlosigkeit‹ einstellt. Die Sehnsucht nach Sinn besteht zwar weiterhin, bleibt aber ohne Referenz und Antwort. So lässt sich für die Menschen am Strand »DAS MEER« (W!, 70) ebenso wenig auffinden wie Gott: »Das hieße ja, bloß weil es viele Kirchen gibt, gäbe es auch einen Gott darin zu wohnen.« (W!, 70) Dies stellt den Menschen in der Gegenwart vor völlig neue Herausforderungen: Er findet sich wieder in einer entzauberten Welt, die von der Ratio und der Einsicht in das Konstruierte jeglicher Kultur bejaht werden muss. Darüber hinaus sind die menschlichen Konfigurationen von Sinn gerade im Hinblick auf Natur massiv in Verruf geraten, da deren kulturelle Vereinnahmung, sowohl mental als auch physisch, ihre Zerstörung mit zu bedingen scheint. Zugleich kann der Mensch ohne seine Sinnmuster nicht in der Welt überleben. Was also tun?

In einem gleichsam paradoxen Akt beschwört die Erzählstimme auch in dieser Erzählung die Kraft der inneren Bilder und damit auch die Kraft der Poesie:

> Dabei ist es in Wirklichkeit leicht. Man muß sich nur einreden, daran zu glauben. Muß glauben gegen den Augenschein, sich mit aller Kraft einbilden, es gäbe das Meer. Man kann anfangs ruhig die Augen schließen und sich sagen: Das hier ist es, das Bild des Meeres und das Meer selbst, so ist das Meer in meinem Kopf und außerhalb, mit meinen Augen und ohne sie. Das Meer ist in Wahrheit sichtbar, wahrhaftig DAS MEER. Hier ist es verborgen, und sieht man lange genug hin, erscheint's tatsächlich.
> Dann ist es ungeheuerlich, dann kann man das Meer sogar, dem Land und sich selbst sanft entwurzelt, betreten. [...] Das Meer tritt in Erscheinung, gleitet in die physikalisch offerierten Umrißlinien. Soviel zum Wie. (W!, 71 f.)

Der mentale Akt, der hier als Lösung angeboten wird, schwankt zwischen Glauben und Einbildung, einer Transzendierung der Wirklichkeit und ihrer naiven Überblendung. Eine staunende Gläubigkeit wird hier bewusst und gezielt heraufbeschworen.[45] Damit wird ein völlig neues Kräftemessen zwischen

---

44 Kronauer: Vom Umgang mit der Natur und wie sie mit uns umspringt, S. 97 f.
45 Diesen natürlich auch sehr ironischen Bezügen zum christlichen Glauben wäre weiter nachzugehen. So erinnert die angesprochene Leere und Öde an die Schöpfungsgeschichte der Genesis, in der die Zähmung des Meers und der chaotischen Weite eine wichtige Rolle spielt. Gerade am Meer wurde für die Menschen lange die Güte und Macht des Schöpfers, der das Land ab-

Mensch und Natur inszeniert. Die eigentlich erhabene Leistung besteht darin, den Zauber und Sinn zumindest momentweise erneut beschwören zu können. Sie kann daher auch kein Akt der Vernunft mehr sein, sondern verdankt sich der poetischen und ästhetischen Imagination. Das Subjekt der Aufklärung, das sich souverän über eine zum Objekt degradierte Natur erhebt, geht dabei verloren. In der Gegenwart muss der Mensch mit dem Paradox leben, dass seine Sinnkonstruktionen nicht ontologisch begründeten Erkenntnissen entsprechen, sondern vorläufige sind, deren Passung mit der Wirklichkeit immer ungewiss bleibt. Diese Diskrepanz wird, wie eingangs schon ausgeführt, am Meer besonders deutlich, das die Phantasien einerseits weckt, sie aber zugleich durch seine Formlosigkeit annulliert. Daher kann in der Erzählung aus dem »Wie« kein souveränes ›So!‹ im Sinne einer Handlungsanweisung mehr werden. Der poetische Akt erscheint als prekärer Lösungsvorschlag, der in seiner Gestaltung offenbleibt und daher auch nicht mehr, wie noch in *Die Frau in den Kissen* erzählerisch durchgeführt wird. Der ersehnte Zusammenklang zwischen Ich und Welt, Vorstellung und Realität erscheint somit auch hier als ein seltener Glücksumstand, der einer kleinen Epiphanie gleicht:

> Wahrhaftig, man ist plötzlich mitten drin, umgeben von ihm, und es strömt mit Wucht durch die Konturen der eigenen stammelnden Person hindurch. Die darf man schwimmend vergessen, muß sie vergessen. Auch strömt man selbst ins Meer ein. Zeit und Leben, Raum und Tod halten den Atem an[.] (W!, 71 f.)

Der Zauber, dies macht die Erzählung deutlich, ist nicht unmöglich geworden. In der Gegenwart verdankt er sich allerdings dem Menschen selbst, seiner poetischen Schaffenskraft und seiner Fähigkeit, die kontingenten Einzelerscheinungen immer wieder in neue Sinnmuster zu überführen. Die für den Menschen sinnvolle Welt wird fortan verstanden »als Phantasieleistung, als Wille und Vorstellung, und zwar in der Kunst und im Leben.«[46] Diese »Phantasieleistung« bleibt bei Kronauer zwar auf die Wirklichkeit bezogen, welche sich gleichwohl als solche nicht in diese Muster hineinpressen lässt, sondern sich ihnen immer

---

grenzt und als Lebensort entstehen lässt, besonders sichtbar. Vgl. dazu Corbin, S. 41 ff. Hier ist es aber ein rein mentaler, menschlicher Schöpfungsakt, der im Blick ist, der dann gerade keine tiefere Bedeutung der Natur mehr behaupten kann. Weiterhin erinnert der Gang auf dem Wasser an die Szene auf dem See Genezareth, in der Petrus im Vertrauen auf Christus über das Wasser läuft (Matth. 14, 22–33), was hier aber ebenfalls nur als mentales Geschehen inszeniert werden kann. Damit wird auf eine Gläubigkeit angespielt, die keinen wirklichen Grund mehr hat.
46 Feßmann, S. 488.

wieder entzieht.[47] Dies zeigt auch der letzte Satz der Erzählung: »Zwingen allerdings – niemand sollte aus dem Umstand, daß es das Meer vielleicht nicht gibt, folgern, es sei zwangsläufig nicht existent, ein Donnern, Echo ... Hall? – zwingen kann man es nie.« (W!, 72)[48]

3 Fazit

Das Meer erscheint bei Brigitte Kronauer als Ort, der den Menschen herausfordert. Dies geschieht jedoch nicht mehr auf physischer, sondern vielmehr auf mentaler Ebene. So zeigt sich insbesondere am Meer die Flüchtigkeit der Träume und der Vorstellungen, die der Mensch sich von der Welt macht und auf denen er seine Existenz gründet. Diese Konfigurationen von Sinn werden von der Realität in ihrer unendlichen Vielfalt und Heterogenität, ihrer gewaltvollen Kraft, Unfassbarkeit und auch Formlosigkeit konterkariert. Insbesondere die Erzählung »Wie!« aus *Die Tricks der Diva* reiht sich dabei in einen neuen Diskurs über Natur ein, der anthropozentrische Sichtweisen und tradierte kulturelle Ausdeutungen hinterfragt. Kronauer vollzieht hier den Prozess der Dekonstruktion nach, macht aber auch dessen Folgen deutlich, indem der Mensch auf ein Fremdsein in einer für ihn undurchdringlichen Welt zurückgeworfen wird. Sie zeigt damit, dass es in einem neuen Naturverhältnis kaum darum gehen kann, anthropozentrische Positionen an sich zu überwinden, denn der Mensch ist darauf angewiesen, für sich selbst Sinn zu schaffen. Wohl aber geht es um ein neues Bewusstsein, das die eigenen Sinnmuster als vorläufige und flüchtige begreift, die an der Wirklichkeit immer wieder neu gebildet werden und sich in ihr bewähren müssen. Ebenso problematisch wie eine generelle Skepsis erscheint daher die Überzeugung der Gräfin, die die Flucht in die eigenen Phantasien antritt und die Welt darin gleichsam zu fixieren versucht. Gerade dies führt zu einem Weltverlust, indem das erstarrte Sinnkonstrukt als Ideologie erscheint, die dem täglichen Auf und Ab, den vielen kleinen und banalen Bewegungen, nicht mehr gerecht wird. Der Mensch, so zeigen beide Texte, ist in eine Welt geworfen, mit der er sich fortlaufend auseinandersetzen und an der er sich abarbeiten muss. Als zentral hierfür

---

47 Kronauer bemerkt hierzu, dass die Frage nach dem Sinn in ihren Texten immer auch etwas ironisch gemeint sei. Einerseits strebe der Mensch nach diesem Sinn und hege die Hoffnung, dass alles letzten Endes doch eine Bedeutung habe. Gleichzeitig sei dieser umfassende Sinn aber nie wirklich zu erlangen, sondern immer eine Konstruktion. Vgl. dazu Ittner: Der nachdrückliche Blick, S. 50 f. und Jung, S. 34. Vgl. dazu auch das Fazit.
48 Vgl. dazu auch Kronauer: Vom Umgang mit der Natur und wie sie mit uns umspringt, S. 99 ff.

erweisen sich sowohl in den literarischen Texten als auch in den theoretischen Überlegungen Kronauers die schöpferisch-poetischen Kräfte des Menschen und die Literatur selbst. Sie ist der Ort, an dem sich eine solche Sinnbildung stetig vollzieht, die scheitern, aber auch gelingen kann, indem dem Alltag immer wieder, in kurzen Momenten des Glücks, seine kleinen Verzauberungen entlockt werden. Dies macht die Literatur auch für ein neues Naturverhältnis bedeutsam:

> Ich glaube mehr denn je, es ist die Literatur, einstmals Erfinderin mythologischer Figurationen, die uns, den schwankenden Akteuren des 21. Jahrhunderts, die alten, stabilisierenden Verbindungen zur Natur garantieren könnte. Mit einem erprobten, allerdings vom Wind der Gegenwart geschliffenen und frisch polierten Rüstzeug, mit den neu und skeptisch durchgesehenen Hebeln und Handreichungen ihrer Sprache, mit der alchimistischen Zeichenwelt ihrer Bilder ist sie in der Lage, ohne den Verstand zu suspendieren, den Kontakt zu den Abgründen, Höhen, den der Vernunft entzogenen Sehnsuchtstrieben unserer eigentlichen Natur, der die Mythen entstammen, wiederherzustellen und, wenn nicht mehr in heidnischen Göttern, so doch im magischen Zugriff von Geschichten zu konzentrieren.[49]

Die Stärke der Literatur ist, dass sie Sinn immer wieder neu generiert und dabei sowohl tradierte Bilder aufruft als auch neue erfindet. Zugleich setzt sie diesen Sinn nicht absolut, sondern zeigt als fiktives Konstrukt vor allem eine mögliche Perspektive.[50] In ihrem Nachwort zu *Die Tricks der Diva* bemerkt die Autorin daher auch: »Nicht um Verabschiedung, meine ich, von Perspektiven auf die Natur geht es, sondern um Zugewinn von – auch extremen – Sichten.«[51] Die Literatur nimmt somit das Bedürfnis des Menschen nach Sinn und seine Fähigkeiten, Sinnmuster zu schaffen, ebenso ernst wie das Wissen um die Grenzen solcher Prozesse. Beides wird gleichzeitig in ihr sichtbar. Vor diesem Hintergrund wird das Meer in den untersuchten Texten wieder zum überraschenden und eigendynamischen, allerdings auch gewalttätigen Element: Es erfüllt keine vorgefassten Erwartungen, sondern bleibt, was es ist und war – ein anderes, dem der Mensch immer wieder neu begegnen muss und kann. Damit hat es auch in der Gegenwart nichts von seiner Kraft eingebüßt, es ist erschreckend und faszinierend zugleich – ein Ort der poetisch-existenziellen Auseinandersetzung des Menschen mit der Welt.

---

49 Kronauer: Vom Umgang mit der Natur und wie sie mit uns umspringt, S. 101.
50 So bemerkt Kronauer, es gehe darum, gegen einen Minimalismus und die Reduktion der Wirklichkeit mit Hilfe der Literatur ein System zu bilden, »ein wie auch beschaffenes und ertrickstes Gitterwerk zu erfinden, in dem sich ein Teil oszillierender Wirklichkeit oszillierend verfängt« (Kronauer: Kleine poetologische Autobiographie, S. 282).
51 Kronauer: Fünfzehnmal Natur?, S. 112.

Literaturverzeichnis

Brigitte Kronauer

Kronauer, Brigitte: Die Frau in den Kissen. Roman. Stuttgart 1990.
Kronauer, Brigitte: Die Tricks der Diva. Geschichten. Stuttgart 2004.
— darin: Wie!, S. 68–72.
— darin: Fünfzehnmal Natur? Ein Nachwort [1990], S. 107–112.
Kronauer, Brigitte: Kleine poetologische Autobiographie. In: Sprache im technischen Zeitalter 42 (2004), H. 171, S. 267–282.
Kronauer, Brigitte: Poesie und Natur. Stuttgart 2015.
— darin: Vom Umgang mit der Natur und wie sie mit uns umspringt [2. Vorlesung, Tübinger Poetik-Dozentur 2011], S. 85–102.

Weitere Primärquellen

Goethe, Johann Wolfgang von: Gedichte. 1756–1799. In: Sämtliche Werke. Hg. von Karl Eibl. Darmstadt 1998.
Heine, Heinrich: Buch der Lieder. Gedichte. Frankfurt a. M. 2008.
Rilke, Rainer Maria: Die Übertragungen. In: Sämtliche Werke. Bd. 7. Hg. vom Rilke-Archiv. In Verbindung mit Hella Sieber-Rilke. Besorgt durch Walter Simon, Karin Wais und Ernst Zinn. Frankfurt a. M./Leipzig 1997.

Forschungsliteratur

Appel, Ina: Von Lust und Schrecken im Spiel ästhetischer Subjektivität. Über den Zusammenhang von Subjekt, Sprache und Existenz in Prosa von Brigitte Kronauer und Ror Wolf. Würzburg 2000 (Epistemata. Bd. 299).
Baader, Hannah und Gerhard Wolf: Maritime Tableaus. Eine Vorbemerkung. In: Das Meer, der Tausch und die Grenzen der Repräsentation. Hg. von H. B. und G. W. Zürich [u. a.] 2010, S. 7–11.
Blickle, Peter: Heimat. A Critical Theory of the German Idea of Homeland. Rochester, NY [u. a.] 2004.
Blumenberg, Hans: Schiffbruch mit Zuschauer. Paradigma einer Daseinsmetapher. Frankfurt a. M. 1979.
Böhme, Hartmut: Eros und Tod im Wasser – »Bändigen und Entlassen der Elemente«. Das Wasser bei Goethe. In: Kulturgeschichte des Wassers. Hg. von H. B. Frankfurt a. M. 1988, S. 208–233.
Corbin, Alain: Meereslust. Das Abendland und die Entdeckung der Küste. Berlin 1990.
Feldbusch, Thorsten: Zwischen Land und Meer. Schreiben auf den Grenzen. Würzburg 2003.
Feßmann, Meike: Gezielte Verwilderung. Modernität und Romantik im Werk von Brigitte Kronauer. In: Sinn und Form 56 (2004), H. 4, S. 487–503.
Foucault, Michel: Von anderen Räumen. In: Raumtheorie. Grundlagentexte aus Philosophie und Kulturwissenschaften. Hg. von Jörg Dünne und Stephan Günzel. Frankfurt a. M. 2006, S. 317–329.

Gerigk, Anja: Postmodernes Erzählen auf Leben und Tod. Die Aporie der Zweideutigkeit in Brigitte Kronauers Roman *Teufelsbrück*. In: Sprachkunst 38 (2007), H. 1, S. 67–88.
Gutiérrez de Wienken, Geraldine: Welle. In: Metzler Lexikon literarischer Symbole. Hg. von Günter Butzer und Joachim Jacob. Stuttgart/Weimar 2008, S. 483.
Ittner, Jutta: My Self, My Body, My World: Homemaking in the Fiction of Brigitte Kronauer. In: Homemaking. Women Writers and the Politics and Poetics of Home. Hg. von Catherine Wiley und Fiona R. Barnes. New York/London 1996, S. 53–69.
Koschorke, Albrecht: Die Geschichte des Horizonts. Grenze und Grenzüberschreitung in literarischen Landschaftsbildern. Frankfurt a. M. 1990.
Liebertz-Grün, Ursula: Romane als Medium der Wahrheitssuche. Ingeborg Bachmann, Irmtraud Morgner, Brigitte Kronauer. In: Nora verlässt ihr Puppenheim. Autorinnen des zwanzigsten Jahrhunderts und ihr Beitrag zur ästhetischen Innovation. Hg. von Waltraud Wende. Stuttgart/Weimar 2000, S. 172–221.
Linke, Dörte: Nacht. Überlegungen zu Cora Sandels Alberte-Trilogie. In: Phänomene der Atmosphäre. Ein Kompendium Literarischer Meteorologie. Hg. von Urs Büttner und Ines Theilen. Stuttgart 2017, S. 210–221.
Schneider, Uwe: Meer. In: Metzler Lexikon literarischer Symbole. Hg. von Günter Butzer und Joachim Jacob. Stuttgart/Weimar 2008, S. 268 f.
Silber, Leonie: »Die Gesteine brauchen sein Gedächtnis nicht«. Über die Erosion von Berg, Selbst und Erinnerung bei Max Frisch und Brigitte Kronauer. In: Das Erschreiben der Berge. Die Alpen in der deutschsprachigen Literatur. Hg. von Johann Georg Lughofer. Innsbruck 2014, S. 219–230.
Sill, Oliver: Rückzug ins Grenzenlose. ›Das Bett‹ als Leitmotiv in der Prosa Brigitte Kronauers. In: Neue Generation – Neues Erzählen. Deutsche Prosa-Literatur der achtziger Jahre. Hg. von Walter Delabar, Werner Jung und Ingrid Pergande. Opladen 1993, S. 15–23.
Sinn, Christian: Schiff. In: Metzler Lexikon literarischer Symbole. Hg. von Günter Butzer und Joachim Jacob. Stuttgart/Weimar 2008, S. 368–370.
Stephan, Inge: Weiblichkeit, Wasser und Tod. Undinen, Melusinen und Wasserfrauen bei Eichendorff und Fouqué. In: Kulturgeschichte des Wassers. Hg. von Hartmut Böhme. Frankfurt a. M. 1988, S. 234–262.
Thormählen, Dörte: Schattenspiele. Das Wirkliche als das Andere bei Brigitte Kronauer. In: Sprache im technischen Zeitalter 32 (1994), H. 132, S. 379–390.
Zelle, Carsten: »Angenehmes Grauen«. Literarhistorische Beiträge zur Ästhetik des Schrecklichen im achtzehnten Jahrhundert. Hamburg 1987.

Interviews

Ittner, Jutta: Der nachdrückliche Blick. Gespräch mit Brigitte Kronauer. In: neue deutsche literatur 49 (2001), H. 1, S. 44–57.
Jung, Werner: Literatur ist Gestalt. Gespräch mit Brigitte Kronauer. In: neue deutsche literatur 42 (1994), H. 2, S. 29–38.

Ludwig Fischer
Warum Oostende?

Erwägungen zur Szenerie des Romans
Verlangen nach Musik und Gebirge

Die Titelfrage unterliegt gleich dem Verdacht, interpretatorisch gar nicht erlaubt zu sein. Darf man denn, als methodologisch einigermaßen wacher Literaturwissenschaftler, gemäß den Regeln der Interpretationskunst danach fragen, weshalb eine Autorin einen bestimmten Ort und seine Umgebung zum Schauplatz ihres Romans gemacht hat? Schwerlich, wenn man biografistisch die Wahl des Ortes für die Szenerie des Romans aus besonderen Erlebnissen und Interessen der Autorin zu ergründen, womöglich gar psychologisierend die ›tiefere Bedeutung‹ des Ortes im Seelenleben der Romanschreiberin zu erkunden sucht.

Worauf zielt die Frage aber dann? Selbstverständlich auf die Bedeutung, die der Text[1] dieser relativ kleinen Stadt an der belgischen Küste auf die verschiedenste Weise zumisst. Um es gleich mit einem bündelnden Befund hinzustellen: Ständig werden von den Erzählern und den Figuren des Romans die Eigenheiten, An- und Zumutungen, Ärgernisse, Absonderlichkeiten, die Herausforderungen und *benefits* der *stad aan zee* und ihrer Geschichte, ihrer landschaftlichen Situierung, ihrer baulichen und sozialen und kulturellen Verfassung beschworen, beurteilt, diskutiert, reflektiert. Oostende wird nicht, anders als etwa in Döblins berühmtem Berlin-Epos oder manch weiterem Stadt-Roman, zum literarisch inszenierten Agenten des Geschehens. Aber der Küstenort ist weit mehr als nur erzählerisch ergiebige Kulisse, als atmosphärisch aufschlussreiche *Mise en scène* für die Verwicklungen, in die das Personal der ›Sommergeschichte‹ gerät.

Nicht die Stadt ›macht‹ etwas mit den Figuren, so sehr ihre Beschaffenheit und die Zustände in ihr Einfluss haben auf die Verfassung des Personals, auf Begebenheiten, Bestrebungen und Handlungen. Nur entsteht diese Bedeutung des leidlich berühmten Badeorts vor allem aus den Projektionen, Zuschreibungen, Aufladungen, aus den Interpretationen der Szenerie durch die Figuren – und die Erzähler.

---

[1] Brigitte Kronauer: Verlangen nach Musik und Gebirge. Roman [2004]. München 2006. Im Folgenden: [V].

Ich wiederhole diese ein wenig befremdliche Formulierung, weil ich, auch wo es um die Bedeutung Oostendes im Text geht, auf die in vielerlei Hinsicht außerordentlich artifizielle Konstruktion des Romans hinweisen muss. Nahezu durchgehend wird in häufig schnellem Wechsel auf verschiedenen Ebenen bzw. von verschiedenen Instanzen erzählt, immer wieder durch abruptes oder raffiniertes Gleiten von einer Instanz zur anderen auch innerhalb eines Satzes. Um das einsichtig zu machen, muss ich kurz zu einigen Basisinformationen ausholen.

Der Roman bietet, in einer sehr strengen linearen Chronologie und fast durchgängig im erzählerischen Präsens, eine Geschichte aus den kleinen Psychodramen während weniger Ferientage innerhalb einer Gruppe von acht Personen: sechs Feriengästen im Hotel *Malibu*, der Hotelbediensteten Betty und deren Freund, einem merkwürdigen Künstler. Von den vier möglichen Paaren dieser Gruppe bilden nur zwei ein regelrechtes Zweiergespann, neben Betty und ihrem Geliebten de Rouckl ein italienisches Pärchen aus einem fast jungenhaften Bodybuilder und einer seltsam trägen Friseuse, die im Text kaum je mit ihrem Namen genannt wird, sondern mit Antilopenbezeichnungen – meistens ›die Impala‹, aber auch ›Rotduckerchen‹ oder ›Klippspringerchen‹, manchmal schlicht ›die Antilopenschnute‹.

Die übrigen vier Mitglieder der sich scheinbar zufällig im Hotel zusammenfindenden Gruppe sind ein leicht seniles, aber hintertriebenes Großmütterchen, Frau Quapp, mit ihrem hinkenden Enkel, dem Stuntman Roy, sowie eine Frau Fesch, von der die anderen wie der Leser bzw. die Leserin so gut wie nichts erfahren, und schließlich der Antwerpener Parfümhändler Willaert, der von Anfang an auf ein homoerotisches Abenteuer aus ist.

Willaert nun, ortskundig und weitläufig gebildet, schwingt sich gleich zum Anführer der Gruppe auf und gibt den Reiseleiter auf den Stadterkundungen und kleinen Ausflügen. In dieser Rolle doziert er immer wieder weitschweifig und mit aparten Urteilen über die Geschichte Oostendes und Belgiens, über Kunst und Kultur und Politik, heizt aber auch auf diabolische Weise die Spannungen und erotischen Magnetismen in der Gruppe an, immer auf sein erklärtes Ziel hin, den italienischen Modellathleten zu verführen.

Mit Willaert schafft sich die Autorin eine Figur, der sie eine Fülle von Sachinformationen zu Oostende und den belgischen Verhältnissen überantworten kann. So liefert der ausgesucht gekleidete Cicerone böse Geschichtslektionen zu Leopold II., dem brutalen Herrscher über Belgisch-Kongo, der zugleich mit seinen Bauten und Denkmälern ein die Stadt prägender, oft in ihr gastierender Nationalheld ist, oder zu James Ensor, dem bedeutendsten ›Sohn der Stadt‹, oder zur Architektur. Brigitte Kronauer führt diesen lüsternen Maestro einige Male bis an die Grenze der glaubhaften Figurenrede, an der er zum nur noch stellvertretenden narrativen Informationsübermittler zu werden droht, und nur das Artifizielle in den ironischen bis sarkastischen Überspitzungen rettet diese Konstruktion vor dem Absturz ins offenkundige Referat im Auftrag der Autorin.[2]

Die Figur Willaert bleibt auf den ersten Blick eine streng intradiegetische, mit direkter oder indirekter Rede auf der Ebene des Erzählten operierende Instanz der Urteile und Reflexionen in Sachen Oostende. In einer ganzen Reihe von Passagen schieben sich aber in die Figurenrede gleichsam aus dem *Off* Fragen und Überlegungen ein, ob Willaert seine bildungsgesättigten Vorträge gar nicht als Dompteur und Lehrmeister der Gruppe extemporiere, sondern mit kaum verdeckten Absichten einerseits des Eindrucks auf sein umworbenes Lustobjekt, andererseits des verschwörerischen Einverständnisses mit einer zweiten Erzählinstanz. Diese befindet sich wiederum scheinbar klar im intradiegetischen Raum, es ist Frau Fesch. Der Text gibt vor, dass Frau Fesch eine Erzählerin im buchstäblichen Sinne ist, indem sie den Text als eine Art Notat herstellt. Oft wurde in Rezensionen und den wenigen Analysen des Romans dieser Figur die in der Erzählung selbst bewerkstelligte Autorschaft am Text zugeschrieben. Aber häufig wird auch gleich der merkwürdige Umstand angeführt, dass diese erzählte Autorin des Erzählten nur ein einziges Mal das Personalpronomen ›ich‹ benutzt, ansonsten immer von sich als ›man‹ schreibt. Immerhin kommt einige Male ein ›wir‹ vor, das man leichthin als personale ›Offenbarung‹ dieser Erzählerin in Gemeinschaft mit der Gruppe lesen kann. Aber dieses ›wir‹ fängt an zu changieren, indem es nicht nur eine anonyme, unfassliche extradiegetische Erzählinstanz miteinschließen, sondern auch ein Angebot an die Lesenden meinen könnte, sich gleichsam in das Erzählte hineinnehmen zu lassen. Dadurch erhält auch das ›man‹, in das sich die vorgeblich intradiegetische, personale Autorin kleidet, etwas diffus Apersonales, das eben alle und jeden mit meint. Oder auch jene apersonale, extradiegetische, nur erschließbare Erzählinstanz, die der Text immer wieder ins Spiel zu bringen scheint.[3]

Denn das vorgebliche Notat der Frau Fesch bietet oft Bemerkungen, Hinweise, Ausrufe, Andeutungen und Ankündigungen, die einer glaubhaft personalen Erzählerin als Figur des Erzählten kaum wirklich zur Verfügung stehen können. Ständig scheint also die als Person ziemlich ungreifbare Berichterstat-

---

[2] Vgl. V, S. 114 f.: über das Denkmal für Leopold II. an der Strandpromenade, über die Kongo-Politik des Königs und die Bautätigkeit in Oostende, oder V, S. 144 f. und S. 150 f.: über Ensor, sein Grab bei der Kirche Onze Lieve Vrouw ter Duinen, den Friedhof und Ensor-Werke.
[3] Zur Konstruktion der Erzählinstanzen und der (vorgeblich) intradiegetischen Erzähler vgl. die sorgfältige, aber erzähltheoretisch wie textanalytisch biedere Magisterarbeit von Christin Ullmann: Die Organisation des Erzählens in Brigitte Kronauers Roman *Verlangen nach Musik und Gebirge* [MA Ms.]. Hamburg 2007, bes. S. 64 ff.

terin Fesch in einer Art heimlichen Komplizenschaft mit einem verborgenen, an einen heterodiegetischen Erzähler gemahnenden Mitautor einen Text zu generieren, bei dem man oft nicht zu sagen vermöchte, wer eigentlich spricht bzw. aufschreibt.

Zwei kleine Kostproben: In einem der Anfangskapitel suchen der in die ›Impala‹ verliebte Stuntman Roy und die als ›man‹ auftretende Erzählerin Fesch nach dem italienischen Pärchen und den Herren Willaert und de Rouckl. Sie erspähen das Quartett schließlich hinter der Scheibe eines Restaurants.

> »Da also!« Roy ist weiß geworden, trifft die Feststellung aber lakonisch. Sie sitzen direkt am Fenster, freier Blick durch die gerafften Gardinen. Das hätte man leichter haben können. Und nun gähnt er wirklich, vergißt, sich den aufgerissenen Mund mit der Hand zu versperren, gähnt vor Entspannung.
> Es gibt sie noch auf der Welt! Es gibt sie sogar hier, in Oostende, ganz nah. Man kann sie sehen, man wird gleich mit ihr sprechen. Auf einen Schlag ist das fast zu viel des Guten.
> Wie irreführend aber: Würde das Rotduckerchen jetzt genau durchs Fenster auf die Straße flehmen, müßte es sich präzise in Roys ungeschlachten Rachen sehnen.
> Alle vier sind sanft rötlich beschienen. Uns fröstelt. Roy will noch nicht, muß wohl noch seine Kräfte sammeln. Aus Gewohnheit wartet man mit ihm. (V, 64)

In einer anderen Passage, die einen Spaziergang der Gruppe auf der Oostender Promenade darbietet, mischen sich die Stimmen noch virtuoser:

> Schwieriger Fall, Roy, für jeden, dein Elfenbeindornröschen.
> Das ist bei Frau Fesch ganz anders. Sie ist in diesem Moment von einem Mann, der mitten auf dem Bürgersteig voller Elan eine Frau umarmte, über deren Schulter hinweg mit eindeutig, ihn offenbar selbst überraschendem, sexuellem Interesse direkt angesehen, geradezu aufgegabelt worden, und sie, die wirklich ganz anderes hier in Oostende und felsenfest im Sinn hat, spürt diesen Blick und eine ungehörige Beschwingtheit noch immer – für einen Augenblick wurde eine ständig unsichtbar von Hand zu Hand offerierte Droge sichtbar – , nicht einmal ausschließlich zwischen Brust- und Beinansatz.
> Das spürt sie verdutzt. Jedoch auch, Roy, und das ist der Unterschied, ungerührt.
> Aber was war das jetzt?
> Zwei Dinge sind gleichzeitig passiert, gehören logisch allerdings hintereinander. Das heißt: Roy ist gestolpert, sehr ulkig, aufsehenerregend gestolpert, weil plötzlich Maurizio mit der größten, besitzanzeigenden Selbstverständlichkeit die Hand auf den Hintern des Rotduckerchens gelegt hat. Ist gestolpert wie spontan, aber mit so albernem Hopser, daß sich hier einiges kreuzte, wohl kreuzte und vereinigte. Roys Schrecken über Maurizios erotisches Auftrumpfen – Anordnung Willaerts oder Protest gegen ihn –, der Versuch, den Schock darüber, daß sich der Italiener noch immer als Eigentümer Sonias betrachtet, zu kaschieren mit dem gespielten Ärger über das Verhaspeln der Gliedmaßen und: die echte Behinderung. Dabei herausgekommen ist etwas Artistisches, das die drei gottlob nicht zu Gesicht gekriegt haben, auch Frau Fesch hat es nur von der Seite gesehen [...]
> Nun müssen wir das Trio also eine Weile von hinten bestarren. (V, 109)

Brigitte Kronauer veranstaltet in diesem Roman ein verwirrendes Gemenge von Erzählinstanzen, Erzählweisen und Figurenreden, wechselt behände und rücksichtslos die Lektüresignale, so dass der oder die Lesende sich beinahe in jedem Satz fragen muss: Wer spricht, mehr noch: wer sieht, hört, beobachtet, denkt, vermutet, urteilt, stellt fest, fragt? Einzig die direkte Figurenrede scheint da Verlässliches zu bieten – und dann doch nicht. Denn auch die durch Anführungszeichen eindeutig qualifizierte Rede kann hinübergleiten in eine Äußerungsform, die weder sicher als innerer Monolog der aufzeichnenden Frau Fesch zu bestimmen ist noch als umstandslos übernehmende Stimme einer unerkannt und lustvoll mitmischenden, extradiegetischen Erzählinstanz.

So bricht aus Roy, als er einmal am Strand zu einem Bad im Meer aufruft, allein loszieht und unverrichteter Dinge wieder zurückkehrt, eine Suada heraus:

> [Er] breitet, nun fast durchgedreht vor Begeisterung, die Arme aus: »Gelobt sei der wunderbare, endlose, freie Strand von Oostende. Hahaha, großzügiges, generöses Oostende, weit und breit Sand, nichts als schönster, allen zugänglicher Strand, jedem offenstehendes Meer!« (V, 230)

Als ein wörtliches Zitat wird das wenige Zeilen später aufgegriffen, ohne dass erkennbar würde, wer da zitiert: »›Großzügiges Oostende?‹« Es folgt eine Deklamation, die keiner Figur zugeordnet werden kann:

> Verschwenderischer Raum immerhin an der Meeresseite. Die Hafeneinfahrt: zwei insgeheim sehnende Arme nach England, empfangsbereit ausgestreckt? Das gefällt natürlich besonders Frau Fesch. Die dort von der Brücke rasant in beide Richtungen sich rundend wegsausende Skyline, noch gestern mit der guten povera Betty bestaunt. Staffelung sanfter Brandung vor allen Buhnenausläufern in eine parallel zur Küste verlaufende Ferne hinein, das heißt, nicht nach England rüber, sondern diesmal nach Frankreich runter. (V, 231)

Und nach sarkastischen Bemerkungen über die kleine, bald überspülte Sandburgen bauenden Küstenbesucher: »Die Unzahl der Strandidyllen von Gemütsmenschen, über die man sich unentwegt schieflachen könnte. Ja: ›Es lebe das heilige Oostende!‹« (V, 231 f.) Der letzte Satz eine niemandem zuzuschreibende wörtliche Rede.

Dass sich die klar zuzuordnenden Figurenreden und Erzählerstimmen immer wieder verwischen und ineinander gleiten, habe ich mit dem letzten Zitat nicht von ungefähr durch eine Oostende-Passage illustriert. Denn dass die kleinen, aber psychodramatisch hoch aufgeladenen Begebenheiten der Geschichte sich nicht zufällig ausgerechnet in Oostende abspielen, dass also diese Stadt ein eminent bedeutsamer Ort für das Geschehen sei, wird häufig gerade in Passagen verkündet, in denen die Erzähler- und Figurenreden durcheinanderwirbeln.

Zu dieser Auslegung eine kurze Stelle, an der Willaert die Gruppe zu einem Besuch des Ensor-Museums auffordert. Wieder ist nicht ganz klar, welchen Stimmen die folgenden Sätze zuzuschreiben sind.

> Also Vlaanderenstraat hoch, Rue de Flandre, dorthin, wo rechterhand der Schwarze ins nackte Damenbein beißt. Sollte man nicht, da man es schon wittert, noch die kleine Anhöhe überwinden und zum Meer, zum grützegrau schaurigen Wellengewoge entwischen, insgeheim erwünscht, gefürchtet die Flutwelle bis zum Ural, radikale Begradigung, die Begradigungen der Appartementmauer mit einem einzigen Prankenheben lässig und seelenlos übersteigend? Man hatte sich doch Oostende ausgewählt, sich etwas vorgenommen und dringend erwartet, richtig, aber keine Unterrichtsstunde von diesem Antwerpener Geschäftsmann und Ensor-Darsteller. Popgeheule in der Fußgängerzone. ›Muziek in de Vlaanderenstraat‹, zitiert Willaert ein berühmtes Gemälde – um 1890, taxiert Frau Fesch aus dem Gedächtnis –, auf dem der Geist, Geruch des Meeres an den Häusermauern als aufgekratzte Helligkeit sichtbar werden. (V, 89)

Wie zahllose andere Abschnitte im Roman gibt auch diese Passage die beiden entscheidenden ›Potenziale‹ der *stad aan zee* an, die sie geradezu unvermeidlich zum Schauplatz der maliziös vorgeführten Lust- und Leidensantriebe werden lässt: das unmittelbar an die Bebauung grenzende Meer und Werk wie Leben des legendären James Ensor.

Auf diesen beiden ›Elementen‹ beruht entscheidend die Bedeutung, die dem genauestens entworfenen Oostende im Roman zugeschrieben wird. Zu beiden jetzt einige – zwangsläufig nur stellvertretende – Erläuterungen:

Das Meer erhält im Text – der eben keineswegs nur den Einfällen und Wahrnehmungen der Frau Fesch entstammen kann – eine dynamische Qualität, die ganz unmittelbar die Seelenregungen der Stadtbewohner und -besucher antreibt.[4] Früh im Roman ergreift diese oft regelrecht bedrängende Energie die Hauptfiguren, aber auch alle anderen in der Stadt, so dass man sich – vor allem mit der mehrfach thematisierten »Mauer« der Apartment-Hochhäuser am Strand – gegen die emotionale Wucht des Naturphänomens schützen muss.

Ein paradigmatischer Abschnitt aus dem Kapitel »Ein unheimlicher Ort«, an dem Frau Fesch nachts vor die aufgewühlte See hintritt, »wo einem der Atem in die Kehle zurückgeschlagen wird, so daß man, damit hatte man nicht gerechnet, fast an sich selbst erstickt«:

> Der Standort, sagt man sich, ist jetzt nicht exakt, aber ungefähr der zwischen dem Seehelden und dem Casino. Man hält sich, mutig vortretend gegen das rotierende Schwarz, das vom nördlichen bis zum südlichen Nachbarland – was für eine Zugluft in der Lücke zwi-

---

[4] Zum Meer bei Kronauer vgl. im vorliegenden Band auch den Beitrag von Dörte Linke.

schen den Niederlanden und Frankreich! – aus ominöser Quelle in voller Breite vorprescht, an einer Oostender Banklehne fest, stemmt sich mit dem Namen ›Frau Fesch‹ dagegen, aufgepumpt mit dem Titel ›Frau Fesch‹. Ein bißchen wuchtig das Ganze für eine einzige Person. Weshalb ist man hier, weshalb noch mal? Schnell wird die minimale Geste einer gewissen anderen, bisher abwesenden Person beschworen, eine geizig gehütete, die sonst immer Zuversicht einflößt. Keine Wirkung. Kaum von Herz und Gehirn herbeigezwungen, ist sie von der Maschine draußen weggerissen, da, in Fetzen fortgetrieben! Unsinn, sie hat sich vor dem grölenden Hintergrund gar nicht erst zusammengesetzt.

Weiße Linien also, aus der Schwärze gegen die wie eine Eins dastehenden Immobilien heranflutend. Und doch dringt, behauptet Frau Fesch, das Meer heimlich in alle Ritzen der Stadt. Erwartung, Grauen, Glockenschlag. Allerdings, ehrlich eingestanden, ist da ja gar nichts, nur Finsternis, leider, in gewisser Weise Nichts und Langeweile. Anstarren hilft nichts. Und doch, daß sie drinnen in den Häusern ihren kleinkarierten Vergnügungsquatsch treiben, während hier das Wasser donnert und pfeift in der Übermacht! Die Stadt, natürlich, kriegt zuviel, sperrt es mit den ansteigenden Straßen aus, verärgert über den immerwährend schneidenden Anblick, hält sich die Ohren zu, wenn auch rund um die Uhr darauf ausgerichtet.

Also Rücken zur See? Sind sie nicht etwa alle in der Appartementreihe versammelt, tummeln sich mit ihren Leibdaten auf 365 Tage, müssen aber im Laufe der Nacht nach dem großen Gemeinschaftsvergnügen doch unerbittlich wieder ins eigene Bett, in den für den Vorstandsvorsitzenden wie die Putzfrau dämonisch einsamen Schlaf, die Freunde, Pappamamma, Hotelgäste, Zuginsassen, alle, alles hinter dieser ununterbrochenen Mauer gestaut. (V, 67 f.)

Und auch wenn das Meer sich ruhiger zeigt, behält es seine bedrängende und ins Innere der Menschen einwirkende Energie. Es wäre falsch zu behaupten, der See komme im Text eine symbolische Funktion zu, verweisend auf die seelischen Energien, die das allzumenschliche Treiben der Figuren in Bewegung setzen. Nein, dem scheinbar ins Unendliche ausgeweiteten Meer wird über die Wahrnehmung, der man nicht ausweichen kann, eine ganz unmittelbar ins Affektive hineinreichende Kraft nachgesagt, es ist sozusagen ein überwältigend anschaulicher Motor der innermenschlichen Regungen, auch wenn das keineswegs alle Figuren erkennen und begreifen.

Der Text bietet auch Absätze, in denen diese direkte emotionale Antriebsenergie des Meeres sarkastisch kommentiert wird, als von »den Leuten« missverstandene Legitimation für ein ›enthemmtes‹ Verhalten:

> [...] und dazu das sich aalende Meer, das macht, was es will, keine Ethik und keine Moral, keine Kleidervorschriften und Schicklichkeiten kennt und offenbar den Leuten als strikte Enthemmungsvorschrift dient, obschon sie bis hinab zum Schulkind wissen, daß die See rund um die Uhr einem unerbittlichen Regelwerk unterliegt, aber: der Schein! Der schöne, irreführende Schein. Um den geht es schließlich, Herrgottnochmal! (V, 221)

Das zweite ›Element‹ im Roman, das mit seiner überall präsenten Energie in das Wahrnehmen, Empfinden, Denken, Handeln der Figuren hineinwirkt, ist, wie gesagt, die historische Größe James Ensor. Dieser legendäre Maler, der in seiner Frühzeit als Künstler – zwischen etwa 1880 und 1900 – ein *enfant terrible* nicht nur der belgischen Avantgarde war und dessen künstlerische Entwicklung noch vor seinem vierzigsten Lebensjahr verebbte, dieser zu einem Denkmal seiner selbst gewordene Bürger Oostendes – er hat den Ort in seinem langen Leben nur für kurze Zeit verlassen –, von der Stadt lange negiert und spät zumindest geachtet, dieser Jahrzehnte lang im Haus an der Vlaanderenstraat mit seinem Diener ein sozusagen stocksteifes Dasein zelebrierende, gravitätische alte Herr[5] hat im Roman in den verschiedensten Zusammenhängen eine irritierende und inspirierende, herausfordernde und parodistisch inszenierte Gegenwärtigkeit.

Die Gruppe der Hauptfiguren kommt, gewissermaßen mit ihrem touristischen Pflichtprogramm, an Ensor nicht vorbei. Schon ziemlich zu Anfang lotst Willaert seine Schäfchen in jenes winzige Haus, das die Stadt um ein Haar abgerissen hätte und in dem man inzwischen jenen Krimskrams bestaunen kann, den Ensor, den Nippesladen von Tante und Onkel mit zum Teil abstrusem Zeug übertrumpfend, um sich anhäufte. Von seinen Bildern findet sich dort – wie über lange Zeit in der Stadt überhaupt – nicht ein einziges Original, das riesige Monumentalwerk *Einzug Christi in Brüssel* ist aus einer Reihe von Farbreproduktionen über dem Harmonium zusammengepuzzelt.

Frau Fesch lässt bald die übrigen im Erdgeschoss zurück: »Dort haben sie ein Weilchen bei den Nippessachen, kleines künstliches Strandgut vom Spülsaum, zu tun, während man in der Stille oben das nahe Meer an den Wänden lauschen hört, das Meer von außen, man selbst von innen in der Enge nach ihm horchend.« (V, 94) Derweil die anderen unten im ehemaligen Laden die ›Sammlungen‹ inspizieren, steigt sie hinauf in Ensors Wohnzimmer und betrachtet den unverändert stillgestellten Raum:

> Zurückgebliebene, nichtsnutzige Materie aus Ensors Leben hier oben. Man muß zu den sang- und klanglosen Gegenständen eben eifrig den Namen des Malers und das Selbstporträt des jungen Mannes mit den sanftmütigen und späteren Gewehrkugelaugen, mit Blumen und geschwungener Feder am Hut dazudenken, so wie sein Licht auf den gemalten Dingen niedergeht, falsch, sie alle um- und umgräbt und zerrüttet. (V, 94 f.)

---

5 Vgl. die lebens- und werkgeschichtlichen Daten, die biografischen Darstellungen und die Bildmaterialien in: Norbert Hostyn: Ensor. De verzameling van het museum voor schone konsten Oostende. Brüssel 1999; Roger van Gindertael: Ensor. New York/Boston 1975; Joachim Heuser von Waldegg: Ensor. Legende vom Ich. Köln 1991; Ulrike Becks-Malorny: James Ensor 1860–1949. Die Masken, der Tod und das Meer. Köln 1999; Herman T. Piron: Ensor. Een psychoanalytische studie. Antwerpen 1968; James Ensor. Belgien um 1900. [Veranstaltet von der Kunsthalle der Hypo-Kulturstiftung München. Konzeption der Ausstellung und Katalogredaktion: Lydia Schoonbaert u. a.] München 1989.

In diesen Zeilen ist ein Doppelmotiv des ganzen Textes angeschlagen, das mit vielerlei Variationen immer wieder durchklingt: zum einen die Farb- und Lichtmagie Ensors, die in seinen Bildern immer noch lebendig ist und die in die Wahrnehmung der Figuren, allen voran Frau Feschs, buchstäblich eingreift, sie modelliert und inspiriert, so dass sie Menschen, Stadt und Meer quasi mit seinem in den Kunstwerken manifesten Sinnesvermögen erleben, und zum anderen die geradezu erotische Beziehung Ensors zum Meer. Das Kapitel über den Besuch im Ensor-Museum begnügt sich nicht mit emphatischen Bekundungen, die man der Autorin Fesch zurechnen könnte:

> Ehemaliges Privatmuseum Ensors und jetzt voller Gemäldeimitationen, Doubles, ›Fälschungen‹, kein einziges Original darunter. Was macht es schon! Selbst eine Postkarte als Anhaltspunkt, wenn sie nur farbig ist, reicht aus, damit es ersteht und sich vergrößert in der Erinnerung: das Flackern, die heimlichen Unterredungen, das stets weiß durchschimmerte Lodern von Blau und Gelb. Masken, Blumensträuße, Meerestiere, heimgesucht von der Hysterie kreidiger Farben, die ihre gefügigen Sujets bis zu einer brenzligen, bis zur kritischen Temperatur erhitzen, Weißglut, jawohl, das läßt sich hervorpressen aus Verkleinerungen und Kürzeln, wie aus dieser Enge der Nummer 27 das nahe, helle, sanduntergelegte und kreidige Meer, das pocht und schlägt unter allem Grün und Rot. (V, 95)

Die Verbindung der narrativen, der inszenatorischen Energiespender Ensor und Meer wird anschließend durch eine ganze Revue wörtlicher Zitate aus den Aufzeichnungen des Malers weiter aufgeladen, Zitate, die nur mit einiger schriftstellerischer Mühe in die stummen Selbstgespräche der Autorin Fesch und ihr unausgesprochenes Wetteifern mit dem Guide Willaert eingepasst werden können – Brigitte Kronauer verzichtet schließlich darauf, die Zitate überhaupt noch in den Figurenreden zu verankern, sie reihen sich nackt und unverbunden aneinander.

Ein absolut zentrales Zitat geht dann allerdings über in eine Art Bekenntnis der Frau Fesch, die das Meer »Behälter und Spender von Licht und Farbe und Gestaltenerzwinger nennt«:

> »Reines Meer, Stifterin von Energie und Ausdauer und ungesättigte Verschluckerin von blutroten Sonnen. Ja, dem Meer verdanke ich viel. Ah, leeren möchte ich es wie dieses Glas, in dem fahles Gold funkelt, schattenlos strahlend wie unsere Freude«, auch Frau Fesch, auch sie möchte es ausleeren in einem kleinen Glas, vielleicht am besten und liebsten hier, Vlaanderenstraat, Rue de Flandre 27, in einem Gläschen das ganze fahl goldene Meer, »Oostende, ich habe Deine reine und salzige Milch getrunken«, aber kein einziges bedeutendes Gemälde Ensors ist hier in öffentlichem Besitz,
> »Farbe, Farbe, Leben der Wesen und Dinge, Zauber der Malerei, Farbe unserer Träume, Farbe unserer Geliebten, reine Farben. Salve! Salve!! Salve!!!« Farbarien, Farbterzette und -konzerte, bei denen einem das Herz sehr wohl zerbersten könnte. (V, 97)

Es gibt bei Ensor weitere Zitate, die das Meer noch unverhohlener als begehrte Frau, als Geliebte und vertraute Muse anrufen – für den Roman ist in der angeführten Passage und an vielen anderen Stellen die gewissermaßen modellhafte Bezeugung der erotischen Energie des Meeres durch Ensor hinreichend bekundet.

Oostende ist also der Ort, wo man die emotionale, die erotisierende Wirkmacht des allgegenwärtigen Meeres nicht nur an sich erfährt, sondern in den Bildern Ensors als Farbintensität und leuchtendes Feuer buchstäblich am Werke sieht – auch wenn dort in der Stadt keines der Gemälde zu betrachten ist. Diese Verbindung von Meerespräsenz und Ensorkunst feiert der Roman, bei allem sarkastischen Spott über die *stad aan zee* und bei aller bösen Denunziation der Bewohner, als energetisches Zentrum für das Erzählte, hier liegt die literarische ausfabulierte ›Bedeutung‹ des Küstenortes, der einmal Endstation des ›Orient-Express‹ war und über einige wenige Jahre der braunen Ära Zufluchtsort für deutsche Literaten und Künstler[6] – bezeichnend genug, dass Brigitte Kronauer an diesen historischen Episoden kein Interesse hat.

Sie lässt aber die düstere und verstörende Energie des Meeres auch zur Geltung kommen, so wie sie die dunklen Seiten in Ensors Leben und Werk einbezieht. Dass die kunstgeschichtliche Wirkung des Malers vor allem auf der Rezeption seiner oft schrill bizarren und boshaften Verwandlung von Menschengesichtern in Masken beruht – er hat übrigens das Porträt einer Oostender Bürgerfrau, das den Auftraggebern nicht gefiel, mit einer fratzenhaften Maske übermalt –, dass Ensor lange als der Bürgerschreck früher Jahre wahrgenommen wurde, der die wüstesten Perversionen und Enthemmungen karikierend ins Bild setzte, wird mehrfach erwähnt.

Die vielen Masken und Fratzen auf Ensors Bildern – man kann die Vorlagen im kleinen Museum anschauen, er hat sie vom kurzzeitigen Mann seiner Schwes-

---

[6] An dieser Stelle ist eine Anmerkung nötig, die eigentlich weitläufig erläutert und belegt werden müsste: Als 2014 Volker Weidermanns zum Bestseller werdendes Buch *Ostende 1936, Sommer der Freundschaft* erschien, bemerkte niemand unter den begeisterten Rezensenten, dass dieses Werk über weite Strecken eine auffällige Übereinstimmung mit der Studie von Mark Schaevers: Oostende, de zomer van 1936. Amsterdam 2001 aufweist – Gliederung, inhaltliche Partien, Zitatauswahl, Bilder usw. Ein Zufall kann das nicht sein. Ob es sich hie und da um regelrechtes Plagiat handelt, müsste penibel ermittelt werden. Für einen Skandal halte ich, dass Weidermann die offenkundige ›Vorlage‹ für sein Buch nicht einmal erwähnt oder angibt. Er konnte damit rechnen, dass niemand im deutschen Literaturbetrieb von der Arbeit eines hierzulande völlig unbekannten Journalisten weiß. Inzwischen ist Schaevers auch in Deutschland anerkannt, durch seine monumentale Studie über den ebenfalls nach Oostende geflüchteten und in Auschwitz ermordeten Maler Felix Nussbaum.

ter, einem Chinesen, aus der Karnevalsstadt Köln erhalten –, die entstellten Gesichter werden im Roman als anschauliche Präsenz der triebenergetisch wirksamen Dämonen begriffen – freilich wiederum durch das Gebaren und Reden der Figuren ironisch gebrochen. Darauf ist zurückzukommen.

Gegen Ende des Romans steuert Willaerts Beredsamkeit auf eine finale Abrechnung zu. Er lässt für die Gruppe ein opulentes Mahl aus *Fruits de mer* auffahren, redet die Krusten- und Weichtiere an:

> »Ach, wären wir doch so durchglüht, wie ER euch einst malte, mit eurer bezaubernden, metaphysischen Oberfläche! Nur dann würden wir eurer Schönheit und Transzendenz gerecht. Stattdessen fällt uns bloß ein, euch zu fressen. Wer errettet uns vor dem zunehmenden und sich verschärfenden Maskenwesen, vor der Bedrängnis durch die widerlichen Menschenkrusten? Der große Maler, der sie durch seine wunderbare Farbigkeit – hört ihr, daß sie knattert wie Fahnen und zischt wie Schlangen? – für seine Zwecke zähmt! Begreifen wir das? Haben wir das alle jetzt kapiert? Nie sehen wir die Wirklichkeit, immer nur die Dämonen, die Dämonen Quapp, Maurizio, Roy, Fesch, Sonia, de Rouckl, Willaert, Betty? Nein Betty vielleicht nicht, o doch, Betty als Dämonie des Guten, so gut ist sie nämlich auch wieder nicht. [...] Nur der Maler, nur der Blick auf die Kunst und auf eure patschnasse Heimat, hochverehrte Meerestiere, lässt uns überleben und hoffen auf eine Brüderlichkeit. Das merkt euch, Ihr Zuhörer. Einzig und allein der Blick auf das Kunstwerk und auf die See eint uns in Mitmenschlichkeit und erhellt uns, hellt unsere modrigen Farben auf. Anders sind wir gegenseitig nicht lange zu ertragen, auch nicht wir selbst von uns selbst.« (V, 409 f.)

Dieses Zitat darf als eine der wenigen Passagen im Roman betrachtet werden, an denen Brigitte Kronauer es ›ernst meint‹, die Rede der Figur für einen Augenblick nicht bricht mit der durchgehenden artistischen Ironie ihrer ›Vorführung‹ des Personals. Dieses Personal wird immer wieder mit subtilem Witz und derbem Sarkasmus eben nicht als eine Gruppe von ›wirklichen Dämonen‹ präsentiert, sondern als eine kleine Schar von allenfalls leicht ›überbetonten Normalbürgern‹, die sich lediglich in jenem ›Tunnel der Leidenschaft‹ befinden, der ihre Weltwahrnehmung und ihr Verhalten zugleich dramatisiert und simplifiziert, wie die Autorin es in einem Gespräch formuliert hat.[7] Das Verfahren auf Ensors Bildern kehrt sich gewissermaßen um: Nicht die Bürger werden als fratzenhafte Masken zur Kenntlichkeit entstellt, sondern in ihren mit äußerster Präzision und Raffinesse dargestellten Mienen, Gesten, Äußerungen offenbart sich die nur ein wenig verdichtete Normalität allzumenschlicher Regungen, Sehnsüchte, Obsessionen. Die literarischen ›Masken‹ der Figuren sind mit höchster Kunst ausgear-

---

[7] Dorothea Dieckmann: Mit Liebe die Wahrnehmung anspitzen. In: Deutschlandradio Kultur [29.12.2004]. In: http://www.deutschlandfunk.de/mit-liebe-die-wahrnehmung-anspitzen.700.de.html?dram:article_id=82116, zuletzt 27.11.2017.

beitet, erweisen sich aber als völlig ›harmlos‹, so dass in hohem Maße voraussehbar ist, was in der minutiösen Inszenierung weniger Tage geschieht. Peter Mohr hat in einer Rezension dieses Verfahren der Autorin mit der Darbietung »aus dem Dressurreiten« verglichen: »Bei der Piaffe lässt der Reiter das Pferd kunstvoll und mit leichten Schrittwechseln auf der Stelle treten. So geht es auch mit diesem Roman, der gestochen scharfe Standbilder, aber keine Bewegung einfängt.«[8]

Dass Willaert an der zitierten Stelle die Hauptpersonen als »Dämonen« bezeichnet und ihre Erscheinung mit Ensors »Maskenwesen« vergleicht, darf als eine seiner zahllosen rhetorischen Übertreibungen gelesen werden, mit denen er sich als Ensor-Darsteller interessant machen will. Bei der anschließenden Aufhöhung des Malers und seiner Kunst allerdings kommt plötzlich ein Pathos von zwischenmenschlicher »Brüderlichkeit«, ja von Empathie mit den Naturgeschöpfen zum Tragen, das zu dem durchtriebenen Cicerone und Lüstling, seinem sonstigen Schwadronieren gar nicht passt. Es scheint gewissermaßen so, als ob durch die Augenlöcher der mit bestechender Kunstfertigkeit modellierten ›Maske‹ der literarischen Figur plötzlich zwei Augen aufleuchten, die gar nicht mehr der Figur gehören – aber auch nicht einfach der leibhaftigen Autorin.

Allerdings huscht dieser Eindruck nur vorüber. Die in den Worten des zur großen Suada ansetzenden, schwulen Parfümhändlers anklingende Wahrnehmungs- und Kunsttheorie, noch mehr die Utopie von der geschwisterlichen Verbindung der Menschen und einer Achtung des Natürlichen ist so durchzogen von der Brechung jeder Unmittelbarkeit des Realitätsbezugs in der literarischen Inszenierung, durchtränkt von der ironischen Zubereitung des Agierens und Redens der Figuren, dass man sie eben nicht ›ernst nehmen‹ kann.

Diesen Preis muss die Autorin mit ihrer faszinierenden Könnerschaft zahlen. Wenn sie sich mit ihrer kunstvollen Inszenierung ganz darauf konzentriert, in einer hinreißend abgefeimten, lustvoll decouvrierenden ›Verdeutlichung‹ des alltäglichen Geschäfts der Projektionen, Idolisierungen, Verteufelungen, der falschen Hoffnungen und irrigen Gefühle die allemal ›zurechtgemachte‹ Wahrnehmung von Menschen, Dingen und Geschehnissen literarisch vorzuführen, dann hebt sie die Möglichkeit auf, in der ästhetisch gestalteten Imagination noch die ›Gewalt der kruden Realität‹ wie den unausweichlichen Zwang zu Realität schaffenden Beurteilungen und Entscheidungen aufscheinen zu lassen. Deren nicht aufhebbare »Ambivalenzen«, an deren Darstellung in der Literatur Brigitte Kronauer so sehr interessiert ist,[9] erscheinen dann als spielerisches Element des

---

[8] Peter Mohr: Wettlauf mit James Ensor. In: http://literaturkritik.de/public/rezension.php?rez_id=7507&ausgabe=200410, zuletzt 27.11.2017.
[9] Vgl. Dieckmann.

ästhetischen Gebildes, nicht als dessen untergründiger ›Realitätsgehalt‹. Anders und noch stärker zugespitzt formuliert: Wo der stupende, ständig artistisch seine Gemachtheit ausstellende ›Hyper-Realismus‹ der Darstellung, der zu Recht an Kronauers Büchern gerühmt wird, vor allem dazu dient, die hergestellten Figuren und ihre innere Verfassung zu demontieren, ihre Selbsttäuschungen, Verstellungen und Obsessionen sichtbar zu machen, droht auch noch der Ernst der Fragen, die hinter der Demontage zu erahnen sind, mit in den Wirbel der bewundernswerten Inszenierung gerissen zu werden. Es sind die Fragen nicht nach dem ›richtigen Leben im falschen‹, sondern nach der Energie und Richtung des Widerspruchs zum ›Falschen‹.

Deshalb erscheint mir die zitierte Passage als ein Schlüsseltext für ein zentrales Problem des Romans, das in den meisten Rezensionen nur gestreift wird, mit relativierenden Bemerkungen etwa zum »intellektuellen Vergnügen« an der Sprach- und Kompositionskunst der Autorin, mit der aber das Begehren der Figuren »am Reißbrett« entworfen werde und die nur die »besenreine Leere« der »Herzkammern« offenbare.[10]

Das Problem gilt auch für die zentrale Rolle der historischen Gestalt James Ensors im Text. Ensor ist sozusagen der Gewährsmann für die Verbindung von See und Kunst – und auch für die Verbindung von erhellender Farbigkeit und Dämonie, wie sie noch die ziemlich alltäglichen Psychodramen der Gruppe durchwirkt. Man könnte sagen, dass dieser Oostende-Roman eigentlich ein Ensor-Roman ist.

Dabei ist aber zu bedenken, dass der Parfümhändler Willaert, der die ›Rettung‹ der Menschen-Dämonen durch den Blick auf die in Ensors Kunst meisterhaft verwirklichte Verkoppelung der ›Elemente‹ des Meeres und der Kunst beschwört, dass dieser im Menschheits-Pathos schwelgende Rhetor als Romanfigur sich selbst als Wiedergänger des historischen James Ensor inszeniert. Der Text kehrt das wieder und wieder heraus, indem nicht nur die verbürgte Physiognomie des gealterten Ensor und der Künstler-Habitus des Ver-Führers Willaert herausgestrichen werden. Er kokettiert sogar fortwährend mit der sorgsam gepflegten Ähnlichkeit, und die übrigen Figuren sprechen ihn mehrfach auf die Ebenbildlichkeit an. Als Roy eben dieses »ohne Umschweife« tut, heißt es:

---

[10] Uta Beiküfner: Brigitte Kronauers *Verlangen nach Musik und Gebirge* zwischen Versuchsanordnung und Mummenschanz: Dienstbereite Hotelhandtücher. In: Berliner Zeitung [06.01.2005]. In: https://www.berliner-zeitung.de/brigitte-kronauers--verlangen-nach-musik-und-gebirge--zwischen-versuchsanordnung-und-mummenschanz-dienstbereite-hotelhandtuecher-15650224, zuletzt 27.11.2017.

> Da streicht Willaert mit posierendem Hüsteln seine violette Schleife heraus. Er wolle dem ehrlichen Frager ein Geheimnis verraten: All diese Attribute vom Bart bis hin zum schwarzen Radmantel trage er, damit man an eine Kostümierung, eine Nachahmung durch Verkleiden glaube. Würden jedoch er und Ensor, James Ensor, diese seriösen Attribute jeweils an sich beseitigen, so müsse jedermann allzu sehr erschrecken, nämlich ohne Mühe erkennen, daß sie beide nicht zweierlei, sondern ... ein und derselbe seien! (V, 89 f.)

Indem der durchtriebene Antwerpener Geschäftsmann und Kunst-Liebhaber sich selbstironisch und pseudo-ehrlich als Wiedergänger Ensors outet, wird aus der für den Roman hoch bedeutsamen Ähnlichkeit und Seelenverwandtschaft ein narratives Spiel, das eben bedeutungstragend und ironisch gebrochen zugleich ist. Der wiedererschienene James Ensor, selbst eine Erzählinstanz im Text, wird zu einer Kunstfigur, die nur allzu offenkundig mit Leben und Werk der historischen Gestalt spielt und doch die künstlerische Bedeutung des berühmten Oostenders zu feiern erlaubt. Das Spiel erfasst auch das erzählte Geschehen zwischen den Figuren, indem die in der Ensor-Forschung offene Frage, ob der Maler zumindest in jungen Jahren nicht tatsächlich homosexuelle Beziehungen hatte, zu einem treibenden Moment der Psycho-Dynamik der Gruppe verwandelt wird.

Das ist alles so klug und hintertrieben kunstvoll angelegt, dass man sich der Faszination dieses Arrangements kaum entziehen kann. Aber auch die Ensor-Komponente im Roman droht zu einem bloßen ›Stoff‹ des intellektuellen Kunst-Vergnügens zu werden, wie die genüsslich denunzierte Wirklichkeit der *stad aan zee*, ja wie selbst das ›brutal reale Naturelement‹ Meer, dessen Anblick als bloßes ›gleichgültiges‹ Naturelement in der Empfindung der Personen gar nicht auszuhalten ist. Von der geradezu gespenstischen Gestalt des historischen Ensor bleibt nicht viel mehr übrig als die groteske Verkleidung Willaerts in der gespielten Re-Inkarnation. »Beunruhigung«, die als besondere Qualität den Texten Brigitte Kronauers nachgesagt wird,[11] will sich da nicht recht einstellen.

Die Antwort auf die Titelfrage ›Warum Oostende?‹ lautet also für diesen Roman nur auf den ersten Blick: James Ensors wegen, der in der Stadt an der See die Verschwisterung von Meer und Malerei so wirkungsvoll in seinem Werk darzustellen verstand. In der Tiefschicht des Romans geht es aber um das Zwielichtige, das dieser Stadt eigen ist, die ganz auf das Meer bezogen ist und sich doch dagegen vermauert und die James Ensor mit seinem Werk hervorgebracht und ihn doch die längste Zeit negiert hat. Sie lädt zur Inszenierung all der Brechungen, Täuschungen, Obsessionen, Verkennungen und Illusionen ein, die gegen einen vermeintlichen ›Realismus‹ vorzuführen Brigitte Kronauers erklärte Absicht ist.

---

11 [o. A.] Peitschenknall der Erkenntnis. In: Neue Zürcher Zeitung [05.11.2005]. In: https://www.nzz.ch/articleDA8DG-1.182025, zuletzt 27.11.2017.

Literaturverzeichnis

Brigitte Kronauer

Kronauer, Brigitte: Zweideutigkeit. Essays und Skizzen. Stuttgart 2002.
Kronauer, Brigitte: Verlangen nach Musik und Gebirge. Roman [2004]. München 2006.
Kronauer, Brigitte: Favoriten. Aufsätze zur Literatur. Stuttgart 2010.
Kronauer, Brigitte: Poesie und Natur. Natur und Poesie. 2 Bde. Stuttgart 2015.

Weitere Primärquellen

Schaevers, Mark: Oostende, de zomer van 1936. Amsterdam 2001.
Weidermann, Volker: Ostende 1936, Sommer der Freundschaft. Köln 2014.

Forschungsliteratur

Becks-Malorny, Ulrike: James Ensor 1860–1949. Die Masken, der Tod und das Meer. Köln 1999.
Beiküfner, Uta: Brigitte Kronauers *Verlangen nach Musik und Gebirge* zwischen Versuchsanordnung und Mummenschanz: Dienstbereite Hotelhandtücher. In: Berliner Zeitung [06. 01. 2005]. In: https://www.berliner-zeitung.de/brigitte-kronauers--verlangen-nach-musik-und-gebirge--zwischen-versuchsanordnung-und-mummenschanz-dienstbereite-hotelhandtuecher-15650224, zuletzt 27. 11. 2017.
Gindertael, Roger van: Ensor. New York/Boston 1975.
Heuser von Waldegg, Joachim: Ensor. Legende vom Ich. Köln 1991.
Hostyn, Norbert: Ensor. De verzameling van het museum voor schone konsten Oostende. Brüssel 1999.
James Ensor. Belgien um 1900. [Veranstaltet von der Kunsthalle der Hypo-Kulturstiftung München. Konzeption der Ausstellung und Katalogredaktion: Lydia Schoonbaert u. a.] München 1989.
Mohr, Peter: Wettlauf mit James Ensor. In: http://literaturkritik.de/public/rezension.php?rez_id=7507&ausgabe=200410, zuletzt 27. 11. 2017.
Piron, Herman T.: Ensor. Een psychoanalytische studie. Antwerpen 1968.
Ullmann, Christin: Die Organisation des Erzählens in Brigitte Kronauers Roman *Verlangen nach Musik und Gebirge* [MA Ms.]. Hamburg 2007.
[o. A.] Peitschenknall der Erkenntnis. In: Neue Zürcher Zeitung [05. 11. 2005]. In: https://www.nzz.ch/articleDA8DG-1.182025, zuletzt 27. 11. 2017.

Interview

Dieckmann, Dorothea: Mit Liebe die Wahrnehmung anspitzen. In: Deutschlandradio Kultur [29. 12. 2004]. In: http://www.deutschlandfunk.de/mit-liebe-die-wahrnehmung-anspitzen.700.de.html?dram:article_id=82116, zuletzt 27. 11. 2017.

II **Multiperspektive**

Matthias N. Lorenz
Brigitte Kronauers Conrad-Analysen und -Parodien

Berittener Bogenschütze und *Heart of Darkness*

Brigitte Kronauer dürfte unter den deutschsprachigen Schriftstellerinnen und Schriftstellern wohl die bewandertste Conrad-Leserin seit Thomas Mann sein.[1] Ihr Roman *Berittener Bogenschütze*[2] von 1986 ist eine Hommage an Conrads Erzählkunst, und auch in späteren Jahren hat sie sich mehrfach in Essays und Interviews über seine Werke geäußert. Ihre Faszination für Conrad gehe aus von der Frage, »mit was für Stilmitteln dieser Mann zu so großartigen Wirkungen kommt.«[3]

Kronauers Conrad-Faible ist für mich von besonderem Interesse im Kontext der Rezeption von *Heart of Darkness* (1899) in der deutschen Literatur.[4] Der *Berittene Bogenschütze* hat sich dabei als eine Zäsur erwiesen: Während es vor 1945 eine durchaus rege Rezeption gab, griffen die Vertreter der *Nachkriegs*literatur kaum noch auf das Narrativ einer traumatischen Reise ins Innere zurück. Der *Berittene Bogenschütze* führt eine Renaissance von *Heart of Darkness* in der deutschsprachigen Gegenwartsliteratur an. Bald nach Kronauer beschäftigte sich auch Christa Wolf mit Conrad, bevor dann in den 1990er und 2000er Jahren die Bezugnahme auf *Heart of Darkness* geradezu zu einer Mode wurde. Kronauer selbst hat diese Konjunktur kritisch kommentiert: »Immer, wenn es Schlagzeilen über die unglückliche ehemalige belgische Kolonie Kongo gibt [...], wird hier-

---

[1] Vgl. auch das Radiogespräch mit Brigitte Kronauer und anderen in: Zwischen Ost und West. Joseph Conrad im europäischen Gespräch. Hg. von Elmar Schenkel und Hans-Christian Trepte. Leipzig 2010, S. 175–191, hier S. 175. Im Folgenden: [*SWR-Gespräch*]. Vgl. insgesamt zur deutschen literarischen Conrad-Rezeption Frank Förster: Die literarische Rezeption Joseph Conrads im deutschsprachigen Raum. 2. Aufl. Leipzig 2007; sowie zu Thomas Manns Conrad-Lektüre meinen Aufsatz »Merkwürdig, daß Conrad so lange meine Vorzugslektüre.« Zur Bedeutung Joseph Conrads für den Leser Thomas Mann. In: Angermion. Jahrbuch für britisch-deutsche Kulturbeziehungen 9 (2016), H. 1, S. 71–97.
[2] Brigitte Kronauer: Berittener Bogenschütze. Roman [1986]. München 2000. Im Folgenden: [BB].
[3] Kronauer im *SWR-Gespräch*, S. 176.
[4] Vgl. hierzu meine Studie Distant Kinship – Entfernte Verwandtschaft. Joseph Conrads *Heart of Darkness* in der deutschen Literatur von Kafka bis Kracht. Stuttgart/Weimar 2017 (Schriften zur Weltliteratur. Bd. 5), auf deren Kronauer-Kapitel dieser Beitrag basiert.

zulande zwanghaft Joseph Conrads Novelle *Herz der Finsternis* raunend beschworen, besser: blindlings zitiert und kolportiert.«[5]

Dass die Autorin für sich selbst in Anspruch nimmt, sich eingehender mit Conrads Erzählverfahren auseinanderzusetzen, wird auch dadurch deutlich, dass gleich drei ihrer Aufsätze den Untertitel »Zu Joseph Conrad« tragen.[6] In dem Band über ihre *Favoriten* feiert sie Conrad 2010 als Gewährsmann einer Literatur des »[U]nideologischen«.[7] In einem großen Bogen streift Kronauer diverse Hauptwerke Conrads.[8] Dabei stellt sie einige immer wiederkehrende Grundzüge und Motive fest, etwa, »einer Vision bis ans Ende hinterherzujagen«, oder auch die häufig »aufblitzende Erkenntnis, daß es gar keine verbindlichen Maßstäbe, keine unverrückbaren Regeln und ewigen Wahrheiten gibt, vielmehr, jenseits der gesellschaftlichen Umzäunungen [...] nur eine indifferente, überflutende Finsternis, eine universale Leere jenseits aller Zivilisation«.[9]

Kronauer interessiert sich nun dafür, wie der Autor solche gesellschaftlichen Fiktionen stabiler moralischer Werte wie »Ehre« oder »Treue« »durch verschiedene literarische Techniken zuverlässig ins Schlingern« bringt: »Seine bekannteste Strategie«, so Kronauer,

> ist der relativierende Perspektivenwechsel. Aber auch die Möglichkeiten des Mißverständnisses, der Doppeldeutigkeit, die Lunte der verheißungsvoll oder drohend andeutenden Vorwegnahme hat er variiert [...]. Mit erzählerischem, unerhört spannungssteigerndem Sadismus dosiert er außerdem Informationen in schnödem Umgang mit Zeitrück- und -vorgriffen.
>
> Durch diese, man möchte fast sagen: selbstherrlichen Schnitte wird der Leser, dessen sich Conrad mit vielerlei Kniffen zu bemächtigen sucht, aus den gewöhnlichen temporären und räumlichen Verankerungen gerissen, nicht bloß aus der schlichten Linearität. [...]
>
> Das Ziel ist ein wehrlos gemachter, daher aufnahmebereiter Leser. Conrads Kunstgriffe dienen packender Unterhaltung, aber auch seinem Wunsch, heftige akustische, taktile, vor allem optische Wirkungen auf unser Gefühl zu erwirtschaften, die vergänglichen Erschei-

---

5 Brigitte Kronauer: Zwischen Fixstern und Finsternis. Zu Joseph Conrad [2001]. In: B. K.: Zweideutigkeit. Essays und Skizzen. Stuttgart 2002, S. 95–116, hier S. 95.
6 Vgl. Brigitte Kronauer: »Er machte mich unsicher«. Zu Joseph Conrad [2007]. In: B. K.: Favoriten. Aufsätze zur Literatur. Stuttgart 2010, S. 29–40; Brigitte Kronauer: Schützende Gebilde und verbotener Blick. Zu Joseph Conrads Roman *Lord Jim* [1999]. In: Zweideutigkeit, S. 117–125 sowie B. K.: Zwischen Fixstern und Finsternis.
7 Kronauer: »Er machte mich unsicher«, S. 31.
8 *Almayers Wahn* (*Almayer's Folly*, 1895), *Der Nigger von der »Narcissus«* (*The Nigger of the »Narcissus«*, 1897), *Herz der Finsternis* (*Heart of Darkness*, 1899), *Lord Jim* (1900), *Der Geheimagent* (*The Secret Agent*, 1907), *Mit den Augen des Westens* (*Under Western Eyes*, 1911), *Über mich selbst* (*A Personal Record*, 1912).
9 Kronauer: »Er machte mich unsicher«, S. 36.

nungen in allen Schattierungen aufblühen zu lassen und für Momente zu bannen mit der gesamten, in ihnen wohnenden irisierenden Macht.

Bei einer zweiten Kategorie seiner Mittel ist, neben dem Einfrieren absoluter Handlungshöhepunkte zum Tableau und der nachgelieferten begrifflichen Entzifferung eines bis dahin mysteriösen Sinneseindrucks, das auffälligste ein Begreifen von Gesten und Dingen als schwerwiegende Zeichen, die im Gang der Ereignisse ein neues spezifisches Gewicht erhalten.[10]

Kronauers Analyse der Verunsicherung des Lesers, der Spannungserzeugung, der Verwirrung von Raum und Zeit, der Stillstellung eindrücklicher Bilder und des berühmten *delayed decoding*[11] lässt sich ebenso wie die Verunsicherung aller Werte anhand von *Heart of Darkness* verifizieren: Der vor- und rückspringende, oft nur andeutende und rätselhafte Bericht Marlows über seine Expedition ins ›Innere‹ Afrikas, der zwischen Bewunderung, Faszination, Angst und Abscheu schwankt und ganz offensichtlich immer etwas zurückhält, das unausgesprochen bleibt; die raunende Unheimlichkeit des atmenden Urwaldes und seines Herzschlags, durch den sich die Schlange des modrigen Flusses windet und dessen Bewohner weitgehend unsichtbar und vollständig unlesbar bleiben; die Überforderung des Ich-Erzählers wie des Lesers in existenziell bedrohlichen Situationen, wo sich erst in der Summierung zahlloser unvermittelt nebeneinanderstehender akustischer, optischer und taktiler Eindrücke zum Beispiel umherfliegende »Stöckchen«[12] [»Sticks«[13]] als tödliche Beschießung entpuppen; schließlich das *delayed decoding* bei der Anfahrt auf die Station des Mr. Kurtz, wo sich die zunächst wahrgenommenen Verzierungen eines Zauns als aufgespießte Menschenköpfe entpuppen. Interessant bleibt dieses Spiel mit fehlgeleiteten Erwartungen und nebulösen Sensationen auch deshalb, weil der Erzähler Marlow ständig seinen

---

10 Kronauer: »Er machte mich unsicher«, S. 37 f.
11 Bärbel Czennia erklärt das Conrad'sche Prinzip des *delayed decoding* wie folgt: »Er verwendet die substantivierten Adjektive bevorzugt zur Vermittlung fragmenthafter sinnlicher Wahrnehmung in außergewöhnlichen Situationen; diese betont er durch die Frontstellung der Impression, die erst nachträglich mit Hilfe einer konventionellen Bezeichnung entschlüsselt wird. Die Gesamtwirkung zielt in Richtung einer nicht vollkommen faßbaren und deshalb so bedrohlichen Rätselhaftigkeit der Erfahrung.« (Bärbel Czennia: Joseph Conrad, Heart of Darkness: Marlows ›Impressionen‹ und Reaktionsweisen deutscher Übersetzer. In: Erlebte Rede und impressionistischer Stil. Europäische Erzählprosa im Vergleich mit ihren deutschen Übersetzungen. Hg. von Dorothea Kullmann. Göttingen 1995, S. 491–528, hier S. 498).
12 Joseph Conrad: Herz der Finsternis. Roman. Übers. von Daniel Göske. Stuttgart 2009, S. 79. Im Folgenden: [Herz].
13 Joseph Conrad: Heart of Darkness. In: Joseph Conrad. Heart of Darkness. Authoritative Text. Backgrounds and Contexts. Criticism. Hg. von Paul B. Armstrong. 4. Aufl. New York/London 2006, S. 3–77, hier S. 44. Im Folgenden: [Heart].

eigenen Bericht relativiert, Lücken lässt und bei aller Abscheu nicht verhehlen kann, dass dieser grausame Mr. Kurtz doch ein ›großer Mann‹ gewesen sei.

Kronauer selbst stellt diesen berühmtesten Text Conrads allerdings deutlich hinter die Erzählung »Ein Vorposten des Fortschritts« (»An Outpost of Progress«, 1897) und den Roman *Der Geheimagent* (*The Secret Agent*, 1907) zurück, die weniger »metaphysisch-symbolisch[ ]« als vielmehr von größtmöglicher Lakonie und analytischer Schärfe seien.[14]

Bereits 2002 war der Essayband *Zweideutigkeit* erschienen, der gleich zwei Aufsätze über Joseph Conrad enthält. Der eine stellt eine Neuübersetzung des *Lord Jim* (1900) vor. Der andere, »Zwischen Fixstern und Finsternis«, spielt bereits im Titel auf *Heart of Darkness* an und ist eine Kritik des ihrer Meinung nach zu Unrecht kanonisierten Textes. Kronauer entwickelt darin anhand einer Reihe von Werken vier Beobachtungen über Conrads Erzählkunst:

Erstens entkomme keiner der Conrad'schen Protagonisten der Konfrontation »mit einer kahlen Unendlichkeit«,[15] der Gleichgültigkeit eines leeren Universums.

Zweitens müssten Conrads Helden eine »Grenzüberschreitung« erfahren, »in ein Niemandsland ohne gesellschaftlichen Schutz«, und dies bedeute »nicht nur Relativierung, sondern Zersetzung fundamentaler Prinzipien« der vermeintlichen Zivilisation.[16]

Drittens werde Conrad »nicht müde, als leitendes Trugbild fürs Überleben des [...] sinnabhängigen Ichs in der Unverbindlichkeit des umgebenden Universums« immer wieder die Treue »als sicherndes Tau im moralisch Diffusen ins Spiel zu bringen«,[17] das zugleich auch wieder in Frage gestellt werde.

Viertens schließlich seien all jene (wie unter anderen Mr. Kurtz) und »all das, was bei Conrad [...] über Anziehungskraft verfügt, umwölkt, fluoreszierend, mehrdeutig.«[18]

Kronauer zufolge ist der »enorme Rang, der [...] *Herz der Finsternis* [...] häufig zugestanden wird, [...] in diesem Kontext eigentlich überraschend.«[19] Der Titel sei

---

14 Kronauer: »Er machte mich unsicher«, S. 30 f. – Über Conrad zu sprechen, ohne *Heart of Darkness* zu würdigen, ist ab den 1980er Jahren die deutliche Ausnahme. Kronauer an die Seite zu stellen wäre diesbezüglich noch Hans Joachim Sells phantastische Erzählung »Joseph Conrad besucht seine Übersetzerin« von 1994, in der sogar das Wort ›Afrika‹ nur ein einziges Mal (und zudem völlig unspezifisch) auftaucht (vgl. Sell, S. 75).
15 Kronauer: Zwischen Fixstern und Finsternis, S. 97.
16 Kronauer: Zwischen Fixstern und Finsternis, S. 98.
17 Kronauer: Zwischen Fixstern und Finsternis, S. 100.
18 Kronauer: Zwischen Fixstern und Finsternis, S. 101.
19 Kronauer: Zwischen Fixstern und Finsternis, S. 102.

»volkstümlich«, die Symbolik »einschmeichelnd[ ]« und die Bearbeitung des historischen Kontextes Belgisch-Kongo sei, »gelinde gesagt, unpolitisch«.[20]

> Das Überwältigende und auch wohl Verführerische der Geschichte ist die Gestalt des Kurtz, verworfener, anziehender Inbegriff der Zweideutigkeit. [...] Das aber, was der durch und durch anständige Erzähler Marlow in der Finsternis des eigenen Herzens erkennt, ist die widerliche und betörende Möglichkeit einer Infiltration. Womit? Mit einer knochenerweichenden – es gibt ja, und ich halte es keineswegs für eine Stärke dieser Novelle, immer nur Andeutungen –, übermenschlichen Gesetzlosigkeit, Kontakt mit einem Bereich, der geräumt oder überhaupt unberührt ist von allen Maßstäben der Zivilisation, verkörpert im so inbrünstig gesuchten Kurtz.[21]

Goutieren kann sie am ehesten die Schlussszene, in der Marlow für die Verlobte von Mr. Kurtz dessen letzte Worte »Das Grauen! Das Grauen!« (Herz, 123) [»The horror! The horror!«, Heart, 69] umlügt in »Das letzte Wort, das er sprach, war – Ihr Name« (Herz, 137) [»The last word he pronounced was – your name«, Heart, 77] und, so Kronauer, »damit die töricht Überglückliche für den Leser hinter ihrem Rücken zum ›Grauen‹ ernennt.«[22]

Als gelungeneren Text stellt Kronauer der »Urwald-Novelle« die Erzählung »Ein Lächeln des Glücks« (»A Smile of Fortune«, 1911) zur Seite, für die sie 2003 auch ein Nachwort verfasst hat:[23] »heller und rationaler, zynischer«, ein »Präzisionsmeisterstück erster Klasse«.[24] Conrad führe darin »exemplarisch vor, wie Ambiguität und gewünschter Orientierungsverlust in Detail und Großstruktur durch Genauigkeit, nicht durch Vagheit und ein Aufgebot von Schauer- und

---

20 Kronauer: Zwischen Fixstern und Finsternis, S. 102 f. Vgl. auch Kronauer im *SWR-Gespräch*, S. 184 f.: »Es wird oft so getan, als wäre das ein Roman, der die fürchterlichen Erfahrungen, die Joseph Conrad sicherlich dort gemacht hat, in einer fast agitatorischen Weise als Mahnmal des Kolonialismus den Europäern vorgehalten hat. Das ist meiner Ansicht nach Unsinn. Wenn das sein Anliegen gewesen wäre, wäre er verpflichtet gewesen, es in einer anderen Form darzustellen, es vor allem konkreter zu benennen. Es ist sicherlich in viel stärkerem Maße ein metaphysischer Roman und die Untiefen sind dann, wenn man es so versteht, gar nicht so ungewöhnlich. Es ist das, was in den Romanen von Joseph Conrad oft vorkommt, dass Leute über die zivilisatorischen Konventionen [...] hinausgehen.«
21 Kronauer: Zwischen Fixstern und Finsternis, S. 103.
22 Kronauer: Zwischen Fixstern und Finsternis, S. 104.
23 Vgl. Brigitte Kronauer: Eine ganz andere Person [Nachwort]. In: Joseph Conrad: Ein Lächeln des Glücks. Eine Hafengeschichte. Übers. von Ernst Wagner. Frankfurt a. M. 2003, S. 111–124. (Auch in diesem Nachwort zur 2003 erschienenen Separatausgabe von Conrads »A Smile of Fortune« bei Suhrkamp moniert Kronauer die ihrer Meinung nach ungerechtfertigte Prominenz des »für alles und jedes zitierten *Herz der Finsternis*«, S. 122).
24 Kronauer: Zwischen Fixstern und Finsternis, S. 106.

Andeutungsvokabeln erzeugt werden.«[25] *Heart of Darkness* sei in allen Vergleichspunkten effektheischender[26] und somit weniger ambivalent. Ambivalenz aber sei nicht nur das »Signum moderner Literatur, sie ist es, wenigstens unterschwellig, von Literatur schlechthin.«[27]

Kronauers eigener Roman *Berittener Bogenschütze* handelt von einem Literaturwissenschaftler, dessen Sinnbild im Roman eine kleine, über eintausend Jahre alte Figur ist:

> [Marianne]: »Der unglasierte Kopf des Reiters, der Spuren kalter Bemalung aufweist, besteht aus rein weißem Ton. Er wurde also separat modelliert und dann auf den Körper gesetzt. So verwundert es nicht, daß er an der kritischen Verbindung [...] abgebrochen war. Die grünlich schimmernde Glasur am Körper des Jägers weist Zersetzungserscheinungen auf [...].« (BB, 95 f.)

Wie bei dieser Figur ist auch die Verbindung von »Kopf« und »Körper«, von Erleben und Wirklichkeit, bei dem Protagonisten Matthias Roth gestört. Die ›aufgesetzte weiße Kälte‹ des Kopfes – beziehungsweise des Denk- und Wahrnehmungsapparates der literarischen Figur – korrespondiert ebenso mit der Beschreibung des Reiters[28] wie die ›körperlichen Zersetzungserscheinungen‹ Matthias Roths. Der promovierte Matthias Roth steht für den Typus eines männlich-intellektuellen Universitätsdozenten, der sich ironisch und überheblich hinter seinem angelesenen Wissen verschanzt. Der bekennende Junggeselle meint, wahre Gefühle wie die Liebe gebe es nicht, alles was es darüber zu wissen gebe, sei ihm als Beobachter und vor allem aus der Literatur bekannt. Er ersetzt eigenes Erleben durch Kunstbezug, der ihm bekannte Bilder liefert und vor der Konfrontation mit der Realität bewahrt. Conrad, über den er einen Aufsatz schreibt,[29] dient ihm dabei als Gewährsmann für seine distanzierte Haltung gegenüber Liebesdingen, hält er doch »›[d]ie Leere, Stille, Einöde im innersten [...] Zimmer der Leidenschaft‹« (BB, 7) – so der Romanbeginn – für eine prägende Konstante in Conrads Werk.

---

25 Kronauer: Zwischen Fixstern und Finsternis, S. 110.
26 Vgl. Kronauer: Zwischen Fixstern und Finsternis, S. 106.
27 Kronauer: Zwischen Fixstern und Finsternis, S. 115.
28 Anna E. Wilkens geht ausführlich auf die Figur und den von Kronauer wörtlich zitierten Katalogtext ein, vgl. Anna E. Wilkens: Kunst, Literatur und Wirklichkeit in Brigitte Kronauers Roman *Berittener Bogenschütze*. Würzburg 2012 (Epistemata. Bd. 756), S. 153–198.
29 Die Information, warum Matthias Roth sich mit Joseph Conrad beschäftigt, wird im Roman selbst nicht eindeutig gegeben. Brigitte Kronauer hat 2007 im *SWR-Gespräch* (S. 179) nachgetragen: »Das ist ja ein Mann, der einen Essay über Joseph Conrad schreiben will. Er beschäftigt sich also beruflich mit ihm [...].«

In langen Passagen entfaltet Roth Überlegungen zu den Werken Conrads.[30] In einem imaginären Dialog mit Marianne, die ihn bald darauf verlassen wird, doziert er, dass Conrad das Wesen der Leidenschaft als »das schlechthin Unerfüllbare« (BB, 34) erkannt habe:

> »Die Leidenschaft ist nichts Massives, Marianne, sondern hohl. [...] Sobald die Liebenden die klassische Pose einnehmen, werden sie zu Statuen, fertig zum Knipsen, und schon können sie gehen. Sie ist ein Irrtum, es gibt sie nur, solange sie sich nicht konkretisieren muß. Aus Bewegung wird Starre, und auch das für Sekunden nur. [...] Ich habe großes Glück gehabt. Noch nie bin ich von einer Sache wirklich umgehauen worden [...]. Ich habe von den Anfängen, den Andeutungen schmarotzen dürfen, weil meine Phantasie sie alle verlängert hat. [...] Glaube mir also, Conrad hat recht.« (BB, 34 f.)

Conrad ist für Matthias Roth der »»Dichter der Umarmungen‹« (BB, 26), was die Absurdität seiner Interpretationen zahlreicher Werke Conrads, die er sich alle auf seine These hin zurechtlegt, entlarvt. Insgesamt führt Roth in seinen Monologen die Romane *Die Rettung* (*The Rescue*, 1920), *Der Freibeuter* (*The Rover*, 1923), *Der goldene Pfeil* (*The Arrow of Gold*, 1919), *Der Nigger von der Narzissus* (*The Nigger of the »Narcissus«*, 1897), *Nostromo* (1904), *Lord Jim* (1900) und *Sieg* (*Victory*, 1915) sowie die Erzählungen »Der Pflanzer von Malata« (»The Planter of Malata«, 1915), »Freya von den sieben Inseln« (»Freya of the Seven Isles«, 1912), »Ein Lächeln des Glücks« (»A Smile of Fortune«, 1911), »Karain« (1897), »Das Wirtshaus der beiden Hexen« (»The Inn of the Two Witches«, 1915), »Jugend« (»Youth«, 1898) und »Der schwarze Steuermann« (»The Black Mate«, 1886/1908) an.[31] *Heart of Darkness* befindet sich auffälligerweise nicht darunter.

Wie Anna Wilkens herausgearbeitet hat, setzt sich der Protagonist besonders intensiv mit drei Werken auseinander: *Der goldene Pfeil*, *Sieg* und »Ein Lächeln des Glücks«. Wilkens hat nachgewiesen, dass Kronauer hier Passagen wortwörtlich aus der deutschen Conrad-Werkausgabe zitiert.[32] Vor allem wird auf den Seiten 320 bis 330 des *Berittenen Bogenschützen* die Erzählung »Ein Lächeln des Glücks« »weitgehend chronologisch nacherzählt und im Verlaufe dessen 18 Mal wörtlich zitiert«.[33] Kronauer bedient sich hier der Cento-Technik, eines inter-

---

30 Vgl. BB, S. 24–35, S. 130–139, S. 190–200, S. 231–241, S. 320–331, S. 395–397.
31 Zudem kommen Verweise auf weitere literarische Werke etwa Ludwig Tiecks oder der Gebrüder Grimm vor, die jedoch alle sehr viel weniger Bedeutsamkeit für das Romangeschehen haben als die Auseinandersetzung mit Conrad (vgl. Wilkens, S. 44–52).
32 Vgl. Wilkens, S. 34 f., Anm. 97.
33 Wilkens, S. 34 f., Anm. 97.

textuellen Verfahrens, bei dem ein neuer Text aus Textpartikeln älterer Texte zusammengesetzt wird.[34]

Der Roman erzählt auf der Handlungsebene davon, wie Matthias Roths Weltbild ins Wanken gerät. Zunächst hat er im Italienurlaub ein prägendes Erlebnis in einem einsamen Tal: Jenseits jeder Spur von Kultur oder auch nur Kultivierung begegnet er in der Wildnis zum ersten Mal sich selbst. Nach diesem Erlebnis greifen seine Routinen der Weltwahrnehmung nicht mehr:

> Am nächsten Morgen stand er beim Fenster des Frühstücksraumes und betrachtete Bucht und Meer. Klassisch! dachte er und nahm es ganz lakonisch, erschrak dann, weil er glaubte, nun endgültig abgehärtet zu sein, alle emphatischen Gefühle verbraucht zu haben nach einer letzten Ausschweifung. Aber noch im Dastehen, mit dieser Angst und Gleichgültigkeit zusammen, begann er etwas anderes zu ahnen, nämlich, daß es erst anfinge, daß er dieser Landschaft zum ersten Mal für sich allein begegnete. Es war nur ein Anflug vielleicht, er konnte nicht mehr sagen: Das blaue Meer! Was ihm doch immer gefallen hatte, daß sich ein Panorama zur Deckung bringen ließ mit einer langgehegten Vorstellung, dem Motiv eines alten Bildes, mit einem sich anbietenden Vers, das glitt ihm weg. Das Genießen solcher Kongruenzen hatte ihn verlassen, er wurde von Minute zu Minute sicherer darin. [...] Lange hatte er Trost gesucht in den Reimen, die sich andere vor ihm gemacht hatten auf Umarmungen, Städte, Witterungen. Wie hatte er sich immer ausführlich bedient an den Überlieferungen! [...] Etwas war davon abgerissen und fort war alle Gemütlichkeit. (BB, 257 f.)

Diese Erkenntnis versucht Matthias Roth festzuhalten und sich auch nach dem Urlaub zu bewahren. Gleichzeitig gehen ihm aber – und das macht ihn selbst zu einem typisch Conrad'schen Helden,[35] der Kronauer zufolge in den Abgrund geblickt und darüber seine Sicherheiten verloren haben muss, – die stabilen Orientierungspunkte verloren. Die Unendlichkeit des Universums, das völlig desinteressiert an ihm zu sein scheint, macht ihm, der sich stets für den Mittelpunkt der Welt hielt, Angst: »Ihn erschreckte in der Tat schon ein Eichhörnchen, bereits vor einem solchen Anblick verzagte er, er konnte weder ›schön‹ noch ›häßlich‹ denken, nichts war dem Eichhörnchen weniger wichtig.« (BB, 349)

Als er seine Conrad-Lesart von der stillgestellten Umarmung als leeres Maximum der Leidenschaft plötzlich am eigenen Leibe überprüfen muss, indem er in eine solche Umarmung mit Gisela fällt, der Frau seines Freundes Hans, muss er sein Weltbild revidieren. Das ureigene Erlebnis heftiger Leidenschaft zwingt

---

34 Vgl. Wilkens, S. 35.
35 Gerlinde Röder-Bolten beobachtet »the production of a Conradian character for 1980s Germany« (Gerlinde Röder-Bolten: »The Emptiness of All Things under Heaven«: Joseph Conrad and Brigitte Kronauer's *Berittener Bogenschütze*. In: Conradiana 38 (2006), H. 3, S. 229–246, hier S. 232).

Roth zu einer Modifikation seiner Conradlektüre. Conrad kann keine Richtschnur mehr im wirklichen Leben sein. Roth gesteht sich ein, dass die Leidenschaft von den Liebenden zwar nicht festgehalten werden könne, doch das sei auch gar nicht ihr Wesen: Sie sei »auf Sprengung hin konstruiert« (BB, 395), folglich viel radikaler als gedacht. Das Aufglühen in der Umarmung ist zwar tatsächlich flüchtig, aber deshalb nicht unwahr.[36] Reichlich ratlos fragt Matthias Roth nach der Episode mit Gisela:

> »Conrad?« sagte er laut, als müsse er sich erinnern auf ein Stichwort hin. Er sah kein Fenster mehr, hinter dem Licht brannte [...]. [...] »Die Leere, die Einöde?« fragte er wieder vor sich hin. [...] Er sah [...] alle Umarmungen der vielen Conradpaare, die alle, so schien es ihm auf einmal, Geschichten der Stellvertretung waren [...]. (BB, 395 f.)

Soweit die geraffte Zusammenfassung der Handlung. Als expliziter Conrad-Roman,[37] der eine – wenn auch offenkundig verfehlte – Analyse wohl des halben Œuvres von Conrad beinhaltet, dürfte *Berittener Bogenschütze* ziemlich einzigartig sein. Auch wenn Kronauer sich später als scharfe Kritikerin von *Heart of Darkness* zu erkennen gegeben hat, ist dieser Text doch zu prominent, als dass ein mit Conrad-Analysen und -Bildern spielender Roman gänzlich auf ihn verzichten könnte. Und tatsächlich hat die Autorin auch Anspielungen auf *Heart of Darkness* im *Berittenen Bogenschützen* versteckt, die zudem die Schlüsselszene fast genau in der Mitte des Romans, als Matthias Roth sich in besagtem Tal selbst erkennt, bezeichnen. Es spricht für die Subtilität dieser Anspielungen, dass Wilkens sie in ihrer gründlichen Analyse der von Kronauer zitierten Kunstwerke nicht erwähnt. Auch in einem Aufsatz von Gerlinde Röder-Bolten über die Conrad-Bezüge in Kronauers Werk finden sich nur zwei sporadische Hinweise auf *Heart of Darkness*. Ich möchte dagegen zeigen, dass Kronauer eine partielle Nachdichtung von *Heart of Darkness* in ihren Roman integriert hat.

Die Italienreise bereitet Matthias Roths Empfänglichkeit für die spätere Umarmung Giselas, den emotionalen Höhepunkt des Romans, vor. Nach mehreren Tagen Badeurlaub beschließt er, dem Strandleben »fernzubleiben bis zum Tod« (BB, 221). Er macht sich auf, das Hinterland zu erkunden. Dabei passiert er eine Parzen-Figur, wie auch Marlow im Büro des Direktors der Kongo-Gesellschaft an zwei mit schwarzer Wolle strickenden Parzen vorbei muss: »Die Frau mit der breiten, geriffelten Unterlippe stand als Wachposten an der Treppe zur

---

36 Vgl. Wilkens, S. 42.
37 »*Berittener Bogenschütze* is a *Bildungsroman* mapped against Conrad.« (Röder-Bolten, S. 236).

Straße. Er mußte an ihr vorbei.« (BB, 221) Nach seiner Rückkehr wird er ihr wieder begegnen.

> Ja, sie wußte alles, und dadurch war in ihrem Bannkreis alles vorhanden, keine Auslöschung, keine Ahnungslosigkeit. Sie saß in seinem Kopf mit der dicken Lippe der Spinnerin, [...]. [...] Sie steht da wie der Anfang oder das Ende einer Geschichte, sagte sich Matthias Roth. (BB, 232 f.)

Eindeutig weist die »Unterlippenfrau« (BB, 237) Wesensmerkmale einer der Schicksalsgöttinnen auf, die den Faden des Lebens spinnen und Personifikationen des Todes sind: Unter den drei Moiren ist Klotho die Spinnerin des Lebensfadens, dessen Länge Lachesis bemisst und den Atropos zerschneidet.

Tatsächlich steht diese Moire oder Parze jedoch genauso wenig allein da wie die beiden Strickerinnen in *Heart of Darkness*. Die allwissende »Unterlippenfrau«, die als »Spinnerin« (BB, 232) bezeichnet wird und über Anfang und Ende Bescheid weiß, markiert gewissermaßen eine äußere Rahmung der Szene im Tal. Ihr nachgestellt ist eine quasi innere Rahmung durch eine zweite Parze, die offensichtlich auf Atropos anspielt, die den Faden zu gegebener Zeit zerschneiden wird: Eine alte Frau mit einer Sichel, an der Matthias Roth bei seinem Vordringen in das Tal vorübergehen muss.

> Eigentlich sah er nichts weiter von ihr als Finger und Unterarme und die Knie mit dem Stück bis zu den Füßen und darüber gleich das magere Gesicht. Das alles war nackt und braun, aber natürlich ahnte er als Zwischenstück einen dünnen, uralten Körper und ein schwarzes Kleid, das sich mit der Dunkelheit des Hauseingangs verband. [...] [S]ie hockte dort wie ein Kind mit ein wenig weißem Flaum auf dem Schädel und lächelte ganz genau ihn an. Dabei arbeitete sie ohne Unterbrechung weiter, auf ihrer Schwelle, die Beine im blendenden Tageslicht, den gekrümmten Rücken in der Finsternis des Flurs. Sie hielt eine Sichel in der Hand, eine ruckhaft geschwungene, aufblitzende Sichel und lächelte mit ihren äußerst schmalen Lippen Matthias Roth zu [...]. (BB, 223)

Dass diese zweite Frau die erste ergänzt, wird durch das Motiv der Lippen deutlich, deren Fülle respektive Schmalheit der Text betont. Auch sieht Matthias Roth nach seiner Rückkehr aus dem Tal im Gesicht der ersten Parze zugleich das der zweiten.[38] Diese zweite Parze drängt die Assoziation mit *Heart of Darkness* besonders auf, weil sie nicht nur als Schicksalsgöttin, sondern zugleich auch als ›Wilde‹ auftritt: Sie erscheint nackt, ist barfüßig, braun und dürr und hockt auf

---

[38] »Die Unterlippenfrau lachte mit weit offenem Mund und schwenkte die Zeitschrift über dem weißen Haar, er sah wieder die kleine Sichelfrau vor sich, die still lächelnde, schwarz im schwarzen Flurhintergrund, ihre blitzende Waffe, ihr Werkzeug schwingend [...].« (BB, S. 237)

dem Boden. Darüber hinaus wirkt sie wie ein »Kind« aus der »Finsternis« (s. o.), was an die von Chinua Achebe in seiner berühmten Conrad-Polemik *An Image of Africa* kritisierte Haltung der Europäer gegenüber den Afrikanern erinnert[39] und das permanent in *Heart of Darkness* beschworene Schlüsselwort aufruft. In der einleitenden Fragmentierung der Gestalt bedient sich Kronauer hier zudem einer typischen Conrad'schen Erzähltechnik.

Nachdem der Protagonist also wie bei Conrad zwei Parzen passiert hat, kann er sich auf seinen Weg ins ›Innere‹ machen. Der Weg in die Wildnis endet an einem Tor, »an dem ein Schild mit unleserlichen Buchstaben und mehreren Ausrufezeichen hing«. (BB, 224) Die nicht lesbare Warnung wiederholt jene Szene, in der Marlow bei der Anfahrt auf Kurtz' Station ein »flaches Brettchen mit einem verblaßten Bleistiftgekritzel darauf« (Herz, 65) [»a flat piece of board with some faded pencil-writing on it«, Heart, 37] vorfindet, auf dem steht: »Beeilt euch. Nähert euch vorsichtig. Dann eine Unterschrift, aber die war unleserlich – [...].« (Herz, 65) [»Hurry up. Approach cautiously. There was a signature, but it was illegible –«, Heart, 37] Ausdrücklich versteht Roth das Schild als »Warnung« (BB, 224). Er setzt seinen Weg jedoch fort, das »Innere der Berge« (BB, 225) vor Augen,

> weil es ihn trieb oder zog, so als würde er eine undeutliche, sehr angenehme Radiomusik hören [...], oder als hätte er die verräterischen Spuren eines seltenen, scheuen Tieres entdeckt und müßte ihm unausweichlich bis in seine letzte Zuflucht folgen [...]. (BB, 224)

Kronauer reinszeniert hier weitere bekannte Motive aus *Heart of Darkness*: den Weg ins ›Innere‹ und den Sog der Wildnis. Dabei herrscht eine Stille, wie sie auch die Anfahrt auf Kurtz' Station auf dem Kongo prägt. Roth dringt weiter vor, »ohne Uhr«, vorbei an dem »zunehmend saftigen Bewuchs, zwischen dem verbrannte Bäume aufragten wie alte, hoch hervorgetriebene Blütenstände« (BB, 225). Wie Marlow geht ihm im als uralt empfundenen Urwald das Zeitgefühl verloren. Hat er sich zunächst dem Weg »ohne Sorgen an[vertraut]« (BB, 225), so kommen ihm mit zunehmender Entfernung von der Zivilisation Sorgen, »es könnte diese gewundene Straße in der Wildnis, in der es zuckte und summte, auf eine Gefahr zuführen« (BB, 226).

Schließlich tut sich ein schmaler, überwucherter Pfad auf, »der auf eine eigentümliche, unerklärliche Weise dazu verlockte, ihm zu folgen.« (BB, 227) Kronauer bedient sich in solchen Passagen exakt desselben Registers wie Conrad:

---

[39] Vgl. Chinua Achebe: An Image of Africa. In: Joseph Conrad. Heart of Darkness. Authoritative Text. Backgrounds and Contexts. Criticism. Hg. von Paul B. Armstrong. 4. Aufl. New York/London 2006, S. 336–349, hier S. 343.

Erklärt wird die Verlockung nicht, sie erwirtschaftet jedoch die gespannte Erwartung des Lesers. Der Protagonist tut nun exakt das, wozu die Warnung Marlow aufgefordert hatte – »Nähert euch vorsichtig.« (Herz, 65) [»Approach cautiously.« Heart, 37] –: »Er näherte sich vorsichtig.« (BB, 227) Der Pfad führt ihn zu einem Haus, das Roth gebannt in dem Bewusstsein beobachtet, hier ein Eindringling »an der Grenzlinie zu dieser besonderen Zone« (BB, 227 f.) zu sein. Er fragt sich, ob er schon die ganze Zeit beobachtet werde – ein Gefühl, das Marlow auf dem Flussdampfer ebenfalls verspürt. Wie in der Annäherung an das ›Innere‹ in *Heart of Darkness* schweifen auch hier Gedanken und Blicke zunächst ab, bevor eine Korrektur der ersten Wahrnehmung erfolgt:

> Er trat einen halben Meter in den Schattenbezirk [...] und vertiefte sich zunächst in das tagtägliche Panorama der Leute, die hier den Sommer verbringen würden. Immer hatten sie die grau schimmernden Berge des Inneren vor Augen [...]. Und obwohl das Haus in heiterer Beständigkeit sich vor ihm erstreckte, fühlte er doch die leichte Besorgnis, mit einer ungeschickten Geste könnte in dieser Unberührtheit eine Verwandlung ausgelöst werden, ein Entzaubern und Erwachen. (BB, 228)

Er entwickelt Überlegungen über das Verhältnis von diesem Haus zu anderen Häusern am Wege und von seinen mutmaßlichen Bewohnern zu denen der anderen. Auch taxiert er die Kosten, die die Anlage, der Unterhalt und die Ausstattung eines solchen Hauses »in dieser Einöde« (BB, 228) verursachen mögen. Dann folgt, getreu dem Conrad'schen *delayed decoding*, die Desillusionierung:

> Er sah jetzt, daß er sich getäuscht hatte, was die Neuheit des Hauses betraf. [...] Große Teile des Anwesens waren nicht nur alt, sondern verfallen, durch Balken abgestützt. Es gab eingeschlagene Fenster, baufällige Türen, mit Eisenstangen verbarrikadiert. [...] Erst jetzt begriff er klar, was er die ganze Zeit als Atmosphäre gewittert, eingesogen hatte: die ungeheure Verletzlichkeit der Anlage. Wer hier lebte, war, vor allem in den Nächten, einer totalen Finsternis ausgesetzt, eine hilflose Beute für klug beobachtende, geschickt zupackende Täter, die mit ein paar Werkzeugen blitzschnell die empfindlichen, dünnen Drähte zur Zivilisation kappen konnten. [...] Hier etwas zu entwenden oder zu zerschlagen schien das Naheliegendste und, noch stärker, das Abwegigste zu sein. [...] Er verstand nichts, er sah vor sich etwas in aller Einfachheit undurchdringlich Geheimnisvolles. (BB, 228 f.)

Von der Korrektur einer fehlerhaften Wahrnehmung und der Registrierung von Gewaltanwendung über die Schlüsselbegriffe der drohenden Finsternis und die gekappten Drähte zur Zivilisation bis hin zur in der Wildnis ausbrechenden Zerstörungswut und der Beschwörung des Geheimnisvollen werden hier maßgebliche Momente aus *Heart of Darkness* reinszeniert. Wie in Marlows Bericht wird die Reise zu einer Reise ins eigene Innere: Roth entdeckt neben der ominösen Ruine einen weiteren Pfad, der im Gegensatz zur bisherigen Bewegungsrichtung abwärts führt. Schon nach wenigen Schritten sind die Häuser nicht mehr zu sehen. Ab jetzt geht Matthias Roth »gegen einen Widerstand an« (BB, 230). Er rutscht aus, »Bäumchen mit stachligen Blättern« verunmöglichen ein Verlassen des Pfades, er spürt »diese Abwehr auch in der Luft« (BB, 230). Das Gehen wird anstrengender, »mit jedem Schritt ging er gegen etwas an.« (BB, 230) Analog zu Marlow fällt er im ›Inneren‹ aus Raum und Zeit: »Es war eine sogar vom Sonnenlicht nur indirekt aufgestöberte Wildnis, und er vergaß, in welcher Gegend, in welchem Land er sich überhaupt befand.« (BB, 230)

> Das Herz, das innerste Zimmer eines Bedürfnisses, eines unklaren Verlangens, das ihn hergelockt hatte, und nun stritt er es nicht mehr vor sich ab, er war an seinem eigenen, geheimen Punkt angelangt, als hätte etwas Unbestimmtes endlich Gestalt angenommen. Und wenn ihn in dieser unmenschlichen Einsamkeit der Tod anfiele? Es war schon der Tod, nichts beengte, nichts begrenzte hier. Um so schlimmer aber auch: es kam darauf an, diese Anwesenheit ohne Grauen zu bestehen. Mußte man nicht, wie bei der Vergegenwärtigung des Weltalls, ein ungeheuerliches Gefühl dagegen stemmen, wie die Entdecker der Meere und Urwälder die Raserei ihres Wissensdurstes und ihrer Raublust? (BB, 231)

Überdeutlich knüpft Kronauer an die Doppeldeutigkeit von Conrads englischem Titel (*Heart of Darkness*) an, die nicht direkt ins Deutsche übersetzbar ist: die Selbsterkenntnis Marlows im Herzen der Finsternis und zugleich seine Konfrontation mit dem Herz aus Finsternis. Matthias Roth erkennt sich am Ende als »ein durch und durch hohler Mann« (BB, 389), eine Zuschreibung, die in *Heart of Darkness* vor allem auf den »hollow man« Mr. Kurtz zutrifft.[40] Zugleich deeskaliert Kronauer die Situation: Roth drohen keine realen Gefahren und auch kein Tropenkoller. Er entdeckt nicht – wie Marlow – die Finsternis in seinem Herzen, sondern in der Finsternis sein Herz. Dieser Moment der Selbsterkenntnis ist jedoch auch erschreckend, weil ihm bewusst wird, wie einsam und klein er ist in einem Universum, das praktisch keine Notiz von ihm nimmt. Die Gleichgültigkeit des Universums ist so absolut, dass die Frage nach dem eigenen Leben oder Tod völlig nichtig wird. Diese Einsicht verursacht jenes »Grauen« (Herz, 123) [»The horror«, Heart, 69] (auch dies ein Signalwort aus *Heart of Darkness*), das ausgehalten werden muss. Matthias Roth bleibt im Conrad'schen Sinne ›treu‹ und bewahrt die Fassung. Damit wiederholt er in der harmlosen Variante der Kongoreise als Italienurlaub Marlows Rolle desjenigen, der letztlich zu widerstehen vermag.

---

[40] Der Buchhalter, der Ziegelmacher, Mr. Kurtz – allesamt Negativgestalten (vgl. Conrad: Heart, S. 22, S. 26, S. 58).

Kronauers Variation erweist sich als getreue Umsetzung ihrer eigenen Analyse Conrad'scher Erzähltechniken: Conrad schüre Spannung vermittels verzögerter Wahrnehmungen und nebulöser Andeutungen, seine Helden müssten sich mit einem unüberschaubaren Universum (Weltall, Meer oder Urwald) abfinden, trügen in der Erkenntnis ihrer eigenen Nichtigkeit eine nachhaltige Zerstörung ihres Weltbezugs davon und versuchten, sich mit Rückgriff auf schal gewordene Prinzipien wie die Treue gerade zu halten. Tatsächlich ist es ja eine zumindest zwiespältige Auffassung von Treue, wenn Matthias Roth am Ende (seinen Gefühlen treu) Gisela umarmt, die so ihrem Ehemann Hans untreu wird. Zugleich zeichnet sich aber mit Roths angedeutetem Verzicht auf Gisela auch ein treues Verhalten Hans gegenüber ab. Die Versuchung wäre dann durch Selbstdisziplin gebannt.

Bleibt schließlich die Frage, warum Kronauer *Heart of Darkness* in ihrem Conrad-Roman versteckt hat. Hier bietet sich an, Anna Wilkens' Interpretation der wörtlichen Zitation von »Ein Lächeln des Glücks« in der Schlüsselszene der Gisela-Umarmung aufzunehmen. Kronauers extensive Conrad-Zitate versteht Wilkens als »Aufforderung zum Spurenlesen«.[41] Tatsächlich befinden sich solcherlei Spuren in verschiedenen Tiefenschichten des *Berittenen Bogenschützen*. Entdecken kann sie nur, wer die Aufforderung annimmt und sich auch mit den Conrad'schen Prätexten befasst. Roths Interpretation des gemeinhin als ›Dichter der Meere‹ bekannten Conrad als ›Dichter der Umarmungen‹ erscheint derart abwegig, dass man sich aufgefordert fühlen darf, sie kritisch zu überprüfen. Wer die Texte nachliest, wird leicht entdecken, dass Roths Umarmungserlebnis Conrads »Ein Lächeln des Glücks« zitiert. Hieraus ergibt sich natürlich eine besonders abgründige Ironie, weil in eben dieser Szene ja Kronauers Protagonist eine angeblich ureigene Erfahrung macht, die ihm nur deshalb zugänglich ist, weil er sich von der Präskription der Welt durch den intellektuellen Kunst- und insbesondere Literaturbezug verabschiedet hat. Dass ausgerechnet *diese* Erfahrung aus literarischen Zitaten montiert ist, ist durchaus komisch. Matthias Roth erweist sich so als in einer Schleife gefangen, der er als Wiedergänger einer literarischen Figur und als eine literarische Figur, die auch nur in der Literatur Erfahrungen machen kann, doppelt nicht entkommen kann.

Auf einer weiteren Ebene hat Kronauer Fallstricke ausgelegt, die im Falle ihres Erkennens ebenfalls Komik generieren. Indem sie mit *Heart of Darkness* den prominentesten Text Conrads als Blaupause für Matthias Roths Einsamkeitserlebnis in dem italienischen Tal wählt, kann sie darauf vertrauen, dass belesene

---

[41] Wilkens, S. 35.

Rezipienten den Prätext identifizieren.[42] *Heart of Darkness* wird zwar im Roman nicht genannt und auch nicht in Cento-Manier passagenweise zitiert, aber die Signalworte des Prätextes werden ebenso auffällig platziert wie die von Conrad angewandten Erzähltechniken nachgeahmt. Es ist erkennbar, dass Kronauer den Prätext dadurch karikiert, dass sie dessen Mittel zur Erzeugung von Spannung und Ambivalenz an einen vergleichsweise trivialen Gegenstand (die zarten Neurosen eines Junggesellen gegen die Erfahrung des mörderischen Kolonialismus) heranträgt. Matthias Roth soll im Roman erkennbar vorgeführt werden in seiner oft lächerlichen Weltwahrnehmung. Ausgerechnet seinen tiefsten Moment vermeintlicher Selbsterkenntnis mit Elementen aus Conrads *Heart of Darkness* aufzuladen, also aus jenem Text, den die Autorin für überzogen und überbewertet hält, lässt sich auch als Parodie des Prätextes lesen.

Literaturverzeichnis

Brigitte Kronauer

Kronauer, Brigitte: Berittener Bogenschütze. Roman [1986]. München 2000.
Kronauer, Brigitte: Zweideutigkeit. Essays und Skizzen. Stuttgart 2002.
— darin: Zwischen Fixstern und Finsternis. Zu Joseph Conrad [2001], S. 95–116.
— darin: Schützende Gebilde und verbotener Blick. Zu Joseph Conrads Roman *Lord Jim* [1999], S. 117–125.
Kronauer, Brigitte: Eine ganz andere Person [Nachwort]. In: Joseph Conrad: Ein Lächeln des Glücks. Eine Hafengeschichte. Übers. von Ernst Wagner. Frankfurt a. M. 2003, S. 111–124.
Kronauer, Brigitte: Favoriten. Aufsätze zur Literatur. Stuttgart 2010.
— darin: »Er machte mich unsicher«. Zu Joseph Conrad [2007], S. 29–40.

Weitere Primärquellen

Conrad, Joseph: Ein Lächeln des Glücks. Eine Hafengeschichte. Übers. von Ernst Wagner. Frankfurt a. M. 2003.
Conrad, Joseph: Heart of Darkness. In: Joseph Conrad. Heart of Darkness. Authoritative Text. Backgrounds and Contexts. Criticism. Hg. von Paul B. Armstrong. 4. Aufl. New York/London 2006, S. 3–77.
Conrad, Joseph: Herz der Finsternis. Roman. Übers. von Daniel Göske. Stuttgart 2009.
Sell, Hans Joachim: Joseph Conrad besucht seine Übersetzerin. Eine phantastische Erzählung. Karlsruhe 1994.

---

42 Keineswegs spreche ich der Kronauer-Philologie, die hierauf bislang kaum eingegangen ist, diese Belesenheit ab; vielleicht hängt es auch vom Fokus der Untersuchung (oder des Lektüremodus) ab, ob man auf den *Heart of Darkness*-Bezug stößt.

Forschungsliteratur

Achebe, Chinua: An Image of Africa. In: Joseph Conrad. Heart of Darkness. Authoritative Text. Backgrounds and Contexts. Criticism. Hg. von Paul B. Armstrong. 4. Aufl. New York/London 2006, S. 336–349.

Czennia, Bärbel: Joseph Conrad, Heart of Darkness: Marlows ›Impressionen‹ und Reaktionsweisen deutscher Übersetzer. In: Erlebte Rede und impressionistischer Stil. Europäische Erzählprosa im Vergleich mit ihren deutschen Übersetzungen. Hg. von Dorothea Kullmann. Göttingen 1995, S. 491–528.

Förster, Frank: Die literarische Rezeption Joseph Conrads im deutschsprachigen Raum. 2. Aufl. Leipzig 2007.

Lorenz, Matthias N.: »Merkwürdig, daß Conrad so lange meine Vorzugslektüre.« Zur Bedeutung Joseph Conrads für den Leser Thomas Mann. In: Angermion. Jahrbuch für britisch-deutsche Kulturbeziehungen 9 (2016), H. 1, S. 71–97.

Lorenz, Matthias N.: Distant Kinship – Entfernte Verwandtschaft. Joseph Conrads *Heart of Darkness* in der deutschen Literatur von Kafka bis Kracht. Stuttgart/Weimar 2017 (Schriften zur Weltliteratur. Bd. 5).

Röder-Bolten, Gerlinde: »The Emptiness of All Things under Heaven«: Joseph Conrad and Brigitte Kronauer's *Berittener Bogenschütze*. In: Conradiana 38 (2006), H. 3, S. 229–246.

Wilkens, Anna E.: Kunst, Literatur und Wirklichkeit in Brigitte Kronauers Roman *Berittener Bogenschütze*. Würzburg 2012 (Epistemata. Bd. 756), S. 153–198.

Interview

SWR2 Forum »Schmerz der Finsternis – Joseph Conrad zum 150. Geburtstag«. Ein Gespräch mit Brigitte Kronauer, Elmar Schenkel und John von Düffel unter der Leitung von Carsten Otte. In: Zwischen Ost und West. Joseph Conrad im europäischen Gespräch. Hg. v. Elmar Schenkel und Hans-Christian Trepte. Leipzig 2010, S. 175–191.

Birgit Nübel
(Multi-)Perspektivität in Brigitte Kronauers *Rita Münster*

1 Perspektivität I – Sehpyramiden

Die essayistische Bildbeschreibung *Das Gemälde als Paradox* zu Matthias Grünewalds Auferstehung Christi, dem rechten Altarflügel der zweiten Schauseite des Isenheimer Altars, lässt sich als poetologisches Programm nicht nur des Romans *Rita Münster*,[1] sondern auch der Autorin Kronauer lesen:[2]

> Die Erlösung von den Fesseln kreatürlicher Dumpfheit gelingt nur über die verletzenden, tödlichen Auseinandersetzungen mit dieser Welt. Alle Höhenflüge, alle erneuernden, die alte Person zerreißenden Aufschwünge können und müssen als Funken aus dem Menschlichen, dem alltäglichen und außergewöhnlichen Schmerz geschlagen werden.[3]

Das über dem Alltag Erhabene, »die Vision einer vollkommenen Klarheit«, das »nicht zu Begreifende[ ]« erfahre, so Kronauer, in Grünewalds Triptychon eine paradoxale Darstellung, denn auf dem ersten Altarbild, also der Auferstehungs-Tafel vorgelagert, »breiten sich frontal die durchbohrten Hände des Gekreuzigten«[4] aus. Das Erhabene, das Transzendente, lässt sich nur am Konkreten, am Schmerz, aufzeigen. Die ikonologische Interpretation Kronauers, die vom Einzelnen, Konkreten ausgeht und über die individuelle Schmerzerfahrung den Aspekt immanenter Transzendenz bzw. Ich-Auflösung mit der Frage der ästhetischen Darstellbarkeit verbindet, soll im Folgenden mit der Analyse multiperspektivischer Strukturen im Roman *Rita Münster* verbunden werden.

Im Mittelpunkt des ersten Teils der aus *Rita Münster* (1983), *Berittener Bogenschütze* (1986) und *Die Frau in den Kissen* (1990) bestehenden Romantrilogie steht die ekstatische Schmerzensfrau (*mater dolorosa*) Rita, die mit ihren

---
[1] Brigitte Kronauer: Rita Münster. Roman [1983]. 3. Aufl. Stuttgart 1988. Im Folgenden: [RM].
[2] Über die hier behandelte Fragestellung hinaus wäre die Wiederaufnahme des Wandelaltars als poetologisches Konstruktionsprinzip in *Gewäsch und Gewimmel* (2013) und *Teufelsbrück* (2000) untersuchenswert; vgl. hierzu Brigitte Kronauer: Die Gewalt der Bilder [3. Vorlesung]. In: B. K. und Otto A. Böhmer: Wirkliches Leben und Literatur. Tübinger Poetik-Dozentur 2011. Hg. von Dorothee Kimmich et al. Künzelsau 2012, S. 43–59, hier S. 47 f.
[3] Brigitte Kronauer: Das Gemälde als Paradox. Zu Matthias Grünewald [1988]. In: B. K.: Die Einöde und ihr Prophet. Über Menschen und Bilder. Stuttgart 1996, S. 123–125, hier S. 125.
[4] Kronauer: Das Gemälde als Paradox, S. 124 und S. 125.

https://doi.org/10.1515/9783110589719-007

Beobachtungen, Wahrnehmungen, Reflexionen und Erinnerungen »Funken aus dem Menschlichen, dem Konkreten, dem alltäglichen und außergewöhnlichen Schmerz«[5] von Paaren und Passanten, Familienangehörigen, Nachbarn und Bekannten schlägt. Dargestellt wird die »Passionsgeschichte«[6] Rita-Marias, welche die Wundmale Christi trägt bzw. sich selbst zufügt: »Dornen habe ich mir in die Finger gepreßt und Nähnadeln flach unter der Haut durchgestoßen.« (RM, 141) Am Ende des Romans betrachtet Rita in einem Zustand von mystischer Selbstauflösung die »schimmernde[ ] Mosaikwölbung, wo die gekrönte Maria im Sternenhimmel neben ihrem Sohn triumphiert.« (RM, 271) In ihrem Metatext »Zur Trilogie Rita Münster, Berittener Bogenschütze, Die Frau in den Kissen« kommentiert Kronauer: »Rita Münster schraubt sich immer steiler in eine ekstatische Weltsicht hoch. Ihr Blick geht am Romanende, das ist die Pyramidenspitze, nach oben, umweglos. In dieser heiklen Position lassen Leser und Autorin sie zurück.«[7] In der spiegelbildlichen Romankonstruktion, die um eine ekstatische Liebeserfahrung zentriert ist, korrespondiert Ritas verzückter, nach oben gerichteter Blick am Romanende[8] mit dem »knappen Blick« eines Hundes »zum düsteren Himmel« (RM, 7). Vollzogen wird eine Bewegung vom Dunklen ins Helle, vom Präteritum ins Präsens; zugleich wird das »›erledigte‹ Geschäft des Hundes [...] mit der ekstatischen Liebeserfahrung Rita Münsters parallel«[9] gesetzt. Diese Konvertierung von Hundekot und Heiligstem ist die poetologische Pointe des Romans wie der Autorin. So erfahren wir in Brigitte Kronauers Roman *Gewäsch und Gewimmel* (2013) über den Schriftsteller Pratz ›Privates‹, nämlich dass es bei ihm morgens »prima mit der Verdauung geklappt« habe: »Das bescherte immer eine schöne

---

[5] Kronauer: Das Gemälde als Paradox, S. 125.
[6] Bettina Clausen: Die Metasprache der Struktur. Brigitte Kronauers *Rita Münster*. In: Spätmoderne und Postmoderne. Beiträge zur deutschsprachigen Gegenwartsliteratur [1990]. Hg. von Paul Michael Lützeler. Frankfurt a. M. 1991, S. 151–171, hier S. 166.
[7] Brigitte Kronauer: Zur Trilogie *Rita Münster, Berittener Bogenschütze, Die Frau in den Kissen*. In: Die Sichtbarkeit der Dinge. Über Brigitte Kronauer. Hg. von Heinz Schafroth. Stuttgart 1998, S. 152–154, hier S. 152.
[8] Vgl. RM, S. 271.
[9] Vgl. RM, S. 7: »Er [der Hund] saß, sie [die kleine alte Frau] stand still bei der erwählten Stelle, geduldig, warf einen knappen Blick auf das erledigte Geschäft, auch zum düsteren Himmel – beifällig nickte der schwere Kopf –, rief: ›Nun aber ab!‹ und zog, jetzt plötzlich voll Energie, mit frischem, selbstbewußtem Getrappel ohne Nachsicht den Mops mit sich fort.« Clausen: Die Metasprache der Struktur, S. 160, liest den Romanbeginn als »Formel für die Gesamtkonstruktion«: »Würde ein holographisch verstandenes Textbild wie *Rita Münster* zersplittert, bliebe in jedem seiner Partikel das Ganze uneingeschränkt anwesend.« Vgl. dagegen Ursula Renate Riedner: Sprachliche Felder und literarische Wirkung. Exemplarische Analysen an Brigitte Kronauers Roman *Rita Münster*. München 1996, S. 41.

Zufriedenheit. Vielleicht ging es so den Frauen nach gelungenem Hausputz.«[10] Die fiktive selbstironisch-parodistische Spiegelfigur der textexternen Autorin schreibt wiederum durchaus öffentlichkeitswirksam an ihren Verleger, dass es sich beim »Geheimnis der Literatur [...] um einen umgekehrten Stoffwechsel handel[e]«: »Wir Schriftsteller überführen das Chaos in Ordnung, eine Prozedur wie der Stuhlgang, nur andersherum. Das Vergnügen, wenn es klappt, ist in beiden Fällen gleich groß.«[11]

Auf den ersten Blick handelt es sich bei Kronauers Roman *Rita Münster*, dessen Titel auf die großen Liebenden bzw. Ehebrecherinnen der Weltliteratur – Anna Karenina, Madame Bovary und Effi Briest – verweisen mag,[12] eher um einen mono- als um einen polyperspektivischen Roman, da die Figurenperspektiven fast ausschließlich durch die Perspektive der Ich-Erzählerin Rita Münster konstituiert werden. Nach Nünning/Nünning liegt multiperspektivisches Erzählen vor, wenn »das erzählte Geschehen von zwei oder mehreren Erzählinstanzen vermittelt wird«. In »multiperspektivisch fokalisierten Texten« wird dieses »aus der Sicht von zwei oder mehrere[n] Reflektorfiguren wiedergegeben.« Darüber hinaus unterscheiden Nünning/Nünning »multiperspektivisch strukturierte[ ] Texte[ ], d. h. Erzählungen, in denen die Auffächerung des Geschehens [...] nicht allein auf personalisierten Instanzen beruht, sondern auf der montage- oder collageartigen Kombination verschiedenartiger Textsorten.«[13] *Rita Münster* ist bereits als mystische Erweckungsgeschichte, als Entwicklungsroman[14] resp. »parodierter Entwicklungsroman«[15] und als metasprachlicher[16] bzw. metapoetischer

---

10 Brigitte Kronauer: Gewäsch und Gewimmel. Roman. Stuttgart 2013, S. 445.
11 Kronauer: Gewäsch und Gewimmel, S. 156.
12 Vgl. Katrin Zuschlag: Narrativik und literarisches Übersetzen. Erzähltechnische Merkmale als Invariante der Übersetzung. Tübingen 2002, S. 314–346, hier S. 321.
13 Vera Nünning und Ansgar Nünning: Multiperspektivisches Erzählen aus narratologischer Sicht: Erzähltheoretische Grundlagen und Kategorien zur Analyse der Perspektivenstruktur narrativer Texte. In: Multiperspektivisches Erzählen: Zur Theorie und Geschichte der Perspektivenstruktur im englischen Roman des 18. bis 20. Jahrhunderts. Hg. von V. N. und A. N. Trier 2000, S. 39–78, hier S. 42 [Hervorhebungen der Textvorlage wurden nicht übernommen].
14 Vgl. Clausen: Die Metasprache der Struktur, S. 165, die von dem »große[n] Erzählprojekt einer kohärenten Entwicklungsgeschichte« spricht.
15 Ursula Liebertz-Grün: Romane als Medium der Wahrheitssuche. Ingeborg Bachmann, Irmtraud Morgner, Brigitte Kronauer. In: Nora verläßt ihr Puppenheim. Autorinnen des zwanzigsten Jahrhunderts und ihr Beitrag zur ästhetischen Innovation. Hg. von Waltraud Wende. Stuttgart/ Weimar 2000, S. 172–221, hier S. 194.
16 Vgl. Clausen: Die Metasprache der Struktur.

Roman[17] gelesen worden. Inwiefern ist es sinnvoll, von einem (multi-)perspektivischen Roman zu sprechen?

In dem essayistischen Metatext zu ihrer Romantrilogie gibt Kronauer an, dass sie weniger das »Ausmessen extremer innerer Situationen«,[18] also »das Ich und sein Inneres«, interessiere, als vielmehr die »Darstellung der Realität als eine, die sich unter unseren Augen« – »je nach Gestimmtheit«[19] bzw. »innere[r] Dynamik« – in der »Bewegung zwischen den drei Zuständen Apathie, Emphase, Ernüchterung« »ständig wandelt«.[20] Im Fall *Rita Münster* liegt keine mit sich selbst identische Erzähl- und Reflexionsfigur mit einer »statische[n] Monoperspektive«[21] vor. Die innere Bewegtheit der Perspektivfigur, ihr Changieren zwischen dem Göttlichen, dem Geliebten, der Katze und anderen Spiegelfiguren sowie ihre Ambivalenz zwischen aktiv nachgelebter gotischer »Madonnendarstellung[ ]«,[22] »Jungfrau Maria« und »Göttin der Liebe«[23] findet – so die These – in der (Multi-)Perspektivität des Romans ihren Ausdruck.

Das »eigentlich Interessante« seien, so Kronauer in Bezug auf ihre Trilogie, die durch die verschiedenen Zustände des Ich »entstehenden wechselnden Beleuchtungen, die unterschiedlichen Perspektiven auf die gleichbleibende Wirklichkeit«.[24] In der erzählten Lebens- und Liebesgeschichte Rita Münsters wird die beschränkte »Besessenheitsperspektive« des einzelnen Ich erzählerisch gebrochen, indem – wie es in der späteren poetologischen Tübinger Vorlesung Kronauers heißt – »die einzelnen, radikalisierten ›Ichhorizonte‹« sich »gegenseitig in einem Wettstreit von Wahrnehmungssystemen, fixen Ideen und Spleens relativieren«.[25] Diese wechselseitige Relativierung der Perspektiven zeigt sich an

---

17 Vgl. Riedner, S. 180; Florian Lippert: Gläserne Prosa. Relationales und selbstreflexives Erzählen bei Brigitte Kronauer. In: F. L.: Selbstreferenz in Literatur und Wissenschaft. Kronauer, Grünbein, Maturana, Luhmann. München 2013, S. 126–150, hier S. 133 und S. 140.
18 Kronauer: Zur Trilogie *Rita Münster, Berittener Bogenschütze, Die Frau in den Kissen*, S. 152.
19 Kronauer: Zur Trilogie *Rita Münster, Berittener Bogenschütze, Die Frau in den Kissen*, S. 153.
20 Kronauer: Zur Trilogie *Rita Münster, Berittener Bogenschütze, Die Frau in den Kissen*, S. 152 und S. 153.
21 Vgl. Brigitte Kronauer: Vorwort. In: B. K.: Zweideutigkeit. Essays und Skizzen. Stuttgart 2002, S. 9–14, hier S. 13.
22 Kronauer: Die Gewalt der Bilder, S. 44; vgl. ebd., S. 56.
23 Brigitte Kronauer: Maria wie Milch und Blut [1997]. In: Zweideutigkeit, S. 32–53, hier S. 44.
24 Kronauer: Zur Trilogie *Rita Münster, Berittener Bogenschütze, Die Frau in den Kissen*, S. 152 und S. 153.
25 Brigitte Kronauer: Vom Umgang mit der Natur und wie sie mit uns umspringt [2. Vorlesung]. In: Wirkliches Leben und Literatur, S. 25–43, hier S. 33; vgl. B. K.: Kleine poetologische Autobiographie. In: Sprache im technischen Zeitalter 42 (2004), H. 171, S. 267–282, hier S. 275 f.

der »Doppel-Erzählform«[26] von *Frau Mühlenbeck im Gehäus* (1980) ebenso wie an den beiden multipel perspektivierten Romanen *Die Frau in den Kissen* (1990) und *Berittener Bogenschütze* (1986).[27] Sie vollzieht sich, wie es in Bezug auf die Wissenssoziologie Karl Mannheims heißt,[28] durch eine Konkurrenz der subjektiven »Überspitzungen«, um jenseits von ideologischen Beschränkungen »die Utopie jener Souveränität aufscheinen« zu lassen, welche »Alternativen nicht aus den Augen verliert«:[29]

> Ich suche in jeweils neuen Anläufen einen Weg, die potentiell uneingeschränkte Erforschung der Wirklichkeit, der Dinge und unseres Inneren, in allen Verästelungen mit dem kontrolliert eingesetzten alten Geschichtenzauber, d. h. mit den überlieferten Erzählweisen zu verbinden.[30]

Nicht das Ich und seine Geschichte ist demnach das zentrale Anliegen des Romans aus Sicht der Autorin, sondern dessen erzählerische Perspektivität, die – so Kronauer – in *Rita Münster* im »Architekturprinzip« der geometrischen Pyramidenform Ausdruck finde.[31]

Die Pyramide ist ein Polyeder, ein geometrischer Körper, der aus einem Polygon, also der Grundfläche der Pyramide, und mindestens drei Dreiecken besteht, die in einem Punkt, der Spitze der Pyramide, zusammentreffen. In der Malerei ist die Sehpyramide der geometrisch-optische Begriff, der eine dreidimensionierte Wirklichkeit perspektivisch in eine zweidimensionale Fläche transportiert. Vom Bild aus führen (gedachte) perspektivische Linien auf die Bildpunkte, wobei jeder Querschnitt der Sichtachse zwischen der Sichtachse und dem Auge eine Seh-

---

26 Bettina Clausen: Realität und Literatur. Zu den Grundlagen der Arbeit Brigitte Kronauers. In: Literarisches Portrait Brigitte Kronauer. Hg. von B. C., Thomas Kopfermann und Ute Kutter. Mit einem Vorwort von Thomas Kopfermann. Stuttgart 2004 (Schriften der Akademie für gesprochenes Wort. Bd. 6), S. 19–33, hier S. 29.
27 Matthias Roth ließe sich als männliche Komplementär- bzw. Umkehrfigur Ritas lesen; vgl. Sibylle Cramer: Es gibt eine zarte Empirie, die sich mit dem Gegenstand innigst identisch macht. In: Text+Kritik (1991), H. 112: Brigitte Kronauer. Hg. von Heinz Ludwig Arnold, S. 19–25, hier S. 23; Liebertz-Grün, S. 199, verweist auf den »Chiasmus der Initialen« RM – MR.
28 Dabei kann an dieser Stelle nicht geklärt werden, ob es sich um eine wörtliche Referenz oder bloß inhaltliche, ideologiekritische Übereinstimmung handelt.
29 Kronauer: Vom Umgang mit der Natur und wie sie mit uns umspringt, S. 33 f.
30 Kronauer: Vom Umgang mit der Natur und wie sie mit uns umspringt, S. 34.
31 Vgl. Kronauer: Zur Trilogie *Rita Münster*, *Berittener Bogenschütze*, *Die Frau in den Kissen*, S. 152: »Allen drei Romanen liegt eine geometrische Form als Architekturprinzip zugrunde, in dem sich ihre innere Dynamik ausdrückt: Pyramide (*Rita Münster*), Spirale (*Berittener Bogenschütze*), Treppe (*Die Frau in den Kissen*).«

pyramide bildet. Die literarische Gestaltung der Perspektivität (auf der Ebene des *discours*), nicht das erzählte Ich und dessen Realität (auf der Ebene der *histoire*), bilden den poetologischen Bild- und Reflexionsraum des *Rita Münster*-Romans, der – bestehend aus vielen kleinen, verwirrenden narrativen Mosaiksteinchen – formal aus ›Mathematik und Mystik‹, aus geometrischer Pyramidenform und polyptychonem Wandelaltar konstruiert ist.[32]

2 Menschenbilder und Mosaiksteinchen

Die Perspektivfigur Rita Münster, die »nie von außen gesehene Ich-Erzählerin«,[33] nennt sich erst im zweiten Romanabsatz »ich« (RM, 7) und Ruth Wagner, mit der sie nur ›befreundet tut‹, »Du« (RM, 8). Sie benennt sich damit selbst als Subjekt und Objekt der Aussage, als erzählendes und fokalisierendes Zentrum der Erzählung, das »beständig zwischen personaler Beschränkung und auktorialer Allwissenheit, zwischen Innen- und Außenfokalisierung« changiert.[34] Andere Menschen, ihre kleinen Geschichten von Liebe, Ehe und Eifersucht sind – in kleinen miniaturartigen ›Bildern‹ aneinandergereiht oder vielmehr nebeneinandergestellt – um sie herum gruppiert. Diese Menschen, ihre fragmentierten und in Miniaturbildern gerafften »Lebens- und Todesgeschichten«,[35] stehen dabei ebensowenig für sich wie die Dinge, die der Großvater als persönliche Reliquien seiner Lebensgeschichte in der Schublade bewahrt (»damals«) oder die Rita Münster im Regal (»jetzt«) vor sich sieht.[36] Die dargestellten Dinge sind auf den

---

[32] Vgl. Clausen: Die Metasprache der Struktur, S. 159.
[33] Kronauer: Zur Trilogie *Rita Münster, Berittener Bogenschütze, Die Frau in den Kissen*, S. 153.
[34] Lippert, S. 134. Vgl. dagegen Dagmar Schulz: Stilistische Elemente in der Prosa von Brigitte Kronauer, exemplarisch dargestellt an *Rita Münster, Berittener Bogenschütze* und *Frau Mühlenbeck im Gehäus*. In: Focus on Literatur 1 (1992), H. 2, S. 141–150, hier S. 143: »Im ersten Teil benutzt die Ich-Erzählerin alle weiteren Personen, um sich von einem olympischen Standort aus zu präsentieren, indem sie mit musternden Blicken scharf beobachtet und kleinste Begebenheiten jeglichem Orts- und Zeitkontext enthoben subjektiv präsentiert.« Auch nach Liebertz-Grün, S. 196, tritt Rita im I. Teil »als allwissende Beobachterin auf, die die anderen von außen und innen mit Röntgenaugen durchschauen kann.«
[35] Uwe Schweikert: »Es geht aufrichtig, nämlich gekünstelt zu!« Ein Versuch über Brigitte Kronauer. In: Neue Rundschau 95 (1984), H. 3, S. 155–171, hier S. 168.
[36] Zu den Zeitstrukturen im Roman, der temporalen Deixis sowie dem Wechsel von Präteritum und Präsens vgl. Riedner; nach Barth spielt »[j]edes Romankapitel des Romans […] in einer qualitativ anderen Zeit.« (Markus Barth: Lebenskunst im Alltag. Analyse der Werke von Peter Handke, Thomas Bernhard und Brigitte Kronauer. Wiesbaden 1998, S. 269 [Hervorhebungen der Textvorlage wurden nicht übernommen]).

Sehenden zentriert und zugleich auf einen (Verstehens-)Horizont projiziert. Rita sammelt Menschen, um sich selbst zu fühlen; ihre – vielfach bösartigen, »gleichzeitig entblößenden und einfühlenden«[37] – Blicke auf andere Menschen, die ihr nahe, oftmals zu nahe kommen und die sie mit ihren Augen gleichsam zerlegt, mortifiziert und aufspießt, projizieren das Gefühl von ›Stauung‹[38] in die grotesk überzeichneten Nebenfiguren, die somit zugleich Teile ihres eigenen apathischen Selbst widerspiegeln. Das flächig beschriebene Figurenpanoptikum besteht aus unterschiedlich geformten[39] und verschiedenfarbigen[40] Mosaiksteinchen, die erst zusammengelegt vielleicht ein *Bild*, aber keine *Geschichte* ergeben. Unterbrochen werden diese figuralen Splitter- bzw. Puzzleteile von metapoetischen Wetter-, Landschafts- und Naturschilderungen bzw. -reflexionen sowie Tiergeschichten, die wiederum nicht die Flora und Fauna beschreiben, sondern jeweils für innere Befindlichkeiten des Ich stehen.

Das, was auf den 265 Romanseiten geschieht, ist wenig und schnell erzählt: Eine alleinstehende Frau ohne bestimmbares Alter und ohne besondere Eigenschaften, aber mit wechselnden unbefriedigenden Berufen und Männerbeziehungen,[41] befindet sich offenbar in einer Sinn- bzw. Identitätskrise[42] und hat Schwierigkeiten, sich abzugrenzen – von all den Menschen, die sich in ihrer Erinnerung »aufdrängen« (RM, 12), und von der sie umgebenden Natur. Das Ich befindet sich, von einer depressiven Grundstimmung getragen, sozusagen »nackt« (RM, 89), wenn nicht gar hautlos, *zwischen* den Dingen und Menschen, ständig in Gefahr, sich aufzulösen und ständig darauf bedacht, Distanz zu wahren und sich in minuziösen Einzelbeobachtungen, die an kubistische Porträts oder die literarischen Figuren Kurt Schwitters' erinnern, zu unterscheiden und abzugren-

---

37 Vgl. Helga Glantschnig: Im Namen des Eigenen. Zu Brigitte Kronauers Roman *Rita Münster*. In: Strukturen erzählen. Die Moderne der Texte. Hg. von Herbert J. Wimmer. Wien 1996, S. 152–164, hier S. 157; vgl. auch Jutta Ittner: Der nachdrückliche Blick. Gespräch mit Brigitte Kronauer. In: neue deutsche literatur 49 (2001), H. 1, S. 44–57, hier S. 48.
38 Vgl. zur Figur Ruth Wagner RM, S. 7: »ein Mensch wie eine Wasserlache, die sich an der Tischkante staut, ganz kurz vor dem Runterfließen, ein jahrelang anschwellender Wassertropfen, der, noch gerade vor dem Absturz, am Hahn hängt.«
39 Vgl. RM, S. 7: »›Diese Frau hat einen typischen Wildsaubau, oben protzig, unten gelenkig und flott.‹«
40 Vgl. RM, S. 13: »Veronika, die Krankengymnastin, rothaarig, schwarzhaarig, mit grünen, gelben, geringelten Strümpfen, die Schuhe schnell in der Farbe der Strümpfe übergepinselt [...].«
41 Vgl. RM, S. 139: »Ich hatte nach dem Abitur und abgebrochenem Studium ohne Pausen, ohne großen Erfolg in der Werbeabteilung einer Bank und den Kulturabteilungen zweier Industrieunternehmen Geld verdient und ebenfalls fast ohne Unterbrechung nacheinander, da es einmal begonnen war, mit drei Männern zusammengelebt, einmal lang, zweimal kurz.«
42 Vgl. Schulz, S. 148.

zen.⁴³ Das Leben, das leben immer die anderen, ob sie nun ihren Hund ausführen oder einen Regenschirm, ob sie Geschichten erzählen, ihre Lippen schminken oder zum Friseur gehen (manchmal aber sitzen sie auch alleine in einer Ankleidekabine und weinen, vgl. RM, 145).

Auf der Ebene der *histoire* versucht hier ein weibliches Ich, sich selbst zu finden bzw. von einem Zustand der profanen »Auflösung« (RM, 52)⁴⁴ in eine innere Erlösung, eine Art Dauerekstase zu gelangen. Auf der Ebene des *discours* sammeln die ›Aufzeichnungen der Rita Münster‹ im I. Teil zunächst Menschen, dann Dinge und Augenblicke: »Ruth, Tante Charlotte und Onkel Günter, Herr Willmer, Martin und seine Tante, Frau Wagner, Franz, Frau Jacob, Petra, Veronika«, an all diese Figuren muss das Ich denken, es »muß sie unentwegt in [s]einem Kopf halten, damit sie nicht steckenbleiben und nicht versinken« (RM, 96), aber auch, damit es selbst, das sich in ihnen aufgelöst, zersplittert hat, nicht mit und in ihnen verloren geht.⁴⁵ Im II. Romanteil nimmt sich die Protagonistin ein zyklisches (Kirchen-)Jahr – von Allerheiligen zu Allerheiligen⁴⁶ – Urlaub vom Leben der anderen, vom Leben, das eben immer nur die anderen führen, und zieht in das Haus ihres Vaters, freundet sich mit dem Buchhändler Georg an und lernt Horst Fischer, den männlichen Raubtiervogel mit seinen starken Oberarmen⁴⁷ (vgl. RM, 170), den »Menschenfischer«,⁴⁸ den Frauenangler, kennen und lieben: »Ich war aus der Masse der Einkaufenden, Spazierengehenden, Schreibenden, Essenden, Geldverdienenden herausgefischt und gerettet worden.« (RM, 175) Die eigentliche Liebesgeschichte zwischen dem verheirateten Germanisten und der angehenden Buchhändlerin, die sich nun selbst (zum ersten Mal) »ich, Rita Münster« (RM, 153) nennt, beschränkt sich auf die Tage des Kennenlernens Anfang April, den Zustand des Verliebtseins, die Verwandlung bzw. mysti-

---

43 Vgl. RM, S. 89: »[...] und alles steht nur noch herum, die schlichten Gegenstände, Personen, Tonfolgen, ein Reim nach dem anderen und ich nackt dazwischen.«
44 Vgl. RM, S. 17: »Alles löst sich auf an diesen Tagen«, S. 31: »In dieser gefräßigen Auflösung« sowie S. 52 f.: »eine Auflösung, als würde ich durch ein großes Sieb gestrichen [...]«.
45 Vgl. RM, S. 96: »Manchmal löst sich alles in mir auf, Herz, Eingeweide, Knochen, Anhänglichkeiten, Hoffnungen werden zermahlen.«
46 Vgl. Clausen: Die Metasprache der Struktur, S. 164 f.
47 Vgl. den Gegensatz von Sinnlichkeit (»Beim Vorbeugen und Aufstützen auf die Tischkante hatte sich ein Oberarm unter einem roten Pullover deutlich gewölbt.«, RM, S. 170) und Askese (»Der ausgestreckte, magere Altmännerarm, nackt bis zur Achsel, des Eremiten Paulus von Grünewald.«, RM, S. 46 sowie »Ach, der nackte, ausgebeulte, abgezehrte Ober- und Unterarm, der Luftwurzelarm des Eremiten Paulus!«, RM, S. 48).
48 Clausen: Die Metasprache der Struktur, S. 163.

sche ›Umbildung‹ des Ich,⁴⁹ den Moment wechselseitigen Erkennens und auf eine gemeinsame, »Heilige Woche«⁵⁰ auf einer Nordseeinsel. Bei der »sehr kurzen, mit sehr langem Nachleiden bezahlten, jedoch unbereuten Liebesekstase« handelt es sich, wie Kronauer später kommentiert, um »[e]in Außer-sich-Sein, in dem, wie auf einem gotischen Gemälde, jedes Detail seinen Platz hat im Zeichensystem eines überwältigenden Gefühls, das sich aus den Potenzen der Kindheit speist.«⁵¹

Diese Geschichte einer Liebe als kurzer erfüllter Augenblick des Glücks wird – bis auf zwei Leerzeilen und den Hinweis auf die Zigarette danach (vgl. RM, 183 f.) – *nicht erzählt*,⁵² dafür aber (mit einer längeren Auslassung) gegen Ende des Romans mit einer kürzeren Auslassung fast textidentisch wiederholt (vgl. RM, 264 f.): »[D]iese sehr dunkle Fläche, die ich selbst war«, sieht das Ich nun »zum ersten Mal aufstrahlen«: »[D]enn ich war das zum ersten Mal ganz, das alles war ich« (RM, 172). In diesem einen Augenblick »vollkommene[r] Gegenwart« (RM, 184) aber erscheint der Ich-Erzählerin ihr »ganzes Leben, zusammengedrängt« (RM, 183). Im III. und letzten Teil des Romans befindet sich das Ich, das vorhat, die Buchhandlung Georgs zu übernehmen, in der Stadt Rom, »in dieser anderen Stadt« (RM, 219), wo wieder nur die anderen leben (vgl. RM, 260). Es sammelt nun nicht mehr Menschen, Dinge und Augenblicke, sondern reiht Kindheitserinnerungen aneinander⁵³ und gerät schließlich vor einem Marienbild in eine Art mystische Ekstase. Hier schließt die Romanhandlung, die keine Hand-

---

49 Vgl. RM, S. 163: »›Ja‹, sagte ich am nächsten Morgen und stellte mich aufrecht neben das Bett, ›ich habe mich verändert!‹«
50 Barth, S. 273.
51 Kronauer: Die Gewalt der Bilder, S. 46.
52 Erzählt wird die Überraschung, die Banalität eines »›Mögen Sie noch etwas Kaffee?‹« (RM, S. 171), das Hoffen, das Warten, der Abschied und der Liebesschmerz des erzählten Ich.
53 Dabei handelt es sich u. a. um Erinnerungen an das kindliche Nachspielen von Marienabbildungen von »Fotografien alter Gemälde« (RM, S. 231; vgl. hierzu auch Kronauer: Die Gewalt der Bilder, S. 44 f.): »Ein solches Leben wünschte ich mir sehr. [...] Ohne daß es jemand bemerkte, brachte ich halbe Tage [...] als Maria zu, mit kleinen, gemessenen Schritten. Ich nahm eine Schale aus dem Küchenschrank und stellt sie zurück, wieder als Maria.« (RM, S. 232) Auf die fast wörtliche Übereinstimmung mit der autobiographischen Kindheitserinnerung Kronauers (Ingrid Strobl [Hg.]: Das kleine Mädchen, das ich war. Schriftstellerinnen berichten über ihre Kindheit. Mit einem Nachwort von Margarete Mitscherlich-Nielsen. München 1982, S. 41–49, hier S. 47; vgl. den Hinweis bei Elisabeth Binder: »Tableaux vivants« – Vom Umgang der Erzählerin mit den Bildern. In: Die Sichtbarkeit der Dinge, S. 102–122, hier S. 105) kann an dieser Stelle nicht eingegangen werden. Der »Vetter Martin« aus dem *Rita Münster*-Roman ist in der Autofiktion durch »mein Bruder« ersetzt: »Es kam auch vor, daß wir in der Nähe des Hauses an einem See saßen, bei einem Bootssteg, ich, *mein Vetter Martin [mein Bruder]* und einige Kinder aus der Nachbarschaft.« (RM, S. 224 und Kronauer in: Das kleine Mädchen, das ich war, S. 43 [meine Hervorhebungen, B. N.]).

lung ist und die sich im Wesentlichen auf eine (un-)glückliche Liebesgeschichte beschränkt, zu der alle anderen Figuren und ihre kleinen Liebes-, Ehe-, Verführungs- und Eifersuchtsgeschichten nur die Buffopaare abgeben, vor denen das Licht des heiligen Paars, in Jesus' Auferstehung und Marias Krönung, umso heller erstrahlt.

3 *Rita Münster* – ein mystischer Roman?

Handelt es sich bei *Rita Münster* um einen katholischen Roman? Wohl eher nicht, dafür enthält er zu wenig Kirche und zu viel Naturmystik, wenn schon, dann um einen Roman für Katzenfreund*innen.[54] Die ›Therapiekatze‹ der Ich-Figur, das häusliche Wildtier, steht sowohl für Weiblichkeit als auch für Freiheit und Unabhängigkeit. Das wilde Haustier, die *pussy cat*, verkörpert Präsenz, wenn nicht gar das Glück, das alle Romanfiguren suchen und – mit Ausnahme Franz Wagners – nicht finden: »Die Katzen stehen alle untereinander in Verbindung, egal, wo man sie trifft, um das einzigartige Katzenwesen gemeinsam darzustellen [...], ein großes Netz. Jeder Knoten darin ist eine Katze.« (RM, 134) Dieser metatextuelle Hinweis benennt das Verknotungsprinzip, die »Schnürsenkel[ ]« (RM, 11), welche die zerrissenen Textfäden[55] miteinander an den mystischen Umschlagpunkten der Katzenbilder und -geschichten verbinden, in *einen Zusammenhang* stellen. Die Katze ist die konkrete Katze, das Tier, zugleich ist sie aber auch symbolisch lesbar[56] – in den Worten von Robert Musils Portugiesin: »»Wenn Gott Mensch werden konnte, kann er auch Katze werden‹.«[57] Die Katze und ihre (perspektivischen) Mensch-, Tier- und Geschlechts-Mutationen[58] stehen für das Göttlich-

---

54 Vgl. Liebertz-Grün, S. 194 f., die *Rita Münster* als Parodie auf E. T. A. Hoffmanns *Lebensansichten des Katers Murr* (1820–1822) liest.
55 Vgl. Glantschnig, S. 155.
56 Vgl. Brigitte Kronauer: Literatur und Literatur bzw. Leben. In: B. K.: Literatur und schöns Blümelein. Graz/Wien 1993, S. 37–42, hier S. 38.
57 Vgl. Robert Musil: Die Portugiesin. In: Drei Frauen [1924]. In: Gesammelte Werke. Hg. von Adolf Frisé. Bd. 2: Prosa und Stücke. Kleine Prosa, Aphorismen. Autobiographisches. Essays und Reden. Kritik. Reinbek bei Hamburg 1978, S. 252–270, hier S. 270; vgl. die intertextuelle Referenz auf Novalis' Athenäums-Fragmente: »Wenn Gott Mensch werden konnte, kann er auch Pflanze, Tier und Element werden, und vielleicht gibt es auf diese Art eine fortwährende Erlösung in der Natur.« (Novalis: Schriften. Die Werke Friedrich von Hardenbergs. Historisch-kritische Ausgabe. Bd. 3: Das philosophische Werk II. Hg. von Richard Samuel in Zusammenarbeit mit Hans-Joachim Mähl und Gerhard Schulz. Stuttgart 1968, S. 907)
58 Vgl. Jacques Derrida: Das Tier, das ich also bin. Übers. von Markus Sedlazek. Wien 2010.

Transzendente, textintern spiegeln sie die Rita Münster-Figur und textextern verweisen sie auf die Autorin (und ihre Inszenierungen).[59]

3.1 Intermediale Referenz I: Das Isenheimer Altarbild Matthias Grünewalds

Zweifelsohne handelt es sich bei *Rita Münster* um einen *modernen* Roman, allerdings um einen Roman einer ›anderen‹, mystischen Moderne, in dessen Zentrum ein weibliches, dissoziiertes Ich auf der Suche nach Erlösung an der paradoxalen Grenze zum Erhabenen steht. In Auseinandersetzung mit dem klassisch= männlichen Bildungsroman werden die ›Bekenntnisse einer schönen Seele‹ in eine Reihe epiphanischer Momente einer mystischen Selbst- und Welterfahrung (*unio mystica*) aufgelöst. Es handelt sich um einen *selbstreflexiven* Roman, der sich intertextuell auf Mystik und Romantik bezieht und der sein Erzählen wie seine Struktur metatextuell kommentiert. Es handelt sich außerdem um einen *essayistischen* Roman im Sinne von Robert Musils Essayismus II, in dem Reflexion und mystische Ekstase untrennbar miteinander verflochten sind, Auflösung und Identitätsverlust in einer nur momenthaft erfahrbaren Ganzheit, in der körperlichen Erfahrung des Transzendenten, im ›anderen Zustand‹ der Inversion oder im ›glücklichen Augenblick‹ möglich werden – und sei es angesichts eines Wildschweins: »Ich sah hin, und langsam wurde es [das Wildschwein] von meinem Geist besessen, ich fuhr in das Tier oder das Tier in mich. Es war einfach und selbstverständlich, ein schöner Augenblick.« (RM, 76)[60] Am Ende des Romans wird die Dissoziierung des weiblichen Ich in der tierischen Natur und den Flächen des Interieurs[61] bis zum gestaltlosen »Gelee« (RM, 207) aufgehoben und hell überblendet mit einer ekstatischen ›Erlösung‹, der Auflösung Ritas im Marienmosaik.

---

59 Vgl. Maike Albath: Brigitte Kronauer zum 70. Geburtstag. In: Deutschlandradio Kultur [28.10.2010]. In: http://www.deutschlandfunkkultur.de/wilde-zivilisation-kunstliche-natur-pdf.media.ed3e17968356e0d869f7530128c0e94a.pdf, zuletzt 15.08.2017: »Wir setzen uns ins Wohnzimmer. Bücherregale und Bilder an den Wänden, ein großer Esstisch. Eine Katze rekelt sich auf dem Sofa und nimmt die Besucherin abwartend ins Visier.«
60 Vgl. Brigitte Kronauers Antworten auf die Fragen »Was ist für Sie das größte Unglück? *Daß ich niemals als Wildschwein über Baumwurzeln rennen kann.*« und »Was ist für Sie das vollkommene irdische Glück? *Als Frischling unter Frischlingen zu wohnen [...].*« (Frankfurter Allgemeine Zeitung, Magazin, Nr. 371 vom 10. April 1989; zit. nach: Literarisches Portrait, S. 59–62, hier S. 60.)
61 Vgl. RM, S. 206f.: »Ich war eine hilflose Fläche in der viereckigen Küche, ich war vielleicht die viereckige Küche und nichts anderes mehr, entfernt aus mir selbst. [...] Mein Kern befand sich oben in der Zimmerecke, in den Rillen der Heizung.«

Keinesfalls handelt es sich – trotz aufgehobener Chronologie und Kausalität[62] – bei *Rita Münster* um einen *postmodernen* Roman, in dem die »Unfreundlichen Begegnungen«, »Bilder« und »Geschichten, die keine sind«,[63] in einem Himmel- und-Hölle-Spiel beliebig neu von der Leser*in angeordnet werden könnten.[64] Die Struktur des Romans in drei Teilen spannt vielmehr einen Bogen »[v]on solchen Tagen wie diesem« (RM, 14),[65] der Hölle »diese[r] Tage[ ]«, an denen es »schwer [ist], allein unter dem leeren, riesigen Himmel durchzukommen« (RM, 15), über die Menschenmosaiksteine, die sakralen Dinge und glücklichen Augenblicke bis hin zu jenen Tagen, bis hin zu dem *einen Tag.* Dieser wird – anders als in Rilkes *Aufzeichnungen des Malte Laurids Brigge*[66] oder in Bachmanns *Malina*-Roman nicht explizit in einer Wunschformel (»Ein Tag wird kommen ...«)[67] ausgesprochen, jedoch als ›Himmel‹, als Hoffnung der Menschheit bzw. persönliche Utopie des Ich angedeutet: »Ich erkannte den Himmel als den zarten, hochgewölbten meiner Kindheit« (RM, 168). Es ist auch hier nicht der Tag des Jüngsten Gerichts, sondern der Augenblick einer dreifachen mystischen Vereinigung (»›Vereinigung, Paarung, Vereinigung‹«, RM, 165) – sei es in der körperlich-sexuellen »Vereinigung« (RM, 165 und 184) mit einem Germanistikdozenten aus Kanada, sei es mit den »Dichter[n], die man so liebt«, dass man sich ihre Sätze aneignet, zu eigen macht (RM, 184), sei es mit einem Göttlich-Transzendenten.

Sehnt das Ich »damals« noch »spielerisch« seinen Tod herbei (RM, 160), wie es »damals, um Allerheiligen herum«, beschließt »zu sterben« (RM, 263), so fängt nun sein ganzer Körper – »in den Füßen, zwischen den Beinen, in meinem Bauch, hinter meiner Stirn« – an, »zu lächeln« (RM, 167). War das Ich im ersten Teil noch fragmentiert, »partikelweise verteilt [...], zersplittert in allen Spiegelungen«, so kehrt es nun wieder »zurück[ ] in eine einzige Person, Rita Münster« (RM, 169), die einst – so die regressiv-utopische Vision zu Beginn des III. Teils – »Hügel, Pferd, Reiterin, Himmelsgewölbe und gleichzeitig nur eine einzige Figur [...] unter einem riesigen Himmel« war (RM, 219). Der oder das Eine in der Mitte aber, dessen »Namen« die Ich-Erzählerin immer wieder leise vor sich hin spricht (RM, 162 und

---

62 Vgl. Schweikert, S. 161, und Riedner, S. 115, S. 171 und S. 177.
63 Vgl. die ersten drei Zwischenüberschriften in Robert Musil: Nachlaß zu Lebzeiten [1936]. In: Gesammelte Werke. Bd. 2, S. 471–547.
64 Vgl. Julio Cortázar: Rayuela. Himmel und Hölle [orig. Rayuela, 1963]. Aus dem Spanischen übers. von Fritz Rudolf Fries. Frankfurt a. M. 2010.
65 Vgl. die Übersicht bei Riedner, S. 92 f.
66 Vgl. Rainer Maria Rilke: Aufzeichnungen des Malte Laurids Brigge [1910]. Frankfurt a. M. 1982, S. 47: »Aber es wird ein Tag kommen [...].«
67 Vgl. Ingeborg Bachmann: Malina. Roman [1971]. Frankfurt a. M. 1981, S. 123 und S. 124 (als Variation von »Der Tod wird kommen«; vgl. ebd., S. 79).

165), bleibt ungenannt, denn »das Heilige als Gegenwärtiges, aber prinzipiell Abwesendes, ist nicht zu schildern.«[68] In diesem erzählerisch ausgesparten Mittelpunkt,[69] dieser ›Hoch‹zeit‹, ist das fragmentierte erzählte Ich in einer Himmelfahrtsachse verbunden, die von »diesen Tagen« (RM, 17) des I. Teils über den Leidensweg der Passionsgestalt Christi von dessen Geburt bis Kreuzigung im II. Teil bis zur Auferstehung Christi und der Marienkrönung im III. Teil verläuft: »Was durch sie [die zwei Verkündigungen auf den Flügeln des zweiten Schaubildes] verheißen wird«, so Kronauer in *Das Gemälde als Paradox*, »ist nicht mehr die Ankunft des Ewigen bei den Menschen, vielmehr der Eintritt des Menschen ins Ewige«.[70] Der Roman selbst erzählt zwar keine Geschichte, er stellt nur Bilder nebeneinander, aber indem er dies in Form des Wandelaltars tut, *erzählt* er eine *Geschichte*, auch wenn er sie *nicht* erzählt: Er erzählt die Geschichte einer *Verwandlung*.[71]

Der *Wandelaltar* aus dem Antoniterkloster in Isenheim, der im Museum in Colmar getrennt ausgestellt ist, besteht – hierauf hat bereits Clausen verwiesen – aus drei Triptychen, die dem Roman als Intermedium zugrunde liegen. Auf der Predella des Isenheimer Altars ist – unabhängig davon, ob auf den Wandelbildern im Ablauf des Kirchenjahres nun die Geburt Jesu in der Mitte mit den beiden Verkündigungen gezeigt wird, oder aber die Kreuzigung – die Beweinung Christi durch Maria, Maria Magdalena und Johannes den Täufer zu sehen. Der Altar erzählt also mehrere Geschichten zugleich. Die christliche Narration lautet: Auf die Geburt folgt die Kreuzigung, auf die Kreuzigung Christi Auferstehung und Himmelfahrt, oder wie es bei Kronauer heißt: »Alle Höhenflüge, alle erneuernden, die alte Person zerreißenden Aufschwünge können und müssen als Funken aus dem [...] Schmerz geschlagen werden.«[72] Ohne das Leiden, ohne den Tod, den großen wie den kleinen, ohne die Auflösung der Identität ist weder (Wieder-)Auferstehung noch Verwandlung im Sinne von radikaler Veränderung (›Umbildung‹) möglich.

Die zahlreichen, auf den ersten Blick unmotivierten und unverbundenen Heiligenverweise setzen sich im Romanverlauf zu den Bildtafeln des Isenheimer Altars zusammen. Offenbar hat Kronauer mehr als bloß *eine* »Kunstpostkarte« – nämlich die von »Grünewalds ›Auferstehung‹«[73] (auf dem rechten Flügel des

---

68 Clausen: Die Metasprache der Struktur, S. 164.
69 Vgl. Glantschnig, S. 159: »Der Kern, der Höhepunkt bleibt ausgespart, unausgesprochen, leeres Zentrum der Mitte [...].«
70 Kronauer: Das Gemälde als Paradox, S. 124.
71 Vgl. Clausen: Die Metasprache der Struktur, S. 170, Fußnote 19.
72 Kronauer: Das Gemälde als Paradox, S. 125.
73 Kronauer: Das Gemälde als Paradox, S. 123.

zweiten Schaubilds) – gesehen; zumindest kennt ihr textinternes weibliches (Spiegel-)Ich Rita noch weitere Bestandteile des Wandelaltars: »Ich denke [...] an die alte Kunstpostkarte, an die Versuchung des Antonius«, auch »das Gegenstück[ ] fällt mir wieder ein, auf der dritten Schauseite des Altars«, der »Besuch [Antonius'] beim Eremiten Paulus« (RM, 269 f.). Der Isenheimer Altar ist nicht bloß das Gerüst, der »Knochenbau«,[74] die Konstruktion, an der die (Kunstpostkarten-)Bilder hängen, sondern die (im Kirchenjahr) wandelbaren Bilder und die mit und in ihnen erzählten Geschichten sind als »Fleisch«[75] gleichzeitig selbst Teil des Knochenbaus, der Romankonstruktion.[76]

3.2 Intermediale Referenz II: Das Marienmosaik in der Apsis der Santa Maria Maggiore

Der pyramidale Kirchen- bzw. Textbau führt als textexterne Referenz, auch hierauf hat Clausen verwiesen,[77] zur Apsis, zum Mosaik, das die Marienkrönung, das Brautbett von Sohn Jesus und Mutter Maria, zeigt und – wiederum darunter – den Tod Marias. Auf dem Weg zum Allerheiligsten »scheinen winzige, gläserne, goldene Mosaiksteinchen durch die Luft zu stürzen« und an der Haut des Ich »vorbeizuschrammen« (RM, 270). In der päpstlichen Basilika, die das Ich am Ende des Romans betritt, sind das rechte und das linke Isenheimer Altarbild – Mariä Verkündigung und Christi Auferstehung, dessen ›erotische Unbedingtheit‹ Kronauer in ihrer Bildbeschreibung herausstellt[78] – gleichsam im Bild des sitzenden himmlischen Brautpaars vereint, emblematisch unterschrieben mit dem Tod ihrer vereinzelten, an zwei heiligen Orten getrennt voneinander bebilderten Körper. Direkt vor dem Allerheiligsten aber vollzieht sich zugleich das mystische Zusammenfallen von Rita-Maria im Münster/Dom.[79] In der intermedialen Referenz auf die Auferstehung Christi (auf dem zweiten Isenheimer Altarbild) und die Krönung Marias (in der Apsis-Kuppel der Basilika) fallen irdischer und himmlischer Liebhaber zusammen. In der ›sexuellen Doppelgeschlechtlichkeit‹ des

---

[74] Brigitte Kronauer: Vorwort. In: B. K.: Aufsätze zur Literatur. Stuttgart 1986, S. 7 f., hier S. 7.
[75] Kronauer: Vorwort. In: Aufsätze zur Literatur, S. 7.
[76] Vgl. hierzu Robert Musil, der in zwei Briefen an Franz Blei vom Juli 1911 in Bezug auf die Erzählperspektive und Konstruktion der *Vereinigungen* die Metaphorik von »Fleisch« und »Knochenbau« verwendet (Robert Musil: Briefe 1901–1942. Hg. von Adolf Frisé. Reinbek bei Hamburg 1981. Bd. 1, S. 84 und S. 87).
[77] Vgl. Clausen: Die Metasprache der Struktur, S. 166 f.
[78] Kronauer: Das Gemälde als Paradox, S. 125.
[79] Vgl. Glantschnig, S. 163 f.

Kunstwerks[80] überblenden sich die Bilder von Christi Auferstehung und Marias Krönung in der Ich-Erzählerin, die in der »blendende[n] Helligkeit«[81] »nichts mehr« sieht (RM, 271). Die von Kronauer benannten »Zustände[ ] Apathie« (Teil I) und »Emphase« (Teil II) münden in *Rita Münster* weniger in »Ernüchterung«[82] als in eine »spirituelle[ ] Wiedergeburt«.[83] Das Ich ist vom I. bis III. Romanteil »aus den Grüften und käferartigen Rüstungen irdischer Bedingtheit«[84] »über die verletzenden, tödlichen Auseinandersetzungen mit dieser Welt«,[85] die Erfahrung des (Liebes-)Schmerzes, in die »Absolutheit eines universalen Lichts«[86] gelangt.

4 Perspektivität II – Spiegelungen

Die Narration von Oberflächlichem, Nebensächlichem und Naturdingen verbleibt – zumindest in diesem frühen Roman Kronauers – nicht in der menschlichen und/oder alltäglichen Immanenz, sondern ist Verkörperung des Transzendenten, das wie der »Glanz auf den Äpfeln« (RM, 212)[87] über den Menschen, Tieren und Dingen liegt. Soweit die mystische bzw. geschichtsphilosophische Lesart. Das Nebensächliche, Natürliche steht nach dieser nicht für sich, sondern wird – in der kindlichen Perspektive Ritas – immer auch von Gott gesehen: »Gott sah es, Gott sah immer alles. Trotzdem mußte es sein. [...] Wieder hatte Gott freie Sicht, aber das hinderte mich nicht.« (RM, 236) Nur wenn »Gott [...] die Augen zu[macht]«, stehen die Dinge für sich, ohne Beziehung auf das kindliche Ich, dann

---
80 Vgl. Brigitte Kronauer: Literatur, Männer und Frauen [1990]. In: Literatur und schöns Blümelein, S. 19–24, hier S. 24.
81 Kronauer: Das Gemälde als Paradox, S. 123.
82 Kronauer: Zur Trilogie *Rita Münster, Berittener Bogenschütze, Die Frau in den Kissen*, S. 152.
83 Clausen: Die Metasprache der Struktur, S. 166; Cramer, S. 24, und Liebertz-Grün, S. 199, sprechen von einer »Apotheose«; Meike Feßmann (Gezielte Verwilderung. Modernität und Romantik im Werk von Brigitte Kronauer. In: Sinn und Form 56 (2004), H. 4, S. 487–503, hier S. 490) liest den III. Teil als »kleine Mythisierung der eigenen Autorschaft, ein Aufschwingen zu den Höhen einer Poetologie«; Lippert, S. 145, als eine »metapoetologische Offenbarung«. Barth, S. 274 f., deutet den letzten Satz als »Sterbeerlebnis«, bei dem Rita aus der »Perspektive der Ewigkeit« auf das »Ganze des Lebens« blickt [Hervorhebungen der Textvorlage wurden getilgt, B.N].
84 Kronauer: Das Gemälde als Paradox, S. 124.
85 Kronauer: Das Gemälde als Paradox, S. 125.
86 Kronauer: Das Gemälde als Paradox, S. 124.
87 Vgl. hierzu auch Albaths Fremdinszenierung der Autorin Kronauer im Interview zum 70. Geburtstag (Albath: Brigitte Kronauer): »Wir setzen uns ins Wohnzimmer. Bücherregale und Bilder an den Wänden, ein großer Esstisch. [...] Vor dem Fenster steht ein knorriger Baum, an dessen Schnee beladenen Ästen ein paar rote Äpfel aufblitzen.«

stehen Objekt und Subjekt »steif« und beziehungslos nebeneinander: »Wenn er [Gott] aber wegsah, fühlte ich das sofort, die Mäntel, Bücher, Klingelknöpfe, Briefkästen und ich hingen und standen verlassen da, ohne Verlangen, Verbote, Verführung, es gab nichts Spannendes zwischen den Dingen und mir.« (RM, 236) Und wenn die heranwachsende Rita im improvisierten Bikini »eine richtige Frau spielt[ ]«, dann richtet sie »im Moment des Spiegelns« ihren Blick nicht nur in den Spiegel, sondern in ihrer Sehpyramide zugleich auch auf die daneben lehnende Kunstpostkarte »›Die Versuchung des heiligen Antonius‹«. Gott aber sieht alles zugleich: »Gott sah den Leiden des Heiligen zu und wachte über ihn,« aber er sieht auch auf Rita, wie sie »so unersättlich auf die Fensterbank stieg, um [s]ich für einen Atemzug in [ihrem] provisorischen Bikini zu betrachten«. (RM, 247)

Diese multiperspektivische Spiegelung – die Kreuzung von Banalem und Profanen[88] – ist konstitutiv für die Erzählerperspektive des gesamten Romans: Das Ich sieht sich selbst im Spiegel, es sieht das Heilige in der alltäglichen Devotionalie einer Kunstpostkarte und es sieht sich, den Spiegel und die Kunstpostkarte im alles auf einmal umfassenden göttlichen Blick. Und wie sich Himmel und Erde, Körperliches und Mystisches im Inneren des Ich in der körperlichen Vereinigung mit einem profanen Germanisten verbinden, so setzen sich auch die vielen Menschen-Bilder, die sich im I. Teil dem Ich »aufdrängen« (RM, 12), nach der in der Mitte des Romans erfolgenden Vereinigung und Verwandlung, im III. Teil zu einer *Geschichte des Ich* zusammen. In der Abfolge von Kindheitserinnerungen wird ebenso chronologisch wie teleologisch auf die erotisch/mystische Neugeburt/Auflösung hin erzählt:[89] das eigene Heranwachsen innerhalb eines behüteten Elternhauses, der Tod des Vetters Martin, der (neben Ruth und Herrn Willmer) eine der (Haupt-)Figuren des I. Teils darstellt, die dem Ich etwas »bedeutet« haben (RM, 48),[90] und der Tod der Mutter, der jetzt erst erinnerbar ist. Dieser wird in der

---

88 Vgl. Brigitte Kronauer: Literatur und Staubmäntel. In: Literatur und schöns Blümelein, S. 13–24, hier S. 15; vgl. Cramer, S. 24, die von einer »Profanisierung des Heiligen« und »erotische[n] Nobilitierung des Profanen« spricht.

89 Vgl. Brigitte Kronauer: Über Avantgardismus [1. Vorlesung]. In: Brigitte Kronauer, Alexander Nitzberg und Ferdinand Schmatz: Dichtung für alle. Wiener Ernst-Jandl-Vorlesungen zur Poetik. Hg. von Thomas Eder und Kurt Neumann. Innsbruck 2013, S. 74–102, hier S. 97: »[I]n meinem zweiten Roman *Rita Münster* gibt es einen längeren Schnelldurchlauf von Kindheit und Jugend in Einzelepisoden […].«

90 Der Vetter Martin steht in den Kindheitserinnerungen für den Bruder des autobiographischen Ich in: Das kleine Mädchen, das ich war, S. 227: »Es kam auch vor, daß wir in der Nähe des Hauses an einem See saßen, bei einem Bootssteg, ich, mein Bruder und einige Kinder aus der Nachbarschaft.« Vgl. die entsprechende Textpassage in *Rita Münster*: »Es kam auch vor, daß wir in der Nähe des Hauses an einem See saßen, bei einem Bootssteg, ich, mein Vetter Martin und einige Kinder aus der Nachbarschaft.« (RM, S. 224)

zeitlichen Abfolge der Erinnerungen im Blick der Männer, die die Pubertierende (als Frau/als begehrtes Objekt) anschauen, widergespiegelt: »Auf einmal war ich ganz auf mich geworfen.« (RM, 252) Das ›Eigene‹ des I. Teils,[91] die gesammelten »Augenblicke«, werden nun nicht mehr hintereinander in das »glatte[ ], tiefe[ ]«, »wissende[ ]«, aber »erwiderungslose[ ]« »Teich«-»Auge« (RM, 48) des Verdrängten bzw. Unbewussten,[92] das den Blick des Ich nicht spiegelt,[93] versenkt – sondern gehoben und (anhand der ›Katzenblicke‹[94] und ›Katzenknoten‹) nunmehr zu einer chronologisch geordneten Abfolge verbunden, die das erzählte Ich in seiner Identität konstituiert. Schon im II. Teil, im Haus des Vaters, springen die Dinge »plötzlich an ihren eigentlichen Platz, sie erkannten ihre optimalen Distanzen« (RM, 153) wieder. Sie halten Abstand voneinander und von dem Ich, das nun beginnt, nicht mehr aufgelöst zwischen den Dingen und erinnerten Beobachtungen verdinglichter, voneinander und von sich selbst entfremdeter Menschen bloß zu *existieren*, sondern »zwischen den Jahreszeiten« (RM, 152) zu *leben*. Im ›anderen Zustand‹[95] der Verliebtheit kehrt das Ich, das »noch vor kurzem, partikelweise verteilt [...] zersplittert« war, »in eine einzige Person, Rita Münster« (RM, 169), zurück. Ihr Leben bekommt »ein Zentrum, eine Verdichtung, ein Auge«, zugleich aber auch die Welt »einen Mittelpunkt, ein Auge« (RM, 166). Es handelt sich um eine mystische Inversion, eine perspektivische Umkehrung von Ich und Welt: Das Ich kann sich zuerst in den Augen der Welt, auf die es sich in seinem Zustand des verliebten Außersichseins projiziert, als Ganzes wahrnehmen.[96] Die persönliche Wiederauferstehungsgeschichte bedarf des Gedenkens nicht nur aller Heiligen, die sich im Verlauf des Textes zu *einem Bild*, dem Isenheimer Altarbild, zusammensetzen, das als Polyptychon mehrere Geschichten zugleich erzählt, sondern auch der vielen Toten und Ehepaare, denen »die Liebe weg[ge]sack[t]« ist (RM, 11), den innerlich Abgestorbenen, die das Ich im Körperpanzer seiner bösen Blicke verharren ließen: der Unfalltod des Vetters Martin in Italien, der Suizid von Herrn Willmer sowie der eines namenlos bleibenden Mannes (vgl. RM, 159), die trauernden Witwen Wagner und Jacob, die wechselseitig aneinander und miteinander absterbenden Ehepaare

---

91 Vgl. RM, S. 46: »Jetzt aber etwas Eigenes«.
92 Vgl. RM, S. 167: »[...] denn ich dachte doch: Ich will nicht hören, wer gestorben ist [...].«
93 Schweikert, S. 168, spricht von einem »lidlos offene[n] Auge, das schmerzt und schmerzt«.
94 Zu den ›Katzenblicken‹ bzw. den Blicken der Katze, der Katze, die das »Ich« anblickt, vgl. Derrida, S. 20.
95 Vgl. Robert Musil: Ansätze zu neuer Ästhetik. Bemerkungen über eine Dramaturgie des Films [1925]. In: Gesammelte Werke. Bd. 2, S. 1137–1154.
96 Am Romanende heißt es: »Wichtig aber ist das Bild, das die Welt durch meine Augen anzunehmen, zu erreichen verlangt.« (RM, S. 270) Diese Passage kann als Origo der textinternen Autorinnenposition gelesen werden.

Ruth und Franz, Tante Charlotte und Onkel Günter, die innerlich abgestorbene ›schriftstellernde‹ Hausfrau Petra, die sich als Spiegelfigur Ritas die Wundmale Christi selbst beibringt, der Todeskampf des Hirsches und der schnelle Tod der Drossel, die von einem Falken gegriffen wird (vgl. RM, 149). In all diesen Toden spiegelt sich das depressiv-apathische Ich der Erzählerin, das sich schließlich selbst den Tod wünscht, bis es ihr gelingt, sich an den Tod ihrer Mutter zu erinnern und sich von ihren Spiegelfiguren zu trennen.

Die Identität des Ich, seine Ich-Identität, setzt sich mosaikartig aus einer Vielzahl anderer Figuren zusammen, die sich wechselseitig spiegeln.[97] Mit einigen Figuren verbindet Rita bestimmte Erlebnisse, vielfach bleibt jedoch unklar, in welchem Verhältnis sie zu ihnen steht bzw. inwiefern sie mit ihnen identisch ist. So können die im Klatsch und ihrer eigenen Banalität erstickenden Figuren des I. Teils als »Facetten«[98] bzw. intrapsychische Abspaltungen und projektive Imaginationen der Titelgestalt »[I]ch, Rita Münster« (RM, 153) gelesen werden, ohne dass diese über ihre Erinnerungen, die sich ihr durch die »Ritzen und Höhlen« ihres Bewusstseins »aufdrängen« (RM, 12), selbstmächtig verfügt. In diesen droht sie sich einerseits aufzulösen, andererseits vermag sie aber nur in ihnen zu überleben, überhaupt weiter zu leben. Das Ich verliert sich nicht in einem Dialog oder in einer ›Polyphonie von Stimmen‹, sondern in einem beständigen belanglosen Aneinandervorbeireden: in Klatsch, ›Gewäsch und Gewimmel‹. Kronauers »Texte, die Text und Metatext zugleich sind«,[99] setzen Literaturtheorie[100] und »Architekturprinzip«[101] narrativ, d. h. als immanente Poetologie, um. Das Zusammenspiel von Narration und Reflexion in den Bildern und Geschichten, die keine sind, verwirklicht sich in einer experimentellen ›Poetik des Essayistischen‹, die – in ihrer Hermetik und (Multi-)Perspektivität – an Robert Musils Novellenband *Vereinigungen* (1911), und hier vor allem an »Die Versuchung der stillen Veronika«, erinnert.[102]

---

97 Glantschnig, S. 157 f. In diesem Zusammenhang ist vor allem auf die albtraumartige (vgl. RM, S. 34) Spiegelszene der Titelfigur Rita/Ruth im Café zu verweisen: »Einmal wartete ich auf Ruth im Café. [...] Rundum waren große Spiegel aufgestellt, alles öffnete sich, eine Vervielfältigung [...]. Ruth entdeckte ich nicht, aber im Spiegel meine gerunzelte Stirn.« (RM, S. 31 f.). Die Wiederbegegnung mit der ›Freundin‹ unter der »Kuppel des Pantheons« (RM, S. 259) ließe sich sowohl als endgültige Ab- bzw. Loslösung als auch als gemeinsame Auflösung »in wortlosem, tiefem Staunen von der Kassettenhalbkugel für immer überwölbt« (RM, S. 260), lesen.
98 Clausen: Die Metasprache der Struktur, S. 161.
99 Schulz, S. 146.
100 Vgl. Kronauer: Vorwort. In: Aufsätze zur Literatur, S. 7.
101 Kronauer: Zur Trilogie *Rita Münster, Berittener Bogenschütze, Die Frau in den Kissen*, S. 152.
102 Vgl. Birgit Nübel: Vereinigungen (1911). In: Robert-Musil-Handbuch. Hg. von B. N. und Nor-

5 *Rita Münster* als multiperspektivischer Roman

Mit seinem dreiteiligen Aufbau ist *Rita Münster* sowohl inhaltlich wie hinsichtlich seiner Konstruktionsweise auf einen mystischen Höhepunkt hin gebaut, der sich in der Mitte und am Ende des Romans wiederholt, wobei – wenn wir in diesem von der Autorin metatextuell vorgegebenen geometrischen Bild der Pyramide bleiben – das Polygon ein Dreieck ist. Je nachdem, ob man von der Sehpyramide Ritas ausgeht oder deren perspektivische Beschränktheit durch einen anderen Eckpunkt aus nachvollzieht, ergibt sich eine andere Interpretationsperspektive. In Bezug auf den Isenheimer Wandelaltar wird, so Clausen, »auf die Tafeln des Heiligen Sebastian auf der ersten, wie die Versuchung des Heiligen Antonius und die Eremitentafel auf der dritten Schauseite des Altars« verwiesen.[103] Aber auch das Mittelbild der ersten Schauseite mit der Kreuzigung Christi sowie die »zweite Schauseite mit der Verkündigung, der Geburt und der Auferstehung Christi« sind als Subtexte bzw. Referenzbilder im Roman »präsent«.[104] Grünewalds Altar-Polyptychon durchzieht den gesamten Text in Form von Heiligenbildern, Ansichtskarten, Motiven und Bildfragmenten. Diese ergeben in inhaltlicher Hinsicht zwei Geschichten- bzw. Interpretationsperspektiven, je nachdem, ob wir von den inneren, auf den Tod, also Christi Kreuzung, bezogenen Wandelbildern ausgehen, oder aber vom zweiten Triptychon, das Verkündigung, Geburt und Wiederauferstehung darstellt.

Kronauers Roman ist mehrfach perspektivisch konstruiert. In der strukturellen Dreiteiligkeit fällt am Ende der erzählten Mosaiksteingeschichte die Liebes-Vereinigung mit den erzählten Kindheitserinnerungen und der Auflösung von Rita-Maria in der »Pyramidenspitze«[105] zusammen. Die Bilderkonstruktion des Grünewalder Wandelaltars macht die erzählte Geschichte unter dem Vorzeichen von Geburt und Tod/Kreuzigung und zugleich als Verkreuzung von Heiligem und Profanem lesbar. Zudem fällt die Ich-Erzählung im Roman *Rita Münster* nicht nur auf der zeitlichen Ebene in eine perspektivische Doppelung von erzählendem und erlebendem Ich, sondern auch in ihrer Identität und Perspektivität mindestens in zwei divergierende Ich-Teile auseinander. In narratologischer Hinsicht wird über die wiederholte Selbstanrufung »[I]ch, Rita Münster« im mittleren II. Teil ein Wechsel von einer überwiegend extern fokalisierten homodiegetischen zu

---

bert Christian Wolf. Berlin/Boston 2016, S. 120–156.
103 Clausen: Die Metasprache der Struktur, S. 170, Fußnote 20.
104 Clausen: Die Metasprache der Struktur, S. 170, Fußnote 20.
105 Kronauer: Zur Trilogie *Rita Münster, Berittener Bogenschütze, Die Frau in den Kissen*, S. 152.

einer intern fokalisierten autodiegetischen Erzählposition vollzogen.[106] Lippert beschreibt diese als ambivalent,[107] »beweglich, gleitend«: »Von der kühlen, sezierenden und zuweilen boshaften Schärfe detaillierter Außenbeobachtung reicht die erzählerische Variabilität bis zur emphatischen Innensicht.«[108] Das Ich der drei Teile ist ein anderes, sein Text, der Text seiner Lebensgeschichte ist multiperspektivisch erzählt *und* fokalisiert. Zwar integriert der Roman in seine multiple[109] Erzähl- und Fokalisierungsinstanz keine anderen Textsorten,[110] aber er ist montageartig fragmentiert und zersplittert. Zudem weist er in seinen literaturhistorisch-intertextuellen und kunstgeschichtlich-intermedialen Referenzen – als ›Einladung‹, d. h. Vexierspiel und Angebot, Ambivalenzen zu denken, zuzulassen und auszuhalten[111] – auch in pragmatischer Hinsicht eine (multi-)perspektivische Struktur auf.

Literaturverzeichnis

Brigitte Kronauer

Kronauer, Brigitte: Aufsätze zur Literatur. Stuttgart 1986.
— darin: Vorwort, S. 7 f.
Kronauer, Brigitte: Rita Münster. Roman [1983]. 3. Aufl. Stuttgart 1988.
Kronauer, Brigitte: Literatur und schöns Blümelein. Graz/Wien 1993.
— darin: Literatur und Staubmäntel [1990], S. 13–24.
— darin: Literatur, Männer und Frauen [1990], S. 19–24.
— darin: Literatur und Literatur bzw. Leben [1991], S. 37–42.
Kronauer, Brigitte: Die Einöde und ihr Prophet. Über Menschen und Bilder. Stuttgart 1996.
— darin: Das Gemälde als Paradox. Zu Matthias Grünewald [1988], S. 123–125.
Kronauer, Brigitte: Zur Trilogie *Rita Münster, Berittener Bogenschütze, Die Frau in den Kissen*. In: Die Sichtbarkeit der Dinge. Über Brigitte Kronauer. Hg. von Heinz Schafroth. Stuttgart 1998, S. 152–154.

---

106 Wobei im I. Teil die Selbstmordimaginationen Herrn Willmers (RM, S. 106–108) und des Vetters Martin (RM, S. 122–125) ebenfalls – in doppelter Potenz – intern fokalisiert werden.
107 Vgl. Lippert, S. 136.
108 Lippert, S. 135.
109 Vgl. Schweikert, S. 164, in Bezug auf *Frau Mühlenbeck im Gehäus* (1980).
110 Vgl. Nünning/Nünning, S. 42.
111 Vgl. Kronauer: Zur Trilogie *Rita Münster, Berittener Bogenschütze, Die Frau in den Kissen*, S. 152: »Alles dreht sich letztlich um die Frage: Wie kann man mit und zwischen diesen drei unvermeidlichen und von einander abhängigen Verfassungen [›Apathie, Emphase, Ernüchterung‹] leben?« und B. K.: Kleine poetologische Autobiographie, S. 274.

Kronauer, Brigitte: Zweideutigkeit. Essays und Skizzen. Stuttgart 2002.
— darin: Vorwort, S. 9–14.
— darin: Maria wie Milch und Blut [1997], S. 32–53.
Kronauer, Brigitte: Kleine poetologische Autobiographie. In: Sprache im technischen Zeitalter 42 (2004), H. 171, S. 267–282.
Kronauer, Brigitte und Otto A. Böhmer: Wirkliches Leben und Literatur. Tübinger Poetik-Dozentur 2011. Hg. von Dorothee Kimmich et al. Künzelsau 2012.
— darin: Brigitte Kronauer: Vom Umgang mit der Natur und wie sie mit uns umspringt [2. Vorlesung], S. 25–43.
— darin: Brigitte Kronauer: Die Gewalt der Bilder [3. Vorlesung], S. 43–59.
Kronauer, Brigitte, Alexander Nitzberg und Ferdinand Schmatz: Dichtung für alle. Wiener Ernst-Jandl-Vorlesungen zur Poetik. Hg. von Thomas Eder und Kurt Neumann. Innsbruck 2013.
— darin: Brigitte Kronauer: Über Avantgardismus [1. Vorlesung], S. 74–102.
Kronauer, Brigitte: Gewäsch und Gewimmel. Roman. Stuttgart 2013.

Weitere Primärquellen

Bachmann, Ingeborg: Malina. Roman [1971]. Frankfurt a. M. 1981.
Cortázar, Julio: Rayuela. Himmel und Hölle [orig. Rayuela, 1963]. Aus dem Spanischen übers. von Fritz Rudolf Fries. Frankfurt a. M. 2010.
Derrida, Jacques: Das Tier, das ich also bin. Übers. von Markus Sedlazek. Wien 2010.
Musil, Robert: Briefe 1901–1942. Hg. von Adolf Frisé. Reinbek bei Hamburg 1981.
Musil, Robert: Die Portugiesin. In: Drei Frauen [1924]. In: Gesammelte Werke. Hg. von Adolf Frisé. Bd. 2: Prosa und Stücke. Kleine Prosa, Aphorismen. Autobiographisches. Essays und Reden. Kritik. Reinbek bei Hamburg 1978, S. 252–270.
Musil, Robert: Ansätze zu neuer Ästhetik. Bemerkungen über eine Dramaturgie des Films [1925]. In: Gesammelte Werke. Hg. von Adolf Frisé. Bd. 2: Prosa und Stücke. Kleine Prosa, Aphorismen. Autobiographisches. Essays und Reden. Kritik. Reinbek bei Hamburg 1978, S. 1137–1154.
Musil, Robert: Nachlaß zu Lebzeiten [1936]. In: Gesammelte Werke. 2 Bde. Hg. von Adolf Frisé. Bd. 2: Prosa und Stücke. Kleine Prosa, Aphorismen. Autobiographisches. Essays und Reden. Kritik. Reinbek bei Hamburg 1978, S. 471–547.
Novalis: Schriften. Die Werke Friedrich von Hardenbergs. Historisch-kritische Ausgabe. Bd. 3: Das philosophische Werk II. Hg. von Richard Samuel in Zusammenarbeit mit Hans-Joachim Mähl und Gerhard Schulz. Stuttgart 1968.
Rilke, Rainer Maria: Aufzeichnungen des Malte Laurids Brigge [1910]. Frankfurt a. M. 1982.

Forschungsliteratur

Barth, Markus: Lebenskunst im Alltag. Analyse der Werke von Peter Handke, Thomas Bernhard und Brigitte Kronauer. Wiesbaden 1998.
Binder, Elisabeth: »Tableaux vivants« – Vom Umgang der Erzählerin mit den Bildern. In: Die Sichtbarkeit der Dinge. Über Brigitte Kronauer. Hg. von Heinz Schafroth. Stuttgart 1998, S. 102–122.

Clausen, Bettina: Die Metasprache der Struktur. Brigitte Kronauers *Rita Münster*. In: Spätmoderne und Postmoderne. Beiträge zur deutschsprachigen Gegenwartsliteratur [1990]. Hg. von Paul Michael Lützeler. Frankfurt a. M. 1991, S. 157–171.

Clausen, Bettina, Thomas Kopfermann und Uta Kutter (Hg.): Literarisches Portrait Brigitte Kronauer. Mit einem Vorwort von Thomas Kopfermann. Stuttgart 2004 (Schriften der Akademie für gesprochenes Wort. Bd. 6).

Clausen, Bettina: Realität und Literatur. Zu den Grundlagen der Arbeit Brigitte Kronauers. In: Literarisches Portrait Brigitte Kronauer. Hg. von B. C., Thomas Kopfermann und Uta Kutter. Mit einem Vorwort von Thomas Kopfermann. Stuttgart 2004 (Schriften der Akademie für gesprochenes Wort. Bd. 6), S. 19–33.

Cramer, Sibylle: Es gibt eine zarte Empirie, die sich mit dem Gegenstand innigst identisch macht. In: Text+Kritik (1991), H. 112: Brigitte Kronauer. Hg. von Heinz Ludwig Arnold, S. 19–25.

Feßmann, Meike: Gezielte Verwilderung. Modernität und Romantik im Werk von Brigitte Kronauer. In: Sinn und Form 56 (2004), H. 4, S. 487–503.

Glantschnig, Helga: Im Namen des Eigenen. Zu Brigitte Kronauers Roman *Rita Münster*. In: Strukturen erzählen. Die Moderne der Texte. Hg. von Herbert J. Wimmer. Wien 1996, S. 152–164.

Liebertz-Grün, Ursula: Romane als Medium der Wahrheitssuche. Ingeborg Bachmann, Irmtraud Morgner, Brigitte Kronauer. In: Nora verläßt ihr Puppenheim. Autorinnen des zwanzigsten Jahrhunderts und ihr Beitrag zur ästhetischen Innovation. Hg. von Waltraud Wende. Stuttgart/Weimar 2000, S. 172–221.

Lippert, Florian: Gläserne Prosa. Relationales und selbstreflexives Erzählen bei Brigitte Kronauer. In: F. L.: Selbstreferenz in Literatur und Wissenschaft. Kronauer, Grünbein, Maturana, Luhmann. München 2013, S. 126–150.

Nübel, Birgit: Vereinigungen (1911). In: Robert-Musil-Handbuch. Hg. von B. N. und Norbert Christian Wolf. Berlin/Boston 2016, S. 120–156.

Nünning, Vera und Ansgar Nünning: Multiperspektivisches Erzählen aus narratologischer Sicht: Erzähltheoretische Grundlagen und Kategorien zur Analyse der Perspektivenstruktur narrativer Texte. In: Multiperspektivisches Erzählen: Zur Theorie und Geschichte der Perspektivenstruktur im englischen Roman des 18. bis 20. Jahrhunderts. Hg. von V. N. und A. N. Trier 2000, S. 39–78.

Riedner, Ursula Renate: Sprachliche Felder und literarische Wirkung. Exemplarische Analysen an Brigitte Kronauers Roman *Rita Münster*. München 1996.

Schulz, Dagmar: Stilistische Elemente in der Prosa von Brigitte Kronauer, exemplarisch dargestellt an *Rita Münster*, *Berittener Bogenschütze* und *Frau Mühlenbeck im Gehäus*. In: Focus on Literatur 1 (1992), H. 2, S. 141–150.

Schweikert, Uwe: »Es geht aufrichtig, nämlich gekünstelt zu!« Ein Versuch über Brigitte Kronauer. In: Neue Rundschau 95 (1984), H. 3, S. 155–171.

Strobl, Ingrid (Hg.): Das kleine Mädchen, das ich war. Schriftstellerinnen berichten über ihre Kindheit. Mit einem Nachwort von Margarete Mitscherlich-Nielsen. München 1982, S. 41–49.

Zuschlag, Katrin: Narrativik und literarisches Übersetzen. Erzähltechnische Merkmale als Invariante der Übersetzung. Tübingen 2002, S. 314–346.

Interviews

Albath, Maike: Brigitte Kronauer zum 70. Geburtstag. In: Deutschlandradio Kultur [28.10.2010]. In: http://www.deutschlandfunkkultur.de/wilde-zivilisation-kunstliche-natur-pdf.media.ed3e17968356e0d869f7530128c0e94a.pdf, zuletzt 15.08.2017.

Ittner, Jutta: Der nachdrückliche Blick. Gespräch mit Brigitte Kronauer. In: neue deutsche literatur 49 (2001), H. 1, S. 44–57.

Mandy Dröscher-Teille
Metatextualität in Brigitte Kronauers Erzählband *Die gemusterte Nacht*

1 Die Tricks der Autorin oder der Text als »Gestalt gewordener Gedankengang«[1]

Versucht ein Zauberkünstler, seine Zaubertricks so ›echt‹ wie möglich aussehen zu lassen, wenngleich dem Publikum zu jeder Zeit klar ist, dass es sich um eine Illusion handelt, so sieht Brigitte Kronauer in Bezug auf die Rezeption von Literatur in umgekehrter Weise »die Gefahr [...], daß man die Muster, die Literatur offeriert, mit der Wirklichkeit verwechselt«,[2] also geneigt ist, ihren Konstruktionscharakter zu ignorieren. Das Erzählen ihrer Mutter, so Kronauer, habe ihr Verständnis vom Verhältnis zwischen Literatur und Wirklichkeit maßgeblich beeinflusst. Es machte ihr deutlich, dass die Möglichkeit, alltägliche Dinge in literarischen Texten als etwas Besonderes wahrzunehmen, von den ›Tricks‹ abhängt, die das Erzählen prägen:

> Erst wenn meine mütterliche Erzählerin sie [d. i. die Gegenwart] rekapitulierte, merkte ich, was für erstklassige Abenteuer wir schon wieder absolviert hatten. Nichts Bedeutendes, aber es klang so. [...] Wenn sie erzählte, erhielt alles das: Vorspiel, Klimax, Schlusspointe, es gab gut und böse, Freund und Feind, unerhörte Spannung, wohltätige, reinigende Erlösung.[3]

Kronauer steht dem mütterlichen Verfahren des Ordnens und Strukturierens, dieser »Musterung«[4] der Wirklichkeit, ambivalent gegenüber. Einerseits sei es notwendig, sich »die Außenwelt zurecht[zu]legen, nach eigenen Bedürfnissen [zu] staffeln und sie mit Bedeutungen aus[zu]statten.«[5] Andererseits vermisst sie

---

[1] Brigitte Kronauer: Kleine poetologische Autobiographie. In: Sprache im technischen Zeitalter 42 (2004), H. 171, S. 267–282, hier S. 268.
[2] Die Autorin im Interview mit Werner Jung: Literatur ist Gestalt. Gespräch mit Brigitte Kronauer [1994]. In: »Literatur ist Konstruktion«. Gespräche mit Schriftstellern. Duisburg 2011 (Essener Schriften zur Sprach-, Kultur- und Literaturwissenschaft. Bd. V), S. 47–55, hier S. 47.
[3] Brigitte Kronauer: Ist Literatur unvermeidlich? In: Die Sichtbarkeit der Dinge. Über Brigitte Kronauer. Hg. von Heinz Schafroth. Stuttgart 1998, S. 12–27, hier S. 14.
[4] Die Autorin im Interview mit Jutta Ittner: Der nachdrückliche Blick. Gespräch mit Brigitte Kronauer. In: neue deutsche literatur 49 (2001), H. 1, S. 44–57, hier S. 47.
[5] Brigitte Kronauer: Nachwort. In: B. K.: Die Wiese. Erzählungen. Stuttgart 1993, S. 119–126, hier S. 121 f.

https://doi.org/10.1515/9783110589719-008

in den Erzählungen ihrer Mutter die Reflexion darüber, dass »eine sehr facettenreiche Wirklichkeit in ein ganz bestimmtes Muster« gezwungen wird, während für die Autorin die Erkenntnis zentral ist, »daß die Wirklichkeit viel komplexer ist als der Akt der Ordnung«.[6] Was Kronauer während der Erzählungen ihrer Mutter erfährt – dass Literatur und Leben zwar aufeinander bezogen, aber nicht gleichzusetzen sind –, kehrt als poetologischer Kunstgriff im Schreiben der Autorin zurück: »Ich lauschte noch immer, süchtig nach Geschichten, und doch löste sich zugleich das spezielle dramatische Muster mit den spannungsfördernden Tricks davon ab.«[7]

Insbesondere die frühen Erzählungen aus *Die gemusterte Nacht* (1981) inszenieren und provozieren einen solchen Ablösungsprozess der narrativen Muster bzw. poetologischen ›Tricks‹. Das Moment der Konstruktion, das bei Kronauer vielfach mit ›Form‹, ›Gestalt‹ oder ›Muster‹ umrissen wird, die konstruierte Wirklichkeit, die sich »im Einzelfall als natürlich tarnt«,[8] soll also – so stellt auch Jutta Müller-Tamm[9] fest – sichtbar gemacht werden, allerdings nicht als theoretische Abhandlung, sondern als sinnlich-bildhafte Erfahrung. In ihrer »Kleinen poetologischen Autobiographie« spricht Kronauer in diesem Zusammenhang von einem Text als »plastische[m] Denksystem«, als »Gestalt gewordene[m] Gedankengang, der sich relativiert, indem er seine Fiktionalität per Form laufend stillschweigend bekanntgibt«.[10]

Kronauer bedient sich nicht nur des *Inhalts* der mütterlichen ›Trickkiste‹, sondern sie kommentiert diese. In den Vordergrund rückt dabei die *Reflexion* über die Tricks resp. Erzähl- und Gestaltungsmuster, die durch ihre (Selbst-)Referentialität Kontur gewinnen. Weil die Texte Kronauers zum einen auf sich selbst und zum anderen auf andere Gattungen, Vertextungsverfahren und Diskurse verweisen, können sie als metatextuell verstanden werden.[11] Mit Birgit Nübel, die das Verhältnis zwischen einem Text (als Metatext) und einem anderen Text, Diskurs oder Genre am Beispiel Robert Musils als kritisches Kommentierungsver-

---

6 Ittner, S. 45.
7 Kronauer: Ist Literatur unvermeidlich?, S. 14.
8 Kronauer: Kleine poetologische Autobiographie, S. 271.
9 Vgl. Jutta Müller-Tamm: Die Unvermeidlichkeit der Literatur. Zu Brigitte Kronauers Poetik des Autobiographischen. In: Sprache im technischen Zeitalter 42 (2004), H. 172, S. 414–427, bes. S. 426.
10 Kronauer: Kleine poetologische Autobiographie, S. 268.
11 Vgl. Michael Maar: Feuersäulen und Sturzfluten. Brigitte Kronauers Essays. In: M. M.: Tamburinis Buckel. Meister von heute. Reden und Rezensionen. München 2014, S. 124–127, bes. S. 124: »Brigitte Kronauers Romane haben eine Neigung zum Essayistischen«, sie sind von »Essay-ähnlichen, metaliterarischen Passagen« durchzogen.

hältnis bestimmt, kann auch für Kronauer von einem »gattungs- wie diskursüberschreitende[n] Vertextungsprinzip« gesprochen werden, »welches die Verfahren der interdiskursiven Traversion selbstreflexiv kommentiert«.[12] Die Erzählungen aus *Die gemusterte Nacht* fungieren als Metatexte zu den wissenschaftlichen Diskursen Geometrie und Biologie/Natur einerseits sowie zu den literarischen Formen Lyrik und Essayismus andererseits. Sie sind durch geometrische, organisch-›wuchernde‹, lyrische und essayistisch-umkreisende Strukturen geprägt, die zugleich auf der Ebene der Handlung die Interaktion der Figuren bestimmen. Durch die Gleichzeitigkeit von Theorie und praktischer Umsetzung wird ein Moment der Irritation erzeugt. Kronauers Texte avancieren zu Zaubertricks, die ihre eigene Gemachtheit rekonstruieren, ihr Geheimnis aber dennoch nicht preisgeben. In *Die gemusterte Nacht* werden vielmehr rätselhafte Umwege des Denkens skizziert, die zwischen Narration und Reflexion oszillieren.[13]

Ebenso wie das Ich in »Ein Tag, der zuletzt doch nicht im Sande verlief« – eine Erzählung, deren Entstehung Bettina Clausen auf 1969 datiert und die damit »den Anfang der literarischen Produktion«[14] Kronauers markiert – bei seinem Blick in das Wasser bzw. auf die spiegelnde Wasseroberfläche seine doppelte Position »im« und »in spezieller Weise auch über dem Wasser«[15] erkennt, nehmen auch die Texte Kronauers eine Position des Dazwischens, des metatextuellen Über-den-Dingen- und narrativen Verwoben-Seins, ein. Das »freiwillige[ ] Vorzeigen der Mittel«[16] durch die Autorin, welches in der Forschung vielfach betont,[17]

---

12 Birgit Nübel: Robert Musil. Essayismus als Selbstreflexion der Moderne. Berlin/New York 2006, S. 1.
13 Vgl. Müller-Tamm, bes. S. 415.
14 Bettina Clausen: Realität und Literatur. Zu den Grundlagen der Arbeit Brigitte Kronauers. In: Literarisches Portrait Brigitte Kronauer. Hg. von B. C., Thomas Kopfermann und Uta Kutter. Mit einem Vorwort von Thomas Kopfermann. Stuttgart 2004 (Schriften der Akademie für gesprochenes Wort. Bd. 6), S. 19–33, hier S. 19.
15 Brigitte Kronauer: Ein Tag, der zuletzt doch nicht im Sande verlief. In: B. K.: Die gemusterte Nacht. Erzählungen [1981]. 2. Aufl. München 2005, S. 9–13, hier S. 11.
16 Brigitte Kronauer: Das Eigentümliche der poetischen Sprache. In: Die Sichtbarkeit der Dinge, S. 175–186, hier S. 179.
17 Vgl. z. B.: Thomas Kopfermann: Vor-Geschichten. Zugänge. Lese-Erfahrungen. In: Literarisches Portrait Brigitte Kronauer, S. 7–16, bes. S. 10: »Würde man«, so Kopfermann, die »Reflexion aus dem narrativen Zusammenhang herauslösen, so wäre sie durchaus als [...] poetologische Betrachtung zu lesen«; Maike Bartl: Das Portrait der Schriftstellerin. Zu Brigitte Kronauers *Die Einöde und ihr Prophet*. In: Literarisches Portrait Brigitte Kronauer, S. 41–58, bes. S. 43 f.: Bei Kronauer komme es zu einer »*Verschränkung* von fiktionalen Texten mit theoretischen Konzepten« [Hervorhebung im Original]; Martin Zingg: Vom unvermeidlichen Gang der Dinge. In: Die Sichtbarkeit der Dinge, S. 28–47, bes. S. 34: Das Erzählen Kronauers blicke sich »diskret über die eigene Schulter«.

jedoch für die Erzählungen aus *Die gemusterte Nacht* kaum im Einzelnen nachgewiesen wurde, führt somit nicht zu einer in sich stimmigen und geschlossenen Poetologie, sondern – so die im Folgenden zu untersuchende These – zu einer Poetik des Umweges, die die Konstruktion der Texte selbstreflexiv kommentiert. Brigitte Kronauers frühe Prosa ist »gläsern[ ]«,[18] insofern sie in einer »Verquickung[ ] von Erkenntnistheorie, Poetologie und Metapoesie«[19] »ihren eigenen Konstruktionscharakter beständig offenbart«.[20] Sie ist konstruiert, aber nicht durchsichtig im Sinne von rational oder eindeutig: »Die Stärke eines Kunstwerks liegt«, so Kronauer, vielmehr »darin, daß es nicht in Prinzipien, sondern in der uneindeutigen Erscheinung endet. Es ist strukturiert, aber rätselhaft wie die Wirklichkeit.«[21]

Einerseits geht es der Autorin darum, dem »Kunstwerk [...] eine der Natur verwandte, nicht aufschlüsselbare Oberfläche«[22] zu geben, die einer strengen Form folgt und also begrenzt ist, andererseits soll diese Oberfläche ein »›systematisches Chaos‹« im Sinne Friedrich Schlegels, auf den Kronauer explizit Bezug nimmt, eine »mit Präzision angerichtete Verwilderung«,[23] freilegen. Obwohl die Texte laut Kronauer »im Gehäuse einer hermetischen Perspektive«[24] entstehen und die jeweilige Form als »Umzäunung«[25] fungiert, sperrt sich das Ich der Erzählungen Kronauers »klugerweise nicht gegen die Versuchung abzuschweifen«,[26] sodass es von Bildern, Eindrücken, Gedanken, Reflexionen und Erfahrungen nur so ›wimmelt‹, die die ursprünglich begrenzte Fläche ausdehnen und erweitern.[27] Die jeweilige Erzählinstanz »schlägt«, wie Kronauer in ihrem poetologischen Nachwort zum Erzählband *Die Wiese* schreibt, »um sich einen Kreis« aus einzelnen Wahrneh-

---

[18] Florian Lippert: Gläserne Prosa. Relationales und selbstreflexives Erzählen bei Brigitte Kronauer. In: F. L.: Selbstreferenz in Literatur und Wissenschaft. Kronauer, Grünbein, Maturana, Luhmann. München 2013, S. 126–150, hier S. 132.
[19] Lippert, S. 133.
[20] Lippert, S. 132.
[21] Die Autorin im Gespräch mit Carna Zacharias: »Ich vermute, daß der ›Zeitgeist‹ mich nicht besonders mag (und umgekehrt)«. Interview mit Brigitte Kronauer. In: Börsenblatt für den deutschen Buchhandel 16 (1991), H. 16, S. 636–638, hier S. 637.
[22] Jung, S. 55.
[23] Kronauer: Kleine poetologische Autobiographie, S. 282.
[24] Kronauer: Kleine poetologische Autobiographie, S. 276.
[25] Jung, S. 48.
[26] Kronauer: Kleine poetologische Autobiographie, S. 279.
[27] Vgl. Kronauer: Kleine poetologische Autobiographie, S. 268: Kronauer geht von der »Notwendigkeit einer möglichst hieb- und stichfesten Konstruktion, eines alle Verästelungen durchdringenden Bauprinzips« aus, das ihr »erst die Freiheit [...] zu quasi vegetativen Ausbuchtungen, ja Wucherungen«, gebe, die allerdings »insgeheim scharf observiert[ ]« würden.

mungen, die zwar ein »Gebäude« ergeben, allerdings »oft willkürlich« und »offensichtlich irrtümlich«[28] verbunden sind und damit konventionelle Hierarchisierungen unterlaufen. Das Ich »schleich[t] eine Weile [...] wie eine Katze um den heißen Brei«,[29] betrachtet einen Aspekt also von verschiedenen Seiten, ist zugleich aber auch selbst diese zu umrundende Mitte, insofern alle Erfahrungen, Ereignisse, Diskurse und Wahrnehmungen »auf mich verweisen«.[30] Kronauers Texte wechseln zwischen der Möglichkeit einer Durchdringung der Oberflächenstruktur, um zu einer »Grundidee« zu gelangen, die »wie eine Urformel alle Erscheinungen dominiert«[31] und darin an Platons Ideenlehre bzw. seine Theorie der Anamnesis erinnert, und der Erkenntnis, dass »[w]ir [...] nicht wissen [können], wie die Dinge wirklich sind, wir können nur wissen, was sie für eine momentane Wirkung haben und was sie in unserem Lebenszusammenhang für uns bedeuten.«[32]

Die Kategorie der (Ober-)Fläche[33] erweist sich als Leitmotiv und verbindendes Element der Erzählungen aus *Die gemusterte Nacht*, insofern in ihr die metatextuellen Bezüge zu Lyrik, Essayismus, Biologie und Geometrie zu einem »unterirdische[n] Motivnetz«[34] zusammengeführt werden, aus dem sich ausgehend von *Die gemusterte Nacht* eine immanente Poetologie der Texte Kronauers generieren lässt.

2 Geometrische Formen: Eine durchgestrichene Mitte essayistisch umkreisen oder »Ein Spaziergang zum Ausgangspunkt zurück«

Geometrische Formen sind in *Die gemusterte Nacht* durch die Erwähnung von »Krümmungen, Geraden, Abstände[n], Schnitte[n]«,[35] ›Linien‹, ›Punkten‹, ›Quadraten‹, ›Flächen‹ u. a. omnipräsent. Die Erzählungen prägt ein Wechselspiel zwi-

---

[28] Kronauer: Nachwort, S. 122.
[29] Brigitte Kronauer: Das Generationsmerkmal. In: Die gemusterte Nacht, S. 119–122, hier S. 120.
[30] Brigitte Kronauer: Das Wunder einer Hypothese. In: Die gemusterte Nacht, S. 112–116, hier S. 113.
[31] Zacharias, S. 637.
[32] Die Autorin im Interview mit Gerhard Moser: »Der metaphysische Acker«. Gespräch mit Brigitte Kronauer. In: Literatur und Kritik 27 (1992), H. 267/268, S. 29–34, hier S. 29.
[33] Zur Kategorie der Oberfläche vgl. im vorliegenden Band auch den Beitrag von Julia Bertschik.
[34] Brigitte Kronauer: Poetische Würde? Was soll das denn. Schiller-Rede 2010. In: Jahrbuch der deutschen Schillergesellschaft 55 (2011), S. 463–472, hier S. 471.
[35] Brigitte Kronauer: Etwas Abenteuerliches. In: Die gemusterte Nacht, S. 125–128, hier S. 128.

schen zweidimensionaler und dreidimensionaler Perspektive, der »platt[en]«[36] Fläche und einer »räumlichen Tiefe«.[37] In einem Interview spricht Kronauer von einem »Geometrisierungsritual«, das den Zweck verfolge, »die vor mir liegende fiktive und wirkliche Wirklichkeit zu domestizieren, also in eine Vorform zu bringen [...], die es mir leichter macht, mit der Wirklichkeit, die dann innerhalb dieser Vorform wuchernd auftritt, umzugehen.«[38] Zweifelt die Figur Ulrich in Robert Musils *Der Mann ohne Eigenschaften* daran, dass die »dargebotene[ ] Wirklichkeit« die »wirkliche Wirklichkeit« ist, und äußert sie ein tiefes »Mißtrauen« gegenüber dem »von Geschlechtern schon Vorgebildete[m]«,[39] so stellt Kronauer die Wirklichkeit ebenso als etwas ›Vorgebildetes‹ aus; sie macht die »fertigen Einteilungen und Formen«[40] sichtbar und bringt damit nicht die wirkliche, sondern eine dezidiert künstliche, stark perspektivierte Wirklichkeit hervor:[41] »Es kommt mir nicht auf ein urteilsfreies Beobachten der Oberfläche an, sondern [...] auf ein Betrachten der Dinge unter möglichst vielen, widersprüchlichen Blickwinkeln«.[42]

Auch in der Erzählung »Ein Spaziergang zum Ausgangspunkt zurück« zeigt Kronauer die vermeintlich ›wirkliche Wirklichkeit‹ als Vorgebildetes und Vorgeformtes. Die geometrischen Formen, die sich über die textinterne Welt legen, ziehen die Figuren geradezu magisch an. Der Spaziergang der Figuren – ein Paar bestehend aus der Erzählerin und ihrem Mann –, die, während sie gehen, gleich einem Stift eine geometrische Figur nachzeichnen, ist gleichzeitig ein Spazier-

---

36 Brigitte Kronauer: Strophen zu einer Beobachtung [1974]. In: Die gemusterte Nacht, S. 16–25, hier S. 24; vgl. Brigitte Kronauer: Wie beim Regen, wie beim Tortenessen. In: Die gemusterte Nacht, S. 53–57, hier S. 53: »Alles herunter von den Bäumen, die Straßen zunehmend glatt, die Vorgärten nun wieder platt und geometrisch [...].«
37 Brigitte Kronauer: Wechselnde Ereignisse in gleicher Bewegung. In: Die gemusterte Nacht, S. 25–37, hier S. 32. Zuerst publiziert unter dem Titel: Verschiedene Ereignisse in gleicher Bewegung I. In: B. K.: Der unvermeidliche Gang der Dinge. Mit vier Zeichnungen von Dieter Asmus. Hamburg 1974, S. 55–75.
38 Moser, S. 31.
39 Robert Musil: Der Mann ohne Eigenschaften. Erstes und zweites Buch [1930/32]. Hg. von Adolf Frisé. 24. Aufl. Reinbek bei Hamburg 2009, S. 129.
40 Musil, S. 129.
41 Vgl. Brigitte Kronauer im Interview mit Maike Albath: Brigitte Kronauer zum 70. Geburtstag. In: Deutschlandradio Kultur [28.10.2010]. In: http://www.deutschlandfunkkultur.de/wilde-zivilisation-kunstliche-natur-pdf.media.ed3e17968356e0d869f7530128c0e94a.pdf, zuletzt 15.08.2017, S. 1–14, hier S. 13: Kronauer sieht sich selbst als »Wirklichkeitsfanatiker[in]«, insofern sie davon ausgeht, »dass, wenn man die Wirklichkeit nur genau und offen ansieht, ohne ihr Bedeutung aufzuhalsen, [...] sie eigentlich alle Bedürfnisse stillen könnte«. Gleichzeitig konstatiert sie eine Verschleierung der Wirklichkeit etwa durch Werbung, die die ›wirkliche Wirklichkeit‹ verdecke.
42 Zacharias, S. 637.

gang der Gedanken, der sinnlichen Wahrnehmung und Reflexion, der den vor-*gezeichneten* Weg konterkariert.[43] Und auch für die Protagonistin Rita Münster aus dem gleichnamigen Roman gibt es »[k]eine Linie, die nicht in mir vorgezeichnet war«.[44]

Die Handlung der Erzählung »Ein Spaziergang zum Ausgangspunkt zurück« setzt am Beginn eines Ausfluges in die Natur ein. Nachdem sich die Figuren auf einer Decke niedergelassen haben, die im Verlauf der Handlung als erste geometrische Fläche eines Rechtecks erkennbar wird und ihnen den Blick auf eine Weggabelung ebenso wie auf zwei Felder, ein Weizen- und ein Gestenfeld, erlaubt, beobachten sie verschiedene andere Figuren auf dem direkt neben ihnen verlaufenden Weg. Einige Reiter schlagen den Weg an der Gabelung nach links ein, ein anderes Paar kommt dagegen von rechts, Anfang (Reiter) und Ende (Paar) der Strecke sind dadurch als Fixpunkte gesetzt und fallen überdies zusammen. Demnach handelt es sich um einen Rundweg, dessen Verlauf zwischen dem Fixpunkt Anfang=Ende von dem beobachtenden Paar jedoch antizipiert werden muss und lediglich bruchstückhaft nachvollziehbar ist: »[W]ir kuckten ihnen [den Reitern] nach, wie die Pferde allmählich im Korn zu versinken schienen [...]. Dann tauchten sie wieder auf, denn sie ritten nach rechts hoch zum Wald, und erst viel später, nach mehrfachem plötzlichem Auftauchen und Verschwinden, verloren wir sie aus den Augen.«[45] Das Paar tritt mit den Reitern nicht in Kontakt, diese »nahmen keine Notiz von uns, sahen neben uns auf eine viereckige, plattgedrückte Stelle, sagten leise etwas zueinander und entfernten sich lachend«.[46] Dadurch, dass die Erzählinstanz selbst nicht hören kann, *was* gesprochen wird, sondern nur, *dass* etwas gesagt wird, richtet sich die Aufmerksamkeit der Figuren wie auch der Leser/innen auf den Blickwinkel der Reiter, die eine viereckige Fläche auf der Wiese gleich neben dem Paar fokussieren. Unklar bleibt, ob dort zuvor andere Figuren auf einer Decke gesessen und so den Abdruck produziert haben oder ob das Paar seine Decke zwischenzeitlich verschoben hat. In jedem Fall kommt es zu einer Dopplung der bereits durch die Decke manifesten viereckigen Fläche, die sich nochmals durch die ebenfalls als flächig skizzierten Felder

---

[43] Vgl. Martin Mosebach: Brigitte Kronauer und die Malerei. Die Kunstkritikerin. In: Literarisches Portrait Brigitte Kronauer, S. 109–118, bes. S. 116. Mosebach unterscheidet für Kronauers Texte, die nicht nur zu lesen, sondern zu *betrachten* sind, zwischen Malen (bildhafte Sprache, bei der im Sinne Monets und des Impressionismus Farb-, Licht- und Schatteneffekte im Vordergrund stehen) und Zeichnen (abstrakte Sprache mit klaren Konturen).
[44] Brigitte Kronauer: Rita Münster. Roman [1983]. 2. Aufl. Stuttgart 1984, S. 70.
[45] Brigitte Kronauer: Ein Spaziergang zum Ausgangspunkt zurück. In: Die gemusterte Nacht, S. 107–112, hier S. 107.
[46] Kronauer: Ein Spaziergang zum Ausgangspunkt zurück, S. 107.

vervielfältigt, vergrößert und ausdehnt. Nachdem die Reiter und das Paar vorbeigeritten bzw. -gegangen sind, richtet das beobachtende Paar seinen Blick auf das Weizenfeld, dessen Ähren »eine gleichmäßige Oberfläche ergab[en]«:[47]

> Ein Baum, der mitten im Weizen stand, warf einen runden, unbewegten Schatten auf die durchlässige Fläche wie auf festen Grund, der Weizen aber, der ihn von allen Seiten umgab, war dort in der Entfernung weder einzeln noch als leicht gezackte, unentwegte Linie zu sehen, sondern als schichtartig über den Boden gestrichene [...] Masse.[48]

Der Baum im Weizenfeld markiert ein Zentrum, das im poetologischen Sinne durchgestrichen und für die Figuren nicht erreichbar ist, da das dichte, hohe Feld ihnen den Weg versperrt. Der Verweis auf den runden Schatten des Baumes deutet nicht nur auf die geometrische Form des Kreises hin, vielmehr antizipiert er ebenso ein Moment essayistischen Umkreisens einer Mitte, die nicht auf geradem Weg einfach zugänglich ist, sondern der man sich nur über Umwege – poetologisch, indem ein gedanklicher Gegenstand hin- und hergewendet und aus verschiedenen Perspektiven betrachtet wird – annähern kann. Die Erzählung reflektiert und kommentiert an dieser Stelle also die theoretischen Prämissen der Autorin Kronauer, die Essayismus als Vertextungsprinzip, das nicht auf Definitionen, sondern auf die Herausbildung von Motivkonstellationen ausgerichtet ist, im Bild des vom Feld eingekreisten Baumes narrativ-symbolisch ausgestaltet. An die Stelle einer hierarchischen Anordnung tritt die situative und kontextbezogene, konstellative Anordnung der Elemente, die sich um eine Sache positionieren, diese aber nicht länger definieren. Steht das Feld dabei für die Vielzahl an Perspektiven und Konstellationsmöglichkeiten, so der Baum für den jeweiligen Gegenstand der Betrachtung. In »Ein Augenzwinkern des Jenseits« spricht Kronauer davon, dass die »Wahrheit der Kunst [...] nicht, wie ein Philosoph [...] schlichtweg behauptete, nackt am schönsten« ist, sondern »im ›Umweg‹ der Form, im Extrem, in Ambiguität und Ambivalenz«,[49] also im konfliktreichen Verhältnis der Perspektiven, Begriffe und Motive, verborgen sei. Möglich, dass diese Formulierung, die zentrale Charakteristika des Essayismus benennt, auf Maurice Blanchots Essay »Sprechen ist nicht sehen« zurückgeführt werden kann, in dem von einer »Magie des Umwegs«[50] die Rede ist.

---

[47] Kronauer: Ein Spaziergang zum Ausgangspunkt zurück, S. 107.
[48] Kronauer: Ein Spaziergang zum Ausgangspunkt zurück, S. 108.
[49] Brigitte Kronauer: Ein Augenzwinkern des Jenseits: Die Zweideutigkeiten der Literatur [1997]. In: B. K.: Zweideutigkeit. Essays und Skizzen. Stuttgart 2002, S. 309–318, hier S. 318.
[50] Maurice Blanchot: Sprechen ist nicht sehen. In: M. B.: Das Unzerstörbare. Ein unendliches Gespräch über Sprache, Literatur und Existenz [1955]. München/Wien 1991, S. 83–94, hier S. 84.

Schließlich bildet der Baum das Movens für den Spaziergang der Figuren, die sich auf den Weg machen, ohne ein spezifisches Ziel zu haben und dementsprechend die für den Essayismus konstitutive gedankliche Suchbewegung verkörpern.[51] Das Paar beginnt nun, »den ganzen weiten Bogen um das große Ährenfeld am fernen Wald entlang«[52] zu gehen und beschreitet damit den Weg des anderen Paars, das spiegelbildlich zu ihnen konzipiert ist und ihre Handlung vorwegnimmt, in umgekehrter Weise. Sie beginnen zwar am selben Punkt, doch wendet sich das beobachtende Paar in die Richtung, aus der »jener schwitzende Mann mit seiner Frau gekommen war«,[53] sodass der Weg zwar identisch ist, die Reihenfolge der Eindrücke jedoch differiert. Evozieren die Motive ›Kreis‹ und ›Bogen‹ runde Formen, die sinnbildlich für ein essayistisches Umkreisen stehen können, so deuten die Felder und die Decke auf eher eckige, quadratische Formen hin, bei denen sich die Fläche im Fokus befindet. Die flächigen Felder korrespondieren mit der Flächenstruktur des Textes,[54] der zum einen dominiert wird von dynamischen, ungeordneten und situativ bedingten Wahrnehmungen, die als »Textmoleküle«[55] oder Mosaiksteinchen zu einer, wie es Theodor W. Adorno für den Essay beschreibt, »teppichhaft[en]«[56] »Querverbindung[ ] der Elemente«[57] führen. Zum anderen sind auch die Protagonist/inn/en als Kunstfiguren der Oberfläche konstruiert, insofern sie zwar intensiv wahrnehmen, allerdings in ihrer Beziehung zueinander und zur textinternen Welt weitgehend isoliert bleiben und scheinbar ausschließlich existieren, um das ›Wie‹, die »Oberfläche der Konstruktion«[58] des Textes, zu veranschaulichen. Das Prinzip der Dopplung bzw. Wiederholung setzt sich schließlich in Bezug auf die Felder fort. Wendet sich das Paar vom Weizenfeld ab, um seinen Spaziergang zu beginnen, so wendet es sich gleichzeitig dem »gelben Gerstenfeld«[59] zu, an dessen Grenzen es – zunächst nah, dann weiter entfernt, schließlich wieder nah – entlanggeht. Folgt man ihrem Weg, der an der Gabelung beginnt, in

---

51 Vgl. Nübel, S. 72.
52 Kronauer: Ein Spaziergang zum Ausgangspunkt zurück, S. 108.
53 Kronauer: Ein Spaziergang zum Ausgangspunkt zurück, S. 109.
54 Vgl. Clausen, bes. S. 26 f. Clausen analysiert den an konkrete Poesie erinnernden Text Kronauers »STEIGERUNG UND HERVORRUFUNG«, der »die Form eines Rechtecks« aufweist und also flächig konzipiert ist.
55 Kronauer: Nachwort, S. 125.
56 Theodor W. Adorno: Der Essay als Form [1958]. In: Gesammelte Schriften. Bd. 11: Noten zur Literatur. Hg. von Rolf Tiedemann unter Mitwirkung von Gretel Adorno, Susan Buck-Morss und Klaus Schultz. 5. Aufl. Frankfurt a. M. 2015, S. 9–33, hier S. 21.
57 Adorno, S. 31.
58 Zacharias, S. 638.
59 Kronauer: Ein Spaziergang zum Ausgangspunkt zurück, S. 108.

Hin- und Rückweg unterteilt ist und jeweils eine »Kurve«[60] bzw. einen »scharfen Knick«[61] aufweist, stellt man fest, dass dieser wahrscheinlich die geometrische Form einer quadratischen Raute bzw. eines Rhombus beschreibt. Nach der Hälfte der Strecke stehen die beiden Figuren am »Schnittpunkt« bzw. an der oberen Ecke der Raute, wobei das Feld »einen Winkel [füllte], dessen beide Schenkel der Wald bildete«.[62] Sie blicken auf das Feld, das durch den Wald zu beiden Seiten begrenzt wird, dessen Fläche aus dieser Perspektive aber dennoch immer größer wird: »Man sah nur noch das Feld, schnell gegen den Himmel steigend«.[63] Diese Vergrößerung bei gleichzeitiger Begrenzung zeigt, dass die geometrischen Formen der Texte Kronauers nicht statisch sind, sondern beweglich und veränderbar.

Zunächst folgt das Paar vom Schnittpunkt aus der verlängerten Diagonale, die sie jedoch, wie sie feststellen, vom Feld resp. der rechteckigen Raute zu weit wegführt, weshalb sie umkehren und zum Schnittpunkt zurückgehen. Nun beginnt der »Spaziergang zum Ausgangspunkt zurück«, der nicht mehr vorwärtsgerichtet ist, sondern durch die geometrische Struktur des Feldes, an der die Figuren sich orientieren, spiegelbildlich zum Hinweg verläuft und diesen damit neu perspektiviert: »[W]ir wanderten jetzt also zu unserem Hinweg parallel«.[64] Der Umstand, dass das Paar in großen ›Bögen‹ um das gleichzeitig als geometrisch-eckiges Konstrukt erkennbar werdende Feld herumgeht, zeigt, dass sich mehrere Strukturen, differierend in Form und Größe, überlagern, weshalb sich das erzählende Ich zwischenzeitlich auch nicht darüber im Klaren ist, »ob wir tatsächlich einen Bogen beschreiben würden«.[65] So fügt das Paar, das sich beständig vom Feld entfernt und wieder annähert, der Raute einen Außenkreis hinzu, auf den es am Ende seines Spazierganges reflexiv zurückblickt:

> Wir sahen dann noch, bevor wir ins Auto stiegen, den großen, aber von hier aus nur unvollständig sichtbaren Bogen an, ja, mir wurde bewußt, daß man ihn nie ganz hatte übersehen können. Wir sagten, daß so ein Gang im weiten Kreis besonders schön sei. [...] Ja, ja, sagten wir noch ein paarmal auf der Heimfahrt, es ist doch ein Vergnügen, im Kreis zu gehen [...].[66]

Dass der zurückgelegte Weg unüberschaubar bleibt, verweist auf die Perspektivität von Erkenntnis, die nicht von einem archimedischen Punkt erreicht wird

---

60 Kronauer: Ein Spaziergang zum Ausgangspunkt zurück, S. 109.
61 Kronauer: Ein Spaziergang zum Ausgangspunkt zurück, S. 111.
62 Kronauer: Ein Spaziergang zum Ausgangspunkt zurück, S. 110.
63 Kronauer: Ein Spaziergang zum Ausgangspunkt zurück, S. 110.
64 Kronauer: Ein Spaziergang zum Ausgangspunkt zurück, S. 111.
65 Kronauer: Ein Spaziergang zum Ausgangspunkt zurück, S. 111.
66 Kronauer: Ein Spaziergang zum Ausgangspunkt zurück, S. 111 f.

und nicht absolut gesetzt, sondern relativ, situativ und kontextabhängig ist. Die nachträgliche Wahrnehmung, im Kreis gegangen zu sein, steht kontrastiv zu den angesprochenen Kurven und Knicken, die einerseits für die rechteckige Raute markante Punkte bilden, die geometrische Figur andererseits verzerren. Die für das Prinzip des Essayismus relevante »räumliche Anordnung der Elemente«, die in einem »Darstellungsmodus der Verflechtung« die »Körper, Formen, Gestalten, Empfindungen zu Elementenkomplexen im Raum ordnet«,[67] wird in »Ein Spaziergang zum Ausgangspunkt zurück« nicht nur angewendet, sondern vor allem als Technik des Schreibens reflektiert. Exakt nach der Hälfte des Weges, im Schnittpunkt, verändern sich die zweidimensionalen Flächen des Feldes und der Wälder in einen dreidimensionalen Raum, der sich um die Erzählinstanz und ihren Partner bildet: »[E]s war wirklich wie ein kleines, leeres Zimmer, es war freie Natur, aber hier nur aus den nahen, ruhigen Flächen gebildet. Wir waren eingeschlossen […] zwischen den vier Flächen, der doppelten des Waldes, dem Himmel und dem Feld.«[68] Stellen sich die (Natur-)Wahrnehmungen der Figuren zunächst als ein Nebeneinander unterschiedlicher Eindrücke, Assoziationen und Gedanken, mithin als Flächen, als »Fülle von Ding-Oberflächen«[69] dar, so erfahren diese durch die Verräumlichung und die Erwähnung des Himmels erneut eine Transformation und Ausdehnung, engen das Ich zugleich aber auch ein. Die zweidimensionale, »zusammengewachsen[e]«[70] Fläche richtet sich auch in der Erzählung »Wechselnde Ereignisse in gleicher Bewegung« als dreidimensionaler Raum gegen das Ich, die Wände nähern sich an, »ein Druck von außen wurde spürbar«.[71] Während Kronauers Figuren auf der einen Seite die wahrgenommenen Dinge essayistisch umkreisen, verkehrt sich dieser Vorgang auf der anderen Seite in das Gegenteil, wenn die Erzählinstanzen wiederum von Nebensächlichkeiten und Naturdingen eingekreist bzw. umschlossen werden: »Schon jetzt konnte man nicht mehr wissen, was hinter der dünnen Wand aus lose beieinanderstehenden Halmen, die das kreisrunde Loch, in dem ich saß, umgaben, existieren würde.«[72]

Die Erzählung »Ein Spaziergang zum Ausgangspunkt zurück« ist durch »geometrische Form[en] als Architekturprinzip«[73] sowie essayistische Strukturen geprägt, die zugleich die Ebene der *histoire* prägen. Die Geometrisierung der text-

---

67 Nübel, S. 73 f.
68 Kronauer: Ein Spaziergang zum Ausgangspunkt zurück, S. 110.
69 Jung, S. 50.
70 Kronauer: Wechselnde Ereignisse in gleicher Bewegung, S. 35.
71 Kronauer: Wechselnde Ereignisse in gleicher Bewegung, S. 37.
72 Kronauer: Wechselnde Ereignisse in gleicher Bewegung, S. 36 f.
73 Brigitte Kronauer: Zur Trilogie *Rita Münster, Berittener Bogenschütze, Die Frau in den Kissen*. In: Die Sichtbarkeit der Dinge, S. 152–154, hier S. 152.

internen Welt lässt die Erzählung als künstliches bzw. graphisch-künstlerisches Gebilde erscheinen,[74] das Kontur, mithin »Gestalt«[75] erhält und Kronauers essayistische Poetik des Umweges abbildet.

3 Organische Formen: Natur- und Tiermotive als poetologische Kommentare in »Wechselnde Ereignisse in gleicher Bewegung«

Wenn Kronauer die Notwendigkeit einer »Formsetzung«[76] betont, so umfasst dies neben geometrischen Figuren auch organische Strukturen der Natur: »Aus der Verklinkerung und kalkulierten Störung und Verbindung von Assoziationen [...] soll sich etwas ergeben [...], das vielleicht wie eine Pflanze erscheint [...], das vielleicht eine Parallelgestalt zu einer Wiese oder zu einem Blatt darstellen könnte.«[77] Kronauers Texte sind demnach nicht nur als Textflächen im geometrischen Sinne, sondern als Textorganismen konzipiert, wobei die »Architektur« der »Zellwände«[78] einer Pflanze einerseits geometrisch klare Linien aufweist, andererseits dynamisches Wachstum und Wucherung.[79]

In der Erzählung »Wechselnde Ereignisse in gleicher Bewegung«, die in vierzehn durchnummerierte Abschnitte bzw. Miniaturerzählungen unterteilt ist, befindet sich das Ich – wie schon das Paar in »Ein Spaziergang zum Ausgangspunkt zurück« – auf einer Wanderung. Der Weg, dem es folgt, ist jedoch nicht sehr präsent, sondern »äußerst schmal[ ]« und eigentlich die »eingeprägte[ ] Spur

---

74 Vgl. Brigitte Kronauer: Ein Mann bewegt sich vom Dorf die Straße hinauf bis zur Kurve. In: Die gemusterte Nacht, S. 13–16, hier S. 13 und S. 14: Bisweilen ist auch die Figurenkonstitution geometrisch geprägt, wenn etwa das Ich in »Ein Mann bewegt sich vom Dorf die Straße hinauf bis zur Kurve« den Weg eines Mannes beobachtet, den es als den »Rechtwinkligen« bezeichnet: »Er war in der Mitte geknickt. Der Oberkörper ragte rechtwinklig nach vorn.«
75 Jung, S. 55.
76 Kronauer: Das Eigentümliche der poetischen Sprache, S. 177.
77 Jung, S. 55.
78 Ittner, S. 55.
79 Vgl. Kronauer: Nachwort, S. 126: »Ich wünschte mir [...], meine Geschichten würden, durchaus wörtlich, ›eine gute Figur machen‹, am liebsten [...] wie ein Blatt, das seine Mikroorganisation in unnachahmlicher und ja keineswegs langweiliger Diskretion verbirgt in und unter seiner jedem Auge erkennbaren ovalen oder gezackten Erscheinung, je nach Jahreszeit oder Witterung schwankend und dennoch fest.«

eines Wagens«[80] oder sogar nur der »bewachsene[ ] Boden« selbst, auf dem es lediglich »mühsam vorankam«.[81] Im Vordergrund stehen die sich überlagernden Wahrnehmungen des Ichs, die den Weg bestimmen und der Erzählung eine organische Struktur geben. Konstatiert das Ich in »Vorkommnisse mit geraden und ungeraden Ausgängen«: »Niemand machte sich die Mühe, die Dinge schlüssig aneinanderzureihen«[82] und plädiert damit indirekt für ein Schlüsse-Ziehen unabhängig von vorgegebenen Mustern, so stellt auch das Ich in »Wechselnde Ereignisse in gleicher Bewegung« keine Zusammenhänge zwischen den einzelnen Abschnitten her, sondern lässt sich von seinen Eindrücken treiben. Ebenso wie der Essay laut Adorno dort abbreche, »wo er selber am Ende sich fühlt und nicht dort, wo kein Rest mehr bliebe«,[83] setzen die Miniaturerzählungen Kronauers unvermittelt ein und enden abrupt. Gleich einer Wiese, durch die das Ich geht, oder der Meeresoberfläche, die es anschaut, gibt es keinen Hauptweg, sondern nur sehr viele temporäre Spuren, ›Verästelungen‹, Um- und »Nebenweg[e]«,[84] die sich motivisch entfalten. In Abschnitt sechs sind es »Ranken« und eine »Hecke«, die ein kausales Nacheinander zugunsten eines »kalkulierte[n] Chaos«[85] konterkarieren und das Prinzip der textuellen Verdichtung bildlich umsetzen:

> Es war jetzt schon ein neuer, ganz ungewohnter Anblick, dieses Gewirr, diese tausend dünnen Ranken über dem festen Sockel der Hecken. Sie schienen augenblicklich in leichte Bewegung zu geraten, als spännen und räkelten sie sich zu einer immer dichteren Oberfläche, die den ursprünglichen Umriss der Hecken verunstaltete, obwohl natürlich noch immer die Hecken solide als dicke runde Buckel dastanden [...].[86]

Bildet die Hecke gegenüber der Ranke zunächst eine eher stabile Form, so gerät diese – je länger das Ich sie betrachtet – zunehmend in Bewegung, »ein stark beschleunigtes Wachsen jetzt«. Verschiedene Schichten werden sichtbar (»schon sah ich die Heckenreihen«), deren Veränderung das Ich als »Geräusch der Bewegung«[87] auch akustisch aufnehmen kann. Entscheidend ist nun, dass die Symbiose zwischen der Hecke und den Ranken der Textgestaltung entspricht, insofern

---

80 Kronauer: Wechselnde Ereignisse in gleicher Bewegung, S. 27.
81 Kronauer: Wechselnde Ereignisse in gleicher Bewegung, S. 28 f.
82 Brigitte Kronauer: Vorkommnisse mit geraden und ungeraden Ausgängen [1974]. In: Die gemusterte Nacht, S. 37–50, hier S. 48.
83 Adorno, S. 10.
84 Brigitte Kronauer: Ein Tag im Leben Ben Witters. In: Die gemusterte Nacht, S. 97–102, hier S. 102.
85 Ittner, S. 51.
86 Kronauer: Wechselnde Ereignisse in gleicher Bewegung, S. 29.
87 Kronauer: Wechselnde Ereignisse in gleicher Bewegung, S. 30.

die einzelnen Textabschnitte zwar durch die Nummerierung eine klare Struktur aufweisen, die Wahrnehmungen der Figur jedoch in diese Gliederung hinein*ranken* bzw. -*wuchern*. So bildet der Text eine »immer dichtere[ ] Oberfläche«[88] aus Ranken um die festgelegte Zahlenabfolge. Trotz der Tatsache, dass Anfang und Ende in diesem ›Gewirr‹ aus Wahrnehmungen nur schwer ausgemacht werden können, weil – gemäß dem Titel – die ›Ereignisse‹ wechseln, erhält der Text Orientierungspunkte, die in einer immer gleichbleibenden ›Bewegung‹ in den Vordergrund treten. So beinhaltet etwa der jeweils erste Satz eines Abschnittes die Worte ›jetzt schon‹, die damit eine verbindende Funktion übernehmen, deren Position innerhalb des Satzgefüges dennoch ständig wechselt.[89]

Neben den Flächen Meer (1. und 4.), Wiese (5. und 12.) und Feld (13.) sowie den Schichtenkonstruktionen der Hecke (6.) und der Steine (8.) spielen auch die Kreisformationen der Möwen (7.) und Vogelschwärme (9.) in »Wechselnde Ereignisse in gleicher Bewegung« für die Poetik Kronauers eine zentrale Rolle. Die Formation der Vögel, deren »Vogelperspektive«[90] nicht für eine auktoriale Erzählinstanz steht, sondern auf die Metatextualität der Erzählungen verweist, steuert auf einen »rundlichen, festen Wald« zu, wobei die Tiere »nicht stetig vorwärtsflogen, vielmehr verlegten sie ihre Schleifen nur allmählich auf den Wald zu«.[91] Auch in der Erzählung »Ein Tag, der zuletzt doch nicht im Sande verlief« symbolisieren Vogelschwärme die zentrale Denkfigur des essayistischen Umkreisens: »Die Vögel bewegten sich sehr schnell im Kreis, gemeinsam machten sie Schleifen und Bögen und flatterten. [...] Sie [die Luft] zitterte und kreiste wie verrückt und dann wieder die Vögel, die kreisten und schossen, wohin sie wollten«.[92]

In »Wechselnde Ereignisse in gleicher Bewegung« wird der ›Umweg der Form‹ narrativ-bildlich veranschaulicht, wenn sich die Vögel dem Wald in Kreisbewegungen nähern. Doch ist das Zentrum hier kein durchgestrichenes mehr, denn der »Zug der Tiere« berührt »die Oberfläche des Waldes mit dem ersten Schnabel«: »Der Wald riß auf, und sogleich fuhren die Vögel rauschend in ihn hinein, er hatte sich geöffnet, zersprang und schluckte die Vögel im Nu, es gab keine Vögel mehr, nur den veränderten, lebhaften Wald.«[93] Ebenso wie sich die Hecke durch die Ranken verändert, so dynamisieren die Vögel den Wald. Ist der

---

88 Kronauer: Wechselnde Ereignisse in gleicher Bewegung, S. 29.
89 Vgl. Kronauer: Zur Trilogie *Rita Münster, Berittener Bogenschütze, Die Frau in den Kissen*, S. 152: Kronauer geht es um die »wechselnden Beleuchtungen, die unterschiedlichen Perspektiven auf die gleichbleibende Wirklichkeit«.
90 Kronauer: Rita Münster, S. 266.
91 Kronauer: Wechselnde Ereignisse in gleicher Bewegung, S. 31 f.
92 Kronauer: Ein Tag, der zuletzt doch nicht im Sande verlief, S. 10.
93 Kronauer: Wechselnde Ereignisse in gleicher Bewegung, S. 32.

Wald zunächst ein relativ statisches Gebilde, so nimmt er durch die Verbindung mit dem Vogelschwarm eine »wuchern[de]« ›Gestalt‹ an, die »wie die Kreise im Wasser nach einem Steinwurf einen wachsend größeren Bereich fordern«.[94] Während das, was sich unter der Oberfläche befindet, in Kronauers Erzählungen vielfach eine Leerstelle oder sogar eine »Leere«[95] bleibt, die zeigt, »daß die Wirkung der Oberflächen der Dinge auf uns wenig damit zu tun hat, wie diese Dinge wirklich sind«,[96] so entsteht eine Symbiose zwischen den Vögeln und dem Wald, im Zuge derer die Oberfläche als »biegsam[ ]«[97] erkennbar wird, sich verändert, ausweitet und verlebendigt.

4 Lyrische Formen

Zwar gibt Kronauer in einem Interview an, dass Lyrik schon früh ein »Fach« gewesen sein, »zu dem ich gar nicht geneigt habe«, gleichzeitig sei insbesondere die von Hans Magnus Enzensberger herausgegebene Anthologie *Das Museum der modernen Poesie* (1960) für sie eine »Offenbarung« gewesen.[98] Auch Kronauers Bezugnahme auf Ernst Jandl in »Über Avantgardismus« (2011) zeigt ihr Interesse an einem experimentellen Umgang mit »Form« und »Stil«.[99] Die verschiedenen Sprachebenen, die die Autorin in ihrem Text »Zu Ernst Jandls Büchnerpreis-Rede« (1984) herausarbeitet,[100] verweisen indes auf ihr eigenes Spiel mit Metaebenen.

Die Erzählungen aus *Die gemusterte Nacht* folgen, wie schließlich auch der Roman *Rita Münster* (1983), nicht nur in weiten Teilen den Formgesetzen der Lyrik, sondern sie referieren metatextuell auf die Aspekte Lied, Ton, Betonung und Rhythmus und legen damit ihre lyrische Struktur frei. Die Erzählung »Strophen zu einer Beobachtung« ist – der metatextuellen Titelgebung entsprechend – wie diverse andere Erzählungen in strophenartige Abschnitte gegliedert, die eine ähnliche Länge aufweisen und durch die anaphorische Wiederholung von Satzmustern oder Wortkombinationen einen hermetischen bzw. refrain-

---

[94] Brigitte Kronauer: Nehmen Gefühle immer ab? In: Die gemusterte Nacht, S. 170–172, hier S. 172.
[95] Jung, S. 50.
[96] Moser, S. 29.
[97] Kronauer: Das Eigentümliche der poetischen Sprache, S. 181.
[98] Albath, S. 9.
[99] Brigitte Kronauer: Über Avantgardismus [1. Vorlesung, Wiener Ernst-Jandl-Vorlesungen zur Poetik 2011]. In: B. K.: Poesie und Natur. Stuttgart 2015, S. 7–33, hier S. 19.
[100] Vgl. Brigitte Kronauer: Zu Ernst Jandls Büchnerpreis-Rede [1984]. In: Deutsche Akademie für Sprache und Dichtung. Jahrbuch (2011), S. 151–157.

artigen Charakter erhalten. Kronauer wählt die Bezeichnung ›Strophe‹, wie sie selbst angibt, um »das Künstliche, Nicht-Naturalistische des Verfahrens« zu »verdeutlichen«,[101] dessen Bedeutung nochmals hervorgehoben wird, indem die Figuren der Erzählungen ihre Wahrnehmung als künstlich und gemacht *reflektieren*: »Es waren diese einfachen, gelben Flächen [...], die mich in eine stille Spannung versetzten, denn das Primitive und Natürliche der gegeneinandergestellten Wände [...] hatte zugleich etwas sehr Künstliches, Unnatürliches, etwas Kulissenhaftes und Absichtsvolles.«[102]

Trotz des »Hin-und-Herschießen[s] der Textmoleküle«,[103] das sich etwa im Motiv der rankenden Pflanze ausdrückt, bewegen sich viele Figuren »im gewohnten Rhythmus«,[104] in einem Auf und Ab von »Hebung[en] und Senkung[en]«,[105] die auf die Wissenschaft der Verslehre resp. Metrik verweisen. Nicht nur die in Kronauers Texten häufig vorkommenden Vogelschwärme sind gekennzeichnet durch ein ständiges Steigen und Fallen: »[O]hne Stillstand das Auf und Ab der Flügel«.[106] Auch die Landschaftsdarstellungen verbildlichen den Rhythmus der Kronauer'schen Texte: »[S]chon begannen die Hügel, abfallend und aufsteigend, das Erstarrte plötzlich herauf- und herabzuströmen, unter den Füßen ein Wanken also, ein Steigen, Schleudern und Fallen«.[107] Wenn das Ich in der Erzählung »Die gemusterte Nacht« die textinterne Welt nicht ungefiltert wahrnimmt, sondern nach dem Muster bzw. »immer [...] gleichen Rhythmus, kurz, kurz, lang«[108] die Augen öffnet und schließt, so kann dies als Verweis auf das quantifizierende Versprinzip, das auf die Länge und Kürze der Silben ausgerichtet ist, gedeutet werden. Folgen die Figuren einerseits einem vorgegebenen Rhythmus, so fungieren Töne und Lieder andererseits als Äquivalente zur wuchernden Ranke, insofern sie ein »gewaltiges Hin und Her von Wegen und Beziehungen« in der »durchsichtigen Luft«[109] erzeugen, das wiederum auf die netzartigen Verknüpfungen in Kronauers Texten verweist.

---

101 Kronauer: Ist Literatur unvermeidlich?, S. 19.
102 Brigitte Kronauer: Das Bemerken der Tage. In: Die gemusterte Nacht, S. 86–92, hier S. 88.
103 Kronauer: Nachwort, S. 125 f.
104 Kronauer: Ein Spaziergang zum Ausgangspunkt zurück, S. 107.
105 Brigitte Kronauer: Wenn nicht dies, dann das! In: Die gemusterte Nacht, S. 78–81, hier S. 79.
106 Kronauer: Wechselnde Ereignisse in gleicher Bewegung, S. 30.
107 Kronauer: Wechselnde Ereignisse in gleicher Bewegung, S. 35 f.
108 Brigitte Kronauer: Die gemusterte Nacht. In: Die gemusterte Nacht, S. 192–202, hier S. 194. Vgl. Kronauer: Rita Münster, S. 139: Rita Münster berichtet, dass sie eine Zeit lang »mit drei Männern zusammengelebt« habe, »einmal lang, zweimal kurz«.
109 Kronauer: Das Bemerken der Tage, S. 92.

5 Das Muster der Form oder *Die gemusterte Nacht* als Poetologie des Umweges

Kronauers Erzählungen in *Die gemusterte Nacht* sind – wie der Fels in »Wechselnde Ereignisse in gleicher Bewegung« – »sorgfältig nach dem immer gleichen Muster gehämmert«.[110] Die Figuren folgen einer »Linie oder Figur«,[111] gleichzeitig aber auch ihren asymmetrischen Assoziationen und Wahrnehmungen. Durch das Changieren der Texte zwischen Form(ung) bzw. Gestaltgebung und Formverlust bzw. Wucherung befinden sie sich in ständiger Spannung, zerrissen zwischen der »Vielzahl von möglichen Wegen«[112] und dem durch die (geometrische) Form vorgegebenen Weg/Muster.[113] Einerseits »verfestigt sich [das Ich], indem es sich bereits aufgestellten Kategorien, Mustern, Weltinterpretationsmodellen anschließt,« andererseits »verflüssigt [es] sich«[114] und verdeutlicht damit »die Unmöglichkeit, einen Menschen auf ein schlüssiges Muster zu bringen«.[115]

Die Herstellung eines Musters sei, so Kronauer, nicht nur Schreib-, sondern vor allem Lebensprinzip, bleibe jedoch stets ambivalent. Weil das »Zurechtlegen der Wirklichkeit in unseren Köpfen« nach »literarischen Mustern« ablaufe, habe die Literatur »in unseren Gehirnen [...] eine ungebrochene Macht«.[116] Die zunächst ungeordnete Wirklichkeit werde erst durch Literarisierung, mithin durch »quasi künstlerisches Setzen von Schwerpunkten, Benennung bedeutsamer Stationen, Perspektiven, Motive[n]« zu einer Lebensgeschichte verbunden bzw. nehme als solche »Gestalt an[ ]«.[117] Kronauers Texte, die den »Clinch von Leben und Literatur umkreisen«,[118] enttarnen die »Interpretationsmuster[ ]« der textexternen Welt

---

110 Kronauer: Wechselnde Ereignisse in gleicher Bewegung, S. 30.
111 Kronauer: Ist Literatur unvermeidlich?, S. 13.
112 Kronauer: Wechselnde Ereignisse in gleicher Bewegung, S. 31.
113 Vgl. Kronauer: Poetische Würde?, S. 472 und S. 466: Das Oszillieren zwischen dem Wunsch nach »Formulierungen und Bilder[n], auch Klischees im Leben wie in der Kunst angesichts der Schrecken des Chaotischen« auf der einen und einem »tiefe[n] Misstrauen gegen alles Vorgeformte« auf der anderen Seite führt bei Kronauer zu einer »Hassliebe gegenüber literarischen Mustern«.
114 Kronauer: Nachwort, S. 123.
115 Ittner, S. 49.
116 Kronauer: Nachwort, S. 123. Vgl. Kronauer: Kleine poetologische Autobiographie, S. 274: »Was wir von der Wirklichkeit wahrnehmen, sind Fragmente, aber wir wollen es aus guten Gründen nicht dabei belassen und stellen uns daraus Reihenfolgen, klar begrenzte Abläufe mit Höhepunkten und Motiven her [...]. [...] Wir bewegen uns in literarischen Mustern und werden magnetisch von ihnen angezogen, eventuell sogar vollständig aufgesogen.«
117 Kronauer: Ist Literatur unvermeidlich?, S. 20.
118 Kronauer: Nachwort, S. 120.

textintern als »ideologische Festlegung[en]«.[119] Sie sollen sowohl »das Auseinanderscheren« als auch das »Verquicktsein von Wirklichkeitsmustern [...] und der Wirklichkeit selbst«[120] darstellen, also zugleich »auf Geschichten, auf Anfang, Höhepunkt, Ende«[121] fokussieren und gegen diese Geschichten mit ihren »überkommenen literarischen Mustern eine Gegenwehr [...] errichten, gerade da, wo [...] das mütterliche Erzählraunen«[122] nachempfunden wird. Erweist es sich als Trick der geschichtenerzählenden Mutter, ein Muster herzustellen, so ist es der Trick der Autorin Kronauer, diese Muster metatextuell auszustellen, sodass nicht nur eine Geschichte erzählt, sondern auch eine essayistische Poetik des Schreibens entwickelt wird. Es geht darum, »immer wieder klarzumachen, daß die Literatur [...] eine Perspektive auf das Leben anbietet, aber daß es eben nur eine *Perspektive* ist«.[123] Der sichtbar ausgestellte Konstruktionscharakter der Texte führt dazu, dass »Literatur sich als von allen Seiten zu umkreisender Körper offensichtlich macht, als Gestalt, die man umrunden kann, die weder mit dem Leser noch mit der Realität verschwimmt« und somit »Kontur und also Grenzen«[124] aufzeigt. Die metatextuellen Bezüge zu geometrischen, essayistischen, organisch-biologischen und lyrischen Formen in Kronauers Erzählungen erzeugen eine Spannung zwischen Narration und Reflexion, die nicht aufgelöst wird, sondern eine Vielzahl von Perspektiven und poetologischen Gestaltungsprinzipien entfaltet.

Literaturverzeichnis

Brigitte Kronauer

Kronauer, Brigitte: Der unvermeidliche Gang der Dinge. Mit vier Zeichnungen von Dieter Asmus. Hamburg 1974.
— darin: Verschiedene Ereignisse in gleicher Bewegung I, S. 55–75.
Kronauer, Brigitte: Rita Münster. Roman [1983]. 2. Aufl. Stuttgart 1984.
Kronauer, Brigitte: Die Wiese. Erzählungen. Stuttgart 1993.
— darin: Nachwort, S. 119–126.
Kronauer, Brigitte: Das Eigentümliche der poetischen Sprache. In: Die Sichtbarkeit der Dinge. Über Brigitte Kronauer. Hg. von Heinz Schafroth. Stuttgart 1998, S. 175–186.

---

119 Kronauer: Kleine poetologische Autobiographie, S. 274.
120 Moser, S. 32.
121 Kronauer: Ist Literatur unvermeidlich?, S. 15.
122 Kronauer: Nachwort, S. 121.
123 Jung, S. 47 [Hervorhebung im Original].
124 Kronauer: Das Eigentümliche der poetischen Sprache, S. 178.

Kronauer, Brigitte: Ist Literatur unvermeidlich? In: Die Sichtbarkeit der Dinge. Über Brigitte Kronauer. Hg. von Heinz Schafroth. Stuttgart 1998, S. 12–27.
Kronauer, Brigitte: Zur Trilogie *Rita Münster*, *Berittener Bogenschütze*, *Die Frau in den Kissen*. In: Die Sichtbarkeit der Dinge. Über Brigitte Kronauer. Hg. von Heinz Schafroth. Stuttgart 1998, S. 152–154.
Kronauer, Brigitte: Zweideutigkeit. Essays und Skizzen. Stuttgart 2002.
— darin: Ein Augenzwinkern des Jenseits: Die Zweideutigkeiten der Literatur [1997], S. 309–318.
Kronauer, Brigitte: Kleine poetologische Autobiographie. In: Sprache im technischen Zeitalter 42 (2004), H. 171, S. 267–282.
Kronauer, Brigitte: Die gemusterte Nacht. Erzählungen [1981]. 2. Aufl. München 2005.
— darin: Ein Tag, der zuletzt doch nicht im Sande verlief, S. 9–13.
— darin: Ein Mann bewegt sich vom Dorf die Straße hinauf bis zur Kurve, S. 13–16.
— darin: Strophen zu einer Beobachtung [1974], S. 16–25.
— darin: Wechselnde Ereignisse in gleicher Bewegung, S. 25–37.
— darin: Vorkommnisse mit geraden und ungeraden Ausgängen [1974], S. 37–50.
— darin: Wie beim Regen, wie beim Tortenessen, S. 53–57.
— darin: Wenn nicht dies, dann das!, S. 78–81.
— darin: Das Bemerken der Tage, S. 86–92.
— darin: Ein Tag im Leben Ben Witters, S. 97–102.
— darin: Ein Spaziergang zum Ausgangspunkt zurück, S. 107–112.
— darin: Das Wunder einer Hypothese, S. 112–116.
— darin: Das Generationsmerkmal, S. 119–122.
— darin: Etwas Abenteuerliches, S. 125–128.
— darin: Nehmen Gefühle immer ab?, S. 170–172.
— darin: Die gemusterte Nacht, S. 192–202.
Kronauer, Brigitte: Poetische Würde? Was soll das denn. Schiller-Rede 2010. In: Jahrbuch der deutschen Schillergesellschaft 55 (2011), S. 463–472.
Kronauer, Brigitte: Zu Ernst Jandls Büchnerpreis-Rede [1984]. In: Deutsche Akademie für Sprache und Dichtung. Jahrbuch (2011), S. 151–157.
Kronauer, Brigitte: Poesie und Natur. Stuttgart 2015.
— darin: Über Avantgardismus [1. Vorlesung, Wiener Ernst-Jandl-Vorlesungen zur Poetik 2011], S. 7–33.

Weitere Primärquellen

Adorno, Theodor W.: Der Essay als Form [1958]. In: Gesammelte Schriften. Bd. 11: Noten zur Literatur. Hg. von Rolf Tiedemann unter Mitwirkung von Gretel Adorno, Susan Buck-Morss und Klaus Schultz. 5. Aufl. Frankfurt a. M. 2015, S. 9–33.
Blanchot, Maurice: Sprechen ist nicht sehen. In: M. B.: Das Unzerstörbare. Ein unendliches Gespräch über Sprache, Literatur und Existenz [1955]. München/Wien 1991, S. 83–94.
Musil, Robert: Der Mann ohne Eigenschaften. Erstes und zweites Buch [1930/32]. Hg. von Adolf Frisé. 24. Aufl. Reinbek bei Hamburg 2009.

Forschungsliteratur

Bartl, Maike: Das Portrait der Schriftstellerin. Zu Brigitte Kronauers *Die Einöde und ihr Prophet*. In: Literarisches Portrait Brigitte Kronauer. Hg. von Bettina Clausen, Thomas Kopfermann und Uta Kutter. Mit einem Vorwort von Thomas Kopfermann. Stuttgart 2004 (Schriften der Akademie für gesprochenes Wort. Bd. 6), S. 41–58.

Clausen, Bettina: Realität und Literatur. Zu den Grundlagen der Arbeit Brigitte Kronauers. In: Literarisches Portrait Brigitte Kronauer. Hg. von B. C., Thomas Kopfermann und Uta Kutter. Mit einem Vorwort von Thomas Kopfermann. Stuttgart 2004 (Schriften der Akademie für gesprochenes Wort. Bd. 6), S. 19–33.

Kopfermann, Thomas: Vor-Geschichten. Zugänge. Lese-Erfahrungen. In: Literarisches Portrait Brigitte Kronauer. Hg. von Bettina Clausen, Thomas Kopfermann und Uta Kutter. Mit einem Vorwort von Thomas Kopfermann. Stuttgart 2004 (Schriften der Akademie für gesprochenes Wort. Bd. 6), S. 7–16.

Lippert, Florian: Gläserne Prosa. Relationales und selbstreflexives Erzählen bei Brigitte Kronauer. In: F. L.: Selbstreferenz in Literatur und Wissenschaft. Kronauer, Grünbein, Maturana, Luhmann. München 2013, S. 126–150.

Maar, Michael: Feuersäulen und Sturzfluten. Brigitte Kronauers Essays. In: M. M.: Tamburinis Buckel. Meister von heute. Reden und Rezensionen. München 2014, S. 124–127.

Mosebach, Martin: Brigitte Kronauer und die Malerei. Die Kunstkritikerin. In: Literarisches Portrait Brigitte Kronauer. Hg. von Bettina Clausen, Thomas Kopfermann und Uta Kutter. Mit einem Vorwort von Thomas Kopfermann. Stuttgart 2004 (Schriften der Akademie für gesprochenes Wort. Bd. 6), S. 109–118.

Müller-Tamm, Jutta: Die Unvermeidlichkeit der Literatur. Zu Brigitte Kronauers Poetik des Autobiographischen. In: Sprache im technischen Zeitalter 42 (2004), H. 172, S. 414–427.

Nübel, Birgit: Robert Musil. Essayismus als Selbstreflexion der Moderne. Berlin/New York 2006.

Zingg, Martin: Vom unvermeidlichen Gang der Dinge. In: Die Sichtbarkeit der Dinge. Über Brigitte Kronauer. Hg. von Heinz Schafroth. Stuttgart 1998, S. 28–47.

Interviews

Albath, Maike: Brigitte Kronauer zum 70. Geburtstag. In: Deutschlandradio Kultur [28. 10. 2010]. In: http://www.deutschlandfunkkultur.de/wilde-zivilisation-kunstliche-natur-pdf.media.ed3e17968356e0d869f7530128c0e94a.pdf, zuletzt 15. 08. 2017, S. 1–14.

Ittner, Jutta: Der nachdrückliche Blick. Gespräch mit Brigitte Kronauer. In: neue deutsche literatur 49 (2001), H. 1, S. 44–57.

Jung, Werner: Literatur ist Gestalt. Gespräch mit Brigitte Kronauer [1994]. In: »Literatur ist Konstruktion«. Gespräche mit Schriftstellern. Duisburg 2011 (Essener Schriften zur Sprach-, Kultur- und Literaturwissenschaft. Bd. V), S. 47–55.

Moser, Gerhard: »Der metaphysische Acker«. Gespräch mit Brigitte Kronauer. In: Literatur und Kritik 27 (1992), H. 267/268, S. 29–34.

Zacharias, Carna: »Ich vermute, daß der ›Zeitgeist‹ mich nicht besonders mag (und umgekehrt)«. Interview mit Brigitte Kronauer. In: Börsenblatt für den deutschen Buchhandel 16 (1991), H. 16, S. 636–638.

Michael Penzold
»Und warum fliegt die Pfuhlschnepfe den weiten Weg von Neuseeland nach Alaska?«
Die Didaktik des Rätselhaften in Brigitte Kronauers Roman *Gewäsch und Gewimmel*

1 Wimmelbilder und Rätselseiten

Ein Buchtitel, wie der des 2013 von Brigitte Kronauer veröffentlichten Romans *Gewäsch und Gewimmel*, kündigt Unübersichtliches, Verwildertes, Unkontrolliertes an.[1] Der Roman demonstriert zudem durch die kaum zu überblickende Schar von kleineren, virtuos sprachfreudigen Textbausteinen, aus denen er besteht, eben jenes »lustvolle Akzeptieren des Bruchstückhaften«,[2] das gemeinhin für die Postmoderne kennzeichnend ist. Er löst gattungsgeschichtliche Assoziationen aus: Es ist die Kronauer eigene »Seelenverwandtschaft mit der deutschen Romantik«,[3] die anlässlich dieses Titels an Clemens Brentanos »verwilderten Roman« denken lässt.[4] Dieser sei, »bezogen auf den herrschenden Kodex« mit seinen Ordnungsvorstellungen, so Kronauer, etwas »partiell Gescheitertes«.[5] Brigitte Kronauer stellt sich nicht nur in eine bestimmte Tradition des Romans, sie hält sich mit ihrer formalen und inhaltlichen Gestaltung von *Gewäsch und Gewimmel* auch an eine von ihr selbst aufgestellte Literaturnorm, die sie 2010 in ihrem Aufsatzband *Favoriten* so formuliert:

---

1 Brigitte Kronauer: Gewäsch und Gewimmel. Roman. Stuttgart 2013. Im Folgenden: [GG].
2 Michaela Kopp-Marx: Zwischen Petrarca und Madonna. Der Roman der Postmoderne. München 2005, S. 13.
3 Jürgen Dormagen: Nachbemerkung. In: Brigitte Kronauer: Frau Melanie, Frau Martha und Frau Gertrud. Drei Erzählungen. Mit einer Nachbemerkung von J. D. Frankfurt a. M. 2005, S. 103–114, hier S. 113.
4 Clemens Brentano: Godwi oder Das steinerne Bild der Mutter. Ein verwilderter Roman. Hg. von Ernst Behler. Stuttgart 1995, S. 3.
5 Brigitte Kronauer: Eine »Reportage« [1. Vorlesung, Zürcher Poetik-Dozentur 2012]. In: B. K.: Poesie und Natur. Stuttgart 2015, S. 121–136, hier S. 125.

> Vertrauenswürdig sind für mich Werke, in denen Extremes, Abschweifung, ›Verwilderung‹ (Brentano) riskiert werden. Die Hersteller leisten sich den Gattungsungehorsam, weil sie sich auf ihre zumindest unterirdisch wirkenden Konstruktionsenergien verlassen.[6]

Nun ist die historische Orientierung des modernen und postmodernen Romans fort von wie auch immer begründeten, (angeblich) monologischen Realismen hin zu (angeblich) pluralen Wahrscheinlichkeiten und Möglichkeitsräumen längst vollzogen. Der *grand récit*[7] schreibt sich schon längst nicht mehr unhinterfragt in seinem Sinne ordnend in die Sprache ein. Die Moderne ist eben nun mal »als teleologisches Projekt [...] unwiderruflich zu Ende.«[8] Doch Kronauers »zumindest unterirdisch wirkende Konstruktionsenergien« sind, in den Worten Elena Espositos, in der Lage, »Singularität und Verallgemeinerung, Idiosynkrasie und Normalität auf wunderbare Weise zu verbinden und eine neue Ordnung zu begründen, die Unterschiede und individuelle Unberechenbarkeit zulässt und unterstützt.«[9]

Gewäsch und Gewimmel: Der Titel deutet, in diesem Sinne verstanden, eine Art »ungeordnete Ordnung« an,[10] die sich dem einfachen erzählerischen Zugriff zu entziehen versucht – und ihn, wie noch zu zeigen sein wird, eben dadurch erst auf eine neue Weise ermöglicht. Die vielen sehr unterschiedlich langen, jeweils durch fett gedruckte Überschriften voneinander geschiedenen Textstücke des Romans, die im Rahmen dieses Aufsatzes als Facetten bezeichnet werden sollen, greifen inhaltlich ineinander. Als Facetten sind sie zugleich autonome Funktionsgefüge, die doch trotz ihrer Vielgestaltigkeit auf ein gemeinsames Bild verweisen, in dem jedoch ihre Singularität weiterhin als Vielfalt wahrnehmbar ist. Sie sind jene »angeschliffenen Flächen«,[11] die nebeneinander Verschiedenes in verschiedener Perspektive wahrnehmen helfen, wobei keine einzelne Facette eine normativ oder autoritativ übergeordnete Position einnimmt. Erst die Zusammenschau der Facetten ergibt Bilder, doch auch hier sind verschiedene Zusammenschauen auf der Grundlage unterschiedlicher Zuordnungen denkbar. Anders gesagt: Ein »sprechendes Ich«, das diese Elemente wie sonst bei der Autorin üblich »zusammenführt«[12] oder gar zentralperspektivisch organisiert, muss nicht auszuma-

---

6 Brigitte Kronauer: Die Wirksamkeit auf der Zunge. Vorbemerkung. In: B. K.: Favoriten. Aufsätze zur Literatur. Stuttgart 2010, S. 9–13, hier S. 11.
7 Jean-François Lyotard: La condition postmoderne. Paris 1979, S. 7.
8 Kopp-Marx, S. 16.
9 Elena Esposito: Die Fiktion der wahrscheinlichen Realität. Frankfurt a. M. 2007, S. 45.
10 Esposito, S. 46.
11 [Art.] »Facette«. In: Die Zeit. Lexikon in 20 Bänden. Hg. von Zeitverlag Gerd Bucerius. Bd. 4. Hamburg 2005, S. 412.
12 Dormagen, S. 108.

chen sein. Es emergiert höchstens als eine Möglichkeit aus dem Text. Vielleicht deutet der Buchtitel einen weiteren Versuch einer »alle Tricks und Kniffe des Erzählens«[13] nutzenden und reflektierenden Autorin an, sich »[o]hne die Erfahrungen der Moderne zu verraten, also weder nostalgisch noch geschichtslos« auf »Geschichten [...] zu[zu]bewegen«, wie es die Autorin selbst in ihrem Essay »Ist Literatur unvermeidlich?« schreibt.[14] Bei aller Facettenhaftigkeit ist diese Bewegung zu den Geschichten hin auch in *Gewäsch und Gewimmel* zu erkennen. Der Erzählwillen der Autorin wäre demnach ein Bestandteil der bereits angedeuteten »unterirdisch wirkenden Konstruktionsenergien« des Romans selbst.[15]

So faszinierend die Vielfalt ist, so interessant ist es, das Ungeordnete zugänglich zu machen. Dem Rätsel der Vielgestaltigkeit kann man auf der Grundlage einer Textform auf die Spur kommen, die prominent im Roman vertreten ist: Das ›Rätseln‹ als habituelle Tätigkeit der Lesenden ist in zweifacher Hinsicht motivisch angebahnt. Die Autorin scheint sich zum einen dem großen Erfolg der populärkulturellen Gattung des Rätsels bewusst zu sein, wenn sie gleich auf der ersten Seite des Romans die Leser(innen) in das »Wartezimmer« der Krankengymnastin Elsa versetzt. Dort gibt es »die üblichen Illustrierten mit den unverwüstlichen Rätselecken in ordentlichen Stapeln [...], allerdings nicht zuverlässig in den neuesten Ausgaben und manchmal mit verräterisch aufgequollenen Seiten.« (GG, 7) Man kann dies als Hinweis auf das Rätsel als Zeitvertreib im Zustand des Wartens verstehen: Es ist Gebrauchsware, wird in einem therapeutisch konnotierten Raum benutzt, ohne Rücksicht auf das materielle Transportmedium Papier.[16] Rätsel sind auch dann noch aktuell, wenn das Trägermedium es nicht mehr ist. Sie verlieren das ihnen inhärente Interessante erst dann, wenn sie von der/dem Rätselfreund(in) ausgefüllt, also gelöst sind. Es ist ansonsten egal, in welcher Reihenfolge sie bearbeitet werden. Sie sind ›unverwüstlich‹: Sie sind ein Gattungs-Kontinuum, erwartbar präsent in einer höchst mobilen und volatilen Welt – durch die ihnen eigene Kontinuität selbst schon ein Rätsel. Die zitierte Passage deutet diesen Umstand auf subtile Weise an. Man mag sich nämlich ratend fragen: Warum sind die Seiten »verräterisch aufgequollen«, dennoch aber lesbar und als Rätsel lösbar? Die im Text selbst gegebene Antwort: »Den Männern

---

[13] Dormagen, S. 111.
[14] Brigitte Kronauer: Ist Literatur unvermeidlich? In: Die Sichtbarkeit der Dinge. Über Brigitte Kronauer. Hg. von Heinz Schafroth. Stuttgart 1998, S. 12–27, hier S. 15.
[15] Kronauer: Die Wirksamkeit auf der Zunge, S. 11.
[16] Dazu Alexander Honold: Gewäsch und Gewimmel. Zeitmuster und Erzählformen des Tagtäglichen bei Brigitte Kronauer. In: Zeit, Stillstellung und Geschichte im deutschsprachigen Gegenwartsroman. Hg. von Tanja van Hoorn. Hannover 2016, S. 47–73.

würde die Vorstellung, dass die sommersprossige Elsa die Zeitschriften vorher in der Badewanne in den Händen gehalten hat, sehr gefallen.« (GG, 7)

Wichtig ist hier, dass die Materialität des Rätselhefts mit der Körperlichkeit der Physiotherapeutin Elsa verbunden ist. Das Rätsel selbst hat einen Körper, der aufquellen, sich verändern kann. Dem rätselhaft »aufgequollenen« Zustand der Hefte liegt eine speziell durch den Ort und die Art und Weise der Berührung veränderte Materialität des Rätsels zu Grunde, die zudem eine erotische Komponente hat – eine erotische Komponente des badenden, nackten Körpers, der für die Erotik des Fragens und Antwortens, des Rätselns und Lösens steht. Wartezeiten, aber auch Muße, Entspannung, Erholung und, im Falle Elsas, das Abschalten, die Regeneration in der Badewanne sind die Phasen des alltäglichen Lebens, in denen man zum Rätsel kommt. Mit einigem assoziativen Mut kann man die Vorstellung der badenden, Rätsel lösenden Physiotherapeutin mit dem Begriff des Gewäschs – des Waschens also – im Romantitel angedeutet sehen.

Neben dieser textinhärenten Anspielung auf das Rätsel ist noch ein versteckter, angesichts des Romantitels gewichtiger Hinweis auf das Rätsel hervorzuheben. Bei einer Wanderung durch das als Referenzraum so wichtige Naturschutzgebiet ergibt sich die folgende Szene:

> [Der Metzgermeister] Hehe schlug sich mal eben in die Büsche. [...] »Wie die Männer auf den Breughelbildern, man sieht die Rücken und weiß gleich, womit die Hände in der betreffenden Höhe beschäftigt sind«, ergänzte die Libelle [Iris Steinert, eine Galeristin mit ›Silberblick‹] allzugern. (GG, 300)

Die »Libelle« verweist hier auf den Maler, dessen reich bevölkerte Szenerien die Vorbilder genau derjenigen Rätselbilder geworden sind, die gemeinhin als Wimmel- oder Wuselbilder didaktische Prominenz erlangt haben: die Genre-, Sprichwort- und Jahreszeitenbilder von Pieter Bruegel d. Ä.[17] Die didaktischen Ableger davon, allen voran die Wimmelbücher von Ali Mitgutsch und Rotraut Susanne Berner, können als textlose, aufgrund der Vielfalt des Dargestellten keine Lesart hierarchisch vorwegnehmenden Einstiege in die literarische Sozialisation von Kindern seit den 60er Jahren kaum unterschätzt werden.[18] Interessant in diesem Kontext ist auch ein Verweis Kronauers auf die Bilder Pieter Bruegels d. Ä., den sie in *Poesie und Natur* als einen Vorläufer des für sie so wichtigen James Ensor bezeichnet. Bei Bruegels rätselhaltigen Bildern »entsteht durch die

---

17 [Art.] »Bruegel, Pieter d. Ä.«. In: Universallexikon der Kunst. Von der Frühzeit zur Moderne. Hg. von Barbara Kappelmayr. München 2001, S. 71.
18 Dazu Anja Ballis und Mirjam Burkard: Kinderliteratur im Medienzeitalter. Grundlagen und Perspektiven für den Unterricht in der Grundschule. Berlin 2014, S. 47 f.

erdige, manchmal dunkelbunte Menschenfülle eine vollkommen andere Welt«.[19] Die »Menschenmassen« auf seinen Bildern wirken nach Kronauer »wie Moose und Flechten, obschon jeweils ohne Zweifel Individuen«.[20] Auf dem Bild ist es so, dass sie »die großen, schrecklichen, legendären Ereignisse vom Sturz des Ikarus bis zur Kreuzigung mühelos überwuchern.«[21] Diese scheinbare Interesselosigkeit an den großen Erzählungen, die ebenfalls stets irgendwo auf den Bildern Bruegels assoziiert und damit enträtselt werden kann, führt nun aber nicht zu ihrer Trivialisierung oder zum Überwuchern des Wesentlichen. Die Figuren Bruegels wenden den dargestellten, mythischen, tragischen Geschehnissen auf den Bildern, die man als Betrachter erst suchen und finden muss, »die von der Arbeit gebeugten Rücken zu« und »ersticken das Außergewöhnliche beinahe auch im Betrachter«.[22] Auf der Ebene der Bildbetrachtung aber ergibt sich ein paradoxer Effekt. Denn die um das kaum zu findende große Thema des Bildes herumwuselnden Alltagsfiguren »treiben es [das Außergewöhnliche] als das geleugnete Einzigartige durch solche Bedrängnis erst recht hervor.«[23] Wichtig ist hier, dass das Alltägliche in seiner Eigenheit und Individualität das »Außergewöhnliche« neu sehen lässt und nicht als Schwundform des Außergewöhnlichen nur auf dieses hin transparent gemacht werden muss. Das Rätsel des Details behält dadurch ein Eigenrecht und steht als Rätsel stets im Verdacht, das Außergewöhnliche selbst zu sein.

Mit dem Verweis auf Bruegel und das Wimmelbuch ist die Rückkopplung zu dem in Kronauers Romantitel begegnenden Begriff des Gewimmels gegeben. Partikulare Handlungselemente, Skizzen, Behauptungen, Andeutungen und geheimnisvolle Details gilt es wie in einem Wimmelbuch zu ent-rätseln, miteinander in Beziehung zu setzen und immer neu zu durchdenken. Die explizit durch Überschriften hervorgehobene Textart des Rätsels kann also im Verdacht stehen, eine aufschlussreiche Kategorie der Interpretation von *Gewäsch und Gewimmel* zu sein.

---

19 Brigitte Kronauer: Die Gewalt der Bilder [3. Vorlesung, Tübinger Poetik-Dozentur 2011]. In: Poesie und Natur, S. 65–120, hier S. 114.
20 Kronauer: Die Gewalt der Bilder, S. 114.
21 Kronauer: Die Gewalt der Bilder, S. 114.
22 Kronauer: Die Gewalt der Bilder, S. 115.
23 Kronauer: Die Gewalt der Bilder, S. 115.

2 Sprechsituation und Handlungsgeflecht

Kronauers Roman *Gewäsch und Gewimmel* ist in drei Teile geteilt. Der erste Teil – »Elsas Klientel« (GG, 5–200) – präsentiert eine sehr inhomogene und doch immer wieder auf zuweilen geheimnisvolle Weise aufeinander Bezug nehmende Gruppe von Aktanten des Romans. Salopp gesagt schreibt die Autorin ein Wimmelbild über Physiotherapiepatient(inn)en. Denn die Figuren verbindet lediglich, dass sie alle in Therapie bei der Krankengymnastin Elsa sind, einer jungen, rothaarigen »sommersprossige[n]« (GG, 7) Frau. Die Patient(inn)en stiften bei Elsa allerdings keine Bekanntschaften, denn Elsa macht »genaue Termine«, so dass sich »selten zwei Leute gleichzeitig im Raum« (GG, 7) befinden. Das Wimmelbild hat also kein Tableau, ist kein Gewimmel in der krankengymnastischen Praxis, sondern scheint sich rein erzählerisch zu entwickeln. Diese Ausgangslage erweist sich als ein poetisches Dispositiv, das der Autorin einen reichen, narrativ und reflexiv interessanten Textbestand generieren hilft. Denn Elsa ist zwar gut organisiert. Ihre Termine sind gesetzt und werden professionell abgewickelt. In ihr wirkt der *grand récit* des modernen betriebswirtschaftlichen Optimierungswillens. Hier staut sich keine Patientenschar, hier erzählt aber auch niemand jemandem eine Krankengeschichte, da schlichtweg niemand da wäre, dem irgendetwas erzählt werden könnte. Doch diese Rechnung geht nicht auf, denn: »Für Elsa dagegen ist das Kabinettchen [d. i. das Wartezimmer] immer gefüllt.« (GG, 7)

Die Rationalisierung des Patientenzustroms bleibt eine unzureichende Schutzfunktion, denn letztlich fühlt sich die Physiotherapeutin von ihnen und von den ihr entgegengebrachten Krankengeschichten bedrängt. Sie muss sich um ihrer Arbeit willen gegen die Patient(inn)en mental abgrenzen:

> Die Leute dürfen mit ihren Beschwerden nicht in sie einstürzen. Sie, Elsa, optimistisch aus reiner Notwehr, muß von Zuneigung bauschig gefüllt sein, nicht aus Nächstenliebe, sondern damit sie abprallen an ihrem stählernen Weiß. (GG, 197)

Aus den Facetten des ersten Teils geht nicht hervor, ob die Physiotherapeutin Elsa bestimmte Patient(inn)en in besonderer Weise eindrücklich findet oder nicht. Ihre Schutzmechanismen scheinen zu funktionieren. In Anbetracht des weiteren Verlaufs des Romantextes ist es jedoch von Belang, dass die letzten zwei Facetten des ersten Teils aus der Sicht Elsas eine spezielle Patientin zum Gegenstand haben. In der vorletzten, mit dem Begriff »Misstrauen« überschriebenen Facette sagt Elsa zu ihrem Freund Henri, dass sie ihrer Patientin Frau Wäns nicht »über den Weg« (GG, 199) traue; in der den ersten Romanteil abschließenden Facette aber ist ihr in den Mund gelegt:

»[...] Frau Wäns, Luise Wäns, war mir doch von allen Klienten am liebsten. Ich wüßte zu gern, warum! Ist das der Grund, weshalb ich manchmal draußen bei ihr bin? Eine Landschaft, in der man nichts ahnt von den Baumärkten und Discounterhallen, die sich gleich daran anschließen.« (GG, 200)

Der zweite Teil des Romans (GG, 201–412) präsentiert unter der Überschrift »Luise Wäns« eine in der Tat völlig andere Textlandschaft. In insgesamt zwölf zuweilen ausschweifenden, durchnummerierten Kapiteln, die allesamt mit »Wanderung« überschrieben sind, werden aus der Sicht eben dieser Luise Wäns das Zusammenkommen und die Konversation einer Gruppe von Personen geschildert, die sich um den von den meisten abgöttisch verehrten Hans Scheffer scharen, einen für ein unter Schutz stehendes Hochmoor zuständigen Revierförster mit weitreichenden gestalterischen Ambitionen. Hans Scheffer ist selbst nicht Patient der Physiotherapeutin und entzieht sich immer wieder der Gruppe. Als er überraschend die Tochter von Luise Wäns heiratet und seine Stelle als Förster verliert, bleibt ihm letztlich nur seine Schwiegermutter als eine ihn rückhaltlos verehrende Vertreterin der Tischgesellschaft.

Die letzte der zwölf erzählten Wanderungen endet mit einer introspektiven Anspielung auf den unaufgeklärten, brutalen Überfall auf Frau Wäns im Naturschutzgebiet. Durch die Verletzungen, die sie sich hierbei zuzieht, gerät sie nach einem Krankenhausaufenthalt wieder in die Hände Elsas.

Der dritte Teil des Romans (GG, 413–612) ist mit »Gewimmel« bezeichnet und trägt damit eine Überschrift, die auf den Titel des Romans verweist. Innerhalb des dritten Teils findet sich erneut eine Facette, die mit »Gewimmel« überschrieben ist. Legt die Autorin hier ein Schlagwort an, das eine bestimmte Textstelle interessant machen soll? Die mit neun Seiten Umfang vergleichsweise lange Facette »Gewimmel« schildert, wie Elsa von ihrem Patienten Herbert Wind einen Bericht über die Predigt des ebenfalls bei ihr in Behandlung stehenden Pfarrers Clemens Dillburg und eine Schilderung eines »alte[n] Gemälde[s] offenbar weihnachtlichen Inhalts« (GG, 605) erhält. Beides zu fassen fällt ihr schwer, da der Patient Wind redet, »noch während er auf [einem] Gymnastikball hüpfte« (GG, 604). Für die implizite Poetologie des Romans ist es nun entscheidend, dass sie dem ebenso eifrig das Gesehene schildernden wie »wüst« (GG, 606) auf und ab springenden Patienten in seiner »Vergegenwärtigungsrage« (GG, 606) eben nicht fokussiert zuhören kann, dass sie aber dennoch – so heißt es – »allmählich in das Bild hineingezogen worden sei.« (GG, 606) Während Elsa also an der *physis* des Patienten arbeitet, wird sie von seiner *narratio* in den Bann gezogen. Sie habe ihn »auch nicht durch Nachfragen unterbrechen wollen in seinem muskulären und verbalen Toben« (GG, 606). Doch Elsa ist keine Gesprächspartnerin, sondern muss aus Profession die Geschichten über sich ergehen lassen, was natürlich nicht folgenlos bleibt. Noch am Abend, während sie mit ihrem Freund Henri im Bett liegt, ergreift die erzählte Bildwelt des

»Und warum fliegt die Pfuhlschnepfe den weiten Weg von Neuseeland nach Alaska?« — 145

Patienten Besitz von ihr. Der schläfrige Henri wird Zeuge, wie Elsa, »weit von ihrer normalen Stimmlage entfernt, [sich] im Bett aufrichtet und erste Schweißperlen von der Stirn wischt.« (GG, 609) Denn das, was sie wiederum verbal wiedergibt, ist die Vision eines geradezu kosmischen ›Gewimmels‹:

> Ein in Myriaden Scherben zersplitterter und sie wieder in sich einsaugender und einschmelzender Gott throne, wenn auch nur in höchst fragiler Sichtbarkeit, über den – wie nach einer Verwandlung der dunklen Strudelexistenz, der sie mit übermenschlicher Sprungkraft in die Unendlichkeit entflohen seien – sich hier heiter bildenden und zersetzenden Geistern, deren Körper und Flügel das sie nicht verbrennende Feuer schmerzlos durchwehe. Ein sich bauschendes Gewebe euphorischer Schwärme, Bienen, Libellen, ein sehr bewegliches Getümmel, das zugleich den verlängerten Gewandinhalt des Regenten hoch oben an der Spitze von allem, über Gebirgswelt und Wolken gebildet habe. (GG, 609 f.)

Diese Vision ist es, die den Namen der Facette bestimmt. Zugleich ist diese visionär gewordene, aufdringliche Erinnerung an die Worte eines Patienten der Herkunft nach erklärbar. Dass aber die Worte gerade auf eine solche Weise ihren Niederschlag finden und sich auch in physischen Reaktionen (»Schweißperlen«) äußern, ist wiederum rätselhaft. Es ist, als sei die auf das Physische fokussierte Elsa ausgerechnet über die mentalen und verbalen Kanäle, die sie ja nur beiläufig öffnen kann, einer versteckten Mächtigkeit der Sprache erlegen. Ihre physische Berührung, das Naturhafte ihrer Tätigkeit, ist wegen der Erzählungen der Patient(inn)en mit dem intellektuellen Kosmos verschränkt. Als Physiotherapeutin ist sie Vertreterin eben jenes »haptischen Zeitalters«,[24] das sich nach Robert Jütte durch die »Aufwertung des Tastsinns« und das »wachsende Interesse an Körpertherapien« auszeichnet. Die Haut der von ihr behandelten Patient(inn)en scheint sich als eine Art interaktive Oberfläche zu erweisen, aus der ihr wie aus einem *touch screen* kaum zu bewältigende Informationsmassen entgegenströmen. Die Haut der Patient(inn)en als natürliches Medium ist damit zugleich transpersonale Schnitt- und Kontaktstelle.

Die Figur Elsa nimmt diese Transpersonalität als eine bedrohliche Entselbstigung wahr, wenn sie als das »Entscheidende und Allerergreifendste« das Folgende versteht:

> [D]as Bewohnen des gesamten Raums zwischen Himmel und Erde mit einer unendlichen Fülle von Wesen, die sich ohne Ausnahme, und sei es unwissentlich und ob sie sich sträubten oder nicht, im allmächtigen Sog des auslöschenden, wiedergebärenden höchsten Lichts befänden. (GG, 611)

---

[24] Robert Jütte: Geschichte der Sinne. Von der Antike bis zum Cyberspace. München 2000, S. 255 u. 257.

Die nächtliche Heimsuchung der Physiotherapeutin durch die Erzählungen ihrer Patient(inn)en ist also eine spezifische Form der durch die Arbeit am natürlichen Körper der anderen entstandenen Bedrängnis, wenn man so will des ›Gewimmels‹, dem sie ausgesetzt ist. Doch Elsa bleibt mit ihren Echos der Stimmen und Bilder allein. Ebenso wenig wie ihr Freund Henri in der Lage ist, Elsas Heimsuchungen zu verstehen, verweigert auch einer ihrer Patienten, der unglückliche Schriftsteller Pratz, jede Form von Hilfestellung. Elsa wendet sich direkt an ihn. Er ist der einzige der Patient(inn)en, von dem explizit ein Gespräch mit Elsa seinen Niederschlag im Romantext gefunden hat:

> »[I]ch [d. i. Elsa] sehe so viele Menschen hier. Kaum studiere ich ihr Gesicht, kommt mir eine Idee dazu. Dann folgt ein Satz, eine kleine, verräterische Bewegung: Schon reimt sich etwas zusammen. Ich ...« (GG, 197)

Elsa wird an dieser Stelle nun jäh unterbrochen:

> Der Schriftsteller Pratz ist elektrisiert hochgefahren von seiner Liege: »Elsa [...] Nicht auch Sie, Sie doch nicht! Genügt denn der pure Hautkontakt, um alle, alle zu infizieren mit der elend nichtsnutzigen Schriftstellerei?« (GG, 197)

Es »reimt sich etwas zusammen« heißt es da, und nicht »ich reime« oder »ich mache mir einen Reim daraus.« Das »Ich« Elsas bleibt unterbrochen, offen. Es ist frei, so der Text weiter, sich als »›archaisch [w]eiblich[ ]‹« zu »verflüssigen« und ihren Patient(inn)en »mit den zerstörerischen Mitteln sanfter Erosion« zuzusetzen: »Pratz wird sich im Verlauf der Massage noch wundern!« (GG, 197), so schließt das Selbstgespräch, das sie im Anschluss an die arrogante Zurückweisung durch den Schriftsteller führt. Am spontan geäußerten Anliegen Elsas gehen die Reaktionen des ansonsten für narrative Ordnung zuständigen und ihr erliegenden Dichters jedenfalls vollständig vorbei. Ihr verrätseln und enträtseln sich Gesichter, Geschichten, Bilder. Dieser Prozess entkoppelt sich von der Sprecherin, nimmt überhand und führt sogar zu bedrohlichen Szenarien, die naturhaft über sie hereinbrechen. Wehren kann sie sich kaum, zu festgelegt ist ihre soziale Rolle als Mittel zum Zweck der körperlichen Therapie für andere. Das einzige, was sie als Figur machen kann, ist, dass sie ihren Patient(inn)en, »wenn sie allzu frech erblühen durch Wohlbefinden [...] ein winziges läuterndes Unglück an den Hals« (GG, 198) wünscht. Doch auf der Ebene des Romans sieht das anders aus, ist doch gerade die Figur Elsa die Instanz, um die herum sich die Texte des Romans *Gewäsch und Gewimmel* als Gewäsch und Gewimmel auf eine poetisch gelingende Weise scharen. Man kann in dieser Selbstbehauptung Elsas die Kronauer'schen »unterirdisch wirkenden Konstruktionsenergien« inszeniert sehen.²⁵ Gerade die alltägliche Figur der von der Wucht des ihr entgegengebrachten Erzählens hilflos überforderten Elsa dient auf der Ebene des Romans als die Instanz, an der literarische Ordnungsentscheidungen manifest werden. Die Figur Elsa ist damit nicht die Sprecherin, sondern, wenn man so will, selbst eine Gesprochene des Romans, kein Medium, sondern eine Bedrängte, die sich aber durch die Existenz des Romans selbst behauptet und aus ihrer Existenz im Schatten des Therapieprozesses, aber doch als dessen *movens* herausbewegt. Wohl aus diesem Grund ist der Roman nun kein symmetrisch abgewogenes Gebilde, das wohlproportionierte Patient(inn)engeschichten im Sinne einer modernen Montage- oder Simultantechnik vermischt, kombiniert und aufeinander abstimmt. Der Text von *Gewäsch und Gewimmel* ist gekennzeichnet von einer Eigendynamik der Ströme des Erzählens und des Kommentierens. Elsa wird nicht als schreibende Figur im Roman eingeführt, anders als beispielsweise ihre kleine, Tagebuch verfassende Patientin Ilse: »Ilse schreibt das alles auf und spürt, kaum, daß die Notiz auf dem Papier steht, wie die Wörter horchen, fühlt, wie sie beginnen, ein gewaltiges Echo zu fordern, sie weiß nicht, von wem.« (GG, 198)

In dieser Replik liegt vielleicht ein Hinweis auf das Resonanzschreiben der Verfasserin und auf ihr poetisches Dispositiv Elsa. Was die kleine Ilse nur fühlt, nämlich, dass die »Wörter [...] beginnen, ein gewaltiges Echo zu fordern«, ist für die Erwachsene, Elsa, angesichts der monologischen Redeströme, die auf sie während der Arbeit einprasseln, bittere Gewissheit.

Die mit »Rätsel« überschriebenen Facetten, das Rätselmotiv im Allgemeinen und die Rätsel ratenden Figuren des Romans – all dies zugleich ist der Anlass zu fragen, was ein Rätsel gattungsmäßig ausmacht.

3 Rätsel

Das Rätsel ist als Textgattung eine der »ältesten geformten Sprechweisen der Menschheit«.²⁶ Dessen expliziter und experimenteller Gebrauch als Textbaustein eines modernen oder postmodernen Romans dürfte aber eine literarische Innovation Brigitte Kronauers sein.

---

25 Kronauer: Die Wirksamkeit auf der Zunge, S. 11.
26 Bernhard Lang: [Art.] »Rätsel«. In: Religion in Geschichte und Gegenwart. Hg. von Hans-Dieter Betz [u. a.]. 4., völlig neu bearb. Aufl. Bd. 7. Tübingen 2004, Sp. 61.

Was kennzeichnet ein Rätsel? Ein Rätsel ruft als »verschlüsselte Umschreibung eines Gegenstandes, eines Vorgangs, einer Person u. a.« rezipientenseitig die Tätigkeit des »Erratens« hervor.[27] Es impliziert eine »indirekte Mitteilung«, die »den Scharfsinn des Hörers oder Lesers heraus[fordert]«, zugleich beruht seine Wirkung auf der »Freude am spielerischen Verstecken, Suchen und Finden von Sinn, aber auch auf der Einsicht, dass es kein tieferes Wissen ohne Mühe um Erkenntnis gibt.«[28] Rätsel sind seit der Antike bis in die Moderne[29] hinein erfolgreich und setzen sich in der Populärkultur in vielen Varianten[30] fort. Rätsel gehören im Alten Testament der Gattung der Weisheit an. Damit kommt neben dem Aspekt der Unterhaltung, des Spiels und des Wettbewerbs ein didaktischer und praktisch-philosophischer Kontext in den Blick.[31] So helfen sie beispielsweise dabei, emphatisch den Begriff der Liebe zu präzisieren (Richter 14, 17–20), Lebensweisheiten einzuüben (Sprüche 30, 15–31) oder einer nicht direkt aussagbaren Botschaft energisch Nachdruck zu verleihen (2. Samuel 12; Matthäus 21, 33–40). Eine in der Bibel, aber auch im antiken Griechenland verbreitete Sonderform des Rätsels ist das Orakel.[32] Propheten werden von der Mitwelt verdächtigt, in Rätseln zu sprechen, vor allem dann, wenn man deren Botschaften gar nicht verstehen kann oder will (Ezechiel 21, 5). Im Neuen Testament wird hervorgehoben, dass der Mensch die Welt immer nur wie in einem »dunklen Spiegel«, als Rätsel also, erkennen kann, erst wenn Gott »von Angesicht zu Angesicht« gesehen werden könne, sei die Wahrheit erkennbar (1. Korinther 13, 12). Rätsel sind damit didaktische Vorwegnahmen des Unaussprechlichen.

Im Mittelalter werden Rätsel über biblische und kirchliche Themen vor allem Merkhilfen für Mönche. Weltliche Rätsel sind seit dem fünfzehnten/sechzehnten Jahrhundert überliefert,[33] wobei hier der Unterhaltungscharakter im Vordergrund steht.

---

27 [Art.] »Rätsel«. In: Die Zeit. Lexikon in 20 Bänden. Hg. von Zeitverlag Gerd Bucerius. Bd. 12. Hamburg 2005, S. 98.
28 Lang.
29 Lang.
30 [Art.] »Rätsel«. In: Die Zeit, S. 98: Der knappe, aber sehr informative Lexikonartikel nennt als populäre Varianten die Scharade, das Zahlenrätsel, das Buchstaben- oder Worträtsel, Rebus-Rätsel, Anagramme, Homonyme, Palindrome und die erfolgreichste Form, das Kreuzworträtsel.
31 Martin Polster: [Art.] »Rätsel«. In: Calwer Bibellexikon. Hg. von Otto Betz, Beate Ego und Werner Grimm. Bd. 2. Stuttgart 2003, S. 1113.
32 Zur genaueren Bestimmung der Besonderheiten des Orakels André Jolles: Einfache Formen. Legende, Sage, Mythe, Rätsel, Spruch, Kasus, Memorabilie, Märchen, Witz. 3. Aufl. Tübingen 1965, S. 139 f.
33 Volker Schupp: [Art.] »Rätsel«. In: Kleine literarische Formen in Einzeldarstellungen. Hg. von Sonja Hilzinger. Stuttgart 2002, S. 191–210, hier S. 201 f.

Ein Rätsel ist durch den Einsatz von Denk- und Lernleistungen prinzipiell lösbar. Die Motivation, ein Rätsel zu lösen rührt daher, dass das Lösen des Rätsels selbst die Belohnung für das Raten sein kann. »Ja, ich hab's gewusst« – mit einem solchen Satz endet der Vorgang des Ratens.[34] Anders bei der Scherzfrage: Hier liegt die Pointe darin, dass derjenige, der die Antwort erraten soll, immer nur daneben liegen kann. Der Satz, mit dem der Ratevorgang abschließt, liegt bei demjenigen, der die Scherzfrage stellt: »Ich sag's dir, die Lösung ist ...«, was zugleich mit Verblüffung, aber eben auch mit Ernüchterung verbunden ist. Die Raterei war umsonst. Derjenige, der die Scherzfrage gestellt hat, hat sich profiliert, nicht der Ratende.[35] Das Rätsel wird später ein wichtiger Teil der Kultur der Kindheit. Das bürgerliche Kind wächst mit altersgerecht formulierten Rätseln auf. Bis heute ist deswegen das Arbeiten mit Rätseln ein beliebtes, weil unterhaltsames und einen unmittelbaren Erfolg von Denkbemühungen versprechendes didaktisches Mittel, auch im schulischen Unterricht. Dem Rätsel als »Denkaufgabe«[36] ist demnach eine didaktische Spur inhärent.

Wie auch immer die Geschichte des Rätsels verlaufen ist, immer ist das Rätsel didaktisch gesehen deswegen interessant, weil es die Rezipient(inn)en in besonderem Maße beansprucht, motiviert und in die Pflicht nimmt. Volker Schupp sieht in dieser Besonderheit sogar das Alleinstellungsmerkmal des Rätsels:

> Was bei anderen Gattungen nur schwer möglich, vielfach sicher unmöglich ist, kann beim Rätsel gelingen, wenn es in seiner kommunikativen Situation erfasst wird. Das Rätsel ist wohl das einzige literarische Gebilde, das zu seiner Existenz nicht nur der Äußerung des Erfinders, Dichters, Rätselstellers bedarf, sondern der verbalen Antwort des Kommunikationspartners, des Rätsellösers.[37]

---

34 Dazu Jolles, S. 129–130.
35 Dazu Tomas Tomasek: Das deutsche Rätsel im Mittelalter. Tübingen 1994 (Hermeae. N. F. Bd. 69) sowie T. T.: Scherzfragen. Bemerkungen zur Entwicklung einer Textsorte. In: Kleinstformen der Literatur. Hg. von Walter Haug und Burkhart Wachinger. Tübingen 1994 (Fortuna Vitrea. Bd. 14), S. 371–378.
36 [Art.] »Rätsel«. In: Die Zeit, S. 98.
37 Schupp, S. 191.

4 Funktionen der Rätsel in *Gewäsch und Gewimmel*

Rätsel verwendet Brigitte Kronauer als Mittel struktureller und textueller Verknüpfungen in Form von Einschüben. Sie produziert dadurch einen spezifischen, in sich selbst vernetzten polyperspektivischen Text. Dies scheint ihre ganz eigene und originelle Variante des Rätselgebrauchs zu sein. Von den ersten 100 Facetten sind 10 Texte direkt mit »Rätsel« überschrieben, einer davon mit »Des Rätsels Lösung« (GG, 24). Dagegen sind an etwa 10 weiteren Stellen Sprachformen gewählt, die an bereits gestellte Rätsel erinnern, rätsel-ähnlich formuliert sind, aber nicht als Rätsel ausgewiesen werden. Das Rätselhafte ist also nicht nur in den Rätsel-Facetten präsent, sondern begegnet an weiteren Stellen in anders rubrizierten Texten gewissermaßen in der Gestalt versteckter Rätsel. Die Bedeutung der Rätsel als poetische Impulse des Romans wird deutlich, wenn man sich ihre vielgestaltigen Funktionen im Text vor Augen führt.

Zunächst fällt auf, dass einige Rätsel funktional-rekursiv gebraucht werden. Sie haben die durchaus ironisch zu verstehende, aber greifbare didaktische Aufgabe, die Leser(innen) zum aufmerksamen Lesen oder Nachsehen innerhalb des Romans anzuleiten. Das folgende Beispiel kann diese Funktion illustrieren. So wird in einer mit »Rätsel« überschriebenen Facette gefragt: »Wie aber lauten die beiden so verschiedenen Wörter für den Wiesenhornklee? Hennent ... und Herrg ...?« (GG, 102) Wie bei einer spontanen Prüfung eines etwas begriffsstutzigen Schülers wird hier nicht nur oberflächlich ein bestimmter Wortlaut einer Lösung verlangt, es wird sogar eine Hilfestellung gegeben. Freilich ist diese Aufgabe nur mit der Unterstützung eines terminologischen Fachwörterbuchs oder aber durch die genaue Lektüre der Stelle zu lösen, die unmittelbar zuvor anzutreffen ist. Der/die nichtsahnende Leser(in) hat also die Antwort schon gelesen, ohne dies zu wissen – oder auch nur ahnen zu können: »Überhaupt zeige sich ja immer wieder, mach was du willst, daß man die Dinge so oder so betrachten könne. Man sehe das schön am Hornklee. In manchen Gegenden nenne man ihn ›Hennentatze‹ in anderen ›Herrgottszehe‹!« (GG, 99 f.)

Das Rätsel erzwingt hier also die Änderung der Leserichtung. Die Person, die das Rätsel lösen möchte, ist dazu angehalten zu suchen – und so zurück- und herumzublättern. Sein bzw. ihr Blick wird dadurch vom Suchen nach dem Fortschritt auf der Handlungsebene abgehalten, was dazu führt, dass der Roman zumindest punktuell als flächige, nicht lineare Textwelt erfahren wird. Das Rätsel und seine Auflösung innerhalb des Romans können mitunter aber sehr weit auseinander liegen, was von den Rezipient(inn)en entweder ein gutes Gedächtnis oder eine außerordentliche detektivische Energie voraussetzt. Dies ist etwa bei der folgenden, auch noch durch eine ironische Hilfestellung versehenen Rätselfrage der Fall: »Was ist ein Moorochs? Hilfe: Wer ihn je gehört hat, sagt man, vergißt es nie.« (GG, 428) Deren Lösung ist erst 158 Seiten später (GG, 586) zu finden.

Als eine weitere Funktion der Rätsel kann der Verweis auf etwas außerhalb des bislang ermittelten und ferner zu erwartenden Romaninhalts gesehen werden. Man könnte diese Funktion eine extra-textuelle nennen. Auch hier kann ein Beispiel weiterhelfen: »Welcher berühmte weibliche Filmstar sagte im Dezember letzten Jahres, er wolle noch ein viertes leibliches Kind, dazu vier adoptierte aus verschiedenen Erdteilen und trinke lieber Kaffee als Tee?« (GG, 48) Diese Art des Rätsels, die sozusagen vertikal aus dem Geflecht der Erzählflüsse der Facetten heraussticht, erinnert am meisten an die Populärkultur und damit an die Typen von Rätseln, die im Wartezimmer der Physiotherapeutin Elsa ausliegen. Das zitierte Beispiel lässt aber auch vermuten, dass durch die Formulierung der Frage im Grunde die Frage nach dem Namen des »weiblichen Filmstars« hinter die leicht skandalisierende Frage nach der Adoption von Kindern zurücktritt, die auf der Ebene der Vorlieben für Heißgetränke debattiert zu werden scheint.

An die weisheitlich-alttestamentlichen Vorläufer erinnert ein Typus des Rätsels, den man als figurativ-existenziell bezeichnen könnte. Dieser bezieht sich auf einzelne Figuren aus dem Roman und scheint einen introspektiven Impetus zu haben:

> »Was soll ich nur machen«, nuschelt sich Pratz beim Rasieren zu, »die Welt zeigt sich mit jedem Tag ordentlich überraschend, aber wenn ich daraus überraschende Gedanken machen will, sehen mich aus allen Ecken meine längst gedachten Gedanken an, als sollte sich das Neue bloß hinter den alten Erkenntnissen stapeln.«
> Wie kann dem Mann geholfen werden? (GG, 66)

Die Frage, die sich an die der Romanfigur in den Mund gelegten Worte anschließt, macht aus ihr selbst ein Rätsel. Sie erscheint dadurch als merkwürdig unvollständig. Die Rätselfrage stellt keine einfache Lösung in Aussicht. Doch ist vom Helfen die Rede, als ob den Lesenden hier eine lebenspraktische Denkaufgabe gestellt würde.

Einige Rätsel sind kettenförmig miteinander verwoben. Sie lassen sich nicht durch eine Lösung still stellen. Die Lösung selbst scheint nur neue Fragen aufzuwerfen. Diese Rätsel könnte man als seriell-relational bezeichnen. So folgt auf die zunächst harmlos erscheinende Tierrätselfrage »Wie heißt der Vogel, der aus seinem Winterquartier in Neuseeland zu seinem Brutplatz in Alaska durchstartet?« (GG, 66) eine verschiedene Rätselebenen verschränkende Sequenz mit dem folgenden Wortlaut: »Wie heißt der Mann, dem die Ehefrau, die mit einem fremden Herzen lebt, zu seinem Trost von bisher unbekannten Fähigkeiten der

Rabenvögel erzählt hat? Und warum fliegt die Pfuhlschnepfe den weiten Weg von Neuseeland nach Alaska?« (GG, 70) Wer also meint, mit dem Begriff »Pfuhlschnepfe« das erste Rätsel gelöst zu haben, sieht sich nun vor die ungemein schwierigere Aufgabe gestellt, das Verhalten des Tieres kausal erklären zu müssen. Zudem verstricken sich die rätselfreudigen Rezipient(inn)en in die für zwei Romanfiguren so wichtige Frage, ob und wie man mit einem fremden Herzen im Leib leben könne. Diese Frage löst wiederum eine Sequenz von Rätseln und Anspielungen aus, die selbst nicht stehen bleibt. Die erfragte »Auflösung« (GG, 67) wird dadurch in weite Ferne geschoben.[38]

In den Motivbereich des Magischen und Phantastischen gehört eine weitere Art des Rätselns und Enträtselns, die an einer markanten Stelle am Ende des letzten Teils des Romans anzutreffen ist. Diese Form der Thematisierung des Rätsels ist eng mit der Figur des Hans Scheffer verbunden, der auf seine eigene Art in der Lage ist, die ihn umgebende Welt der Erscheinungen zu enträtseln. Bei ihm ist es die Verschiebung des Schwerpunktes hin auf ein freilich nur scheinbar trittsicheres Enträtseln der Welt und der Natur. Die Welt der Erscheinungen, wie sie sich den anderen Figuren des Romans zu erkennen gibt, ist für ihn ein leicht zu durchschauendes Rätsel, aber als Rätsel verstanden eben Anlass genug, um eine »Lösung« dahinter zu insinuieren.

Hans Scheffer und Luise Wäns beobachten in einem Wirtshaus eine Hochzeitsgesellschaft, was bei Hans sofort einen merkwürdigen magisch-hermeneutischen Deutungsprozess auslöst:

> Ein ungefüger, grimassierender Onkel knipst die ganze Mannschaft nacheinander, vom extra dafür mitgebrachten goldenen Rahmen gefaßt. Jeder Gedanke gilt schon jetzt der Erinnerung. Während die Gesellschaft sich alle Mühe gibt, dieses eine Mal Prominenz oder Land- bis Hochadel zu sein, macht Hans, ungetäuscht von ihrer Tarnung, in Abendkleider und schwarze Anzüge gekleidete Wurzelwesen aus, seinem Reich der Moore und Moose entstiegen, der Heide als Figurenschwaden entwichen, den Froschteichen und rötlichen Grashorsten in allerlei Verrenkungen entsprungen. Sind die biederen Gäste denn nicht in Wahrheit Waldgespensterchen, modrige und aufgeputzte ältliche Elfen [...] geschminkte Zwischenreichgeister [...]? (GG, 576 f.)

Hier wird ungefragt enträtselt, was sich als Alltagsszene zu erkennen gibt. Hinter jeder Erscheinung wird eine andere, wesentlichere Erscheinung vermutet, weshalb man diesen Rätseltyp des Romans auch als allegorisches Rätsel

---

[38] Man könnte hier als Antwortansätze auf die zitierte Rätselfrage nach der ›Lösung‹ eine unabgeschlossene Kette der aufeinander verweisenden Anspielungen über mehrere Facetten hinweg sehen (GG, S. 81, S. 91, S. 113, S. 119, S. 158, S. 185), die sich allesamt am Begriff der Xenotransplantation des Herzen abarbeiten.

bezeichnen kann: Hans Scheffer hat sozusagen ein Phänomen seiner Meinung nach der Verhüllung, der rätselhaften Tarnung entrissen und kann nun in der Folge eine ganze Szenerie nach dem gleichen Muster enttarnen. Von der Textgattung Rätsel her gesehen könnte übrigens die Verortung des Enträtselns bei einer Hochzeitsgesellschaft von einem sehr hohen gattungsgeschichtlichen Bewusstsein der Autorin zeugen. Immerhin ist die ausgelassene Hochzeitsgesellschaft in traditionellen Kulturen der ›Sitz im Leben‹ von mehr oder weniger anstößigen Rätseldichtungen.[39]

5 Natur und Rätsel

Gewäsch und Gewimmel zeichnet sich durch mehrfach sich verselbstständigende Partien aus, weil der Roman die in ihm wuselnden und wimmelnden Figuren unter ihren eigenen Bedingungen ernst nimmt. Die spezielle Unwucht, die er durch die aus ihm selbst emergierende Fokussierung auf Frau Wäns erhält, ist im Sinne eines Anlasses sogar in der Figur Elsa angelegt. Während alle anderen Patient(inn)en ihre Praxis aufsuchen, besteht der »besondere[ ] Fall« (GG, 8) der Frau Wäns darin, dass »diese die einzige [ist], die Elsa zuhause, im Tristanweg 8 besucht, draußen, flussabwärts.« (GG, 8) Und nicht nur das: »Seit die gymnastischen Übungen nicht mehr notwendig sind, fährt Elsa manchmal zum Wandern hin.« (GG, 8) Die Routine ist also doppelt gebrochen: Frau Wäns ist als Patientin keine Besucherin des »Wartezimmers«. Und als sie keine Patientin mehr ist, wird sie oder zumindest das in der Nähe ihres Hauses liegende Naturschutzgebiet auch von Elsa aufgesucht.

Die Dynamik, die sich in diesen Texten entfaltet, geht auf die hemmungslose Verehrung für Hans Scheffer zurück. Dieser ist für ein der Naherholung dienendes und unter Naturschutz stehendes Hochmoor zuständig.[40] Er erweist sich nicht nur als unüberbietbarer, allerdings auch unhinterfragter Spezialist in seinem Fachgebiet, sondern ist zugleich auch der unangefochtene, niemanden als gleichwertig neben sich duldende Mittelpunkt einer Art Tischgesellschaft, die sich zum Essen und zu geselligem Treiben bei Frau Wäns und ihrer Tochter Sabine, einer Bankangestellten, einfindet. Dabei ist die etwas ältere Frau Wäns allerdings nur eine Art Beobachterin: Sie sitzt während der Zusammenkünfte in einem Winkel

---

[39] Schupp, S. 205; schon das Rätsel in Richter 14, 17–20 verweist übrigens auf den Kontext der Hochzeitsgesellschaft.
[40] Vgl. dazu Tanja van Hoorn: Biodiversität im Text? Brigitte Kronauers Roman *Gewäsch und Gewimmel* (2013). In: Weimarer Beiträge 61 (2015), H. 4, S. 518–530.

des Raumes – vor laufendem Fernseher, in ihrem »Eckchen« (GG, 220), »Winkel« (GG, 223), oder sogar »Fernseheckchen[ ]« (GG, 249). Aus dieser Position heraus kann sie, wie sie meint, unbeteiligt, aber auch risikolos beobachten, was sich am Tisch abspielt, an dem für sie kein Platz mehr ist. Hans Scheffer, der sich nur mit seinem alten Freund, dem schwer kranken und etwas vulgären ökologischen Metzger mit dem Namen Wilhelm Hehe duzt – ihm sind vor allem die Damen der Tafelrunde verfallen, etwa die mütterliche, ständig kochende Magdalena Zock, die schlaue, aber mitunter sehr unbeherrschte Galeristin Iris Steinert und vor allem Luise Wäns' unscheinbare Tochter, die alleinstehende Bankangestellte Sabine: »Alle bewundern ihn, trotzdem trumpft er nicht auf. Manchmal macht er sich beinahe unsichtbar. Die Frauen hatten alle rote Wangen. Aber, wie eigenartig, das war schon so, bevor Herr Scheffer eintrat.« (GG, 221)

Aber auch die anwesenden Männer sind Scheffer kritiklos zugetan: »Jeder hier liebte Herrn Scheffer.« (GG, 203) Dabei ist sich Luise Wäns durchaus im Klaren, dass Scheffer als »eindrucksvoll gefurchter Mann« (GG, 221) despotische Züge hat. Bei ihm »ist alles unnachsichtig und messerscharf.« (GG, 214) Er weiß »die richtigen Naturbezeichnungen« (GG, 206) und führt in der Tischgemeinschaft mit den anderen »seine Gesellschaftsspiele« (GG, 242) durch, die immer einen kompetitiven Zug haben. Natürlich ist Scheffer auch hier dominant: »Der einzige, der [das Würfelspiel] mit echtem Eifer betrieb, war er. Die anderen taten es vielleicht nur ihm zuliebe, um sich an ihm zu ergötzen, auch um sich vielleicht noch einmal wieder so ernstlich freuen zu können wie er, wie er als Kind. Er siegte meist.« (GG, 222)

Hans tritt bei den abendlichen Zusammenkünften »entweder als erster oder als letzter« auf (GG, 220). Die Tischgemeinschaft versammelt sich nur noch und ausschließlich bei Luise und Sabine Wäns, »weil Herr Hans es strikt so wollte. Was er [...] befahl, das wurde ohne Widerrede befolgt.« (GG, 206) Umso schmerzlicher ist die häufige Abwesenheit Scheffers. Die sich weiterhin im Tristanweg 8 einfindenden Tischgäste fühlen sich allein gelassen. Die abendlichen Gespräche missraten (GG, 274): »Sein Fehlen bekam uns und den von keinem anderen als ihm selbst ins Leben gerufenen Abenden nicht.« (GG, 273)

Es wäre hier nun ein eigenes Unterfangen, die figurativen Interaktionen in *Gewäsch und Gewimmel* zu diskutieren, die Gender-Modellierungen, die Subtexte der Erzählungen, die Aktualisierungs- und Entschärfungsstrategien subtiler Verdächtigungen. An dieser Stelle soll jedoch vor allem das Verhältnis von Luise Wäns zu dem von ihr abgöttisch verehrten Hans Scheffer untersucht werden, in dem wichtige Hinweise für die Didaktik des Rätsels im Roman verborgen sind.

Obwohl, wie bei vielen Charismatikern, zunächst rätselhaft bleibt, was genau Scheffer so anziehend macht, wird dies zumindest im Fall der Luise Wäns deutlich. Denn Scheffer ist der einzige der Tischgemeinschaft, der sich Wäns in emotionaler, wenn auch letztlich anbiedernder Weise nähert. Für Wäns bleibt etwa eine Berührung durch Hans unvergessen: »Dann endlich das Einzigartige. Hans kam in mein Eckchen. Er berührte meine Strickjacke, meine Schulter durch die Strickjacke hindurch so, daß ich es nie vergessen werde.« (GG, 229)

Wie bei Elsa ist hier also die körperliche Berührung nicht ohne Konsequenzen für die Modellierung des imaginären Verhältnisses zwischen zwei Figuren. Aus dem Winkel heraus »sättigt[ ]« sich Luise Wäns daraufhin »am Anblick von meinem Herrn Scheffer.« (GG, 234) Ein einmal von ihm an sie ergangenes Lob wird wie ein Lehrsatz immer wieder wiederholt und genossen. (GG, 243) Ein erster Höhepunkt ist Scheffers Antwort auf Luise Wäns' Frage, wozu sie denn nütze sei: »[Hans]: ›Wozu Sie nütze sind? Sie, Frau Wäns, Sie lieben mich doch!‹« (GG, 255)

Luise Wäns durchquert auch, immer an Scheffer denkend, in ihren »Wanderungen« das »Renaturierungsgebiet« (GG, 235):

> Das hier ist ja sein Reich. Er bestimmt. Hans Scheffer befiehlt, wo ein Tümpel sein soll und wo eine Kiefer stehenbleiben darf. Seitdem ich ihn kenne, ärgere ich mich nicht mehr, daß er unsere Wege überschwemmt und versperrt. Er war lange für mich ein Unsichtbarer gewesen und ein Tyrann. Seit dem Abend damals aber bin ich hier unter seiner Obhut. Ich sehe jetzt, mit seiner Anleitung, ja den Sinn ein. (GG, 216)

Auch Hans bleibt, so muss man es den Berichten der Luise Wäns entnehmen, nicht von Veränderungen verschont. Auf einer Alaskareise lernt er die junge nordamerikanische Ureinwohnerin Anada kennen, die sich groteskerweise als eine weitläufige Verwandte von ihm herausstellt (GG, 266). Aufgrund der zuweilen zirkulären Struktur der Texte »Wanderung[en]« 1 bis 13 kennen die Leser(innen) ihren Namen schon aus den ersten Seiten des zweiten Romanteils (GG, 205). Erst nach und nach zeigt sich, wie Hans Scheffer an seiner jungen Besucherin verzweifelt. Weil er deswegen seinen Beruf vernachlässigt (GG, 410), verliert er seine Stelle. Als Konsequenz will er nun ein Fachbuch über Naturschutzgebiete schreiben (GG, 483). Als Luise Wäns Opfer eines Raubüberfalls im besagten Hochmoor wird, benötigt sie aufgrund ihrer Verletzungen wieder Krankengymnastik, auf deren Grundlage sie sozusagen wieder als »normale« Patientin im dritten Teil des Romans auftaucht.

Hans, der nach der Abreise Anadas (GG, 395) weiter und immer wieder obsessiv und ohne Rücksicht auf seine Zuhörerschaft von Anada redet, ist eine Weile allein mit Luise Wäns, nachdem Sabine frustriert das Haus für eine längere Reise verlässt.

Für Luise Wäns ist Hans Scheffer, *nomen est omen*, der Schöpfer im Kleinformat, der Natur-Entschlüssler, diejenige Instanz, der sie ihr Innerstes anvertraut, wenn auch nicht ganz rückhaltlos, da sie um seine Sympathie fürchtet. Sie ist damit durchaus eine der hörigen, von keinem Emanzipationswillen getriebene

Figur, die die These von der Distanz der Autorin zu feministischen Ansätzen zu illustrieren scheint.[41] Und doch zeigt sich, ähnlich wie bei Elsa und ihrem schriftstellerischen Patienten Pratz, dass Kronauer ein hochgradig »gender-reflexives Erzählen« betreibt.[42] Denn analog dazu, wie sich Elsa gegen die abschätzige Zurückweisung eines nicht einmal explizit gemachten poetischen Anspruchs wehrt, so schert Luise Wäns an entscheidender Stelle ausgerechnet mit Rätselfragen aus dem genderbezogenen Erwartungshorizont aus. Statt eines Liebesgeständnisses nämlich, das man aufgrund zahlreicher Andeutungen erwartet, fragt sie nach der Deutung dreier Wahrnehmungen, die sie in der Art von Bilderrätseln erinnert und bedacht hat. Sie formuliert dabei drei Eindrücke, drei Wahrnehmungen, um sie Hans Scheffer zur Deutung zu unterbreiten (GG, 590–594): Der Geruch der Jäger, die gerade eine größere Anzahl Hasen geschossen haben, die Aussage des Ökometzgers Wilhelm Hehe, der in einem Anfall von Atemnot »›Das war die Strafe‹« (GG, 592) sagt und den fassungslos-traurigen Gesichtsausdruck Anadas, nachdem ihr eine Katze den Arm zerkratzt hat. Für Luise Wäns sind diese Eindrücke sich gegenseitig transparent und doch bleiben sie als Rätsel ungelöst. Angesichts der Obsession, die Scheffer wegen Anada entwickelt, ist das dritte Rätselbild das gefährlichste, weil es dem Deutenden zu nahe auf den Leib rückt. Für Luise Wäns ist nun nicht, wie es Scheffer zunächst vermutet, der Schmerz oder der Ärger über das Tier rätselhaft, sondern die abgründige Fassungslosigkeit, die Frau Wäns dem Gesichtsausdruck Anadas abzulesen glaubt. Das Bild von der über die Reaktion der Katze ›traurigen‹ Anada erreicht, einmal erzählt von der Figur Luise Wäns, fast schon ikonische Qualitäten. Sie ist die Manifestation einer Alterität, die sich in der nach der Attacke »vergeßlich in die Luft« (GG, 594) gähnenden Katze manifestiert.

Es ist hier daran zu erinnern, dass gerade Hans sein Verhältnis zu der ihm anvertrauten Hochmoorlandschaft immer wieder im Modus der Bemächtigung verstanden hat. Er regiert über die Natur, was sich auch in seinem Verhalten auf der Ebene des Symbols zeigt, etwa wenn sich die Tischgemeinschaft auf seine Veranlassung hin neue Namen für die Wege im Naturschutzgebiet ausdenkt (GG, 342 ff.). Im Falle der Deutung der von Luise Wäns skizzierten Bilder vom Jäger, vom Metzger und vom Mädchen, ist die symbolische Gewalt von Hans Scheffer

---

41 Rūta Eidukevičienė: Traditionelle Aspekte des Frauenbildes in der Prosa von Marie Luise Kaschnitz, Gabriele Wohmann und Brigitte Kronauer. St. Ingbert 2003 (Saarbrücker Beiträge zur Literaturwissenschaft. Bd. 80), S. 296–319.
42 Alexandra Pontzen: *Die Kleider der Frauen* und ihre Erzählungen. Gender, Gedächtnis und Autofiktion bei Brigitte Kronauer. In: Gender im Gedächtnis. Geschlechtsspezifische Erinnerungsdiskurse in der deutschsprachigen Gegenwartsliteratur. Beiträge zum Ehrenkolloquium für Mireille Tabah. Hg. von Christian Poetini. Bielefeld 2015, S. 185–200, hier S. 200.

diejenige einer zentralperspektivischen Interpretation. Doch seine Antworten sind eben nur fahrige Deutungen und keine Enträtselungen. Hans Scheffer, der selbst ohne weiteres in der Lage ist, in einer harmlosen Hochzeitsgesellschaft die Gesellschaft der Waldgeister am Werk zu sehen, streitet seiner Gesprächspartnerin völlig ab, dass die von ihr beobachteten und mit Bedeutungsverdacht aufgeladenen Eindrücke mehr sind als Zufallsprodukte. Für ihn ist das, was sich Wäns gemerkt hat, reine Einbildung. Dennoch fühlt er sich verpflichtet, eine Interpretation anzubieten, die stark konstruktivistische Züge hat: »›Klar, wer hätte es nicht gern sinnvoll in seinem Leben.‹« (GG, 594) Er konstruiert und kodiert die Erzählungen (mit Hilfe der Schlagworte »Andeutung«, »Vorzeichen«, »Blut«, »Tod«), abstrahiert daraus in Hinblick auf das in den Erzählungen manifest werdende Verhalten (in keinem Rätselbild von Luise Wäns wurde adäquat reagiert) und bietet dann sogar noch, entgegen seiner eigenen Prämisse der völligen Zufälligkeit der Eindrücke, eine »dynamische Interpretation« (GG, 595) an. Das Resultat seiner Mühen und damit die von ihm gebotene ›Lösung‹ des von Wäns als so inkommensurabel erfahrenen Erinnerten ist: »Gegenangriff der Tiere« (GG, 595). Dass diese Antwort eben keine Lösung ist und von seiner untertänigen Zuhörerin deswegen auch nicht als Lösung erfahren werden kann, muss nicht weiter hervorgehoben werden. Doch der Roman ist damit noch nicht zu Ende. In der letzten Facette von *Gewäsch und Gewimmel* wird nun ausgerechnet die Lichtgestalt Hans Scheffer, der meint, alles verstehen, erklären, manipulieren und gestalten zu können, zu einem unbeantwortbaren Rätsel, mit dem der Roman selbst zum Rätsel wird. Denn ein ehemaliger Teilnehmer der Tischgesellschaft im Tristanweg 8 fragt, bezogen auf Hans Scheffer: »›Verdammt noch mal! Was [...] hatte der Kerl hier eigentlich vor?‹« (GG, 612) Die besondere Wendung ist freilich: Nicht die Natur mit ihrem Pfuhlschnepfenflug, den Moorochsenrufen und Hennentatzen ist aufgrund der ihr inhärenten Rätselhaftigkeit ein Problem, sondern der alles verstehende und interpretierende Mensch vom Schlage eines Hans Scheffer, der die unverfügbare Alterität der Natur nicht kennt und sie ganz auf das Menschliche hin beugt. Doch das wäre wieder eine Erklärung und deswegen keine Lösung eines Rätsels. Auf diese Weise bleibt es die Stärke des Romans *Gewäsch und Gewimmel*, dass er Rätsel als Teile einer Kette von Rätseln erkennen lehrt. So liest sich dieser Roman auch als spätes, aber immer noch notwendiges Gegenstück zu der Behauptung Ernst Haeckels, wonach sich die »Zahl der Welträthsel [...] durch die [...] Fortschritte der wahren Natur-Erkenntniß stetig vermindert« hätte.[43] Gerade der nicht zu ent-, aber auch nicht zu verrätselnden Natur

---

43 Ernst Haeckel: Die Welträtsel. Gemeinverständliche Studien über monistische Philosophie. Neue Aufl. Bonn 1899, S. 437.

könnte die respektvolle Freude am literarischen Rätsel, die Brigitte Kronauer in ihrem Roman virtuos auslebt, zu Gute kommen. Das Rätsel wird danach ein Teil jener Physiotherapie des Erzählens, die Mensch und Natur gleichermaßen umfasst und die einen neuen Weg hin zu den Geschichten aufscheinen lässt, der zugleich ein respektvoller, rätselbewusster Weg hin zur Natur ist.

Literaturverzeichnis

Brigitte Kronauer

Kronauer, Brigitte: Ist Literatur unvermeidlich? In: Die Sichtbarkeit der Dinge. Über Brigitte Kronauer. Hg. von Heinz Schafroth. Stuttgart 1998, S. 12–27.
Kronauer, Brigitte: Favoriten. Aufsätze zur Literatur. Stuttgart 2010.
— darin: Die Wirksamkeit auf der Zunge. Vorbemerkung, S. 9–13.
Kronauer, Brigitte: Gewäsch und Gewimmel. Roman. Stuttgart 2013.
Kronauer, Brigitte: Poesie und Natur. Stuttgart 2015.
— darin: Die Gewalt der Bilder [3. Vorlesung, Tübinger Poetik-Dozentur 2011], S. 103–120.
— darin: Eine »Reportage« [1. Vorlesung, Zürcher Poetik-Dozentur 2012], S. 121–136.

Weitere Primärquellen

Berner, Susanne: Frühlings-Wimmelbuch. Hildesheim 2004.
Brentano, Clemens: Godwi oder Das steinerne Bild der Mutter. Ein verwilderter Roman. Hg. von Ernst Behler. Stuttgart 1995.
Haeckel, Ernst: Die Welträtsel. Gemeinverständliche Studien über monistische Philosophie. Neue Aufl. Bonn 1899.
Mitgutsch, Ali: Mein Wimmel-Bilderbuch. Frühling, Sommer, Herbst und Winter. Ravensburg o. J.

Forschungsliteratur

[Art.] »Bruegel, Pieter d. Ä.« In: Universallexikon der Kunst. Von der Frühzeit zur Moderne. Hg. von Barbara Kappelmay. München 2001, S. 71.
[Art.] »Facette«. In: Die Zeit. Lexikon in 20 Bänden. Hg. von Zeitverlag Gerd Bucerius. Bd. 4. Hamburg 2005, S. 412.
[Art.] »Rätsel«. In: Die Zeit. Lexikon in 20 Bänden. Hg. von Zeitverlag Gerd Bucerius. Bd. 12. Hamburg 2005, S. 98.
Ballis, Anja und Mirjam Burkard: Kinderliteratur im Medienzeitalter. Grundlagen und Perspektiven für den Unterricht in der Grundschule. Berlin 2014.
Dormagen, Jürgen: Nachbemerkung. In: Brigitte Kronauer: Frau Melanie, Frau Martha und Frau Gertrud. Drei Erzählungen. Mit einer Nachbemerkung von J. D. Frankfurt a. M. 2005, S. 103–114.

Eidukevičienė, Rūta: Traditionelle Aspekte des Frauenbildes in der Prosa von Marie Luise Kaschnitz, Gabriele Wohmann und Brigitte Kronauer. St. Ingbert 2003 (Saarbrücker Beiträge zur Literaturwissenschaft. Bd. 80).

Esposito, Elena: Die Fiktion der wahrscheinlichen Realität. Frankfurt a. M. 2007.

Hoorn, Tanja van: Biodiversität im Text? Brigitte Kronauers Roman *Gewäsch und Gewimmel* (2013). In: Weimarer Beiträge 61 (2015), H. 4, S. 518–530.

Honold, Alexander: Gewäsch und Gewimmel. Zeitmuster und Erzählformen des Tagtäglichen bei Brigitte Kronauer. In: Zeit, Stillstellung und Geschichte im deutschsprachigen Gegenwartsroman. Hg. von Tanja van Hoorn. Hannover 2016, S. 47–73.

Jolles, André: Einfache Formen. Legende, Sage, Mythe, Rätsel, Spruch, Kasus, Memorabilie, Märchen, Witz. 3. Aufl. Tübingen 1965.

Jütte, Robert: Geschichte der Sinne. Von der Antike bis zum Cyberspace. München 2000.

Kopp-Marx, Michaela: Zwischen Petrarca und Madonna. Der Roman der Postmoderne. München 2005.

Lang, Bernhard: [Art.] »Rätsel«. In: Religion in Geschichte und Gegenwart. Hg. von Hans-Dieter Betz [u. a.]. 4., völlig neu bearb. Aufl. Bd. 7. Tübingen 2004, Sp. 61.

Lyotard, Jean-François: La condition postmoderne. Paris 1979.

Polster, Martin: [Art.] »Rätsel«. In: Calwer Bibellexikon. Hg. von Otto Betz, Beate Ego und Werner Grimm. Bd. 2. Stuttgart 2003, S. 1113.

Pontzen, Alexandra: *Die Kleider der Frauen* und ihre Erzählungen. Gender, Gedächtnis und Autofiktion bei Brigitte Kronauer. In: Gender im Gedächtnis. Geschlechtsspezifische Erinnerungsdiskurse in der deutschsprachigen Gegenwartsliteratur. Beiträge zum Ehrenkolloquium für Mireille Tabah. Hg. von Christian Poetini. Bielefeld 2015, S. 185–200.

Schupp, Volker: [Art.] »Rätsel«. In: Kleine literarische Formen in Einzeldarstellungen. Hg. von Sonja Hilzinger. Stuttgart 2002, S. 191–210.

Tomasek, Tomas: Das deutsche Rätsel im Mittelalter. Tübingen 1994 (Hermeae. N. F. Bd. 69).

Tomasek, Tomas: Scherzfragen. Bemerkungen zur Entwicklung einer Textsorte. In: Kleinstformen der Literatur. Hg. von Walter Haug und Burkhart Wachinger. Tübingen 1994 (Fortuna Vitrea. Bd. 14), S. 371–378.

Andreas Vejvar
»Dazu Musik. Dazu ein Vogelzwitschern?«
Musikalischer Glanz und Trost bei Brigitte Kronauer

In der Würdigungsurkunde zum Büchner-Preis des Jahres 2005 sprach die Jury von Brigitte Kronauer u. a. als »einer Meisterin des Vexierspiels, der höheren Heiterkeit und des musikalischen Schreibens«.[1] Patrick Bahners hat sein Loblied auf die Schriftstellerin ein wenig krächzend angestimmt und den Tanzbären als ihr Wappentier vorgeschlagen (eine Anspielung auf den *Berittenen Bogenschützen*).[2] Sie selbst hat an die Nachtigall als Wappentier der Poeten erinnert (und zwar 2003 anlässlich des Grimmelshausen-Preises für *Teufelsbrück*),[3] und in ihrer Büchner-Dankesrede war von »Engelsmusik« die Rede.[4]

›Musik‹ bei Brigitte Kronauer also ist das Thema. Überreiches Material liegt vor uns: ihre kleineren und größeren Arbeiten, persönliche Erinnerungen der Autorin an Kindheit und Jugend, es gibt ihre Poetik-Hinweise, ihre Analysen und Besprechungen von Werken geschätzter Kolleginnen und Kollegen, Interviews und Porträts, aber auch die Rezensionen ihrer Bücher und einige wissenschaftliche Abhandlungen dazu. Ein kleiner, aber wichtiger Beitrag von ihr findet sich in einer Publikation der Deutschen Akademie für Sprache und Dichtung in Darmstadt, jener Einrichtung also, die den Büchner-Preis vergibt. Die Wendung »Glanz und Trost« stammt aus diesem Beitrag zum Thema »Stimmenzauber«.[5] Der »Trost« wird aber auch in der Büchner-Rede zur Sprache gebracht: »Unser Trost ist bilateral, es ist ein menschlicher und ein ästhetischer.«[6] Glanz und Trost, Trost und Glanz auch unter musikalischen Vorzeichen, lassen sich vielgestalt durch

---

1 Deutsche Akademie für Sprache und Dichtung: [Urkunde zur Verleihung des Georg-Büchner-Preises an Brigitte Kronauer]. In: https://www.deutscheakademie.de/de/auszeichnungen/georg-buechner-preis/brigitte-kronauer/urkundentext, zuletzt 27. 11. 2017.
2 Patrick Bahners: Sagenschatz und Motivhaushalt [Laudatio zur Verleihung des Georg-Büchner-Preises an Brigitte Kronauer]. In: https://www.deutscheakademie.de/de/auszeichnungen/georg-buechner-preis/brigitte-kronauer/laudatio, zuletzt 27. 11. 2017.
3 Brigitte Kronauer: Lob der Nachtigall. Rede zum Grimmelshausen-Preis [2003]. In: B. K.: Favoriten. Aufsätze zur Literatur. Stuttgart 2010, S. 50–56, hier S. 54.
4 Brigitte Kronauer: Prachtexemplar des Geringen. Büchner-Preis-Rede [2005]. In: Favoriten, S. 77–87, hier S. 81.
5 Brigitte Kronauer: Man muß es parat haben! In: Stimmenzauber. Von Rezitatoren, Schauspielern, Dichtern und ihren Zuhörern. Hg. von Lothar Müller. Göttingen 2009 (Valerio. Bd. 10), S. 72–75, hier S. 74.
6 Kronauer: Prachtexemplar des Geringen, S. 81.

https://doi.org/10.1515/9783110589719-010

das Werk von Brigitte Kronauer verfolgen. Man muss »sie parat haben«, heißt es im »Stimmenzauber«-Text[7]: Partikel von Liedern und Gedichten, die, gesungen oder gesprochen, in einer gewissen Weise bei gewissen Gelegenheiten aushelfen – und zwar als »Parolen und Funksignale, mittels derer man sich über eine bessere Welt verständigen, ja, halluzinierend in sie hineinkatapultieren kann.«[8]

1 Beispiele für Musikbezüge

Udo Jürgens und Christoph Willibald Gluck, Jacques Offenbach und Soundtracks im Einkaufszentrum – das sind nur einige aktuelle bzw. frühere Beispiele für das, was alles nebeneinander erklingt bei Brigitte Kronauer. In ihrem ersten Buch *Der unvermeidliche Gang der Dinge* (1974) kommt Musik unter anderem als Hintergrundkulisse vor, dann als unvermuteter Vordergrund.[9] Ein Jahr später, im zweiten Bändchen (*Die Revolution der Nachahmung*), als Stimulantium: Unter dem nüchternen Titel »Steigerung und Hervorrufung« abgehandelt (warum eigentlich nicht umgekehrt?), wird im Badezimmer singend die Liebe zu einem deutlichen Gefühl, das sich, in Reime gebracht, noch verstärkt.[10]

In ihrem bislang jüngsten Roman *Der Scheik von Aachen* (2016) hat Musik, diesmal in Form eines Udo-Jürgens-Konzerts im Eurogress Aachen und einer Umerzählung von Glucks *Orpheus und Eurydike*, eine medikamentöse Bedeutung: »Kann man mit einer Sage den Schmerz betäuben?«[11] Typisch Kronauer: Anita in ihrer Not beschreibt Eurydike für Tante Emmi als eine Frau, die Steigerungen ersehnt; Anitas Zuspitzung zufolge mag Eurydike selbst nicht mehr zurückkehren, denn sie hat Besseres kennengelernt. Diese Variante erzählt sie, um nicht vom tödlichen Absturz ihres Wiener Geliebten, des Bergsteigers Mario,

---

7 Kronauer: Man muß es parat haben!, S. 74.
8 Kronauer: Man muß es parat haben!, S. 74.
9 Brigitte Kronauer: Wechselnde Ereignisse in gleicher Bewegung II. In: B. K.: Der unvermeidliche Gang der Dinge. Mit vier Zeichnungen von Dieter Asmus. Göttingen 1974, S. 77–99, hier S. 95: »Plötzlich hörte man ziemlich laute Musik, sie hatte in dieser Lautstärke fast etwas Grö[ ]lendes und keine Ähnlichk[ei]t mit der sachten Musik tagsüber, und sie wirkte wie ein Signal.«
10 Brigitte Kronauer: Steigerung und Hervorrufung. In: B. K.: Die Revolution der Nachahmung. Oder: Der tatsächliche Zusammenhang von Leben, Liebe, Tod. Mit vier Zeichnungen von Dieter Asmus. Göttingen 1975, S. 42: »Am schönsten war mir die Liebe, am deutlichsten aber zumindest als ein Gefühl, beim Treppensteigen, Putzen und Spülen, im Badezimmer. Dort, zwischen Kacheln von Liebe singend, Reime und Lieder anderer Leute, fühlte ich Liebe, sang sie nach, fühlte sie stärker, besang sie nicht wählerisch, aber von Herzen und fühlte sie kommen.«
11 Brigitte Kronauer: Der Scheik von Aachen. Roman. Stuttgart 2016, S. 204.

berichten zu müssen, ihrer Tante nämlich, die vor Jahrzehnten ihren Sohn verloren hat und seither dessen Namen nicht mehr genannt hören will.

Dazwischen nicht zuletzt ein Titel, der sich explizit auf »Musik« bezieht: *Verlangen nach Musik und Gebirge* (2004) – ein Nietzsche-Zitat. Was verbindet diese Texte miteinander, die über eine Spanne von mehr als vier Jahrzehnten entstanden sind? Zunächst die Überzeugung, dass es notwendig sei, zu erzählen, und zwar auf eine bestimmte Art und Weise. Außerdem sind wiederum Glanz und Trost zu nennen als Begriffe, die geeignet sein dürften als roter Faden durch das Werk der Schriftstellerin. Und die Musik, wie verhält sie sich dazu?

2 Prämissen

Sollen Brigitte Kronauers Entscheidungen, die ihrer schriftstellerischen Arbeit zugrunde liegen, knapp umrissen werden, so dürfen einige bekannte Größen, aber auch manch weniger bekannte Autorin oder Autor nicht fehlen. Auch in der Darstellung der ihr wichtigen Gedanken lässt sich jene Partikel-Methode beobachten, die sie im »Stimmenzauber«-Beitrag erläutert: Sie löst einen Satz aus einem Zusammenhang, der mitgedacht gehört. Zum Beispiel: »Alle Herrlichkeit ist ebenso schwierig wie selten.«[12] Das Zitat bildet die Conclusio, die Annahmen werden nicht ausdrücklich mitgeliefert. Kronauer zitiert den Satz das erste Mal 1990 in einer Kolumne für die Zeitschrift *konkret*, 2004 und 2010 wird dieser Beitrag als Nachwort erneut publiziert (*Tricks der Diva*) – offenbar eine gültige Prämisse ihres Schaffens.[13]

Der Spinoza-Satz wird durch Kronauers Hinweis auf die Notwendigkeit von »Initiation« und »Zeremoniell« in Angelegenheiten des »sogenannten Natur-

---

[12] Baruch de Spinoza: Ethik in geometrischer Ordnung dargestellt. In: Werke in drei Bänden. Hg. und übers. von Wolfgang Bartuschat. Bd. 1. Hamburg 2006, S. 300 (V. Teil, Lehrsatz 42, Anmerkung): »Wenn das Heil einfach daläge und ohne große Anstrengung gefunden werden könnte, wie wäre es dann möglich, daß fast jeder es fahren läßt? Aber alles, was vortrefflich ist, ist ebenso schwierig wie selten.«
[13] Brigitte Kronauer: Fünfzehnmal Natur? Ein Nachwort [1990]. In: B. K.: Die Tricks der Diva. Die Kleider der Frauen. Geschichten. Mit einem Nachwort von Thomas Steinfeld. Stuttgart 2010, S. 95–100, hier S. 100, sowie B. K.: Literatur und »schöns Blümelein«? In: B. K.: Literatur und schöns Blümelein. Graz/Wien 1993 (Essay. Bd. 18), S. 25–30, hier S. 30: »In den Schoß allerdings, was häufig vergessen wird, fallen Mond und ›himmlische Schlüssel‹ niemandem. Auch die Betrachtung des infantilsten Gänseblümchens hat ihre Initiation, ihr heimliches Zeremoniell. Gerade für das scheinbar Natürlichste, das sogenannte Naturerlebnis, gilt, wie für die Kunst, Spinozas Satz: ›Alle Herrlichkeit ist ebenso schwierig wie selten.‹«

erlebnisses« ergänzt. Was nun ist für Spinoza »vortrefflich« bzw. »herrlich«, worin besteht für Spinoza das »Heil«? Heil, von ihm als Tugend aufgefasst, ist keine Angelegenheit religiöser Passivität, sondern menschlicher Aktivität.[14] Das Heil, auch »Glückseligkeit oder Freiheit« genannt, bestehe in »Ruhm« bzw. »Freude«.[15] Der Zusammenhang zwischen Glückseligkeit, Freiheit, Ruhm und Freude aber liege in einer wissenden Aktivität begründet: »Wer nämlich unwissend ist, [...] ist einer, der, sobald er aufhört, etwas zu erleiden, zugleich auch aufhört zu sein.«[16] Hier wird die Argumentation schlüssig, nachvollziehbar stellt sich das Postulat der so diffizilen wie raren Herrlichkeit dar: Spinoza wie Kronauer laden ein zu einer bestimmten Form von Handeln.

Im Bekenntnis der Schriftstellerin zur diffizileren Wahrnehmung der Natur sind zarte Beschwörungen eingebaut in Gestalt von Gedicht- und Liedzeilen. Denn es soll ja nicht aus sein und »vorbei [...] mit Mondäugigkeit und Wald- und Wiesenekstasen«, so sehr auch »dem Vertrauen in unmittelbare Anschauung im Zeitalter von Simulation und primär stattfindender Sekundärerfahrung [...] etwas schon widerlich Unmodernes, ja wanderburschenhaft Nostalgisches an[hafte].«[17] Bei den folgenden Stellen des Nachworts, in denen nominell Verabschiedungen ausgesprochen werden (»Vorbei also ist es mit [...]«), bringt Kronauer als betörendes Argument den Klang ins Spiel: Zitiert und lediglich angespielt – weil eben nicht vollständig referiert – wird das Schnitter- bzw. das Erntelied, zitiert wird aus Joseph Freiherr von Eichendorffs »Das Schloß Dürande« die furchtlose Gabriele, die mit der Natur ins Gespräch kommen will, zitiert wird aus Annette von Droste-Hülshoffs »Im Grase« (allerdings ohne explizit »des zieh'nden Vogels Lied« zu nennen), zitiert wird Sapphos »Gesang der Grille«. Brigitte Kronauer rechnet kühl vor, dass ohne wahrgenommene Natur auch die tröstenden Effekte der auf Natur bezogenen Literatur ausbleiben – und zugleich lässt sie gewissermaßen kontrapunktisch tönende Facetten mitschwingen, die als unverzichtbar erinnert werden.[18]

---

14 Spinoza, S. 210 (IV. Teil, Lehrsatz 21): »Niemand kann begehren, glücklich zu sein, gut zu handeln und gut zu leben, der nicht zugleich begehrte, zu sein, zu handeln und zu leben, d. h. wirklich zu existieren.«
15 Spinoza, S. 293 (V. Teil, Lehrsatz 36, Anmerkung): zugleich einer »beständigen und ewigen Liebe zu Gott, die zugleich Gottes Liebe zu den Menschen ist«.
16 Spinoza, S. 300 (V. Teil, Lehrsatz 42, Anmerkung).
17 Kronauer: Fünfzehnmal Natur?, S. 98 u. S. 96.
18 Kronauer: Fünfzehnmal Natur?, S. 96 f.: »Wenn die von der Natur hervorgerufenen, in Verse geformten Halluzinationen und Tröstungen nur noch taugen als wehmütig zu goutierende Historie, als Reminiszenzen und Museumsstücke, ausgeliefert der Langmut germanistischer Grabpflege, dann sind sie in Wirklichkeit selbstverständlich gestorben, dann stirbt, gerechterweise, mit

Welche weiteren Prämissen und Entscheidungen ihrer Weltwahrnehmung weist Brigitte Kronauer selbst aus? Zentral ist sicherlich die Formel: Wirklichkeit ist bzw. wird gemacht; als Gesprächszitat »Das Artifizielle ist das Reale«[19] bzw. als analytisches Ergebnis »Es geht aufrichtig, nämlich gekünstelt zu«[20]. Des Weiteren die Devise »Trost durch Erkenntnis, nicht durch Betäubung«.[21] Die schon angeführte Spinoza-Einsicht: »Alle Herrlichkeit ist ebenso schwierig wie selten.« Das Eingeständnis unserer Bedürftigkeit: »Wir wollen bezaubert werden!«[22] Das Wissen um eine gewisse Abhängigkeit: »Epiphanien sind ein Geschenk.«[23] Eine Gegenmaßnahme: »Man muß es parat haben!«[24]

Abrunden lässt sich diese Konstellation aus Wirklichkeits- und Literatur-Konzept etwa mit dem Romantitel *Verlangen nach Musik und Gebirge* – er folgt einem Abschnitt, der Friedrich Nietzsches *Morgenröte* entnommen ist. Hier wird über *geträumte* Schönheiten der Musik, über *geträumte* Bergflüge nachgedacht: »Das wache Leben hat nicht diese Freiheit der Interpretation wie das träumende, es ist weniger dichterisch und zügellos.« Nietzsche sinniert darüber, ob »unser sogenanntes Bewußtsein ein mehr oder weniger phantastischer Kommentar über einen ungewußten, vielleicht unwißbaren, aber gefühlten Text« sei. Zum Schluss die Frage: »Was sind denn unsere Erlebnisse? Viel mehr das, was wir hineinlegen, als das, was darin liegt! Oder muß es gar heißen: an sich liegt nichts darin? Erleben ist ein Erdichten? –« »Erleben ein Erdichten«, so wird diese Passage bei Nietzsche auch genannt.[25]

---

der Natur auch die ihr gewidmete Literatur. Erzielt diese nämlich nicht mehr im resonierenden, respondierenden Leben ihre Treffer, hat sie das ihrige ausgehaucht.«
19 Ijoma Mangold: Zu Besuch bei der Großmeisterin der Boshaftigkeit. In: Die Zeit Nr. 42, 08.10.2009.
20 Uwe Schweikert: »Es geht aufrichtig, nämlich gekünstelt zu!« Ein Versuch über Brigitte Kronauer. In: Neue Rundschau 95 (1984), H. 3, S. 155–171. – Vgl. Brigitte Kronauer: Aspekte zum Werk Robert Walsers und Ror Wolfs [1979]. In: B. K.: Aufsätze zur Literatur. Stuttgart 1987, S. 43–52, hier S. 49.
21 Brigitte Kronauer: Pointe eines Preises: Zur Verleihung des später zurückgegebenen Preises von ZDF/3sat und der Stadt Mainz [2001]. In: B. K.: Zweideutigkeit. Essays und Skizzen. Stuttgart 2002, S. 269–274, hier S. 271. Vgl. auch schon Brigitte Kronauer: Eine Konsequenz um ihrer Tröstungen willen. In: B. K.: Vom Umgang mit der Natur. Hamburg 1977, S. 139–144.
22 Kronauer: Der Scheik von Aachen, S. 383.
23 Thomas David: »Die Literatur ist die Stunde der Wahrheit.« In: Du: die Zeitschrift der Kultur 71 (2011/2012), H. 814, S. 76–82, hier S. 78.
24 Kronauer: Man muß es parat haben!, S. 72.
25 Friedrich Nietzsche: Morgenröte. In: Kritische Studienausgabe. Bd. 3. Hg. von Giorgio Colli und Mazzino Montinari. München 1988, S. 9–331, hier S. 111–114 (Zweites Buch, Nr. 119; Zitate: S. 113 bzw. 114).

In diesen drei Nebenquellen (»Stimmenzauber«, Spinoza und Nietzsche) kommen offensichtlich Hauptsachen zur Sprache. »Habe es parat!«, »Sei wissend aktiv!«, »Erdichte dein Erleben!« – diese der Deutlichkeit halber zu Handlungsanweisungen umformulierten Einsichten haben ihr Gegenstück in den literarischen Erzeugnissen, denn dargestellt wird nicht nur deren Potenzial, sondern auch ihr Ungenügen. Zum Beispiel anhand der Geschichte von Matthias Roth im *Berittenen Bogenschützen:* Der Literaturmensch Matthias Roth bedarf des Glanzes. Er muss ihn sich verschaffen, selbst erzeugen. Dieses Selbermachen stößt an Grenzen bei seinem Verlangen danach, auf eine gute Weise angesehen zu werden. Der Bildungsweg kommt ans Ende, als der Reim, den er sich auf die Welt gemacht hat, sich erschöpft in einem Szenario der Erstarrung. Zu lernen ist daraus, so scheint es, dass die Welt zum Spiegel ohne Widerhall wird, wenn der Glanz als Selbstzweck angestrebt wird. Epiphanien sind ein Geschenk, sie können nicht hergestellt werden.[26] Was kann nach dieser Lektion noch kommen? – Dem Bildungsweg der literarischen Figur korrespondiert die Erinnerung der Autorin: Die bezaubernde Macht von rätselhaften Liedfetzen auf das Kind Brigitte Kronauer, vergegenwärtigt im kleinen Text zum »Stimmenzauber«, setzt sich fort im Erwachsenenleben. Poetisches Stückwerk wird dezidiert benötigt, umgekehrt bedürfen Gedichte der Menschen, die sie sprechen.[27] Wenn also Epiphanien so notwendig sind wie Kolibris, aber so unverfügbar wie ein Geschenk, wie lässt sich dann behelfen?

3 Gegenmaßnahmen?

Zwei Beispiele, um zu belegen, dass diese Frage nicht nur mit dem *Berittenen Bogenschützen* verknüpft ist, einmal im Kontext von Natur, einmal im Kontext von Kunst: Die junge Autorin reist nach Griechenland, vor ihr ein Urlaub auf Rhodos.

---

26 Brigitte Kronauer: Berittener Bogenschütze. Roman. Stuttgart 1986. Bemerkenswert, dass Rita Münster ganz ähnlich tickt; vgl. den Hinweis bei Ursula Liebertz-Grün: Auf der Suche nach einer ökologischen Ästhetik. Natur und Kunst im Werk Brigitte Kronauers. In: Die Modernität der Romantik. Zur Wiederkehr des Ungleichen. Hg. von Urte Helduser und Johannes Weiß. Kassel 1999 (Intervalle 4. Schriften zur Kulturforschung), S. 219–242, hier S. 228 (»Daß die narzißtische Figur von den Kritikerinnen nicht selten als Heldin des so lang ersehnten, vorbildlichen, weiblichen Bildungsromans gefeiert wurde, erinnert an Olimpias Erfolge in E. T. A. Hoffmanns *Sandmann.*«).
27 Kronauer: Man muß es parat haben!, S. 73.

> So ausgestattet mit prächtigen Wasseranblicken, Meeresmythologie, obendrein gut versorgt mit privatem Glück, traf ich auf der Insel ein, in der Erwartung, die Euphorie durch stetige, ungestörte Himmel-, Horizont- und Wellenbetrachtung noch steigern zu können, vis-à-vis mit der magischen und existentiellen Wucht des Meeres an sich. [...] Ich jedenfalls setzte mich sogleich dem Meer in der Mittagshitze gegenüber und starrte es an, zu jeder Herzenserhebung bereit. Und was passierte? Es starrte blöde zurück.[28]

Zwei Wochen lang lässt sich das Meer nicht erweichen »zu einem letzten Schimmer der alten, mythischen Kraft, die es immer für mich besessen hatte.«[29] »Es war, wie wenn man plötzlich den Glauben an Gott verliert. Ich befand mich, aus allen Wolken fallend, zum ersten Mal von nacktem Angesicht zu nacktem Angesicht mit der zufälligen, gleichgültigen Natur.«[30]

In der Geschichte »Wie!« aus dem Zyklus *Die Tricks der Diva* wird die Gegenmaßnahme angesichts des dermaßen präsenten Meeres, »dass es [auf] eine Annullierung« hinausläuft, ausgeplaudert:

> Dabei ist es in Wirklichkeit leicht. Man muß sich nur einreden, daran zu glauben. Muß glauben gegen den Augenschein, sich mit aller Kraft einbilden, es gäbe [sic] das Meer. Man kann anfangs ruhig die Augen schließen und sich sagen: Das hier ist es, das Bild des Meeres und das Meer selbst, so ist das Meer in meinem Kopf und außerhalb, mit meinen Augen und ohne sie. Das Meer ist in Wahrheit sichtbar, wahrhaftig DAS MEER. Hier ist es verborgen, und sieht man lange genug hin, erscheint's tatsächlich.[31]

Der Erfolg stellt sich ein, die stammelnde Person mittendrin im Meer darf vergessen werden, »[a]uch strömt man dann selbst ins Meer ein. Zeit und Leben, Raum und Tod halten den Atem an: Das Meer tritt in Erscheinung [...].«[32] Schlusskommentar: »Zwingen allerdings [...] kann man es nie.«[33]

---

28 Brigitte Kronauer: Vom Umgang mit der Natur und wie sie mit uns umspringt [2. Vorlesung]. In: B. K. und Otto A. Böhmer: Wirkliches Leben und Literatur. Tübinger Poetik-Dozentur 2011. Hg. von Dorothee Kimmich et al. Künzelsau 2012, S. 25–41, hier S. 36 f.
29 Kronauer: Vom Umgang mit der Natur und wie sie mit uns umspringt, S. 36. Vgl. hierzu in vorliegendem Band auch den Beitrag von Dörte Linke.
30 Kronauer: Vom Umgang mit der Natur und wie sie mit uns umspringt, S. 37. Vgl. auch B. K.: Der Tag am Meer. In: Vom Umgang mit der Natur, S. 216 f. (hier als »Versagen« nicht so sehr in Bezug auf das Meer, sondern auf die Menschen am Strand: »Ich gab mir Mühe, ihnen etwas anzusehen [...]«, S. 217).
31 Brigitte Kronauer: Wie! [2004] In: Die Tricks der Diva. Die Kleider der Frauen, S. 61–64, hier S. 61 u. S. 64.
32 Kronauer: Wie!, S. 64.
33 Kronauer: Wie!, S. 64.

Nun als Gegenstück zum Kontext Natur ein Beispiel zur Frage möglicher ›Gegenmaßnahmen‹ angesichts von Gleichgültigkeit im Zusammenhang mit Kunst: Anita erzählt im *Scheik von Aachen* Tante Emmi die Geschichte von Orpheus und Eurydike als eine der Ernüchterung.

> [E]r, selber schön, [fügte] der Welt durch die Schönheit seines Gesangs das hinzu[...], was ihr in den Augen Eurydikes fehlte. Er brachte das für sie bisher Verborgene zum Ausbruch. Alle Anblicke wurden durch seinen Gesang noch übermächtiger als in der Kindheit.[34]

Doch auf dem Weg zurück aus der Unterwelt stellt sich heraus:

> Sein Gesang rührt sie nicht mehr! [...] Die Katastrophe: Eurydike hat Besseres als das, dem sie sich wieder nähert, kennengelernt, das, worauf die Lieder hinwiesen, ohne es selbst zu sein. Wie klein, wie dürftig ist alles, was sie aus der ihr offenbarten Welt wieder in die gewohnte holen will! Seine Gesänge, plötzlich in sich selbst zurückgekrümmt und mit ihnen der ganze Mann, schrumpfen ein.[35]

Was hat sich hier erschöpft: die Bezauberungskraft des Orpheus oder die Genügsamkeit von Eurydike? Ihr Erfahrungsvorsprung ist es ja, der seine bislang attraktiven Schimmer- und Glanzleistungen als schattenhaft erweist. So jedenfalls die Variante der mythologischen Urszene zur Macht der Musik, die Anita präsentiert. Gibt es hier eine Gegenmaßnahme?

4 Spektrum der Musikalien

Die Macht der Musik, sie kommt bei Brigitte Kronauer in verschiedener Weise ins Spiel.[36] Der Bogen spannt sich von den Naturlauten der Nachtigall über mensch-

---

34 Kronauer: Der Scheik von Aachen, S. 209.
35 Kronauer: Der Scheik von Aachen, S. 211.
36 Dass Kronauers Schreiben etwas mit »Musikalität« zu tun habe, verneint in gewisser Weise Gunhild Kübler: Ruhelose Wahrnehmungs- und Spracharbeit. In: Die Sichtbarkeit der Dinge. Über Brigitte Kronauer. Hg. von Heinz Schafroth. Stuttgart 1998, S. 93–101, hier S. 101: »In Brigitte Kronauers Prosakunst steckt etwas vom Ethos der von schräg oben betrachteten Straßenbauarbeiter. Es geht nicht um Musikalität, gar um Sprachmagie. Sondern um etwas Bescheideneres, Nüchternes, vielleicht sogar Protestantisches: um handwerkliche, also sprachliche Präzision beim Erfassen eines kleinen, aber klar umrissenen Weltausschnitts in einem Text, der dadurch Parabelcharakter bekommt.« Die Ausführungen in diesem Abschnitt könnten dazu beitragen, Küblers Einschätzung zu ergänzen.

liche Erzeugnisse wie Wiegenlieder, Kinderlieder, Volkslieder, Balladen, Streichquartette, Klaviersonaten, Opern, populäre Musik bis hin zur Engelsmusik.

Zunächst Beispiele aus dem Repertoire ihrer reflektierenden Arbeiten zur Literatur, chronologisch geordnet: Die Rede ist mit Bezug auf Grimmelshausen vom »Zauber des Klangs«[37], von einer »einleuchtenden Melodie«[38], einer »Vertonung ohne Noten«[39], von »›Harmonia‹«[40], von »Klangmagie«[41], von der »entrückenden Lieblichkeit«[42] des Gesangs der Nachtigall; mit Bezug auf Hölderlin vom »Singsang«[43]; mit Bezug auf Heine vom »Nachtwächterlied[ ]« (ein Zitat als Motto)[44], von einem »wiegenden, verführerischen Gesang« – »wie seine Loreley« –, von einer »gefährlich musikalischen Frau«[45]; mit Bezug auf Mörike von den »ans Mark gehenden Wirkungen von Klang, Melodie, Proportion«[46], von der »Bezauberung durch ›einzelne, an unser Ohr getragene Akkorde‹«[47], vom »emphatischen Wohlklang, ja Wohlgeruch der Mörike-Frühlingszeilen«[48]; mit Bezug auf Herman Melville von »atmosphärisch motivierte[m] Singen«[49]; mit Bezug auf Gerard Manley Hopkins vom »Klang [...] der Welt«[50], von der »[k]ünstlerische[n], nicht kirchliche[n] Transsubstantiation« in »etwas aufrührerisch, aber auch wiegend Tanzliedhaftes«, zu »Laut und Musik verweltlicht«[51]; mit Bezug auf Robert Walser vom

---

[37] Kronauer: Lob der Nachtigall, S. 51.
[38] Kronauer: Lob der Nachtigall, S. 54.
[39] Brigitte Kronauer: Brott und Kreutzdonnerwetter? [2000] In: Zweideutigkeit, S. 54–58, hier S. 55.
[40] Kronauer: Lob der Nachtigall, S. 51 und S. 54.
[41] Kronauer: Lob der Nachtigall, S. 53.
[42] Kronauer: Lob der Nachtigall, S. 54.
[43] Kronauer: Brott und Kreutzdonnerwetter?, S. 55.
[44] Brigitte Kronauer: Frau Melanie, Frau Marta und Frau Gertrud. In: B. K.: Die Einöde und ihr Prophet. Über Menschen und Bilder. Stuttgart 1996, S. 9–36, hier S. 9.
[45] Die Augen sanft und wilde. Balladen. Ausgewählt und kommentiert von Brigitte Kronauer. Stuttgart 2014, S. 169.
[46] Brigitte Kronauer: Wovor man scheut, wonach man verlangt. Eine Rede auf Eduard Mörike [2004]. In: Favoriten, S. 113–123, hier S. 118.
[47] Kronauer: Wovor man scheut, S. 118. Hier mit einer expliziten Mörike-Referenz; im selben Satz der Hinweis auf ein Verfahren, das auch Kronauer sich angeeignet hat (vgl. »Stimmenzauber«): Bruchstückhaftes kann elektrisieren.
[48] Kronauer: Wovor man scheut, S. 119.
[49] Brigitte Kronauer: Skeptischer Riesengesang. Herman Melvilles Versepos Clarel [2006]. In: Favoriten, S. 41–49, hier S. 47.
[50] Brigitte Kronauer: Kleiner Beitrag eines Gerechten zur Vervollständigung der Todsünden. Zu Gerard Manley Hopkins [1996]. In: Zweideutigkeit, S. 149–151, hier S. 150.
[51] Brigitte Kronauer: Gott, das Erzbesondere und der Sprungrhythmus. Zum 150. Geburtstag des englischen Lyrikers Gerard Manley Hopkins [1994]. In: Favoriten, S. 156–165, hier S. 162.

»Kunstgesang, noch fast kindlich und ohne jede Attitüde von Kunst, ausklingend in der Verschmelzung mit einem der Natur entnommenen Bild der Brandungsdynamik«[52] (Anlass zu diesem Kommentar ist ein »Mozart- oder Hirtenlied«); mit Bezug auf Virginia Woolf vom »maienverzückte[n] Liebeslied einer greisen Bettlerin«[53]; mit Bezug auf Hans Boesch vom »unwiderstehlichen Klang [...] der Worte«[54]; mit Bezug auf Ror Wolf von einer »ironische[n] Exkulpation, tröstlich wie ein Wiegenlied«, von einem »trostreiche[n] Unglückssänger«[55]; zunächst allgemein zum Vermögen von Poesie und Literatur, dann mit einem Brentano-Zitat als Beleg von der »Musikalität eines Satzes«[56]; mit Bezug auf Kronauers Lehrerin, die Balladen sang und sich dabei am Klavier begleitete, davon, dass »Musik [...] viel nachdrücklicher als der Deutschunterricht den Zauber von Gedichten«[57] verstärkte; vom »Glanz, von der Musik solcher Idealbilder«[58] (Kronauer zu Literatur allgemein, mit Vladimir Nabokov), von »Beschwörungsmusik«[59] (und zwar mit Bezug auf die »frühesten Erinnerungen« der Schriftstellerin selbst »an eine ausdrückliche Sprachempfindung, Bezauberung und Verhexung durch Sprache«). Bis auf das Balladen-Exempel und die Walser-Stelle beziehen sich diese Beispiele nicht auf komponierte Musik, sondern auf Klänge, die verschiedene Urheber haben können – vom Naturklang bis zum Gedicht; zumeist handelt es sich also um Übertragungen.

Welche Musikstücke hat Kronauer in ihre eigenen Romane und Erzählungen eingebaut? In den Geschichten (*Die Tricks der Diva, Die Kleider der Frauen*) sind es häufig populäre Produktionen, vom Kinderlied bis zur Operettenmelodie.[60] Schu-

---

52 Brigitte Kronauer: Wie hat es das Naturschauspiel mir angetan. Zu Robert Walser [2006]. In: Favoriten, S. 96–112, hier S. 100.
53 Brigitte Kronauer: Leben; London; dieser Juni-Augenblick. Notiz zu *Mrs Dalloway* von Virginia Woolf [2007]. In: Favoriten, S. 154 f., hier S. 155.
54 Brigitte Kronauer: Der poetische Augenblick. Zu Hans Boesch [2001]. In: Zweideutigkeit, S. 206–213, hier S. 207.
55 Brigitte Kronauer: Butterartiges Schmelzen [1997]. In: Zweideutigkeit, S. 231–233, hier S. 233.
56 Brigitte Kronauer: Ein Augenzwinkern des Jenseits. Die Zweideutigkeit der Literatur [1997]. In: Zweideutigkeit, S. 309–318, hier S. 317.
57 Die Augen sanft und wilde, S. 50.
58 Kronauer: Wirkliches Leben und Literatur [1. Vorlesung]. In: Wirkliches Leben und Literatur, S. 7–24, hier S. 23.
59 Kronauer: Brott und Kreutzdonnerwetter?, S. 55.
60 Beispielsweise das Liedchen »Im Gebirg, im Gebirg« (Brigitte Kronauer: Im Gebirg' [2004]. In: Die Tricks der Diva. Die Kleider der Frauen, S. 7–20, hier S. 16), das Kinderlied von Rolf Zuckowski »Drei Chinesen mit dem Kontrabaß« (Brigitte Kronauer: Dri Chinisin [2004]. In: Die Tricks der Diva. Die Kleider der Frauen, S. 25–30, vgl. S. 26), der Song »Am Golf von Biscaya«, nicht nur Freddy Quinn hat ihn gesungen (Brigitte Kronauer: Bügeln 1 [2008]. In: Die Tricks der Diva. Die

berts Musik wird explizit mit Trost verbunden.⁶¹ Außerdem wiederum im übertragenen Sinn Musik als Glanz: »Man singt immer. Noch erstaunlicher: Alles um einen herum macht Musik, selbst die Küchengeräte.«⁶² So erläutert Frau Hollein der kleinen Rita, was es mit der Liebe auf sich hat. Und die zwanzigjährige Rita beschreibt ihre Erwartungen an die Liebe: »Wohin ich auch sah, es durchbebte mich, ich spürte das allgemeine Sehnen und Zucken der Luft, keine dreckige Häuserwand bildete ein Hindernis, alles reihte sich aneinander zu einem ununterbrochenen Lied und Überschwang.«⁶³ Erneut fällt der Hang zum Naturklang auf: »Das Herrlichste auf der Welt war schon damals für mich der Vogelgesang, besonders bei leichtem Regen.«⁶⁴

Im Roman *Gewäsch und Gewimmel* (2013) wird auf die »Macht der Musik« auf verschiedene Weise angespielt, zuletzt mit einer Reflexion zum Isenheimer Altar. Auch hier lässt sich beobachten, dass die Momente Glanz und Trost über populäre Stücke und Standards aus dem Klassiksektor nebeneinander ihren Platz haben.⁶⁵

Kleider der Frauen, S. 133–135, vgl. S. 133), »Wir gehören zusammen, wie der Wind und das Meer, das Meer«; dazu passend: »Blaue Nacht, o blaue Nacht im Hafen« (Brigitte Kronauer: Die Überraschung der Sängerin [1994]. In: Die Einöde und ihr Prophet, S. 67–80, hier S. 69 und S. 73), aus Emmerich Kálmáns *Gräfin Mariza* »Höre ich Zigeunergeigen ...« (Brigitte Kronauer: Das Tüpfelkleid [2008]. In: Die Tricks der Diva. Die Kleider der Frauen, S. 172–183, vgl. S. 179).

61 »Alles wurde gefällt, von den Menschen wilder als vom Tod. Sie versuchte das Splittern und Krachen der Bäume mit dem tröstlichen Kummer von Musikstücken, die ihr besonders teuer waren, zu besänftigen. Wer konnte das besser und verhängnisvoller als die Klaviersonaten des Komponisten Schubert?« Brigitte Kronauer: Die Verfluchung [2008]. In: Die Tricks der Diva. Die Kleider der Frauen, S. 204–209, hier S. 207. Vgl. ebenfalls zu Schubert: »Musik, die alles formuliert, keinen Trost weiß und trotzdem, es ist ihr Geheimnis, mit ihrer überwältigenden Traurigkeit tröstet.« (Die Augen sanft und wilde, S. 148).

62 Brigitte Kronauer: Die kleinen Hunde an ihren Leinen [2008]. In: Die Tricks der Diva. Die Kleider der Frauen, S. 116–121, hier S. 120.

63 Brigitte Kronauer: Vierzehn [2008]. In: Die Tricks der Diva. Die Kleider der Frauen, S. 145–149, hier S. 146.

64 Brigitte Kronauer: Krähen [2008]. In: Die Tricks der Diva. Die Kleider der Frauen, S. 230–238, hier S. 232.

65 Im Folgenden ausschließlich Zitate aus Brigitte Kronauer: Gewäsch und Gewimmel. Roman. Stuttgart 2013, wiederum chronologisch sortiert: die *Cäcilienode* von Händel (natürlich, möchte man sagen, denn die Macht der Musik wird verhandelt; S. 30); Bach, Mozart, Beethoven, Schubert bei einem Klavierabend (im Abschnitt »Die Macht der Musik«; S. 559 f.); »›[Üb immer Treu und Redlichkeit]‹ bis an das kühle Grab‹« (von Hölty bzw. Mozart; S. 23); Mozarts *Don Giovanni* (S. 258); aus Rossinis *Armida* das Duett zwischen Armida und Rinaldo »›Dèh! Se cara a te son io‹« (S. 587); Schuberts »Lied im Grünen«, op. 115/1, »vom Sopran ›wie geschmolzenes Silber‹ gesungen« (Text: Friedrich Reil; S. 195), noch einmal Schubert mit dem »Frühlingsglauben«: »›Die lauen Lüfte sind erwacht‹« (S. 244 und S. 275), op. 20/2 [Text: Ludwig Uhland: »O frischer Duft, o neuer Klang! / Nun, armes Herze, sei nicht bang! / Nun muß sich alles, alles wenden!«],

Eine Tendenz zur »Wundertinktur«[66] kommt auch in Kronauers Beitrag »Man muß es parat haben!« für den »Stimmenzauber«-Sammelband zur Geltung.[67] Das Anklingenlassen von Passagen, die also nicht vollständig zu vernehmen sind, wird, aus kindlicher Erfahrung (und Mörike-Lektüre) abgeleitet, zur Methode umgestaltet:

> Wovon war die Rede? Versfragmente, die ich nicht gleich begriff, Rätsel aus Wörtern, die ich einzeln alle kannte, die aber in plötzlich geheimnisvoller, fremd klingender Aneinanderreihung zu zierlichen Gespinsten und düsterem Donnerhall wurden, besaßen die größte Macht über mich.[68]

Das Moment des Geheimnisvollen, Rätselhaften von Liedfetzen, von klingenden Rudimenten, diese Ausprägung bildet einen geeigneten Übergang zur Trilogie *Rita Münster / Berittener Bogenschütze / Die Frau in den Kissen*. In *Rita Münster* wird Gottfried Keller zitiert: »›Sogleich sang sie das Lied mit allen Strophen, die auf verschiedene Gegenstände übersprangen, aber alle eine gleichmäßige Sehnsucht, ein Gewisses wiederzusehen, ausdrückten.‹«[69] Dieselbe Stelle aus dem »Landvogt von Greifensee« (der dritten der Züricher Novellen, Band 1), bildet, wenn auch verkürzt, das Motto der *Frau in den Kissen*.[70] Hier wie in den anderen Fällen geht es mir nicht um den Kontext, sondern um das Signal, vergleichbar der Stelle im *Berittenen Bogenschützen*, die da lautet: »[...] dachte er an seinen Vater, der ihn als Kind oft mit einem Albumvers hingewiesen hatte auf den unsichtbaren

---

»Schuberts Streichquartett d-Moll ›Der Tod und das Mädchen‹« (S. 560); das Lied op. 40/3 von Robert Schumann: »Der Soldat« (Andersen/Chamisso; S. 257–259); [Pablo de] »Sarasates Zigeunermusik« (also die sog. »Zigeunerweisen« für Violine; S. 407); »fröhliche Jagdlieder«, »alte Schlager« (beide Zitate S. 427); Popmusik, im Auto so laut wie möglich gehört, um den Tag loszuwerden (S. 174). Bisher nicht zuverlässig zu identifizieren waren folgende Musikstücke: ein Lied aus Spanien, in dem es heißen soll »›Es gibt keine Liebe ohne Schmerz, kein Schmerz ist so stechend wie die Liebe‹« (S. 338), und das Liedchen zu einer Walzermelodie »[...] Schwaden, die schaden, weich wie die Liebe und kalt wie der Tod« (S. 349).
66 Vgl. Wilhelm Heinrich Wackenroder und Ludwig Tieck: Phantasien über die Kunst. Stuttgart 1973, S. 59: »Auch sind ja alle Dinge in der Welt so oder anders, nachdem wir sie so oder anders betrachten; der Verstand des Menschen ist eine Wundertinktur, durch deren Berührung alles, was existiert, nach unserm Gefallen verwandelt wird.«
67 Das Zitat »O Täler weit, o Höhen, du schöner grüner Wald« entstammt wie die Zeilen »Und mitten in dem Leben / wird Deines Ernsts Gewalt / mich Einsamen erheben / so wird mein Herz nicht alt« dem vierstimmigen »Abschied vom Walde«, Komposition: Felix Mendelssohn, *Sechs Lieder im Freien zu singen für vierstimmigen gemischten Chor*, op. 59/3 [1843], Text: Joseph von Eichendorff (1810: »Abschied«). Kronauer: Man muß es parat haben!, S. 72.
68 Kronauer: Man muß es parat haben!, S. 72.
69 Brigitte Kronauer: Rita Münster. Roman. Stuttgart 1983, S. 127.
70 Brigitte Kronauer: Die Frau in den Kissen. Roman. Stuttgart 1990, S. [4].

Schimmer in allen Dingen, ein Schimmer oder ein Lied.«[71] Der nur angedeutete »Albumvers« ist bekannt: Joseph Freiherr von Eichendorffs »Wünschelrute« aus dem Jahr 1835: »Schläft ein Lied in allen Dingen, die da träumen fort und fort, und die Welt hebt an zu singen, triffst du nur das Zauberwort.«

Im Vergleich dazu ist das vom Landvogt gewünschte und von Frau Marianne intonierte Lied unbekannt (»Wer die seligen Fräulein hat gesehn / Hoch oben im Abendschein«), es geht Brigitte Kronauer hier wohl nicht um den Liedtext, sondern um das mit der einfachen Weise und ihrer Wirkung verbundene Übersprungsgeschehen von Strophe zu Ding, wie Keller es ausführt, einmal mit, einmal ohne Sehnsucht und Wiedersehen. Dem entspricht in gewisser Weise das zweimalige Zitieren aus dem »Blonden Eckbert« von Tieck im *Berittenen Bogenschützen*: »›[...] dumpf und verworren hörte er die Alte sprechen, den Hund bellen und den Vogel sein Lied wiederholen‹« (so lautet der Schluss).

> [...] [S]chon immer aber hatte er, Matthias Roth, diesen Satz als etwas zum Glücklichen Gefügtes empfunden und, wie er nun meinte, auch dafür immer einen richtigen Platz gesucht, so daß es seine eigenen Worte werden konnten. Er war angelangt im Innersten des Tales, am tiefsten Punkt der Welt, alles bezog sich auf ihn [...].[72]

Der Bildungsweg ist noch nicht zu Ende, noch einmal wird sein Konzept über den Haufen geworfen, und er landet auf dem winterlichen Balkon:

> Es gab keine Kunst, keine Frömmigkeit, keine Flüche, keine Wörter mehr und keine fleischlichen Begierden oder Verzückungen durch Schönheit. Nur das Ausharren in der Verlassenheit, ohne Fragen zu stellen, blind und taub und doch ausgeliefert einer nie erfahrenen Konfrontation, die hier für ihn vorbereitet war und der er mit keiner noch so kleinen Körperzuckung auszuweichen suchte.[73]

Frau Bartels, seine Haushälterin, rettet ihn, und abermals spricht er die Worte aus der Schlussszene des »Blonden Eckbert«, »ganz von selbst kam es ihm über die Lippen: ›... ›dumpf und verworren hörte er die Alte sprechen, den Hund bellen und den Vogel sein Lied wiederholen‹.‹«[74] Der Vogel singt von der »Waldeinsamkeit«, die Brigitte Kronauer als Kind wichtig geworden ist durch Märchen, dann aber auch als Kontrast zur Nachkriegslandschaft – er singt »in drei Variationen unverschämt kunstlos«, wie sie später erläutern wird.[75] Der Text, in dem

---

71 Kronauer: Berittener Bogenschütze, S. 177.
72 Kronauer: Berittener Bogenschütze, S. 270.
73 Kronauer: Berittener Bogenschütze, S. 406.
74 Kronauer: Berittener Bogenschütze, S. 406.
75 Brigitte Kronauer: Hotel Wald International [2001]. In: Zweideutigkeit, S. 21–25, hier S. 22.

sie davon berichtet, beginnt mit einer rhetorisch genannten Frage nach dem Trost:

> Was lockt mich [...] denn eigentlich und verschafft mir, wenn ich dem Angebot nachgebe, zuverlässig das Gefühl, getröstet zu sein, auch wenn gar kein Trostbedürfnis vorausgegangen ist, spendet also jene kräftige Empfindung, die man wohl ›getrost‹ nennt, und die das Gegenteil von Sentimentalität ist?[76]

Bemerkenswert in diesem Zusammenhang der Hinweis auf eine Verlockung: »Angesichts all des Zerfallenden, Verwesenden, Verwitternden [...] nachzugeben und sich der Verführung zur allseitigen Auflösung mit der eigenen, flüchtigen Person anzuschließen.«[77] Das alles könnte bei Matthias Roth, der ja auch seinen Tieck parat hat, durchaus mitschwingen.

Mitschwingen, resonieren, auch hineinkatapultieren, das sind Ausdrücke, die bei den musikalischen Phänomenen und Entwicklungen in Brigitte Kronauers Texten eher angebracht sind als »verstehen« oder sonst irgendwie auf Abstand bringen. Als frühes Indiz eine Erzählung aus dem ersten Bändchen von 1974, eine Wahrnehmung, die nachzeichnet, wie sich Musik der Kundin allmählich bemächtigt, die zunächst zögert, dann aber doch zustimmt:

> Ich spürte jedoch sehr heftig den Wunsch in mir, diesem freundlichen Rhythmus nachzugeben, und meine Schritte taten es jetzt bereits, meine Bewegungen hatten sich angepaßt. Ich ging schlenkernd und locker und ließ meine Blicke wandern, und ich ging hierhin und dorthin, und ich fühlte mich entrückt und frei von dem Gedränge und der Eile auf den Straßen, es war eine sanfte, beinahe zärtliche Musik, und schließlich schon geschah alles von selbst, es lenkte und bewegte mich, und ich selbst brauchte gar nichts mehr zu tun, ja, es war zwischen all diesen aufgestellten Dingen nichts mehr als ein Gleiten und Schweben.[78]

In diesen nach Girolamo Cardanos *Lebensbeschreibung* gebauten Vorkommnissen »mit geraden und ungeraden Ausgängen« erneut eine Entscheidung zum Nachgeben:

> Ähnliches ereignete sich im Jahre 1971. [...] Sie hatte die Situation nicht in der Gewalt, sie war davon erfaßt. Sie wollte offenbar erfaßt sein. Ihr standen die Freude und Erregung im Gesicht, als wäre sie glücklich, endlich wieder dieses Gefühl zu haben, dieses Gefühl, wenn einem die Situation entgleitet, wenn man von ihr überwältigt wird.[79]

---

76 Kronauer: Hotel Wald International, S. 21.
77 Kronauer: Hotel Wald International, S. 24 f.
78 Kronauer: Wechselnde Ereignisse in gleicher Bewegung II, S. 99.
79 Brigitte Kronauer: Vorkommnisse mit geraden und ungeraden Ausgängen. In: Der unvermeidliche Gang der Dinge, S. 101–121, hier S. 102 f.

Ein letztes Beispiel für die Dynamik des Soges, die immer wieder mit Musik verknüpft ist, aus der Sammlung von 1975 (»Eine logische Sympathie«):

> Diese alten, traurigen Evergreens, die von Anfang an ein Ende besingen, den Schluß von Sommer, Liebe, Glück und natürlich Jugend. Ob sie es aussprechen oder nicht, man hört es am Tonfall. Sie sind mir die liebsten, sie sind ganz voll von diesem Gefühl, dieser zähen Angst, die ich immer habe, dünn und beständig, so voll, daß man richtig betrunken wird und sich räkelt und rollt wie in Syrup [sic] und Trauer, die zwischen Anfang und Ende ist, denn man weiß ja, das Lied führt sie zuende. Von Anfang an.[80]

5 Zwischenschritt

Eckhard Henscheid, von Brigitte Kronauer wiederholt als Autor empfohlen[81] und auch für den Büchner-Preis vorgeschlagen,[82] hat im Jahr 2003 einen Vortrag gehalten, der zweimal publiziert worden ist; es ist dies der bislang einzige Beitrag zur Frage der ›Macht der Musik‹ bei Kronauer.[83] Ein eigentümlicher Ton durchzieht seine Analyse der musikalischen Neigungen der Kollegin.[84] Nicht ohne Grund ist er als ewiger Besserwisser bekannt, und gelegentlich kann das witzig und treffend sein. Bei Kronauer gibt er den unwilligen, wiewohl sympathisierenden Entlarver einer bloßen Möchtegern-Musikalität, einer hochtrabenden »Art höherer Hörfähigkeit«,[85] einer von ihr nur behaupteten Wahrnehmungsschule

---

80 Brigitte Kronauer: Eine logische Sympathie. In: Die Revolution der Nachahmung, S. 47. Vgl. zum Thema ›willkommener Sog‹: Kronauer: Man muß es parat haben!, S. 75: »Sehr einverstanden wäre ich, wenn mir an meinem Lebensende, wie es bei meiner über neunzigjährigen Mutter, als sie schon lange nicht mehr lesen konnte, der Fall war, nichts anderes mehr zu artikulieren gelänge als Goethes Gedicht vom Fischer mit dem kalten Blut, den die Nixe zu seiner Gesundung hinabzieht in ihr Reich: ›Sie sprach zu ihm – sie sang zu ihm – Da wars um ihn geschehn – [...].‹«
81 Brigitte Kronauer: Henscheids Poesien. In: Literatur und schöns Blümelein, S. 43–70; B. K.: Etwas für den Ernstfall. Zu Eckhard Henscheid [1995]. In: B. K.: Die Lerche in der Luft und im Nest. Zu Literatur und Kunst. Fotos von Renate von Mangoldt. Berlin 1995 (Text und Porträt. Bd. 19), S. 78–85; B. K.: Macht was ihr wollt!: Wie modern muß Literatur sein? [2001] In: Zweideutigkeit, S. 275–291, hier S. 288.
82 Klaus Nüchtern: »Schönheit haut uns um!« In: Falter Nr. 43, 27.10.2005, S. 22.
83 Eckhard Henscheid: Laiin, Dilettantin, Vagantin. Brigitte Kronauer und die Macht der Musik. In: Literarisches Portrait Brigitte Kronauer. Hg. von Bettina Clausen, Thomas Kopfermann und Uta Kutter. Mit einem Vorwort von Thomas Kopfermann. Stuttgart 2004 (Schriften der Akademie für gesprochenes Wort. Bd. 6), S. 119–134.
84 Vgl. das gemeinsame Werk: Brigitte Kronauer, Eckhard Henscheid und Gerhard Henschel: Kulturgeschichte der Mißverständnisse. Studien zum Geistesleben. Stuttgart 1997.
85 Henscheid, S. 119.

Musik.[86] Gradmesser bleibt hier natürlich Henscheids eigenes Expertentum. Was irritiert ihn denn? Sie, sonst bekannt dafür, es genau zu nehmen, schert sich ihm zufolge in musikalischen Zusammenhängen nicht um Präzision und Fachkenntnisse. Dieser Mangel an Durchgängigkeit, diese Lücke im Gesamtauftritt bringt ihn dazu, sich selbst als Feuilletonredakteur vorzustellen, der seiner Mitarbeiterin Kronauer, die in diesem Szenario für Musikkritiken zuständig wäre, nicht trauen kann.[87] An dieser Stelle zeigt sich vielleicht der springende Punkt: Denn Kronauer will in musikalischen Angelegenheiten ganz offenkundig nicht Insiderwissen an den Mann bringen, sie will auch keine Besprechungen musikalischer Produktionen liefern. Ist das womöglich ein Binnenwiderspruch zum kritischen Impetus ihres Schreibens als Ganzem? Was wäre der Vorteil fürs Publikum, wenn Kronauer musikwissenschaftliche Expertise oder feuilletonistische Routine in ihr Werk montieren würde? Meteorologische Spezialliteratur und das eingesetzte Vokabular faszinieren sie,[88] weniger aber vielleicht, so könnte vermutet werden, ethnomusikologische oder musikhistorische Studien in ihren sprachlichen Ausprägungen. Bliebe sie denn insgesamt und damit ihr Schaffen desavouierend unter ihrem Niveau, wenn sie sich nicht auch als Fachfrau *in musicis* ausweisen kann oder will? Disqualifiziert sie ihre im Vergleich zu Henscheid vielleicht mutwillige Wahrnehmung von *Toscas* drittem Akt (in *Rita Münster*)? (Der *Sudelbuch*-Autor bekrittelt das »Fehlerhafte«[89] an Puccinis Erzeugnis – kurioserweise ausgerechnet dann, wenn es um »Ambivalenz« geht.) Torpediert sie selbst ihre (von ihm konzedierte) Begabung zum »Metamusikalischen«,[90] wenn ihr ange-

---

86 Henscheid, S. 129.
87 Henscheid, S. 125 und S. 128.
88 »Ich finde, dass gerade das Fachvokabular die Wahrnehmung steigert. [...] Es gibt ein Buch über die Formen und Elemente des Hochgebirges, in dem diese mit den physikalischen und chemischen Erklärungen beschrieben werden – und zwar definitiv ohne literarischen oder poetischen Anspruch. Das ist eines der tollsten Bücher, die ich in den letzten Jahren gelesen habe. Das müsste man natürlich in einem grösseren Text dosiert einsetzen, hat dann aber auch einen wirklich sinnlichen, fast taktilen Reiz, weil dadurch eine bestimmte Härte in den Text kommt.« (»Schriftsteller sind auch asozial«. Gespräch mit Klaus Nüchtern. In: Tagesanzeiger, 05.11.2005, S. 53.) Zu »Annäherungen oder Parallelen zwischen Poesie und Wissenschaft« vgl. auch Brigitte Kronauer: Das Eigentümliche der poetischen Sprache. In: Die Sichtbarkeit der Dinge, S. 175–186, hier S. 184: »[...] in Melvilles Epos ›Moby Dick‹ die zahlreichen eingefügten naturwissenschaftlichen und naturhistorischen Abhandlungen zu Wal und Walfang, hier in der Funktion einer Verstärkung der Legende vom weißen Wal aus anderer Perspektive, einer Konsolidierung, auch Kondensierung.« Weitere Beispiele folgen (Nabokov, Perutz, Pörksen).
89 Henscheid, S. 121.
90 Henscheid, S. 126.

sichts von Rigolettos Lachen, das sie als höhnendes Lachen des Herzogs hört, ein Lapsus passiert?[91]

Sie tue so, berichtet Henscheid aus Korrespondenz und Gesprächen, als sei sie eine »Laiin«, »Dilettantin«,[92] eine »Tumbe«, ein »Greenhorn«,[93] was ihr Rezeptionsverhalten gegenüber Musik angeht. Und gleichzeitig gestatte sie es sich, rhetorisch zu spekulieren auf dieser in seinen Augen fragwürdigen Basis[94] – das nervt den Kollegen überaus. Denn sie habe ja (über längere Zeit von Henscheid begutachtet) Potenzial zur »Reflexion über Gehörtes«, wie sich in der »Niederschrift ihrer Hör-Denkerlebnisse in Aufsätzen und im Roman« dokumentiere.[95] Generös möchte er sich darstellen, wenn er »bloßes Beschwärmen«[96] für zulässig erklärt; gleichzeitig beanstandet er an Kronauer, die sich in einer Radiosendung als »Unmusikalische und musikalisch ziemlich unwissend Gebliebene«[97] beschreibt, die »Bewunderungswilligkeit«[98], für ihn ein Hindernis (sie ist ihm noch zu sehr »kritiklose Verehrerin«[99]).

Halten wir uns zunächst vor Augen, dass die musikalischen Bezüge in Kronauers Texten die gesamte Bandbreite von *telling* und *showing* im Sinne der anglizistischen und amerikanistischen Narratologie abdeckt, inklusive einer Mixtur von beidem in der narrativen Evokation.[100] Denn wie kommt Musik in ihrer Literatur vor: gelegentlich als Wortmusik[101]; im Sinne von musikalischen Form- und Strukturparallelen (ein wenig großzügig verbucht) etwa als in den Roman integriertes Libretto einer Opernfarce[102]; als ›verbal music‹ (im Unterschied zur ›word music‹: also weder Vertonungen noch Programmmusik, sondern Beschrei-

---

91 Henscheid, S. 127 f.
92 Henscheid, S. 124.
93 Henscheid, S. 127.
94 Henscheid, S. 128.
95 Henscheid, S. 125.
96 Henscheid, S. 125.
97 Henscheid, S. 129.
98 Henscheid, S. 130.
99 Henscheid, S. 130.
100 Vgl. Nicola Gess: Intermedialität »Reconsidered«: Vom Paragone bei Hoffmann bis zum Inneren Monolog bei Schnitzler. In: Poetica 42 (2010), H. 1/2, S. 139–168; Christine Lubkoll: Musik in Literatur: Telling. In: Handbuch Literatur & Musik. Hg. von Nicola Gess und Alexander Honold. Berlin/Boston 2017 (Handbücher zur kulturwissenschaftlichen Philologie. Bd. 2), S. 78–94; Werner Wolf: Musik in Literatur: Showing. In: Handbuch Literatur & Musik, S. 95–113.
101 Zum Beispiel Brigitte Kronauer: Verlangen nach Musik und Gebirge. Roman. Stuttgart 2004, S. 384: »Schiff, Schiff, Schiff, hhh, hhh, hhh. [...] O Quatschquatschquatsch. [...] Quappquapp quappquapp.«
102 Kronauer: Verlangen, S. 283–342.

bung fiktiver oder vorhandener Musik); und auch Anspielungen auf Musik, auf musikalische Werke[103] und Musiker bzw. Komponisten[104] gibt es zuhauf. Henscheid nennt allgemein »Musik als Trost und Trug und Glücksbringerin«,[105] als »Bindeglieder zur Musik« bei Kronauer speziell »unablösbare Textreize«, den »Gehalt einer Belcanto-Oper«, aber auch den »Schönklang vieler Musiken«.[106]

Unterscheidet er bei seinem Einwand zwischen dem Personal der Bücher und der Autorin? Es macht natürlich einen Unterschied, ob sie sich im Roman qua Figur oder in einer Rundfunksendung qua Privatmensch äußert. Aber abgesehen davon liegt es bei der Frage nach Kronauers Musik-Rezeption im Sinne der schwärmenden, bewunderungsfreudigen, kritiklosen und also vertrauensseligen Haltung nahe, eine weitere explizit gemachte Prämisse ihres Schreibens in Erinnerung zu rufen: Leszek Kołakowskis kleine Schrift, die den »Mythos« in verschiedener Gestalt als notwendiges Komplement »logischer« Anstrengungen begreift.[107]

Sein Büchlein *Die Gegenwärtigkeit des Mythos* (1972) hat sie nicht nur durch die 1970er Jahre begleitet. Der »Mythos« sei ihm zufolge (und heute noch) nicht nur präsent, sondern auch vonnöten (»im Sinne der Humanität«[108]). Sosehr die Zeitgenossen vom kritischen Rationalismus geprägt seien, so sehr blieben mythische Aspekte virulent. Kronauer spricht von der Anregung, die sie von Kołakowski erfahren hat, und zwar als einem von drei wichtigen Impulsgebern in Zeiten einer Schreibkrise: Cardano, Kołakowski, Montaigne – in dieser Reihung (alphabetisch?). Bei Cardano und Kołakowski blitzen Gemeinsamkeiten auf: die unumgänglichen Zusammenreimversuche (einmal mehr magisch, einmal mehr mythisch bestimmt). Ausdrücklich werden individuell ebenso wie gesellschaftlich produzierte »Horizonte[ ]« genannt, in denen »überleb[t]« werden könne,

---

103 Kronauer: Verlangen, S. 280: »War nicht die erste Oper, die man gesehen hat, als Kind noch, ›Fidelio‹? Das grauenhafte Dunkel, in dem ein hilfloser, kaum sichtbarer Gefangener sang, trieb ihr so den Schweiß auf die Haut, daß sie den Schurken Pizarro als Erretter empfand, nicht weil er Herr über die Finsternis war, sondern als deren Personifizierung. Statt des schwarzen Nichts die verkörpernde Figur.«
104 Hier könnte man eine Binnendifferenzierung vorschlagen, nämlich zwischen fiktiven und gegenwärtigen bzw. historischen Figuren. Beispiel für einen fiktiven Komponisten: Hans Keller in *Gewäsch und Gewimmel*, etwa S. 26, 55 f., 71, 131, 151–153, 181, 430 f., 462 f., 538, 559; Beispiel für einen fiktiven Musiker ebd., S. 66: der »wunderliche Straßenmusikant« Werner G.
105 Henscheid, S. 123.
106 Henscheid, S. 132.
107 Leszek Kołakowski: Die Gegenwärtigkeit des Mythos. Übers. von Peter Lachmann. München 1973.
108 Brigitte Kronauer: Zauber und Zahl. Kleiner Rückblick auf Hubert Fichte zum 75. Geburtstag [2010]. In: Favoriten, S. 173 f., hier S. 173.

nämlich »nur mit Hilfe mythologischer Bilder und Anschauungen«.[109] Im selben Text kommt sie noch einmal auf Cardano und Kołakowski zurück: Bei beiden werde ein allgemeines »Bedürfnis nach den schützenden Magien von Bild und Muster, Regel, säkularisierter Liturgie« zum Ausdruck gebracht. Zur Sentenz verkürzt: »[O]rdnende Konfigurationen« sind so unerlässlich wie das Bestreben nach »Freiheit, Anarchie, Formlosigkeit, Zufall«.[110]

In ihrer Tübinger Poetik-Vorlesung (2011) wird das Rhodos-Erlebnis mit einer Kołakowski-Stelle unterlegt.[111] Während Kołakowski von »zerrbildhaften Fluchten«[112] in illusionäre Natur-Enklaven spricht, bestimmt er die Hinwendung zur Kunst positiv, und einen entsprechenden Passus zitiert Brigitte Kronauer zustimmend: Es sei Aufgabe von Kunst, aufzudecken, was nicht unmittelbar evident sei, »alle geheimen Fasern [zu] enthüllen, die von den empirischen Qualitäten überwuchert werden«. Sie zitiert ihn in Tübingen, um die »anachronistisch kindliche[n] Erwartungen« an die Natur zu untermauern (die zwischendurch »willkommene poetische Sicht« falle uns also nicht »in den Schoß«[113]), außerdem, um ihre eigene Auffassung von Kunst zu unterstreichen. Was sie im Kontext der dritten Tübinger Vorlesung zur Gewalt der Bilder sagt, gilt wohl gleichermaßen für alle anderen Kunstanstrengungen:

> Im Bild-Kosmos hebt die subjektive Ordnung der künstlerischen Organisation – sogar dann, wenn sie sorgfältigste oder schnödeste Destruktion sein sollte, ist sie doch stets Stilisierung des Chaotischen – die Sinnlosigkeit auf. Sie verwandelt Gleichgültigkeit und Kontingenz des Phänomenalen in den gezielten, auf die Leinwand gebannten Aufruhr des Extrems.[114]

Ohne näher darauf einzugehen, knüpft Brigitte Kronauer hier an eine grundlegende These von Kołakowski an:

> Das, wovor wir fliehen, ist die Erfahrung der Gleichgültigkeit der Welt, und die Versuche, diese Gleichgültigkeit zu überwinden, bilden den zentralen Sinn des menschlichen Ringens mit dem Schicksal in seiner Alltäglichkeit und in seinen Extremen.[115]

---

109 Brigitte Kronauer: Kleine poetologische Autobiographie. In: Sprache im technischen Zeitalter 42 (2004), H. 171, S. 267–282, hier S. 270.
110 Kronauer: Kleine poetologische Autobiographie, S. 273.
111 Kronauer: Vom Umgang mit der Natur und wie sie mit uns umspringt, S. 38 f.
112 Kołakowski, S. 96.
113 Kronauer: Vom Umgang mit der Natur und wie sie mit uns umspringt, S. 38.
114 Brigitte Kronauer: Die Gewalt der Bilder [3. Vorlesung]. In: Wirkliches Leben und Literatur, S. 43–59, hier S. 51.
115 Kołakowski, S. 90.

Kunst als »ein Modus, der Welt ihr Böses und ihr Chaos zu verzeihen« meint bei Kołakowski weder Theodizee noch Beschwichtigung, sondern eher eine Ermächtigung »zur Möglichkeit meiner Initiative gegenüber der Welt«. Die »mythenbildende Kraft« sei es, die es erlaube, »in der Bewegung der eigenen Initiative der herkömmlichen Welt [etwas] entgegen[zu]stellen«.[116] Kołakowski konstatiert eine gewisse Dialektik der Weltaneignung: Im Versuch, die Gleichgültigkeit der physikalischen Welt technologisch zu überwinden, werde uns die »Beute« zur Niederlage; sie sei nicht »Frucht einer freundschaftlichen Begegnung«.[117]

> In dem Maße, in dem wir die Fähigkeit verlieren, zum mythischen Verständnis des physikalischen Seins zurückzukehren, verlieren wir die Hoffnung auf seine Domestizierung, seine »Humanisierung«, verbleiben wir in der Konfrontation mit den Dingen, die uns dank der Tatsache gehorchen, daß sie uns gegenüber grenzenlos gleichgültig sind.[118]

Das Gegenbild dazu: »erotische Verständigung«.[119]

In ihrer »Kleinen poetologischen Autobiographie« (2004) thematisiert Kronauer die zu überwindende Gleichgültigkeit ohne direkte Bezugnahme auf den Philosophen:

> Die indifferente Zerstreutheit der Welt ist weder im Leben noch in der Literatur langfristig auszuhalten. Wenn wir uns auch noch so sehr der Illusion hingeben, gefühlsernüchtert und ein für allemal entzaubert zu sein: Wir bewegen uns in der Farbstichigkeit privater und kollektiver Muster, Dramaturgien, Ideologien und schaffen uns laufend gemütliche Gesichtskreise.[120]

6 Poetische Vorimitation

»Vorimitation« heißt ein kompositorisches Verfahren in Orgelchoralvorspielen: Dem *cantus firmus* entnommene Elemente werden vor Eintritt der jeweiligen (kolorierten) Choralzeile kontrapunktisch verarbeitet. Im übertragenen Sinne geht es bei Brigitte Kronauer nicht um einen Choral, sondern um das »Lied in

---

116 Kołakowski, S. 48 f. (alle Zitate).
117 Kołakowski, S. 96.
118 Kołakowski, S. 98.
119 Kołakowski, S. 100.
120 Kronauer: Kleine poetologische Autobiographie, S. 281.

allen Dingen«.¹²¹ Das lässt sich auch anhand des Rhodos-Erlebnisses demonstrieren, das wiederholt und in Varianten als Ferment ihrer schreiberischen Wahrnehmungszeremonien zu entdecken ist. Dass es auch für ›musikalische‹ Zusammenhänge fruchtbar gemacht werden kann, kann am Beispiel von *Teufelsbrück* (2000) und von *Verlangen nach Musik und Gebirge* (2004) angedeutet werden.

Zunächst also noch einmal das Meer als Herausforderung in wechselnden Beleuchtungen: In *Verlangen nach Musik und Gebirge* tritt es in verschiedener Gestalt auf, je nachdem wie es angeschaut wird (»Aber wie?«¹²²). Vom »Wellenbegaffen«¹²³ ist bald die Rede, manchmal eher distanziert,¹²⁴ manchmal eher zustimmend.¹²⁵ Es wird immer wieder aufs Neue probiert, etwas darin zu entdecken: einen Höhepunkt, ein Idol.¹²⁶ Bei unmäßigen Erwartungen kann die Desillusionierung nicht ausbleiben.¹²⁷ Eine Art Einsicht oder Lektion zeichnet sich ab.¹²⁸ Wieder wird es versucht,¹²⁹ wieder wird reflektiert.¹³⁰ Am Ende kommt es zu einer Art Bilanz in wechselnden Perspektiven; die Relativierung bei aller Emphase gehört dazu.¹³¹

»Sie reizte mich durch ihre herausfordernde Gleichgültigkeit, die etwas Sich-Entziehendes und Trotziges hatte, das ich fassen wollte.«¹³² Gibt es einen adäquaten Umgang mit der Gleichgültigkeit der Welt? Was ist das Rezept gegen Indifferenz? In einer ihrer Tübinger Poetik-Vorlesungen bezieht sich Brigitte Kronauer auf Jean Paul, einen ihrer Hausgötter:

---

121 Vgl. Brigitte Kronauer: Hier bin ich, wo ich sein sollte. Über Tania Blixen [1982]. In: Aufsätze zur Literatur, Stuttgart 1987, S. 65–85, hier S. 85: »Man muss die andere [Welt] erträumen, wiedererfinden, das ist die notwendige Vorleistung der Fantasie, wenn man sie entdecken will.«
122 Kronauer: Wie!, S. 61.
123 Kronauer: Verlangen, S. 18. – Vgl. hierzu auch im vorliegenden Band den Beitrag von Ludwig Fischer.
124 Kronauer: Verlangen, S. 28, 45, 61.
125 Kronauer: Verlangen, S. 44.
126 Kronauer: Verlangen, S. 89, 112 f., 115.
127 Kronauer: Verlangen, S. 117 und S. 121.
128 Kronauer: Verlangen, S. 158.
129 Kronauer: Verlangen, S. 208.
130 Kronauer: Verlangen, S. 372.
131 Kronauer: Verlangen, S. 375 und S. 377.
132 Joseph Conrad: Ein Lächeln des Glücks. Eine Hafengeschichte. Übers. von Ernst Wagner. Mit einem Nachwort von Brigitte Kronauer. Frankfurt a. M. 2003, S. 80. Vgl. Kronauer: Verlangen, S. 311: »unendlich Gleichgültige«.

Seine selbst erfundenen Geschichten formen ihm das eigene Erleben in der Wirklichkeit vor. Das ist eine liebenswürdige Betrachtungsweise der Macht des, auch im weiteren Sinne, Literarischen, das durch seine Deutungen auf das Leben zurückschlägt.[133]

Wie Joseph Conrads »Ein Lächeln des Glücks« als Libretto eingebaut wird in eine Erzählung von Frau Fesch über ihr Verlangen nach Musik und Gebirge – sie wünscht sich, von ihrem Geliebten vertont zu werden –, so werken ja im Grunde alle erzählenden Protagonisten in Brigitte Kronauers Büchern mit ihren narrativen Kniffen und Mittelchen gegen die Gleichgültigkeit der Welt an. Kronauers Prinzip der poetischen Vorimitation wird deutlich beispielsweise im Jean-Paul-Hinweis oben oder in einem Zitat aus *Verlangen nach Musik und Gebirge:* »Weißt du, daß im herrlichsten Fall eine Oper die Liebe erzwingt und die Liebe in ihren besten Momenten die Arie?«[134] Der Indifferenz entgegengesetzt wird etwa die Sehnsucht, Klang oder Musik zu werden: Die Erzählerin in *Teufelsbrück* will Nachtigall werden,[135] will Oper werden in *Verlangen nach Musik und Gebirge*. Das alles geht nicht, ohne den »Hausaltar[ ]«[136] abzuräumen; nicht verheimlicht wird die Notwendigkeit des Aufputzens wie des Abräumens. Die Zumutung könnte darin bestehen, dass nicht stehengeblieben wird bei der Emphase, denn auch die Ernüchterung gehört dazu wie Animationen zum erneuten Aufschwung. Klar wird indirekt aber auch: Vorimitationen des Glanzes können Epiphanien nicht ersetzen.

Literaturverzeichnis

Brigitte Kronauer

Kronauer, Brigitte: Der unvermeidliche Gang der Dinge. Mit vier Zeichnungen von Dieter Asmus. Göttingen 1974.
— darin: Wechselnde Ereignisse in gleicher Bewegung II, S. 77–99.

---

133 Kronauer: Vom Umgang mit der Natur und wie sie mit uns umspringt, S. 29.
134 Kronauer: Verlangen, S. 119. »Die Fiktion schluckt die Realität, deformiert sie zumindest.« (Brigitte Kronauer: Über Avantgardismus [1. Vorlesung]. In: B. K., Alexander Nitzberg und Ferdinand Schmatz: Dichtung für alle. Wiener Ernst-Jandl-Vorlesungen zur Poetik. Hg. von Thomas Eder und Kurt Neumann. Innsbruck 2013, S. 74–102, hier S. 101).
135 »Eine Frau berichtet einer zunächst anonymen andern von ihrer großen Liebespassion, nein, sie erzählt indirekt von ihrem dringenden Wunsch, eine erlebt zu haben!« (Kronauer: Über Avantgardismus, S. 100).
136 »Demontage meines Hausaltars?« (Brigitte Kronauer: Teufelsbrück. Roman. Stuttgart 2000, S. 490).

— darin: Vorkommnisse mit geraden und ungeraden Ausgängen, S. 101–121.
Kronauer, Brigitte: Die Revolution der Nachahmung. Oder: Der tatsächliche Zusammenhang von Leben, Liebe, Tod. Mit vier Zeichnungen von Dieter Asmus. Göttingen 1975.
— darin: Steigerung und Hervorrufung, S. 42.
— darin: Eine logische Sympathie, S. 47.
Kronauer, Brigitte: Vom Umgang mit der Natur. Hamburg 1977.
— darin: Eine Konsequenz um ihrer Tröstungen willen, S. 139–144.
— darin: Der Tag am Meer, S. 216 f.
Kronauer, Brigitte: Rita Münster. Roman. Stuttgart 1983.
Kronauer, Brigitte: Berittener Bogenschütze. Roman. Stuttgart 1986.
Kronauer, Brigitte: Aufsätze zur Literatur. Stuttgart 1987.
— darin: Aspekte zum Werk Robert Walsers und Ror Wolfs [1979], S. 43–52.
— darin: Hier bin ich, wo ich sein sollte. Über Tania Blixen [1982], S. 65–85.
Kronauer, Brigitte: Die Frau in den Kissen. Roman. Stuttgart 1990.
Kronauer, Brigitte: Literatur und schöns Blümelein. Graz/Wien 1993 (Essay. Bd. 18).
— darin: Literatur und »schöns Blümelein«?, S. 25–30.
— darin: Henscheids Poesien, S. 43–70.
Kronauer, Brigitte: Die Lerche in der Luft und im Nest. Zu Literatur und Kunst. Fotos von Renate von Mangoldt. Berlin 1995 (Text und Porträt. Bd. 19).
— darin: Etwas für den Ernstfall. Zu Eckhard Henscheid [1995], S. 78–85.
Kronauer, Brigitte: Die Einöde und ihr Prophet. Über Menschen und Bilder. Stuttgart 1996.
— darin: Frau Melanie, Frau Marta und Frau Gertrud, S. 9–36.
— darin: Die Überraschung der Sängerin [1994], S. 67–80.
Kronauer, Brigitte: Das Eigentümliche der poetischen Sprache. In: Die Sichtbarkeit der Dinge. Über Brigitte Kronauer. Hg. von Heinz Schafroth. Stuttgart 1998, S. 175–186.
Kronauer, Brigitte: Teufelsbrück. Roman. Stuttgart 2000.
Kronauer, Brigitte: Zweideutigkeit. Essays und Skizzen. Stuttgart 2002.
— darin: Hotel Wald International [2001], S. 21–25.
— darin: Brott und Kreutzdonnerwetter? [2000], S. 54–58.
— darin: Kleiner Beitrag eines Gerechten zur Vervollständigung der Todsünden. Zu Gerard Manley Hopkins [1996], S. 149–151.
— darin: Der poetische Augenblick. Zu Hans Boesch [2001], S. 206–213.
— darin: Butterartiges Schmelzen [1997], S. 231–233.
— darin: Macht was ihr wollt!: Wie modern muß Literatur sein? [2001], S. 275–291.
— darin: Pointe eines Preises: Zur Verleihung des später zurückgegebenen Preises von ZDF/3sat und der Stadt Mainz [2001], S. 269–274.
— darin: Ein Augenzwinkern des Jenseits. Die Zweideutigkeit der Literatur [1997], S. 309–318.
Kronauer, Brigitte: Kleine poetologische Autobiographie. In: Sprache im technischen Zeitalter 42 (2004), H. 171, S. 267–282.
Kronauer, Brigitte: Verlangen nach Musik und Gebirge. Roman. Stuttgart 2004.
Kronauer, Brigitte: Man muß es parat haben! In: Stimmenzauber. Von Rezitatoren, Schauspielern, Dichtern und ihren Zuhörern. Hg. von Lothar Müller. Göttingen 2009 (Valerio. Bd. 10), S. 72–75.
Kronauer, Brigitte: Die Tricks der Diva. Die Kleider der Frauen. Geschichten. Mit einem Nachwort von Thomas Steinfeld. Stuttgart 2010.
— darin: Im Gebirg' [2004], S. 7–20.
— darin: Dri Chinisin [2004], S. 25–30

- darin: Wie! [2004], S. 61–64.
- darin: Fünfzehnmal Natur? Ein Nachwort [1990], S. 95–100.
- darin: Die kleinen Hunde an ihren Leinen [2008], S. 116–121.
- darin: Bügeln 1 [2008], S. 133–135.
- darin: Vierzehn [2008], S. 145–149.
- darin: Das Tüpfelkleid [2008], S. 172–183.
- darin: Die Verfluchung [2008], S. 204–209.
- darin: Krähen [2008], S. 230–238.

Kronauer, Brigitte: Favoriten. Aufsätze zur Literatur. Stuttgart 2010.
- darin: Skeptischer Riesengesang. Herman Melvilles Versepos *Clarel* [2006], S. 41–49.
- darin: Lob der Nachtigall. Rede zum Grimmelshausen-Preis [2003], S. 50–56.
- darin: Prachtexemplar des Geringen. Büchner-Preis-Rede [2005], S. 77–87.
- darin: Wie hat es das Naturschauspiel mir angetan. Zu Robert Walser [2006], S. 96–112.
- darin: Wovor man scheut, wonach man verlangt. Eine Rede auf Eduard Mörike [2004], S. 113–123.
- darin: Leben; London; dieser Juni-Augenblick. Notiz zu *Mrs Dalloway* von Virginia Woolf [2007], S. 154 f.
- darin: Gott, das Erzbesondere und der Sprungrhythmus. Zum 150. Geburtstag des englischen Lyrikers Gerard Manley Hopkins [1994], S. 156–165.
- darin: Zauber und Zahl. Kleiner Rückblick auf Hubert Fichte zum 75. Geburtstag [2010], S. 173 f.

Kronauer, Brigitte und Otto A. Böhmer: Wirkliches Leben und Literatur. Tübinger Poetik-Dozentur 2011. Hg. von Dorothee Kimmich et al. Kunzelsau 2012.
- darin: Brigitte Kronauer: Wirkliches Leben und Literatur [1. Vorlesung], S. 7–24.
- darin: Brigitte Kronauer: Vom Umgang mit der Natur und wie sie mit uns umspringt [2. Vorlesung], S. 25–41.
- darin: Brigitte Kronauer: Die Gewalt der Bilder [3. Vorlesung], S. 43–59.

Kronauer, Brigitte, Alexander Nitzberg und Ferdinand Schmatz: Dichtung für alle. Wiener Ernst-Jandl-Vorlesungen zur Poetik. Hg. von Thomas Eder und Kurt Neumann. Innsbruck 2013.
- darin: Brigitte Kronauer: Über Avantgardismus [1. Vorlesung], S. 74–102.

Kronauer, Brigitte: Gewäsch und Gewimmel. Roman. Stuttgart 2013.
Kronauer, Brigitte: Der Scheik von Aachen. Roman. Stuttgart 2016.

Weitere Primärquellen

Conrad, Joseph: Ein Lächeln des Glücks. Eine Hafengeschichte. Übers. von Ernst Wagner. Mit einem Nachwort von Brigitte Kronauer. Frankfurt a. M. 2003.
Die Augen sanft und wilde. Balladen. Ausgewählt und kommentiert von Brigitte Kronauer. Stuttgart 2014.
Nietzsche, Friedrich: Morgenröte. In: Kritische Studienausgabe. Bd. 3. Hg. von Giorgio Colli und Mazzino Montinari. München 1988, S. 9–331.
Spinoza, Baruch de: Ethik in geometrischer Ordnung dargestellt. In: Werke in drei Bänden. Hg. und übers. von Wolfgang Bartuschat. Bd. 1. Hamburg 2006.
Wackenroder, Wilhelm Heinrich und Ludwig Tieck: Phantasien über die Kunst. Stuttgart 1973.

Forschungsliteratur

Bahners, Patrick: Sagenschatz und Motivhaushalt [Laudatio zur Verleihung des Georg-Büchner-Preises an Brigitte Kronauer]. In: https://www.deutscheakademie.de/de/auszeichnungen/georg-buechner-preis/brigitte-kronauer/laudatio, zuletzt 27.11.2017.

Deutsche Akademie für Sprache und Dichtung: [Urkunde zur Verleihung des Georg-Büchner-Preises an Brigitte Kronauer]. In: https://www.deutscheakademie.de/de/auszeichnungen/georg-buechner-preis/brigitte-kronauer/urkundentext, zuletzt 27.11.2017.

Gess, Nicola: Intermedialität »Reconsidered«: Vom Paragone bei Hoffmann bis zum Inneren Monolog bei Schnitzler. In: Poetica 42 (2010), H. 1/2, S. 139–168.

Henscheid, Eckhard: Laiin, Dilettantin, Vagantin. Brigitte Kronauer und die Macht der Musik. In: Literarisches Portrait Brigitte Kronauer. Hg. von Bettina Clausen, Thomas Kopfermann und Uta Kutter. Mit einem Vorwort von Thomas Kopfermann. Stuttgart 2004 (Schriften der Akademie für gesprochenes Wort. Bd. 6), S. 119–134.

Kołakowski, Leszek: Die Gegenwärtigkeit des Mythos. Übers. von Peter Lachmann. München 1973.

Kronauer, Brigitte, Eckhard Henscheid und Gerhard Henschel: Kulturgeschichte der Mißverständnisse. Studien zum Geistesleben. Stuttgart 1997.

Kübler, Gunhild: Ruhelose Wahrnehmungs- und Spracharbeit. In: Die Sichtbarkeit der Dinge. Über Brigitte Kronauer. Hg. von Heinz Schafroth. Stuttgart 1998, S. 93–101.

Liebertz-Grün, Ursula: Auf der Suche nach einer ökologischen Ästhetik. Natur und Kunst im Werk Brigitte Kronauers. In: Die Modernität der Romantik. Zur Wiederkehr des Ungleichen. Hg. von Urte Helduser und Johannes Weiß. Kassel 1999 (Intervalle 4. Schriften zur Kulturforschung), S. 219–242.

Lubkoll, Christine: Musik in Literatur: Telling. In: Handbuch Literatur & Musik. Hg. von Nicola Gess und Alexander Honold. Berlin/Boston 2017 (Handbücher zur kulturwissenschaftlichen Philologie. Bd. 2), S. 78–94.

Schweikert, Uwe: »Es geht aufrichtig, nämlich gekünstelt zu!« Ein Versuch über Brigitte Kronauer. In: Neue Rundschau 95 (1984), H. 3, S. 155–171.

Wolf, Werner: Musik in Literatur: Showing. In: Handbuch Literatur & Musik. Hg. von Nicola Gess und Alexander Honold. Berlin/Boston 2017 (Handbücher zur kulturwissenschaftlichen Philologie. Bd. 2), S. 95–113.

Interviews

David, Thomas: »Die Literatur ist die Stunde der Wahrheit.« In: Du: die Zeitschrift der Kultur 71 (2011/2012), H. 814, S. 76–82.

Mangold, Ijoma: Zu Besuch bei der Großmeisterin der Boshaftigkeit. In: Die Zeit Nr. 42, 08.10.2009.

Nüchtern, Klaus: »Schönheit haut uns um!«. In: Falter Nr. 43, 27.10.2005.

Nüchtern, Klaus: »Schriftsteller sind auch asozial«. In: Tagesanzeiger, 05.11.2005.

III Naturansichten

Tanja van Hoorn
Brigitte Kronauers politische Natur-Aisthetik

Im Zeitalter von Biodiversitätskrise und Klimawandel, Human-Animal Studies und Ecocriticism stellt sich auch der Kunst mit neuer Dringlichkeit die Frage nach ihrem Verhältnis zur Natur.[1] Gelegentlich trägt dies bekenntnishafte Züge. 2012, zur Eröffnung der *documenta 13*, traf sich der *Zeit*-Redakteur Hanno Rauterberg zu einem Gespräch mit der Kuratorin Carolyn Christov-Bakargiev, genannt CCB.[2] Mit von der Partie war CCBs Malteserhündchen Darsi, denn die *documenta*-Chefin hatte eine Message und die lautete: Der Mensch steht *nicht* im Mittelpunkt. Ihre Losung stattdessen: Abkehr vom Logozentrismus, hin zu einer neuen Ganzheitlichkeit, Sicht- und Hörbarmachung des ›Anderen‹, d. h. der Stimmen der Tiere, Pflanzen und Steine.

Den impliziten Hintergrund hierfür bildeten Überlegungen des Wissenschaftssoziologen Bruno Latour über ein *Parlament der Dinge* und die Thesen des Bio-Philosophen Andreas Weber, der 2007 zu zeigen versuchte, dass *Alles fühlt*.[3] Explizit an der Konzeption der *documenta 13* beteiligt war die feministische Naturwissenschaftshistorikerin Donna Haraway. In ihrem Buch *When Species meet* (2008) hatte sie am Beispiel der amerikanischen Primatologin Barbara Smuts herausgestellt, wie sich in der Interaktion von Forscherin und Pavianen ein paritätischer gemeinsamer Handlungsraum bildet.[4] Dieses so genannte ›Gemeinsam-Werden‹ erfordere ein Denken jenseits der üblichen Polarität von Tier und Mensch – was CCB auf der *documenta 13* künstlerisch abbilden wollte.

Mit derartigen, teilweise etwas esoterisch anmutenden Neukonzeptualisierungen des Verhältnisses von Mensch und Natur hat die für ausgefuchste literarische Arrangements bekannte Brigitte Kronauer auf den ersten Blick scheinbar

---

1 Vgl. Chimaira – Arbeitskreis für Human-Animal Studies (Hg.): Human-Animal Studies. Über die gesellschaftliche Natur von Mensch-Tier-Verhältnissen. Bielefeld 2011; Gabriele Dürbeck und Urte Stobbe (Hg.): Ecocriticism. Eine Einführung. Köln/Weimar/Wien 2015.
2 Hanno Rauterberg: Carolyn Christov-Bakargiev. Die Heilerin. In: Die Zeit Nr. 24, 06.06.2012. In: http://www.zeit.de/2012/24/Documenta-Bakargiev, zuletzt 03.03.2018.
3 Bruno Latour: Das Parlament der Dinge. Für eine politische Ökologie. Übers. von Gustav Roßler. Frankfurt a. M. 2001 [frz. 1999]; Andreas Weber: Alles fühlt. Mensch, Natur und die Revolution der Lebenswissenschaften. Berlin 2007.
4 Donna J. Haraway: Die Begegnung der Arten [engl. 2008]. Übers. von Friedrich Weltzien. In: Tier-Werden, Mensch-Werden. Hg. von Neue Gesellschaft für Bildende Kunst e. V. Berlin 2009, S. 64–76. Vgl. zu diesem Ausstellungsprojekt auch die Besprechung von Cord Riechelmann: Wie man zum Tier wird. In: Jungle World Nr. 21, 20.05.2009. In: https://jungle.world/artikel/2009/21/wie-man-zum-tier-wird, zuletzt 03.03.2018.

überhaupt nichts am Hut. Und dennoch stehen hier Fragen auf dem Spiel, die auch die Kronauer umtreiben: Wodurch sind im Anthropozän die menschlichen Naturverhältnisse charakterisiert? Wie wird über die prekäre Restnatur gesprochen? Und, vor allem: was heißt das für die Literatur?

Mit den 2015 erschienenen spiegelbildlichen Bänden *Poesie und Natur* und *Natur und Poesie* hat die Autorin die zentrale Stellung der Natur für ihre Literaturkonzeption unterstrichen.[5] Aber schon vor 30 Jahren, in ihrer Dankesrede zur Aufnahme in die *Akademie für Sprache und Dichtung*, hieß es, dass die Natur »von den Schriftstellern nicht als allenfalls noch zu betrauernde, womöglich ohnehin antiquierte im Stich gelassen werden« dürfe; denn »[e]ine Welt, in der die sichtbare Natur ausgerottet wird« sei »ebenso wertlos wie eine Literatur, die ihre Wurzeln nur noch im Sekundären, im Vermittelten« habe.[6] Da Natur nicht nur die »ökologische«, sondern zudem die »ästhetische Basis« darstelle, trage der Schriftsteller auch im eigenen künstlerischen Interesse eine ethische Verantwortung für dieselbe. Ihre Antrittsrede schloss Brigitte Kronauer mit der Rezitation eines ihrer Lieblingsgedichte, Gerald Manley Hopkins' »Binsey-Pappeln, gefällt 1879«.[7] Mit diesem ergreifend schönen poetischen Mahnmal für einen konkreten Fall von Naturzerstörung setzt Hopkins offenbar Kronauers Projekt eines literarischen ›Nicht-im Stich-Lassens‹ der Natur in vorbildhafter Weise um.

1 Kronauers naturästhetisches Programm

Einer der Gründungsväter des Ecocriticism, der Amerikanist Hubert Zapf, hat vorgeschlagen, *Literatur als kulturelle Ökologie* zu begreifen. Zapf bestimmt die kulturelle Funktion literarischer Imagination analog zu ökologischen Prozessen. Literatur leiste eine Zusammenführung, Öffnung und Kontrafaktur verschiedener Diskurse in einem neuen, genuin künstlerischen Raum:

---

5 Brigitte Kronauer: Poesie und Natur. Natur und Poesie. 2 Bde. Stuttgart 2015.
6 Brigitte Kronauer: [Antrittsrede] [1988]. In: Wie sie sich selber sehen. Antrittsreden der Mitglieder vor dem Kollegium der Deutschen Akademie. Mit einem Essay von Hans-Martin Gauger. Hg. von Michael Assman. Göttingen 1999, S. 309–312, hier S. 311.
7 Zu Hopkins vgl. auch Brigitte Kronauer: Gott, das Erzbesondere und der Sprungrhythmus. Zum 150. Geburtstag des englischen Lyrikers Gerald Manley Hopkins [1994]. In: B. K.: Favoriten. Aufsätze zur Literatur. Stuttgart 2010, S. 156–165. Brigitte Kronauer: Kleiner Beitrag eines Gerechten zur Vervollständigung der Todsünden. Zu Gerald Manley Hopkins [1996]. In: B. K.: Zweideutigkeit. Essays und Skizzen. Stuttgart 2002, S. 149–151.

Literatur erfüllt [...] im Haushalt der Kultur die Aufgabe, eindeutige Welt- und Selbstbilder zu subvertieren und auf das von ihnen ausgeblendete Andere zu öffnen; eindimensionale Realitätskonstrukte in mehrdimensionale Bedeutungsprozesse zu überführen; das von dominanten kulturellen Diskursen Ausgegrenzte zu artikulieren und in seiner ganzen Vielgestaltigkeit der symbolischen Erfahrung zugänglich zu machen[.][8]

Eben diese Mehrdimensionalität betont auch Kronauer, wenn sie zeitgenössische Naturdichtung auf ein »Wuchern mit Perspektivenreichtum« und einen »Zugewinn von – auch extremen – Sichten« verpflichtet.[9] Zur Erfassung der »stets ruhelosen Wahrheit«[10] und insbesondere der prismatisch vielfältigen, widersprüchlichen und immer wieder so bezaubernden Natur[11] sei – in scharfer Abgrenzung zum tradiert-dualistischen Weltbild und der damit verbundenen »statische[n] Monoperspektive« – ein fortwährend dynamisches »Changieren der Blickwinkel« notwendig. Aufgabe der Kunst sei es, dieser »Ambivalenz der Bezüge« eine bewusst gestaltete Form zu geben.[12] Daraus ergibt sich Kronauers programmatische *Zweideutigkeit*, das kaleidoskophaft Flackernde und immer wieder Umkippende der Optik, was narratologisch etwa durch Multiperspektive umgesetzt werden kann.[13]

Flankiert wird das künstlerische Formprinzip inszenierter Mehrdeutigkeit durch Kronauers Forderung nach einer Haltung der Hingabe. Denn das *Spiel* mit Perspektiven müsse vom »*Ernst* des weder Entsetzen noch Überschwang scheuenden Hinsehens« begleitet werden.[14] Basis der Kunstproduktion sei also die unbedingte, affektiv-erschütterbare visuelle Natur-Wahrnehmung. Wie Kronauer mit der Rede vom »Entsetzen« und vom »Überschwang« andeutet, bildet den Nährboden für eine überzeugende Naturdichtung gerade nicht eine distanzierte Beobachtung und Katalogisierung des objektiv Vorhandenen, sondern vielmehr die emotional bewegbare, subjektive Natur-Erfahrung.

Ästhetikgeschichtlich reiht sich Kronauer damit in eine Traditionslinie ein, die Ästhetik als Aisthetik begreift und von Aisthesis, Wahrnehmung, ableitet. Während wir unter Ästhetik seit Kant eine Philosophie des Kunstschönen verstehen, meint eine Ästhetik als Aisthetik viel umfassender die Wissenschaft von

---

8 Hubert Zapf: Literatur als kulturelle Ökologie. Zur kulturellen Funktion imaginativer Texte am Beispiel des amerikanischen Romans. Tübingen 2002, S. 6.
9 Brigitte Kronauer: Fünfzehnmal Natur? Ein Nachwort [1990]. In: B. K.: Die Tricks der Diva. Geschichten. Stuttgart 2004, S. 107–112, hier S. 112 [erste Fassung u. d. T. »Literatur und ›schöns Blümelein‹?« 1990].
10 Brigitte Kronauer: Vorwort. In: Zweideutigkeit, S. 9–14, hier S. 13.
11 Kronauer: Fünfzehnmal Natur?, S. 111.
12 Kronauer: Vorwort, S. 13.
13 Vgl. hierzu im vorliegenden Band die Beiträge von Birgit Nübel und Alke Brockmeier.
14 Kronauer: Fünfzehnmal Natur?, S. 112 [meine Hervorhebung, T. v. H.].

der sinnlichen Erkenntnis. Ihr Gründungsvater ist bekanntlich Alexander Gottlieb Baumgarten. In seiner *Aesthetica* (1750/58) zielt er erkenntnistheoretisch auf eine Begründung des Eigenwerts der sinnlichen gegenüber der intellektuellen Erkenntnis.[15] Poetologisch öffnet er damit zugleich den Blick auf eine Logik der Phantasie. Diese spüre durch Ansprache des unteren, d. h. sinnlichen Erkenntnisvermögens (das Baumgarten als ein »analog[on] rationis«[16] begreift) die ganz eigene sinnliche Vollkommenheit[17] in den Erscheinungen auf, mithin das Schöne. Kunst wird so zu einem privilegierten Sonderraum für eine andere, der intellektuellen Erkenntnis gleichwertige, aisthetische Erkenntnis.

Im 20. Jahrhundert hat u. a. Gernot Böhme an Baumgarten angeknüpft. Er plädierte 1989 *Für eine ökologische Naturästhetik*. Ökologisch ist diese Naturästhetik, weil sie vom Menschen als Teil des ›Oikos‹ Natur ausgeht. Zentriert ist sie um eine Wahrnehmungstheorie, die die emotionalen und vegetativen Anteile von Wahrnehmung programmatisch und im Dienste einer neuen Anthropologie integriert.[18] Wahrnehmung ist für Böhme ein leibhaftiges Teilhaben, ein, wie er es nennt, »sinnliches Sichbefinden in Umgebungen«.[19] Die vielfältige Art und Weise, wie der Mensch als Naturwesen von seiner Umgebung affektiv betroffen sein kann, soll in der Kunst zur Darstellung gebracht werden. Dem Künstler weist Böhme dabei einen quasi Schiller'schen Erziehungsauftrag zu: Er soll im Sinne einer »neue[n] ästhetische[n] Erziehung des Menschen« auf eine Förderung der »leiblich-sinnlichen Erfahrungsmöglichkeiten« des Menschen zielen.[20] Paradigmatisch für diese künstlerische Ansprache des als Naturwesen begriffenen Menschen ist für Böhme der englische Landschaftsgarten des 18. Jahrhunderts. So habe bereits Christian Cay Lorenz Hirschfeld in seiner *Theorie der Gartenkunst* (1775) das Konzept einer »Kunst *mit* Natur« systematisch beschrieben und die Wirkungsabsicht einer qua sinnlicher Wahrnehmung gesteuerten Bewegung (»Stimmung«) des Besuchers herausgestellt.[21] Neben dem englischen Landschaftsgarten nennt Böhme eine ganze Reihe von neueren »Verbündeten« ins-

---

15 Alexander Gottlieb Baumgarten: Theoretische Ästhetik. Die grundlegenden Abschnitte aus der *Aesthetica* (1750/58). Übers. und hg. von Hans Rudolf Schweizer. Hamburg 1983.
16 Baumgarten: Theoretische Ästhetik, Prolegomena § 1.
17 Alexander Gottlieb Baumgarten: Meditationes Philosophicae de Nonnullis ad Poema Pertinentibus / Philosophische Betrachtungen über einige Bedingungen des Gedichtes (lat. 1735). Übers. und mit einer Einleitung hg. von Heinz Paetzold. Hamburg 1983, § VII.
18 Gernot Böhme: Für eine ökologische Naturästhetik. Frankfurt a. M. 1989, S. 33 f.
19 Böhme, S. 10.
20 Böhme, S. 15.
21 Böhme, S. 88 f.

besondere aus dem Kreis der Landschaftsarchitekten und Naturphilosophen.[22] Den Namen Brigitte Kronauer nennt er nicht.

Gleichwohl konzipiert auch Brigitte Kronauer ihre Naturästhetik im Sinne Baumgartens und Böhmes als Aisthetik, als eine Wahrnehmungskunst. Als Schriftstellerin steht für sie die Versprachlichung von Naturwahrnehmung im Zentrum. Es geht also um die fortlaufende Pendelbewegung zwischen unmittelbarer, leiblicher Natur-Erfahrung und ihrer Vermittlung durch die sprachliche Darstellung, es geht um die Gestaltung des *double binds* von Angefasstwerden und Reflexion, Wahrnehmungsekstase und Distanzerfahrung, Verschmelzungsphantasie und Rückkehr ins Intelligible.

In ihrer Schillerrede formuliert Brigitte Kronauer in verblüffendem Anschluss nicht nur explizit an Friedrich Schiller, sondern implizit auch an Alexander Gottlieb Baumgarten:

> Wir springen vom Naiven ins Sentimentalische und zurück. Ist das nichts? Literatur, wie ich sie begreife, *Literatur als sinnliche Erkenntnis*, [als] erkennende Sinnlichkeit, trainiert genau das.[23]

Literatur soll also ein Wahrnehmungstraining sein, das ein Nebeneinander von Täuschung und Enttäuschung, von Teilhabe und Distanz zur Darstellung bringt und dem Leser über die Präsentation von künstlerisch durchgeformten Wahrnehmungen zu neuer, vertiefter sinnlicher Erkenntnis antreibt. Und dies im Raum der Natur und zur Rettung der Natur. Denn Kronauers Naturästhetik, die im Sinne Zapfs mit der artistischen Vervielfältigung von Komplexität arbeitet und sich im Sinne Gernot Böhmes aus einer unbedingten, sinnlichen Naturemphase speist, ist politisch insofern, als sie innigst aus der Überzeugung entsteht, dass, wo die Natur in Not ist, Naturdichtung Not tut – auch und gerade zweihundert Jahre nach den romantischen »viel hunderttausend Blümelein«.[24] Wie aber rettet Kronauer in ihrer Dichtung angesichts der fatalen Lage der Natur die Intensität und Wahrhaftigkeit beispielsweise eines Clemens Brentano?

Bereits vor knapp 20 Jahren hat Ursula Liebertz-Grün die Möglichkeit angedeutet, Kronauers Literatur im Kontext einer »ökologischen Ästhetik« zu ver-

---

22 Böhme, S. 14, vgl. auch S. 24 f. Insbesondere rekurriert Böhme auf Hugo Kükelhaus' und Rudolf zur Lippes *Entfaltung der Sinne* (1982).
23 Brigitte Kronauer: Poetische Würde? Was soll das denn. Schiller-Rede 2010. In: Jahrbuch der deutschen Schillergesellschaft 55 (2011), S. 463–472, hier S. 472 [meine Hervorhebung, T. v. H.].
24 Kronauer: Fünfzehnmal Natur?, S. 108.

orten.²⁵ Liebertz-Grün legt in ihren Textanalysen zu *Schnurrer* und der Roman-Trilogie *Rita Münster* (1983), *Berittener Bogenschütze* (1986) und *Die Frau in den Kissen* (1990) den Schwerpunkt allerdings weniger auf Ökologisches als vielmehr auf Kronauers Erzählprogramm, das mit parodistisch anti-ästhetizistischen Elementen eine »Dialektik der Romantik« inszeniere.²⁶ Kronauers Praxis der Naturdichtung soll in Anknüpfung an das Stichwort Liebertz-Grüns nun erstmalig systematisch vermessen und als eine neuartige *politische Natur-Aisthetik* bestimmt werden.

2 Kronauers literarische Praxis neuer Naturdichtung

Ihre politische Natur-Aisthetik setzt die Autorin auf mindestens fünf Ebenen um:

Erstens: Natur als Landschaft. Natur ist bei Kronauer – und hier folgt sie nicht nur Joachim Ritter,²⁷ sondern auch dem Geobotaniker Hans-Jörg Küster²⁸ – immer Landschaft. Das bedeutet: Natur ist ein von Menschen wahrgenommener Raum, der von einem subjektiven Standpunkt aus interpretierend organisiert wird. Jede Naturansicht kommt also erst durch das Wahrnehmungsperspektiv eines Betrachters zustande, der den Raum erfährt, auflädt, deutet, gestaltet. Dieser Betrachterstandpunkt kann innerhalb oder außerhalb der Diegese, die Erzählperspektive also homo- oder heterodiegetisch sein (und gern auch zwischen beidem kunstvoll wechseln). Gelegentlich unterstreicht Kronauer den subjektiven Konstruktionscharakter ihrer Naturansichten sehr explizit. So in der Erzählung »Augenreim« aus dem *Schnurrer*-Band (1992):

> Rechterhand stellten Schafe und Lämmer lauthals ihre stumme Schafsfrage, ohne die Farbkleckse im Genick und auf den wolligen Rücken wäre es noch schöner gewesen. Links,

---

[25] Ursula Liebertz-Grün: Auf der Suche nach einer ökologischen Ästhetik. Natur und Kunst im Werk Brigitte Kronauers. In: Die Modernität der Romantik. Zur Wiederkehr des Ungleichen. Hg. von Urte Helduser und Johannes Weiß. Kassel 1999, S. 219–242.
[26] Liebertz-Grün, S. 220.
[27] Joachim Ritter: Landschaft. Zur Funktion des Ästhetischen in der modernen Gesellschaft. Münster 1963.
[28] Brigitte Kronauer: Landschaft ist nicht Natur. In: Natur und Poesie, S. 69–75. – Zu den erzählten Landschaftsräumen Kronauers vgl. im vorliegenden Band den Beitrag von Alexander Honold.

auf der Deichlinie, die den kahlen Himmel unten scharf in der ganzen Breite absäbelte, ein Schnitt, der ihnen jetzt noch um die Ohren pfiff, gingen mit immensem Pathos einige Spaziergänger.²⁹

Die offenbar norddeutsche Landschaft wird durch ein ›rechts‹ und ›links‹ von vornherein eindeutig als von einem bestimmten Standpunkt aus erfasste aufgebaut. Der Ton ist ironisch anthropozentrisch (Schafe stellen ihre stumme Schafsfrage) und ästhetisch-wertend (ohne die Farbmarkierungen wäre alles noch schöner). Die Beschreibung ist einerseits distanziert, indem sie die Landschaft mit geometrischer Abstraktion als eine Komposition von Flächen und Strichen erfasst (Deichlinie, Breite des Himmels, Schnitt). Das so entworfene Bild wird zugleich und andererseits aber alltagssprachlich irritiert (der Himmel ist wie »abgesäbelt«) und mit vermuteten Wahrnehmungen belebt (es pfeift gewaltig um die Ohren). Durch die Ohren sind nun die Menschen eingeschmuggelt und werden sofort spöttisch in ihrem ›In der Welt-Sein‹ kommentiert. Ihnen wird eine ganz bestimmte Haltung unterstellt: Sie gehen nicht einfach so, sondern mit »immensem Pathos«.

Plastisch entsteht auf diese Weise eine vieldimensionale Naturansicht, die das Besondere der Elblandschaft als Erfahrungsraum empathisch und anschaulich aufbaut, zugleich aber ironisch-konstruktivistisch unterläuft.

Was es mit den menschlichen Perspektiven auf Natur auf sich hat, ist explizit Thema einer anderen *Schnurrer*-Geschichte. »Was hat sie davon?«, fragt sich Schnurrer, als er seine stumm wie durch einen Rahmen aus dem Fenster in den Garten blickende Frau sieht und sich über ihre vermeintliche Uninspiriertheit ärgert. In Abgrenzung nicht nur zu seiner Frau, sondern auch zu seinem Freund Heinrich, einem laut Schnurrer »dilettierenden Ökologen« mit unerträglichem Weltuntergangsgerede, bildet sich Schnurrer viel ein auf seine eigenen innigen »Naturanblicke«.³⁰ Seine romantische Natursehnsucht zielt auf intensive Naturansichten, deren Konstruktionscharakter er betont. Unwillkürlich unterstreicht Schnurrer dabei jedoch zugleich seine Hilflosigkeit und Entfremdung:

> Oft hatte er sich auch schon gefragt, wie viele Bäume, ein wie großes Gebüsch ausreichen mochte, um die Naturintimität, die geheimnisvolle, spinnennetzartig dazwischen aufzuspannen, damit sich der Blick darin verfangen konnte und gefesselt blieb.³¹

---

29 Brigitte Kronauer: Augenreim. In: B. K.: Schnurrer. Geschichten. Stuttgart 1992, S. 74–80, hier S. 74. – Zu den *Schnurrer*-Geschichten vgl. im vorliegenden Band wiederum den Beitrag von Alke Brockmeier.
30 Brigitte Kronauer: Was hat sie davon? In: Schnurrer, S. 60–63, hier S. 62.
31 Kronauer: Was hat sie davon?, S. 63.

Die Landschaften in Kronauers Texten sind ebenso ambivalent wie die Figuren, sie sind nicht (oder jedenfalls niemals nur) die dem Menschen gegenüberstehende schöne Idylle oder erhabene Wildnis, sondern sind »implicated in the same web of doubt and resistance to interpretation as are human beings«: »there is no pur, non-human space, but only a web connected objects, human-made and not«.³² Im Roman *Das Taschentuch* (1994) suchen die Protagonisten auf Wunsch des Freunds der Erzählerin, des Apothekers Willi Wings, einen vermeintlich pittoresken Autobahn-Rastplatz auf. Dieser ist dann jedoch nicht nur, wie Willi gleich einräumt, »[k]eine Polarlandschaft«, sondern lässt auch alle von ihm erinnerten idyllischen Elemente – Weiher, Schilf, Lerchen, Enten, Schwäne – vermissen: Willi »stieg aus, machte einen langen Hals und entdeckte hinter den Gebüschen doch nur Kothaufen, Papierfetzen und festes Land. Kein Gewässer.«³³

Zweitens: Natur-Engagement. Kritik an Naturzerstörung ist Kronauer Herzenssache. Wie aber kann Literatur politisch engagiert sein, ohne platt agitatorisch zu agieren und so ihren Kunstcharakter aufs Spiel zu setzen?³⁴

In einem zuerst 2002 in der *Süddeutschen Zeitung* publizierten Artikel über »Die Niederelbe« hat die Autorin scharf gegen die Hamburger Bürgerschaft polemisiert, die das NSG Mühlenberger Loch, das einzige Süßwasserwatt Europas, mit fadenscheinigen Arbeitsplatz-Begründungen schamlos den Interessen des Flugzeugbauers Airbus opferte.³⁵

Literarisch-fiktional gestaltet sie derartige Positionen in Form ausgefuchster, vielstimmig um ein wahrnehmendes Subjekt zentrierter Rollenprosa. So etwa in ihrem 2000 erschienenen Roman *Teufelsbrück*. Eingangs spaziert die liebeskranke Ich-Erzählerin Maria Fraulob in Ovelgönne an der Elbe. Es ist Winter, der Strom voller Treibeis und Romantisches, nicht nur Schuberts »Winterreise«, strukturiert die Naturwahrnehmung:

---

32 Maria Snyder: The View from the Parking Lot: Political Landscapes and Natural Environments in the Works of Brigitta [sic!] Kronauer and Jenny Erpenbeck. In: German Women Writers and the Spacial Turn. New Perspectives. Hg. von Carola Daffner und Beth A. Muellner. Berlin/Boston 2015, S. 229–245, hier S. 238 und S. 240.
33 Brigitte Kronauer: Das Taschentuch. Roman. Stuttgart 1994, S. 235.
34 Vgl. dazu die Überlegungen der Autorin selbst: Brigitte Kronauer: Über Politik in der Literatur [2. Vorlesung, Wiener Ernst-Jandl-Vorlesungen zur Poetik 2011]. In: Poesie und Natur, S. 34–64.
35 Brigitte Kronauer: Die Niederelbe. »Schweiz meiner Seele«, im Flachland? In: Deutsche Landschaften. Hg. von Thomas Steinfeld. Mit Fotografien von Therese Humboldt. Frankfurt a. M. 2003, S. 62–72, hier S. 71 f.

> Eine dunkle Welt erstreckte sich von da aus, wo ich herkam, über Himmel und Elbe zu den eifrigen Zwergenlichtern des jenseitigen Ufers, Flämmchen nur, aber da hinten so munter, als sollte es die ganze Nacht durchgehen, als hätte man die Schicht, das eigentliche Tagwerk, erst gerade begonnen. [...] Dämmerfiguren [...], Läufer, Radfahrer bewegten sich stumm, leise, schon beinahe betulich auftretend, um das Geräusch des elbwärts flüsternden Treibeises nicht zu übertönen, in der Schattenwelt.
> Manchmal wurden die Schollen von auslaufenden Bugwellen behutsam gehoben und gesenkt. Bloß nichts zerklirren lassen! Größere Stücke trugen kleinere auf dem Rücken.[36]

»Zwergenlichter[ ]« als Flämmchen in einer Schattenwelt, altmodisch im Gottfried Keller-Ton als »munter« charakterisiert und selbst »beinahe betulich« bei ihrem »Tagwerk« beobachtet, »Dämmerfiguren« in einer geheimnisvollen Zwielichtwelt – die Erzählerin evoziert eine märchenhafte, romantische Landschaft. Sie ist radikal subjektiv, unterstellt den Spaziergängern ihre eigene Gestimmtheit, macht aus der Elbe einen Organismus mit Intentionen (»Bloß nichts zerklirren lassen!«) und altruistischen Handlungen (die Eisschollen helfen einander).

Diese emphatisch empfundene, begeistert erlebte Natur wird schockhaft unterbrochen durch einen Blick auf das jenseitige Industriehafen-Ufer der Elbe:

> die Anlage der Dasa, Daimler Chrylser Aerospace Airbus Zungenbrecher AG, die dort, am Mühlenberger Loch, wegen Erweiterungsarbeiten Zu- und Aufschichtungen erwägt. Ich verfluche kurz die willige Stadt und die fordernde Dasa. Das Mühlenberger Loch: Süßwasserwatt, einzigartiges Überflutungsareal bei Hochwasserfluten, unersetzbarer Rastplatz für Tausende von Zugvögeln.[37]

Die romantische Schwärmerin entpuppt sich als biologische Kennerin, die die Bedeutung des Ökosystems Mühlenberger Loch mit wenigen Federstrichen skizzieren kann. Sie entpuppt sich ferner als engagierte Zeitgenossin mit einer Meinung. Aber es folgt kein langes Lamento, denn der Punkt ist gesetzt. Und flugs geht es weiter, zurück zum Treibeis und hinein in die Welt der Poesie, im Ton wieder singend, beschwörend: »Sah man von der Brücke hinunter, geriet man in einen Schwindel, denn es trieb unter den Füßen raspelnd auf Reisen, auf Reisen davon, nichts blieb an seinem Fleck, zog davon.«[38]

Das engagierte Plädoyer für die Sache des Süßwasserwatts wird also eingebettet in eine kaleidoskophaft aufgefächerte Vielfalt der Wahrnehmungen und Tonarten zwischen romantischer Naturemphase und Ökokritik. Im Gewebe des Romans wird Maria Fraulobs Engagement durch Wolf Spechts ewige Suada auf

---

36 Brigitte Kronauer: Teufelsbrück. Roman [2000]. München 2003, S. 21 f.
37 Kronauer: Teufelsbrück, S. 22.
38 Kronauer: Teufelsbrück, S. 22.

den Untergang der Menschheit grotesk gespiegelt. Wohl kaum zufällig ist Specht Hobbydichter – freilich vor lauter Dienst an der guten Sache ein ganz schön schlechter.

Drittens: Natur als künstlerisch-imaginäres Material. Sehr viel deutlicher als *Teufelsbrück* ist der 2013 erschienene Roman *Gewäsch und Gewimmel* ein Naturschutzroman.[39] Der ganze Mittelteil dreht sich um Hans Scheffer, den Initiator eines ambitionierten Renaturierungsprojektes. Scheffer scheitert, denn die Hamburger Bürgerschaft hat, mal wieder, andere Pläne. Gemeinsam mit der wandernden Naturfreundin Luise Wäns geht der »entmachtete König Hans«[40] durch sein bereits von Planierraupen verwüstetes Revier. Was er sehen muss, ist für ihn offenbar nur noch poetisch und im schalkhaften Gewand des Literaturrätsels fassbar: »›... die Schöpfung zittert von Samba‹«, sagte Hans kopfschüttelnd, mitleidig beinahe. ›Ist nicht von mir, Frau Wäns, fängt mit B an, eine Silbe. Na?‹«[41] Nein, natürlich nicht Brecht, wie Frau Wäns meint; Scheffer mobilisiert hier vielmehr Gottfried Benn und zwar sein Gedicht »Begegnungen«.

Die titelgebenden »Begegnungen« meinen bei Benn eine Art momenthafter Wesensschau und Überwindung der individuellen Existenz. Im typischen Benn-Sound: »Begegnungen, zum Beispiel Dämmerstunde, / l'heure bleue, die Schöpfung zittert von Samba«.[42] Im Gedicht werden verschiedene »Begegnungen« imaginiert. Für unseren Kontext zentral ist die Überblendung von Natur und Mensch, genauer von Blumen und Frauen: Die floralen »Sonnenbräute (Helenium)« des herbstlich fruchtbaren Gartens aus der ersten Strophe haben sich in der letzten Strophe verwandelt in eine erinnerte Geliebte, eine »Sonnenbraut im Himmelsgange«. Das ganze Poem ist ein melancholischer Blick auf »ein Sein, das dann an andere übergeht«,[43] also auf das große Werden, Wehen und Vergehen von Natur zu Mensch zu Natur.

Benns kosmische Phantasie über sich ablösende botanische und menschliche Sonnenbräute inspiriert die beiden Kronauer'schen Spaziergänger offensichtlich. Denn sie ahmen dies in einem ausdrücklich als »Kinderei« bezeichneten Spiel nach: Aus einzelnen Bäumen lassen sie die, wie es heißt, »entschwundenen Figuren unseres einstigen Zirkels im Tristanweg« auferstehen, bringen also

---

39 Vgl. Tanja van Hoorn: Biodiversität im Text? Brigitte Kronauers Roman *Gewäsch und Gewimmel* (2013). In: Weimarer Beiträge 61 (2015), H. 4, S. 518–530.
40 Brigitte Kronauer: Gewäsch und Gewimmel. Roman. Stuttgart 2013, S. 581.
41 Kronauer: Gewäsch und Gewimmel, S. 583.
42 Gottfried Benn: Begegnungen. In: Gedichte. Stuttgart 1986 (Sämtliche Werke. In Verbindung mit Ilse Benn hg. von Gerhard Schuster. Bd. I), S. 253.
43 Benn, S. 253.

qua ›Hineinsehen‹ aus der Natur ihre ehemalige gesellschaftliche Plauderrunde wieder zum Erscheinen.⁴⁴ Das klingt dann so:

> »Und wer steht da, verkrampft und hochnäsig, wie wir sie kennen? Das kann nur unsere Jeanette sein, Jeanette Herzer!« Hans wies mit einer artigen Verbeugung auf eine albinohaft bleichhäutige Birke, die schon ihre goldenen Blättchen verloren hatte. Ja, es war Jeanette [...].⁴⁵

Das ist ganz offensichtlich albern, ironisch – und doch der Versuch einer Selbsttherapie im Imaginationsraum der Natur. Die Natur selbst scheint (folgt man der natürlich hochgradig unzuverlässigen Erzählerin Frau Wäns) ganz begeistert:

> Auch die Fichtenschonung mit den Schafen bot sich für unsere private Figurenherde an, und die hochstehenden Wiesengesellschaften im Bereich der Feldmark drängelten sich rechts und links, um in den Machtbereich unseres Blicks zu geraten, der sie endlich einmal enttarnte und aus der floralen Kostümierung erlöste.⁴⁶

Natur erhält hier tentativ die Funktion eines poetischen Imaginationsraums, in dem das Naturmaterial vom wahrnehmenden Subjekt mit einem visionären Blick belebt wird. In einem derartigen ›Hineinsehen‹, einem an Max Ernsts Frottagetechnik erinnernden halluzinatorischen Sehen, wird die Natur-Mensch-Grenze überschritten und das kreative Potential der Wahrnehmung erprobt. Dieses Verfahren ordnet sich im Roman *Gewäsch und Gewimmel* ein in eine ganze Reihe von Mimikry-Spielereien, etwa über die Frage, ob man die Schreckstarre der Rohrdommel nachahmen solle. Die Rohrdommel also, mit der sich der Obernaturschützer Scheffer schließlich, das Liebeslied aus Rossinis *Armida*-Oper singend, in ein konfrontatives Anti-Duett begibt.⁴⁷

Viertens: Natur-Werden. Zentral für Kronauers Natur-Aisthetik sind imaginäre Wechsel von der Mensch- in die Naturrolle. In der Geschichte »Die Wiese« schimpft eine dicke Frau in einem ununterbrochenen Monolog zunächst voller Wut über ihre Krankheiten, ihren ewig nörgelnden Mann und die banale Endlichkeit des Lebens zwischen Durchfall und Finanzamt.

Plötzlich aber verrät sie ihr »Schönstes«, ihren Traum: sie möchte Teil einer Wiese sein, federleicht, tänzelnd im Wind, beinahe unsichtbar und doch da. Im

---

44 Kronauer: Gewäsch und Gewimmel, S. 584 und S. 583.
45 Kronauer: Gewäsch und Gewimmel, S. 583.
46 Kronauer: Gewäsch und Gewimmel, S. 584.
47 Kronauer: Gewäsch und Gewimmel, S. 596.

imaginären Entwerfen dieses ihres Wiesentraums wandelt sich die Sprecherin. Schwingend, singend, schwebend wird sie qua Sprache zur wispernden Wiese:

> Juniwiesen, hohe Gräser, kein Halm geschnitten, wie sie blühen und zittern und tun und machen und geschoben werden wie Wassermassen und plötzlich auch kreiseln, Inselchen, rundumgeschwenkt, im Spaß, im Wind, dieses Dunstige, schaumartig Leichte [...]. Knäuelgras und Rohrglanzgras. Wollgras und Kammgras und Wiesenfuchsschwanz und gleichzeitig: alles egal, die Namen und wiederum: keine Namen, alles Wiese[.][48]

Zunächst eine Liste von Einzelelementen, dann geraten die Teile in Bewegung, beginnt der Satz zu tanzen, zu schweifen. Konzentriert beschwörend entsteht aus der imaginierten Intensität ein bewegtes Naturbild, das sich in der parataktischen Reihung hineinphantasiert in die Wiesenwelt, dann ein erstaunliches botanisches Fachvokabular in Sachen Wiesengesellschaften mobilisiert, um es im selben Atemzug für nicht relevant zu erklären und sich so immer tiefer in den Strudel des Naturtraums hineinzubewegen. Dabei wird der Inhalt Form: Tentativ lässt die Geschichte jemanden Wiese werden in einer Text-Wiese.

Derartige Überschreitungen der Natur-Mensch-Grenze erprobt Kronauer auch in Animalisierungen. Hier scheinen literarische Inszenierungen avisiert, wie sie Donna Haraway in ihrem *Manifest der Gefährten* (*The Companion Species Manifesto*, 2003) diskutiert. So etwa in Kronauers Erzählung »Tagesablauf mit Unterbrechung und Gegner« aus dem 1981 erschienenen Sammelband *Die gemusterte Nacht*. Erzählt wird vom Katze-Werden einer Frau. Das in sich ruhende Schlafen und Aufwachen ihrer Katze kann die Protagonistin eines Tages spiegelbildlich umdrehen, kann wechseln vom menschlichen Modus der Kontrolle und des Tätigseins hin zum Katzenmodus, dem souveränen apathischen Nichtstun, einer völligen Auflösung in der Dingwelt, die sie als Befreiung erlebt. Während hier der Rollenwechsel gelingt, erzählt der große Naturroman *Die Frau in den Kissen* (1990) vom Scheitern: Der von der Erzählerin heiß umworbene Mähnenwolf verweigert sich, würdigt sie keines Blickes.[49]

Fünftens: Natur-Stimme. In Silke Scheuermanns Band *Skizze vom Gras* (2014) nehmen mehrere Gedichte die Perspektive von Pflanzen ein. Evi Zemanek hat unter Verweis auf die ökokritischen *plant studies* gezeigt, wie Scheuermanns florale Rollengedichte von »einer Ethik der Verantwortung, einem kritischen

---

[48] Brigitte Kronauer: Die Wiese [1992]. In: Die Tricks der Diva, S. 52–54, hier S. 53.
[49] Vgl. zu diesen beiden Beispielen Jutta Ittner: Becoming Animal? Zoo Encounters in Rilke, Lispector, and Kronauer. In: KulturPoetik 3 (2003), S. 24–41.

Bewusstsein der anthropozentrischen Perspektive« zeugen und »eine biozentrische Poetik« entwerfen, »die allem Lebendigen einen Eigenwert zugesteht«.[50]

Einige erzählerische Naturstimmen-Texte von Kronauer sind ganz ähnlich angelegt, arbeiten dabei aber immer mit einem Augenzwinkern. In *Die Tricks der Diva* findet sich eine Geschichte mit dem Titel »Liedchen«. Sie *erzählt* nicht von einem Liedchen, sie *ist* eines. Der kurze Prosatext knüpft an die sich von Ovids *Metamorphosen* über die Fabel bis zur Rollenlyrik erstreckende Tradition anthropomorpher – und d. h. insbesondere: der Sprache mächtiger – Pflanzen und Tiere an. In »Liedchen« spricht ein Buschwindröschen. Es weiß, dass es zur Gattung der Anemonen gehört und plaudert von sich und seinen Gattungsgenossen. Gleich im Einstieg erweist sich das Blümchen als ebenso egoman wie schwatzhaft, ebenso sinnlich-lüstern wie gebildet und geistreich:

> Ich und meine schönen Unterarten oder immerhin diversen Abarten, so schwindsüchtig verbleichend und sternförmig, so, ah, geschlitzt, Anemone Blanda, Hupehensis, Nemorosa und so weiter: Wie bin ich mir, wie sind wir uns selbst quicklebendiger mythologischer Ramsch und Rätsel.[51]

Die Sprache ist lyrisch verdichtet, der Satz tanzt geradezu musikalisch, gibt sich bald erotisch-beschwörend (»ah, geschlitzt«), bald streng rhetorisch durchgearbeitet. Bei aller Emphase, mit der das »Liedchen« anhebt, ist es unübersehbar auch ironischer Abgesang – die Rede ist von »Ramsch und Rätsel«. So wortmächtig das Blümchen also von der in die Antike zurückweisenden eigenen Natur- und Kulturgeschichte trällert, so muss es am Ende doch vergehen, eingehen in den ewigen Kreislauf der Metamorphosen:

> Ah, wir Kleinen, wir flüchtigen Buschwindröschen [...]! Wie sind wir uns ein verzwicktes Rätsel, wie bin ich's mir selbst – ach, und schon entblättert.
> Für ewig verweht.[52]

Der Plaudertasche hat ein Windhauch den Garaus gemacht. Pathetisch und mit großer Geste hatte der Frühjahrsblüher seinen Auftritt; dann wird er ironisch ›abgemurkst‹, verstummt als ein Beispiel für das Sterben mitten im Leben – sicher eine »extreme[ ]« Sicht auf Natur.[53]

---

[50] Evi Zemanek: Durch die Blume. Das florale Rollengedicht als Medium einer biozentrischen Poetik in Silke Scheuermanns *Skizze vom Gras*. In: Zeitschrift für Germanistik 28 (2018), H. 2, S. 290–310.
[51] Brigitte Kronauer: Liedchen. In: Die Tricks der Diva, S. 65–67, hier S. 65.
[52] Kronauer: Liedchen, S. 67.
[53] Kronauer: Fünfzehnmal Natur?, S. 112.

3 Resümee

Natur als Landschaft, Natur-Engagement, Natur als künstlerisch-imaginäres Material, Natur-Werden, Natur-Stimme: Dies sind fünf Ebenen von Brigitte Kronauers politischer Natur-Aisthetik. Sie ist politisch, weil sie gegen die Zerstörung von Natur anschreibt. Sie ist eine Aisthetik, weil Natur immer als Natur-Erfahrung gestaltet wird. Dabei ahmt Kronauer emphatische Naturwahrnehmung in einer Weise sprachkünstlerisch nach, dass dieses Natur-Erleben als ein vitales Faszinosum den Leser ansteckt. Auf einmal scheinen wir uns mitten in der imaginierten Wiese, im knisternden Treibeis der Elbe, im wehenden Frühlingswald der Buschwindröschen zu befinden.

Wenn die enthusiasmiert wahrnehmende Frau Wäns spürt, wie »das Flüstern der Bäume, das Zittern, [...] auf mich überspringt«, so funktionieren derartige Momente einer schwärmerischen Verschmelzung aber nur, weil sie bei Kronauer immer lediglich eine Seite der Medaille sind und trickreiche Beleuchtungswechsel meist schon im nächsten Satz für das notwendige Salz in der Suppe sorgen. Ihr kosmisches Zittern etwa wird unfreiwillig ironisch kontrastiert durch Frau Wäns' Eingeständnis ihrer (etwas peinlichen, das Zauberhafte zerstörenden) leiblichen Reaktionen auf die erlebte Emphase: »Ich schwitze vor Freude, selbst in den Ohrmuscheln schwitze ich.«[54] So genau wollten wir es eigentlich gar nicht wissen. Sollen wir aber.

Die Ambivalenz intensiver Naturerfahrung einzufangen, sie im Sprachraum erlebbar zu machen und als Training zu differenzierter Nachahmung bereit zu stellen, dies leistet Kronauers Prosa. Tradierte Grenzen zwischen Natur und Mensch können und sollen dabei immer wieder fallen: gelegentlich und blitzschnell vom Naiven ins Sentimentalische und wieder zurück.

Literaturverzeichnis

Brigitte Kronauer

Kronauer, Brigitte: Die gemusterte Nacht. Erzählungen. Stuttgart 1981.
– darin: Was hat sie davon?, S. 60–63.
– darin: Augenreim, S. 74–80.
– darin: Tageslauf mit Unterbrechung und Gegner, S. 112–115.
Kronauer, Brigitte: Die Frau in den Kissen. Roman. Stuttgart 1990.

---

54 Kronauer: Gewäsch und Gewimmel, S. 330.

Kronauer, Brigitte: Das Taschentuch. Roman. Stuttgart 1994.
Kronauer, Brigitte: [Antrittsrede] [1988]. In: Wie sie sich selber sehen. Antrittsreden der Mitglieder vor dem Kollegium der Deutschen Akademie. Mit einem Essay von Hans-Martin Gauger. Hg. von Michael Assman. Göttingen 1999, S. 309–312.
Kronauer, Brigitte: Zweideutigkeit. Essays und Skizzen. Stuttgart 2002.
— darin: Vorwort, S. 9–14.
— darin: Kleiner Beitrag eines Gerechten zur Vervollständigung der Todsünden. Zu Gerald Manley Hopkins [1996], S. 149–151.
Kronauer, Brigitte: Die Niederelbe. »Schweiz meiner Seele«, im Flachland? In: Deutsche Landschaften. Hg. von Thomas Steinfeld. Mit Fotografien von Therese Humboldt. Frankfurt a. M. 2003, S. 62–72.
Kronauer, Brigitte: Teufelsbrück. Roman [2000]. München 2003.
Kronauer, Brigitte: Die Tricks der Diva. Geschichten. Stuttgart 2004.
— darin: Die Wiese [1992], S. 52–54.
— darin: Liedchen, S. 65–67.
— darin: Fünfzehnmal Natur? Ein Nachwort [1990], S. 107–112.
Kronauer, Brigitte: Favoriten. Aufsätze zur Literatur. Stuttgart 2010.
— darin: Gott, das Erzbesondere und der Sprungrhythmus. Zum 150. Geburtstag des englischen Lyrikers Gerald Manley Hopkins [1994], S. 156–165.
Kronauer, Brigitte: Poetische Würde? Was soll das denn. Schiller-Rede 2010. In: Jahrbuch der deutschen Schillergesellschaft 55 (2011), S. 463–472.
Kronauer, Brigitte: Gewäsch und Gewimmel. Roman. Stuttgart 2013.
Kronauer, Brigitte: Poesie und Natur. Natur und Poesie. 2 Bde. Stuttgart 2015.
Poesie und Natur:
— darin: Über Politik in der Literatur [2. Vorlesung, Wiener Ernst-Jandl-Vorlesungen zur Poetik 2011], S. 34–64.
Natur und Poesie:
— darin: Landschaft ist nicht Natur [2012], S. 69–75.

Weitere Primärquellen

Baumgarten, Alexander Gottlieb: Meditationes Philosophicae de Nonnullis ad Poema Pertinentibus / Philosophische Betrachtungen über einige Bedingungen des Gedichtes (lat. 1735). Übers. und mit einer Einleitung hg. von Heinz Paetzold. Hamburg 1983.
Baumgarten, Alexander Gottlieb: Theoretische Ästhetik. Die grundlegenden Abschnitte aus der *Aesthetica* (1750/58). Übers. und hg. von Hans Rudolf Schweizer. Hamburg 1983.
Benn, Gottfried: Gedichte. Stuttgart 1986 (Sämtliche Werke. In Verbindung mit Ilse Benn hg. von Gerhard Schuster. Bd. I).
Böhme, Gernot: Für eine ökologische Naturästhetik. Frankfurt a. M. 1989.

Forschungsliteratur

Chimaira – Arbeitskreis für Human-Animal Studies (Hg.): Human-Animal Studies. Über die gesellschaftliche Natur von Mensch-Tier-Verhältnissen. Bielefeld 2011.
Dürbeck, Gabriele und Urte Stobbe (Hg.): Ecocriticism. Eine Einführung. Köln/Weimar/Wien 2015.

Haraway, Donna J.: Die Begegnung der Arten [engl. 2008]. Übers. von Friedrich Weltzien. In: Tier-Werden, Mensch-Werden. Hg. von Neue Gesellschaft für Bildende Kunst e. V. Berlin 2009, S. 64–76.

Hoorn, Tanja van: Biodiversität im Text? Brigitte Kronauers Roman *Gewäsch und Gewimmel* (2013). In: Weimarer Beiträge 61 (2015), H. 4, S. 518–530.

Ittner, Jutta: Becoming Animal? Zoo Encounters in Rilke, Lispector, and Kronauer. In: KulturPoetik 3 (2003), S. 24–41.

Latour, Bruno: Das Parlament der Dinge. Für eine politische Ökologie [frz. 1999]. Übers. von Gustav Roßler. Frankfurt a. M. 2001.

Liebertz-Grün, Ursula: Auf der Suche nach einer ökologischen Ästhetik. Natur und Kunst im Werk Brigitte Kronauers. In: Die Modernität der Romantik. Zur Wiederkehr des Ungleichen. Hg. von Urte Helduser und Johannes Weiß. Kassel 1999, S. 219–242.

Rauterberg, Hanno: Carolyn Christov-Bakargiev. Die Heilerin. In: Die Zeit Nr. 24, 06. 06. 2012. In: http://www.zeit.de/2012/24/Documenta-Bakargiev, zuletzt 03. 03. 2018.

Riechelmann, Cord: Wie man zum Tier wird. In: Jungle World Nr. 21, 20. 05. 2009. In: https://jungle.world/artikel/2009/21/wie-man-zum-tier-wird, zuletzt 03. 03. 2018.

Ritter, Joachim: Landschaft. Zur Funktion des Ästhetischen in der modernen Gesellschaft. Münster 1963.

Snyder, Maria: The View from the Parking Lot: Political Landscapes and Natural Environments in the Works of Brigitta [sic!] Kronauer and Jenny Erpenbeck. In: German Women Writers and the Spacial Turn. New Perspectives. Hg. von Carola Daffner und Beth A. Muellner. Berlin/Boston 2015, S. 229–245.

Weber, Andreas: Alles fühlt. Mensch, Natur und die Revolution der Lebenswissenschaften. Berlin 2007.

Zapf, Hubert: Literatur als kulturelle Ökologie. Zur kulturellen Funktion imaginativer Texte am Beispiel des amerikanischen Romans. Tübingen 2002.

Zemanek, Evi: Durch die Blume. Das florale Rollengedicht als Medium einer biozentrischen Poetik in Silke Scheuermanns *Skizze vom Gras*. In: Zeitschrift für Germanistik 28 (2018), H. 2, S. 290–310.

Alke Brockmeier
Eine Utopie der Natur?

Multiperspektivische Naturbetrachtungen in Erzählungen von Brigitte Kronauer

Können wir der Natur heute rückhaltlos euphorisch begegnen? In einer Zeit, in der unsere unmittelbare sinnliche Erfahrung an Bedeutung zu verlieren scheint und in der wir täglich mit neuen Schlagzeilen und Bildern vom desolaten Zustand der Natur konfrontiert werden? In »Literatur und ›schöns Blümelein‹?«, später unter dem Titel »Fünfzehnmal Natur?« als Nachwort zu ihrer Sammlung von Geschichten *Die Tricks der Diva* erschienen, verneint Brigitte Kronauer dies zunächst nachdrücklich. Sie erklärt in der Folge das Ende »für die glück- und tränenseligen, zugleich hochkomplizierten Naturemphasen Jean Pauls, für Eichendorffs: ›Hör nur, wie der Fluß unten rauscht und die Wälder, als wollten sie auch mit uns sprechen und könnten nur nicht recht!‹«[1]:

> Wenn die von der Natur hervorgerufenen, in Verse geformten Halluzinationen und Tröstungen nur noch taugen als wehmütig zu goutierende Historie, als Reminiszenzen und Museumsstücke, ausgeliefert der Langmut germanistischer Grabpflege, dann sind sie in Wirklichkeit selbstverständlich gestorben, dann stirbt, gerechterweise, mit der Natur auch die ihr gewidmete Literatur, denn wenn diese nicht mehr ins räsonierende Leben zielen und treffen kann, hat sie das ihrige ausgehaucht.
> Das sagt sich leichter, als es zu ertragen ist.[2]

Mit diesem Befund gibt Brigitte Kronauer sich tatsächlich nicht zufrieden; sie weist ihre Leser darauf hin, dass ihr der Eichendorff-Ton auch heute noch bei verehrten Schriftstellerkollegen begegnet. So findet sie bei Helmut Heißenbüttel neben »Eichendorff-nahe[n] Zitate[n] [...] auch regelmäßig, offenbar ohne Verstellen der Stimme geschriebene Passagen wie die folgende[ ]: ›Träge und träge schreiend segeln Möwen diagonal über mich hin. Ich höre ihnen zu und nichts sonst.‹«[3] Denn in einem anderen Zusammenhang, eine landschaftsökologische

---

[1] Brigitte Kronauer: Literatur und »schöns Blümelein«? In: B. K.: Literatur und schöns Blümelein. Graz/Wien 1993, S. 25–30, hier S. 26; vgl. auch Brigitte Kronauer: Fünfzehnmal Natur? Ein Nachwort [1990]. In: B. K.: Die Tricks der Diva. Die Kleider der Frauen. Geschichten. Stuttgart 2010, S. 95–100, hier S. 96.
[2] Kronauer: Literatur und »schöns Blümelein«?, S. 26 f.
[3] Brigitte Kronauer: »Bussard abseglet Planquadrat«. Laudatio auf Helmut Heißenbüttel [1993]. In: B. K.: Favoriten. Aufsätze zur Literatur. Stuttgart 2010, S. 66–76, hier S. 67.

Publikation rezensierend, konstatiert sie, dass dem Menschen »sehr tief verankerte, womöglich unausrottbare [...] Sehnsüchte« innewohnen: »Es sind die nach Unberührtheit und Dauer, nach jungfräulicher Wildnis und Ewigkeit.«[4] »Literatur und ›schöns Blümelein‹?« legt in nuce dar, worum es der avantgardistischen Autorin geht. Sowohl aus eben dieser Sehnsucht als auch aus der ökologischen Gesamtlage heraus leitet sich für sie die imperative Aufgabe der Literatur ab, einerseits der Komplexität der Natur zu entsprechen, indem immer neue, immer mehr Perspektiven auf sie eingenommen werden, und andererseits eben dieser Gefährdung von Natur eine »Utopie von Natur« entgegenzusetzen,[5] »weiterhin und exzessiv [das] [die] primitive Nutzbarkeit [...] übersteigende Andere [zu] konkretisieren, nicht nur im abgeklärten Spiel der Beleuchtungen, auch mit dem Ernst des weder Entsetzen noch Überschwang scheuenden Hinsehens.«[6] Wie aber wird dieser ›Perspektivenreichtum‹, wie wird dieses ›Andere‹ literarisch explizit?

1 Blick und Perspektive

Schnurrer, titelgebender Protagonist einer Sammlung von 25 Geschichten, erweist sich als anschauliche Modellfigur des beschriebenen literarischen Konzepts. Übersetzer von Beruf, überschreitet er nicht nur die Sprach-, sondern auch die Seinsgrenzen: Am augenfälligsten diejenige zwischen Mensch und Tier. Karl Rüdiger Schnurrer hat einen katzenhaften Charakter, worauf bereits sein Name weist, aber auch weitere – teils versteckte, teils offene – Indizien und Allusionen, so Schnurrers unter dem Tisch nach einem »Bösen Knopf« suchendes Kriechen, gefolgt vom beiläufigen Blick auf die Katzenfutterdosen im Abfalleimer, oder seine sporadischen Phantasien von »Katzensprüngen« in »Die Weite«, »von ihm, Schnurrer, nach Neufundland und vom St.-Lorenz-Strom wieder durch sein kleines Fenster zurück.«[7] Dieser Übertritt ins Animalische ist nicht ohne Belang. Während Ursula Liebertz-Grün in Schnurrer einen Nachfolger der Katzenfiguren von E. T. A. Hoffmann erkennt, »ein Medium zur Ironisierung menschlichen Ver-

---

4 Brigitte Kronauer: Landschaft ist nicht Natur [2012]. In: B. K.: Natur und Poesie. Stuttgart 2015, S. 69–75, hier S. 70.
5 Kronauer: Literatur und »schöns Blümelein«?, S. 30.
6 Kronauer: Literatur und »schöns Blümelein«?, S. 30. – Zu Kronauers Natur-Engagement vgl. in diesem Band auch den Beitrag von Tanja van Hoorn.
7 Brigitte Kronauer: Böser Knopf. In: B. K.: Schnurrer. Geschichten. Stuttgart 1992, S. 12–18; Brigitte Kronauer: Die Weite. In: ebd., S. 51–54, hier S. 51.

haltens«,⁸ wird die tierische Natur der Kronauer'schen Figur auch in weiterer Hinsicht wirksam. Denn zum einen ist sie Ausdruck einer Naturnähe oder Naturintimität, welche – mit einer Formulierung der Autorin – »die unauslotbare Dimension des Abgründigen« eröffnet,⁹ zum anderen erlaubt sie einen ursprünglichen, kindlichen Blick.¹⁰ Die Wahrnehmung, das Sehen aber ist der eigentliche Schlüssel für die narrative Konstruktion von Utopie. Aus alltäglichen Momenten erwachsen erhabene Visionen, so beispielsweise in der Erzählung »Junger Mann, dumme Jugend«:

> Schnurrer [...] sah sich hoch über einem Fluß stehen, von einem Hang hinabblickend in die grützegraue Weltuntergangslandschaft der Werften und Raffinerien. Er sah sich sogar im Prinzip jetzt über allen ihm bekannten Landschaften schweben, auch über Städten, wenn noch ein bißchen geologischer Rest sichtbar geblieben war, und sah sich das unter ihm Ausgebreitete lange, lange anstarren und dabei immer tiefer – und es war kein Leichtes, sondern eine Anstrengung –, tief zurücksinken in die Zeit, in Jahrhunderte, Jahrtausende, so daß sich die Landschaft immer unzivilisierter zeigte. Er hatte es bisher wohl meist so gemacht, es aber nie von sich gewußt. Er sah hin und wieder hin, bis er das Angeschaute durch bloßes Betrachten in einen vorstellbaren Urzustand zurückversetzt hatte, als wäre das seine Pflicht und als wäre dann, wenn schließlich die Zeiten mit allen Krusten und Schalen wegstäubten und das Früheste zum Vorschein käme, auch der Zustand des Gutseins wieder erreicht. Ja, er wußte es erst jetzt: So hatte er es, kaum zu glauben, schon immer, streng, kindisch, mit der Welt gemacht.¹¹

Zum Ziel, ja zur »Pflicht« wird hier, zu einem »Urzustand« zurückzufinden, und dies »durch bloßes Betrachten«. Der Blick – nicht nur, aber vor allem – auf die Natur fungiert als Motiv, das in narrativer Verästelung die Erzählungen der Sammlung durchwirkt und so ihre »organische[ ] Bauweise[ ]« konstituiert.¹² Wo

---

8 Ursula Liebertz-Grün: Auf der Suche nach einer ökologischen Ästhetik. Natur und Kunst im Werk Brigitte Kronauers. In: Die Modernität der Romantik. Zur Wiederkehr des Ungleichen. Hg. von Urte Helduser und Johannes Weiß. Kassel 1999 (Intervalle 4. Schriften zur Kulturforschung), S. 219–242, hier S. 221.
9 Brigitte Kronauer: Tierlos. Zu Elias Canettis Tierbuch [2002]. In: B. K.: Zweideutigkeit. Essays und Skizzen. Stuttgart 2002, S. 196–205, hier S. 199.
10 Vgl. Brigitte Kronauer: Die Konstanz der Tiere [2004]. In: Natur und Poesie, S. 10–24, hier S. 22.
11 Brigitte Kronauer: Junger Mann, dumme Jugend. In: Schnurrer, S. 55–59, hier S. 58 f. – Zu den erzählten Landschaftsräumen Kronauers vgl. im vorliegenden Band auch den Beitrag von Alexander Honold.
12 Brigitte Kronauer: Ist Literatur unvermeidlich? In: Die Sichtbarkeit der Dinge. Über Brigitte Kronauer. Hg. von Heinz Schafroth. Stuttgart 1998, S. 12–27, hier S. 24.

keine natürliche Umgebung vorhanden ist, imaginiert Schnurrer schlicht das Naturerlebnis, – hier auf seinem Hotelbett sitzend:

> [E]in einziger Gedanke höchstens hatte [in seinem Kopf] seinen Aufenthalt, eine Möwe, die von hier nach dort flog, parallel zum Horizont, der Gedanke fiel zum Wasser ab, zur Möwe quer laufend, ein raschelndes Gefühl gab es, ein ausgedörrtes Blatt nämlich, von einer Ratte gerollt, und er, er stiege nicht über die Hügelränder hinaus, schwappte allenfalls durchsichtig dagegen, wurde völlig deckungsgleich mit den glänzenden, dahintreibenden Bergen.[13]

Da ist er wieder, der Eichendorff-Ton, nun konjunktivisch und grotesk durchbrochen, da ist das Motiv des Möwenflugs und mit ihm der Ausblick auf die Möglichkeit, eins mit der Natur zu werden.

Der Blick auf die Natur ist auch ein Blick auf das Leid von Tieren; Schnurrers Augen erfassen das Kämpfen vorgeblich kranker Tauben bei dem Versuch, der Seuchenpolizei zu entkommen, einen schwarzen Hund, der ausgesetzt wurde und der – wie der Erzähler anmerkt – aus diesem Grund wohl spätestens in einigen Monaten erschossen werde, den Elefanten eines Wanderzirkus, oder vielmehr dessen Rüssel, da mehr von dem großen Tier aufgrund des kleinen Käfigs nicht zu sehen ist. Andere, disparate Tierbilder kommen hinzu: Träumerische, »paradiesisch immer paarweise« auftretende Stockenten im Botanischen Garten,[14] eine – wenngleich imaginierte – Ginsterkatze, die ein nicht weniger ausgedachtes Haubenperlhuhn gerissen hat, eine Eule, die im Anflug auf Schnurrer diesem das Gefühl vermittelt, »ein bequem zu packendes Beutetier« zu sein.[15] Das Beobachten eines Wespennestes löst gar eine erotische Erinnerung aus; »machtlos gegen das Hinsehen«[16] hat Schnurrer beim Anblick der sich rhythmisch bewegenden Insektenkörper

> das Gefühl, einer kaum nachweisbaren, aber ihm schließlich mitgeteilten Steigerung beizuwohnen, als würden die Tierchen [...] vor- und zurückgeschleudert zu ihrer eigenen fanatischen Lust, die sie unter einer ernsten Arbeitsmiene, heuchlerisch das Vergnügen erhöhend, verbargen? Aber er, Schnurrer, voller Langmut, kam ihnen endlich auf die Schliche und sich selbst dazu, einem Gegenübersitzen nämlich, einem bestimmten Augenblick, ach, einer halben Stunde vielleicht nur, dem Anfang einer leidenschaftlichen Erregung.[17]

Konträr zu solchen Passagen stehen groteske, parodistische Elemente, die sich immer wieder finden lassen. So ist beispielsweise von Meisen zu lesen, die

---

13 Brigitte Kronauer: Unbegreifliche Wiedergutmachung. In: Schnurrer, S. 37–41, hier S. 40.
14 Brigitte Kronauer: Heißenbüttel? In: Schnurrer, S. 104–109, hier S. 105.
15 Brigitte Kronauer: Das allerletzte Stündlein. In: Schnurrer, S. 132–135, hier 132.
16 Brigitte Kronauer: Das Wespennest: In: Schnurrer, S. 90–94, hier S. 90.
17 Kronauer: Das Wespennest, S. 91.

»sobald sie [Schnurrer] erkannten, auf ihren kleinen Silberamboß [hauten]«,[18] in der Erzählung »Augenreim« von Lämmern, deren Schwänze »mit der Geschwindigkeit – von Kolibriflügeln [vibrierten]«,[19] »in die manchmal der Lämmerteufel fuhr, so daß sie als Lerchenparodie in die Luft sprangen und dort eine halbe Sekunde verharrten«[20] und die »sich im zusammengekehrten Angeschwemmten regelrechte Nester [wühlten]«.[21] Mehr als einmal bekundet die Autorin, dass sie Jean Paul verehrt, und dass hier Lämmer wie Lerchen in die Luft springen und in Nestern träumen, ist wohl als literarischer Nachhall und intertextuelles Spiel mit dem Leser zu verstehen, denkt man an den bekannten und eben auch von Brigitte Kronauer zitierten Ausspruch Jean Pauls »von den ›drei Wegen, glücklicher (nicht glücklich) zu werden‹ (der entrückte Blick aus der Vogelperspektive auf die Welt, das Einnisten als Lerche in ihrem Bodennest und der Wechsel zwischen beiden Sichten als ›schwerste und klügste‹ Möglichkeit).«[22] Geht doch Karl Schnurrer mit seinem Freund Heinrich zusammen den Deich entlang, »in Kooperation mit der Natur [...] Positionswechsel absolvier[end]«,[23] um damit im Kleinen auf das Große, nämlich die narrativen Perspektivwechsel, zu verweisen.

Der Leser der Erzählung »Augenreim« kommt nicht umhin, auch an das von Brigitte Kronauer für eine Geschichte der Sammlung *Die Tricks der Diva* gewählte, ebenfalls von Jean Paul stammende Motto zu denken: »Man genießet die Natur nie ganz, wenn man irgendwo – und wär's zum nächsten Pfahl – hinwill, oder auf irgendeine Sache – und wär's eine Geliebte – ausläuft: sondern man lasse sich wie ein schlafender Schwan dahingegeben von ihren Wogen drehen und führen.«[24] Literarisch ausbuchstabiert lautet dies dann so: »›Bis dahinten gehen wir, dann kehren wir um‹, sagte Karl, und sofort bedauerte er es. Nun würden sie die gesamte Zeit über zielgerichtet ohne Ablenkung auf diese Stelle zumarschieren. So etwas hatte er gerade nicht gewollt.«[25]

Ganz explizit weist die Erzählung »Die Tiere« aus *Die Tricks der Diva*, eine Parodie auf den Jean-Paul-Kultus der Zeitgenossen, auf den Humoristen hin, der

---

18 Brigitte Kronauer: Ein selbstgemachter Tag I. In: Schnurrer, S. 42–45, hier S. 45.
19 Brigitte Kronauer: Augenreim. In: Schnurrer, S. 74–80, hier S. 75.
20 Kronauer: Augenreim, S. 76.
21 Kronauer: Augenreim, S. 78.
22 Brigitte Kronauer: Die Lerche in der Luft und im Nest. Zu Jean Paul [1988]. In: Favoriten, S. 197–198, hier S. 198. Vgl. Jean Paul: Leben des Quintus Fixlein. In: Werke. Erste Abteilung. Vierter Band. Hg. von Norbert Miller und Gustav Lohmann. München 1962, S. 9–259, hier S. 10.
23 Kronauer: Augenreim, S. 78.
24 Brigitte Kronauer: Die Tiere. In: Die Tricks der Diva. Die Kleider der Frauen, S. 31–33, hier S. 31. Vgl. Jean Paul: Selberlebensbeschreibung. Konjektural-Biographie. Stuttgart 1971, S. 108.
25 Kronauer: Augenreim, S. 75.

hier den Zoo Hagenbeck besucht. Erzählt wird aus der Sicht von vier Frauen, die ihn begleiten und allesamt unbemerkt vor dem Abschied von ihrem ›Liebling‹ eine Locke seines Pudels abschneiden. Günter Häntzschel untersucht diesen literarischen Auftritt Jean Pauls und deutet ihn als »eine von Kronauer zugespitzte Analogie zu der von ihr geschätzten Technik Jean Pauls, seiner ›Verbindung von Erhabenem und Banalem‹«,[26] die auch andere Texte der Autorin prägten; nicht zuletzt erinnere Schnurrer »in seiner kindlichen, verspielten und genießerischen Lebensweise, deren Heiterkeit auch in bitterer Ernst umschlägt«[27] an die grotesken Figuren von Jean Paul.

Tatsächlich wechselt die Darstellung von Schnurrers Ehefrau zwischen diesen Extremen. Eine Kippfigur zwischen Mensch und Tier ist sie, von ihrem Mann einmal »Moderlieschen« genannt,[28] – eine Trivialbezeichnung für *Leucaspius delieatus*, einen kleinen Zierkarpfenfisch. Eben dieses Bild wird denn auch mit der Beschreibung des Erzählers evoziert. In »Was hat sie davon?« ist über Schnurrers Frau zu lesen: »Sie hatte die Lippen nicht geschlossen, die Unterlippe schien durch Muskelerschlaffung oder pure Vergeßlichkeit nach unten gesackt zu sein. Alle Konzentration verwandte sie aufs Hinstarren, ohne sich aber auf einen festen Punkt zu sammeln.«[29] In dieser Situation geht der – in Schnurrers Augen im Übrigen dümmliche und abstoßende – animalische Ausdruck aus einer intensiven Naturbetrachtung hervor: Seine Frau »glotzt[e]« dösend in den Garten.[30]

So unterschiedlich die Bilder sind, die im Leser entstehen, so stringent sind sie doch. Denn über den Ausdruck eines Karpfens legt sich ein ganz anderer, nämlich derjenige einer Eremitin: »Ach, mein Gott! Eine Greisin ist sie momentan, so wird sie als Greisin aussehen, so ineinandergesunken und in irgendwas gewickelt, so taub, so stumm, so blind und blaß.«[31] Die Lektüre des Essays »Die Einöde und ihr Prophet. Zu Geertgen tot Sint Jans« verdeutlicht die Faszination, die Einsiedler auf die Autorin ausübten und ausüben, im Besonderen das Bild *Johannes der Täufer in der Einöde*. Bemerkenswert ist für Brigitte Kronauer, dass sich hinter den Gesichtszügen des Anachoreten mutmaßlich Geertgen – der Künstler – selbst verbirgt. Über den Ausdruck des Eremiten, der sich wiederum in demjenigen ihrer Figur spiegelt, schreibt die Autorin im Essay:

---

[26] Günter Häntzschel: Jean Paul im Zoo. Eine Brigitte-Kronauer-Lektüre. In: Jahrbuch der Jean-Paul-Gesellschaft 48–49 (2013–2014), S. 257–264, hier S. 259.
[27] Häntzschel, S. 263.
[28] Brigitte Kronauer: Was hat sie davon? In: Schnurrer, S. 60–63, hier S. 62.
[29] Kronauer: Was hat sie davon?, S. 61.
[30] Kronauer: Was hat sie davon?, S. 62.
[31] Kronauer: Was hat sie davon?, S. 62.

Befindet er sich im Zustand visionärer Verzückung? Die eigentümlich dösenden Augen lassen weder auf verstandes- noch gefühlsmäßige Aktivität schließen, statt dessen auf nichtrauschhafte Geistesabwesenheit, mystische Leere, auf den Genuß einer Absence eher noch als auf Trance. Wofür eben die Natureinsamkeit der beste Ort ist. Ein potenziertes Einsiedlerdasein: Entfernung nicht nur von der Welt, auch von sich selbst. Es ist ein heiliges Schwelgen in Abständigkeit, die durch das ehrwürdige Subjekt als solche sakrosankt wird. Da es sich um die Idealversion meiner eigenen Lieblingsverfassung handelt, porträtiert Geertgen hier nicht nur Johannes und sich, er meint ein bißchen auch: mich.[32]

Schnurrer hingegen beginnt beim Betrachten seiner Frau über »Naturanblicke«[33] nachzudenken – nicht ohne zu bemerken, dass gerade ihm in Bezug auf dieses Thema niemand etwas vormachen könne.

2 Geschöpf und Schöpfer

Der nun selbst kontemplativ Versunkene geht der Frage nach, »wie viele Bäume, ein wie großes Gebüsch ausreichen mochte, um die Naturintimität, die geheimnisvolle, spinnennetzartig dazwischen aufzuspannen, damit sich der Blick darin verfangen konnte und gefesselt blieb.«[34] Überlegungen, hinter denen wohl diejenigen der Künstlerin selbst stehen, zumal Brigitte Kronauer in einem Interview erklärt: »Das ist gerade die Kunst und die Aufgabe: zu begreifen, dass wir die Natur in den kleinen Portionen, wie sie sich uns jetzt noch zeigt, verteidigen müssen. Und zu erkennen, dass sie auch dann wirkt!«[35] Überhaupt erweist sich Schnurrer als Geschöpf und Schöpfer seiner eigenen Geschichte. Schon auf der ersten Seite des Bandes heißt es: »Er ging geradeaus und bog plötzlich, sich selbst überraschend, willkürlich ab, er sah sich zu, einer kleinen Menschärgeredichnichtfigur, bei etwas außer Rand und Band geratenen, aber immer geometrischen Zügen, die er selbst verantwortete.«[36] Seine Welt ist eine gemachte, ein Kunstprodukt »kaum als Gegend zu bezeichnender leerer Quadrate«.[37] Nicht von ungefähr ist er ein

---

32 Brigitte Kronauer: Die Einöde und ihr Prophet. Zu Geertgen tot Sint Jans [1993]. In: B. K.: Die Einöde und ihr Prophet. Über Menschen und Bilder. Stuttgart 1996, S. 102–105, hier S. 103.
33 Kronauer: Was hat sie davon?, S. 62.
34 Kronauer: Was hat sie davon?, S. 63.
35 Wend Kässens: »Ich glaube, die Kunst verbündet sich mit der Natur«. [Gespräch mit] Brigitte Kronauer. In: »Das Große geschieht so schlicht«. Unterwegs im Leben und Schreiben. Hamburg 2011, S. 24–38, hier S. 34.
36 Brigitte Kronauer: Der Störenfried. In: Schnurrer, S. 7–11, hier S. 7.
37 Kronauer: Ein selbstgemachter Tag I, S. 42

Schreibender. Von seinen Konzentrationsschwierigkeiten und Schreibhemmungen erzählt die Geschichte »Das Fenster«, in der er nachts vor schwarzem Fenster und weißem Blatt Papier sitzt. Zuerst hadert Schnurrer zwar mit sich, dann aber verliert sich in der Betrachtung eines kleinen grünen Tieres das Vorhaben, zu schreiben. Dennoch lenkt und leitet er die eigene Erzählung, wie beispielsweise in »Ein selbstgemachter Tag I« und »Ein selbstgemachter Tag II« deutlich wird: »Es war aber ein Januartag, so prächtig heraufgezogen, als hätte er ihn selbst gemacht. Alles geschah nach seinem, Schnurrers Gutdünken, ein Tag wie Butter. Jeder Blick war einer in ein großes, gutes Butterfaß.«[38] Und weiter: »Man hatte ja die Vorstellungskraft, und die konnte jederzeit Schluß! rufen, so tun, als wäre man gleich tot, als ginge es nicht weiter, immer weiter, vielmehr als träte man bald schon ein in das dauernde Ende«.[39]

Seine Imagination verleiht Schnurrer Macht. In der letzten Erzählung, »Das allerletzte Stündlein«, ermöglicht ihm der Gedanke an ein lebendiges Wesen gar, die Todeskälte, die bereits von ihm Besitz ergriffen hat, zu vertreiben. Eine Ente ist hier die Rettung. Rettung ist jedoch auch die Sprache, und das auf eine absolute Weise. Vom vorbeifahrenden Zug aus beobachtet der groteske Held einen Unfall, in einer Raffinerie führt die Explosion einer Gasleitung zu einem Brand.

> Hier sprudelte [die Rauchfahne] aus ihrer Quelle hervor, so schwarz, so höllisch und üppig, als wäre sie schon im Besitz der halben Stadt, über die sie, ein gestaltgewordener finsterer Gedanke, großspurig hinweggriff. Aber das war nicht das Schlimmste. Schrecklich schlugen am unteren Ende der Rauchsäule Flammen totenstill daraus hervor, hell, ungezügelt und fürchterlich vielversprechend an diesem gefährdeten Ort, der vielleicht schon erste Opfer aufwies und wo Ohnmacht und Verzweiflung herrschen mochten, so daß Schnurrer nun aufsprang und gleich entmutigt oder eher aufgewühlt, aber kraftlos, zurücksank.[40]

Im Zeitungsbericht des folgenden Tages liest er dann über die Lackierung des Tanks, die insofern eine weitere Gefahrenquelle darstellte, als der Behälter ebenfalls drohte, Feuer zu fangen, was die Rettungsmannschaft jedoch verhindern konnte. Hier liest er auch einen Satz, der erlösend auf ihn wirkt: »»Die Farbe war bereits abgeblättert«« und kommentiert ihn wie folgt: »Was für eine Gefahr androhende und zugleich in höchster Not unwissentlich zierliche und sie auch schon graziös bändigende, ja wendende Notiz und Verkündigung!«[41] Auch Schnurrers eigene Sprache ermöglicht eine solche ›Bändigung‹ der Außenwelt, indem sie

---

38 Kronauer: Ein selbstgemachter Tag I, S. 45.
39 Brigitte Kronauer: Ein selbstgemachter Tag II. In: Schnurrer, S. 46–50, hier S. 50.
40 Kronauer: Unbegreifliche Wiedergutmachung, S. 39 f.
41 Kronauer: Unbegreifliche Wiedergutmachung, S. 41.

benennt, was geschieht, so beim Wandern durch eine hügelige Graslandschaft, die sich – und Schnurrer ebenso – zu massieren, zu verformen, zurechtzubiegen scheint. Ihm fällt, »pünktlich in dieser Landschaft«, ein Satz ein: »›Eine Liebeserinnerung, als Wiese verkleidet‹. Zur Zeit war ringsum keine fundamentalere Wahrheit denkbar.«[42] Der Blick auf die Natur wird untrennbar von seiner sprachlichen Realisierung. »Es geht darum, den noch nie zuvor formulierten Augenblick überhaupt wahrzunehmen und dann mit Wörtern zu erwischen«,[43] so heißt es in Brigitte Kronauers Wiener Ernst-Jandl-Vorlesung zur Poetik, in ihrer Neuvermessung des Avantgardismus-Begriffs.

3 Verführung und Auflösung

Auch in Geschichten der Sammlung *Die Tricks der Diva* lassen sich, wenngleich mit deutlich anderer Akzentsetzung, Momente des Anderen ausmachen. Die erste, »Im Gebirg'«, erzählt von der Bergwanderung eines jungen Mannes namens Herbert, der jedoch schon mit dem ersten Wort »Hornochse« genannt wird. Er, fachgerecht ausgerüstet, ist in den Alpen unterwegs und auf dem Rückweg. Der Besuch bei Frau Mafelukow, die, einem »mysteriösen Wunsch« folgend,[44] ins Gebirge gezogen war, verlief verstörend. Die Vertraute aus der Kindheit ist nicht mehr in der Lage, seinen Namen richtig auszusprechen, stattdessen kommt nur das Wort »Hornochse« über ihre Lippen. Umgeben ist sie von drei hässlichen Frauen, die in schwarz gekleidet sind und im Lauf der Erzählung Ähnlichkeit mit Hornraben annehmen, »mit den weißen Handschwingen, ach was, mit Litzen natürlich«.[45] Auf dem Rückweg nun

> macht ihm [das Gebirge] eine unglaubliche Ansicht zum Geschenk, gleich beim ersten Mal. Denn dort oben ist schweigend das Fanal einer anderen Welt erschienen, etwas Unaussprechliches ist Fleisch geworden. Herbert glaubt, ihm müsse das Herz aufhören zu schlagen vor Freude, er stößt einen Schrei aus in seinem Glück.[46]

---

42 Brigitte Kronauer: Letzter Einfall. In: Schnurrer, S. 128–131, hier S. 128.
43 Brigitte Kronauer: Über Avantgardismus [1. Vorlesung, Wiener Ernst-Jandl-Vorlesungen zur Poetik 2011]. In: B. K.: Poesie und Natur. Stuttgart 2015, S. 7–33, hier S. 16.
44 Brigitte Kronauer: Im Gebirg' [2004]. In: Die Tricks der Diva. Die Kleider der Frauen, S. 7–20, hier S. 8.
45 Kronauer: Im Gebirg', S. 13.
46 Kronauer: Im Gebirg', S. 15.

Dieses währt nicht lang. Als ihm sein teures Fernglas entgleitet und er beginnt, es zu suchen, zieht sich der vorher so euphorisch Beglückte eine Fußverletzung zu. Nun kann er nicht mehr laufen, auch nicht mehr entkommen, und die idyllische Einöde verwandelt sich unvermittelt in ein bedrohliches Umfeld voller herabstürzender Felsen und gefährlicher Tiere.

Besessen sind Herberts Gedanken nun von den Frauen, die tatsächlich aus einer anderen Welt stammen, jedoch aus einer ihm keinesfalls freundlich gesinnten: Hexenfiguren aus dem Märchen sind sie, schlucken mit bebenden Kehlsäcken, »als würden sie kleine, schmackhafte Frösche runterwürgen«,[47] und unausgeführt, aber deutlich ist, wie die Wanderung für Herbert enden wird. Auch narrativ gewinnen die drei Frauen die Oberhand, denn das Ende der Geschichte wird mit ihrer Stimme erzählt: »Hier oben natürlich, wo ganze Berge zu Bruch und zugrunde gehen, da gelten andere Gesetze. Das wollen wir meinen! Da kennt der Kleine sich nicht aus. [...] Alle haben Angst davor.«[48]

Das beseligende Naturerlebnis bleibt hier ein kurzer Moment des Glücks, der sogar eine Falle der bösen, todbringenden Mächte sein könnte. Eine Grundstruktur, die sich in der wiederum letzten Geschichte der Sammlung, »Die Wirtin«, wiederholt und somit *Die Tricks der Diva* umrahmt. Diesmal ist die moderne Hexe ein schönes Naturwesen, »ein frischer Luftzug, Geruch nach Heidekraut und Sand, Erinnerung an Falkenschreie hoch in der Luft, eine Frau mit glühendem Haar, herunter bis zwischen die Schulterblätter.«[49] Die Tür zu ihrer »verschollenen Welt«[50] befindet sich im Bahnhof, am Ende der Gleise zwischen gelblichen Kacheln. Hierhin lädt sie Männer ein, die ihr altes Leben verloren oder verlassen haben, im Bahnhof leben und Kleidung, Nahrung und Medizin brauchen. Um all dies kümmert sie sich, versorgt sie darüber hinaus mit Champagner, Kaviar und Männermagazinen. Ab und an ruft sie einen von ihnen zu sich, um ihn bei sich schlafen zu lassen. Mit einem »Sesam öffne dich!« gewährt die Schöne Zutritt zu ihrem Reich.[51] Doch auch dieses Glück ist vergiftet. Die verschenkten Dinge gehörten zuvor anderen Männern, perfekten, kofferziehenden und farblosen Erfolgsmenschen, die in den Augen der Wirtin verschwinden müssen, da die Wohnungslosen des Bahnhofs verwiesen werden. Verschwindet einer von ihnen,

---

47 Kronauer: Im Gebirg', S. 11.
48 Kronauer: Im Gebirg', S. 20.
49 Brigitte Kronauer: Die Wirtin [2004]. In: Die Tricks der Diva. Die Kleider der Frauen, S. 84–94, S. 88.
50 Kronauer: Die Wirtin, S. 88.
51 Kronauer: Die Wirtin, S. 89.

tötet die Frau mit dem milden und buchstäblich bezaubernden Blick einen der ›Koffermänner‹.

Das Grauen befällt all diese Figuren im Angesicht der Natur – auch den Schriftsteller, von dem »Spitzfindig« erzählt. Als *Mise en abîme* in Miniatur hat er soeben einen »Zyklus von fünfzehn Geschichten« beendet,[52] doch im Schneetreiben erinnert er sich nicht mehr an seine letzte.

> War ihm schwindlig geworden oder sah die Landschaft nur so aus, wie sie jemandem erscheint, dem schwindlig wird? Was war das für eine Erzählung in zehn Teufels Namen? Er kam nicht drauf, kannte sie offenbar überhaupt nicht. Man hatte sie ihm geraubt. Einfach zugeschneit diese eine im heuchlerisch sanften, geradezu mütterlichen Flockenfall. Eine graue Sonne stand jetzt plötzlich am Himmel. Oder leichenbleich der Vollmond schon?[53]

Er traut seinen Sinnen nicht mehr und droht, seinen Verstand vollends zu verlieren. Das Motiv des Vergessens spannt den Bogen zurück zu der Geschichte »Die Wiese« und zum Zentrum des Bandes. Hier hofft eine übergewichtige Frau darauf, das Gedächtnis zu verlieren, weil sie so lästiger Pflichten und alltäglicher Sorgen enthoben wäre. Sie träumt von der Selbstauflösung:

> Ich selbst, was das Schönste wäre, im Ernst: möchte unsichtbar sein. Weg und verschwunden, von der Bildfläche federleicht weggeweht, ein Samenflöckchen [...]. Was für ein Glück: nicht mehr da, nicht mehr da. Weg und vergessen, doch lebendig noch. [...] Knäuelgras und Rohrglanzgras. Wollgras und Kammgras und Wiesenfuchsschwanz und gleichzeitig: alles egal, die Namen und wiederum: keine Namen, alles Wiese, schlägt gegen Waldränder, trüber Himmel am besten, vielleicht.[54]

Den Wunsch, sich aufzulösen und in alle Winde zu verteilen, teilt sie mit Schnurrer, der, dem in den Bäumen rauschenden Wind lauschend, sich nicht weniger als das Ende der Welt vorstellt. »In sachtem Rieseln zerfällt sie zu Körnern, zu einem Granulat«.[55] Die Materie bezwingt in dieser Fantasievorstellung das Wort. Auch dies zerfällt in seine Bestandteile, Mengen an Buchstaben sammeln sich, die auch als Buchstabennudeln nicht mehr zusammenzufügen sind. »Da blieb kein Name übrig. Ein verschwörerisches Zerlegen auch seiner Person, ein kicherndes und zugleich ernsthaftes, gefährliches, ja feierliches Zerlegen, auch

---

52 Brigitte Kronauer: Spitzfindig [2004]. In: Die Tricks der Diva. Die Kleider der Frauen, S. 80–83, hier S. 82.
53 Kronauer: Spitzfindig, S. 82.
54 Brigitte Kronauer: Die Wiese [1992]. In: Die Tricks der Diva. Die Kleider der Frauen, S. 47 f., hier S. 48.
55 Brigitte Kronauer: Der Wind. In: Schnurrer, S. 116–120, hier S. 118.

Verteilen, gleichmäßiges Verteilen, Verstreichen seiner Person? Warum war das so verlockend?«[56] Der Gedanke bleibt eine Versuchung und wird zur Parodie. »Er wieder: Schnurrer, Vorstandsvorsitzender in diesem eben noch krausen Gremium und Herr Präsident von sich selbst.«[57]

Hier tritt ein, was Brigitte Kronauer in ihrer Wiener Ernst-Jandl-Vorlesung postuliert: Die Erzählung wird nachgerade »aufsässig« und verschließt sich einer konventionellen Lektüre.[58] Gleichzeitig findet sich in den Ausführungen zum Avantgardismus ein explizites Erklärungsmuster, denn der sich aufspaltende, sich zerlegende Protagonist[59] spiegelt offenbar die Wirklichkeitswahrnehmung der Autorin. So nimmt Brigitte Kronauer namentlich auf Ernst Mach Bezug und stellt fest, dass das »stabile, zuverlässig abgegrenzte, mit linear fortschreitendem Lebenslauf ausgestattete Ich [...] größtenteils eine gesellschaftliche Konstruktion [ist]«.[60] Vor dem Hintergrund dieser Aussage liest sich »Schnurrer« einerseits als literarischer Ausdruck eben dieser Anschauung, andererseits als genuin avantgardistischer Text, wobei – gerade im Hinblick auf die Naturwahrnehmung – die enge Korrelation von Kunst und »Lebenspraxis«[61] nicht nur für den Autor, sondern auch für den Leser Gültigkeit hat.

Brigitte Kronauer bedauert nicht nur – wie eingangs gesehen – den Verlust Eichendorff'scher Naturemphase, sie setzt ihm ihre eigenen, von romantischen Elementen durchwirkten Texte entgegen; »Mich hat die deutsche Romantik von Jugend auf interessiert«,[62] bekennt sie einmal: »Das Projizieren der Realität auf die Leinwand der Unendlichkeit und der Unendlichkeit hinein in unsere kleine irdische Realität.«[63] Dabei changiert ihr Schreiben zwischen literarischer Tradition und Avantgarde. Das ›Andere‹, dessen literarische Konkretisierung Brigitte Kronauer einfordert, variiert wie die Situationen, aus denen es hervorgeht. Es

---

56 Kronauer: Der Wind, S. 119.
57 Kronauer: Der Wind, S. 119 f.
58 Kronauer: Über Avantgardismus, S. 23.
59 Zuvor bereits in der Erzählung »Ein selbstgemachter Tag I«: »Verliebt war er, auch wenn es dabei bleiben sollte, daß er keine Antwort erhielt auf die Frage: in wen? Eine Aufspaltung spürte er und konnte sogar wohlig gähnen dabei, in die zwei betreffenden Personen, in eine gut zuredende in gewissen Absichten und eine, die sich umwerben ließ.« (Kronauer: Ein selbstgemachter Tag I, S. 44).
60 Kronauer: Über Avantgardismus, S. 14.
61 Walter Fähnders: Avantgarde und Moderne 1890–1933. Stuttgart 2010, S. 200.
62 Jutta Ittner: Der nachdrückliche Blick. Gespräch mit Brigitte Kronauer. In: neue deutsche literatur 49 (2001), H. 1, S. 44–57, hier S. 53.
63 Ittner: Der nachdrückliche Blick, S. 53.

besagt eine buchstäbliche Wiedergutmachung, die Welt zu einem Urzustand zurückführen und sie in diesem natürlichen Zustand so wahrzunehmen, »als fände gerade der Weltanfang statt«.[64] Auch unter den Vorzeichen des Märchens finden sich Anzeichen emphatischen Naturerlebens, die verschollene Welt bedeutet hier jedoch Grauen und Gefahr.

Brigitte Kronauers Appell weist weit über die Literatur hinaus. Sie kritisiert in ihren Essays und Erzählungen den Zustand der Natur und schreibt sich damit in den ökokritischen Diskurs ein. Kronauer führt ihn substanziell fort, indem sie poetische Konsequenzen zieht: Erst das multiperspektivische Erfassen der Welt kann die sich stets wandelnde Wirklichkeit wahrhaft erkennen und »[w]irklich für Landschaft ›begeistern‹ [...] können wir uns [...] nur über eine ästhetische Betrachtungsweise. Noch das kleinste, un-arkadische Idyll, die gehegteste Wildnis entfaltet im nicht-rationalen Licht des schönen Scheins die Kraft der Utopie.«[65] Wenn Gisela Ullrich in ihrer Untersuchung der »Utopie und ihre[r] Verwirklichung« in den Romanen von Brigitte Kronauer die Frage stellt, ob das Utopische bei dieser Autorin »vielleicht überhaupt der Bezug der Einzelheiten zum Ganzen [ist]«,[66] dann lässt sich dies angesichts der – hier lediglich punktuell und bei weitem nicht erschöpfend nachgezeichneten – Vielfalt der Perspektiven auf Natur für ihre Erzählungen wohl klar bejahen. Zentral sind in diesem Zusammenhang die wesentlichen Charakteristika der Utopie: Ihre Entstehung aus dem Bestreben heraus, die reale defizitäre Situation zu verändern, sowie die ebenso echte Möglichkeit der Modifikation. Wird doch der Leser in der Kronauer'schen Erzählwelt befähigt, selbst in den begrenzten Naturräumen, die ihm verfügbar sind – in Schutzgebieten, in Zoos, in Botanischen Gärten oder aber auch seinem eigenen Garten – diese utopische Ebene perzeptiv entstehen zu lassen. Das kann, so Kronauer, nur Kunst erreichen.

Literaturverzeichnis

Brigitte Kronauer

Kronauer, Brigitte: Schnurrer. Geschichten. Stuttgart 1992.
— darin: Der Störenfried, S. 7–11.

---

64 Kronauer: Augenreim, S. 74.
65 Kronauer: Landschaft ist nicht Natur, S. 74 f.
66 Gisela Ullrich: Utopie und ihre Verwirklichung. In: Text+Kritik (1991), H. 112: Brigitte Kronauer, S. 26–32, hier S. 31.

- darin: Böser Knopf, S. 12–18.
- darin: Unbegreifliche Wiedergutmachung, S. 37–41.
- darin: Ein selbstgemachter Tag I, S. 42–45.
- darin: Ein selbstgemachter Tag II, S. 46–50.
- darin: Die Weite, S. 51–54.
- darin: Junger Mann, dumme Jugend, S. 55–59.
- darin: Was hat sie davon?, S. 60–63.
- darin: Augenreim, S. 74–80.
- darin: Das Wespennest, S. 90–94.
- darin: Heißenbüttel?, S. 104–109.
- darin: Der Wind, S. 116–120.
- darin: Letzter Einfall, S. 128–131.
- darin: Das allerletzte Stündlein, S. 132–135.

Kronauer, Brigitte: Literatur und schöns Blümelein. Graz/Wien 1993 (Essay. Bd. 18).
- darin: Literatur und »schöns Blümelein«?, S. 25–30.

Kronauer, Brigitte: Die Einöde und ihr Prophet. Über Menschen und Bilder. Stuttgart 1996.
- darin: Die Einöde und ihr Prophet. Zu Geertgen tot Sint Jans [1993], S. 102–105.

Kronauer, Brigitte: Ist Literatur unvermeidlich? In: Die Sichtbarkeit der Dinge. Über Brigitte Kronauer. Hg. von Heinz Schafroth. Stuttgart 1998, S. 12–27.

Kronauer, Brigitte: Zweideutigkeit. Essays und Skizzen. Stuttgart 2002.
- darin: Tierlos. Zu Elias Canettis Tierbuch [2002], S. 196–205.

Kronauer, Brigitte: Die Tricks der Diva. Die Kleider der Frauen. Geschichten. Stuttgart 2010.
- darin: Im Gebirg' [2004], S. 7–20.
- darin: Die Tiere [2004], S. 31–33.
- darin: Die Wiese [1992], S. 47 f.
- darin: Spitzfindig [2004], S. 80–83.
- darin: Die Wirtin [2004], S. 84–94.
- darin: Fünfzehnmal Natur? Ein Nachwort [1990], S. 95–100.

Kronauer, Brigitte: Favoriten. Aufsätze zur Literatur. Stuttgart 2010.
- darin: »Bussard absegelt Planquadrat«. Laudatio auf Helmut Heißenbüttel [1993], S. 66–76.
- darin: Die Lerche in der Luft und im Nest. Zu Jean Paul [1988], S. 197–198.

Kronauer, Brigitte: Poesie und Natur. Natur und Poesie. 2 Bde. Stuttgart 2015.
Poesie und Natur:
- darin: Über Avantgardismus [1. Vorlesung, Wiener Ernst-Jandl-Vorlesungen zur Poetik 2011], S. 7–33.

Natur und Poesie:
- darin: Die Konstanz der Tiere [2004], S. 10–24.
- darin: Landschaft ist nicht Natur [2012], S. 69–75.

Weitere Primärquellen

Jean Paul: Leben des Quintus Fixlein. In: Werke. Erste Abteilung. Vierter Band. Hg. von Norbert Miller und Gustav Lohmann. München 1962, S. 9–259.
Jean Paul: Selberlebensbeschreibung. Konjektural-Biographie. Stuttgart 1971.

Forschungsliteratur

Fähnders, Walter: Avantgarde und Moderne 1890–1933. Stuttgart 2010.
Häntzschel, Günter: Jean Paul im Zoo. Eine Brigitte-Kronauer-Lektüre. In: Jahrbuch der Jean-Paul-Gesellschaft 48–49 (2013–2014), S. 257–264.
Liebertz-Grün, Ursula: Auf der Suche nach einer ökologischen Ästhetik. Natur und Kunst im Werk Brigitte Kronauers. In: Die Modernität der Romantik. Zur Wiederkehr des Ungleichen. Hg. von Urte Helduser und Johannes Weiß. Kassel 1999 (Intervalle 4. Schriften zur Kulturforschung), S. 219–242.
Ullrich, Gisela: Utopie und ihre Verwirklichung. In: Text+Kritik (1991), H. 112: Brigitte Kronauer. Hg. von Heinz Ludwig Arnold, S. 26–32.

Interviews

Ittner, Jutta: Der nachdrückliche Blick. Gespräch mit Brigitte Kronauer. In: neue deutsche literatur 49 (2001), H. 1, S. 44–57.
Kässens, Wend: »Ich glaube, die Kunst verbündet sich mit der Natur«. [Gespräch mit] Brigitte Kronauer. In: »Das Große geschieht so schlicht«. Unterwegs im Leben und Schreiben. Hamburg 2011, S. 24–38.

Ute Weidenhiller
Anpassung, Verführung, Täuschung

Extreme Natur(an)sichten in Brigitte Kronauers
Die Tricks der Diva

In ihrer ersten Tübinger Vorlesung »Wirkliches Leben und Literatur« gibt Brigitte Kronauer ihrer Faszination für Ror Wolf und Knut Hamsun mit folgenden Worten Ausdruck: »Die Arbeiten der beiden so unterschiedlichen Autoren kann man nicht in einer Inhaltsangabe oder Interpretation zusammenfassen. Sie sind niemals, sind durch nichts abzukürzen. Künstlerische Literatur läßt das nicht mit sich machen.«[1] Reine Inhalte, so die Schriftstellerin an anderer Stelle, seien »Sache der Vermischten Nachrichten und des [...] höheren Klatsches. In der Literatur als Kunstform dagegen gilt jedes Wort und seine Platzierung.«[2] Von zentraler Bedeutung sei schließlich nicht das Thema, das Betroffenheit auslöst, sondern vielmehr »die ans Mark gehenden Wirkungen von Klang, Melodie, Proportion.«[3]

Hebt Kronauer in den hier zitierten Äußerungen die ästhetisierende Funktion der Literatur mittels einer ausgefeilten Sprache hervor, so ist ihr Schreiben jedoch keineswegs eine artifizielle Literatur des *l'art pour l'art*, es geht ihr vielmehr darum, dem Alltäglichen mit Hilfe geeigneter sprachlicher Mittel das Außergewöhnliche abzugewinnen. Reale Geschehnisse sollen in all ihren Facetten erfasst und auf angemessene Art und Weise in Literatur übertragen werden. Im Idealfall wird dabei durch rhetorisch raffinierte Strategien, durch Intensivierung und Verfremdung die Anschaulichkeit und Lebendigkeit des Wahrgenommenen erhöht. Dem Leser bietet sich so die Möglichkeit, das Erzählte in seiner gesamten Sinnlichkeit nachzuvollziehen und die Vielfältigkeit der Realität zu erkennen.[4] Die

---

1 Brigitte Kronauer: Wirkliches Leben und Literatur [1. Vorlesung]. In: B. K. und Otto A. Böhmer: Wirkliches Leben und Literatur. Tübinger Poetik-Dozentur 2011. Hg. von Dorothee Kimmich et al. Künzelsau 2012, S. 7–24, hier S. 18.
2 Brigitte Kronauer: Wovor man scheut, wonach man verlangt. Eine Rede auf Eduard Mörike. In: B. K.: Favoriten. Aufsätze zur Literatur. Stuttgart 2010, S. 113–123, hier S. 117.
3 Kronauer: Wovor man scheut, S. 118.
4 Dieses individuelle und komplexe Anliegen stand bereits bei Kronauers ersten Schreibversuchen im Vordergrund: »Wie ließen sich die Sätze dazu bringen, anhand der äußerlich betrachtet sehr bescheidenen Sensation meine tatsächlichen Empfindungen zu transportieren, anstatt sie auf das dürftige Faktische einschrumpfen zu lassen?«, so die Schriftstellerin im Rückblick über den problematischen Verlust des Essenziellen der Erlebnisse beim Niederschreiben auf Papier. (Kronauer: Wirkliches Leben und Literatur, S. 9).

https://doi.org/10.1515/9783110589719-013

schwer zu meisternde Aufgabe der Darstellung des Realen im Fiktionalen, »jene Umwandlung von O-Ton in literarische Artikulation«, die – wie die Autorin es im Vorwort ihrer *Aufsätze zur Literatur* salopp ausdrückt – »niemals durch simples Überflutschen der Schwelle«[5] möglich ist, führt bei Kronauer nicht nur zu ausführlichen poetologischen Reflexionen, sondern spiegelt sich ebenso im hochartifiziellen Charakter ihrer Narrativik wider.

Ihre Texte sind ausgefeilte Gebilde, »kalkulierte Kompositionen«,[6] wie von der Forschung immer wieder hervorgehoben wird. Als »Komposition«[7] und als »eine Wiese der Dichtkunst«[8] bezeichnet auch Thomas Steinfeld *Die Tricks der Diva* im Nachwort der Erzählsammlung. Er verweist damit einerseits auf Kronauers feines Gespür für die Musikalität und den Klang der Sprache[9] und deutet andererseits an, dass es sich nicht um isolierte bzw. zufällig zusammengestellte Arbeiten handelt, sondern vielmehr um ein ausgeklügeltes, durch wiederkehrende Themen und Motive eng miteinander vernetztes, kunstvolles Gesamtarrangement.

Allen fünfzehn Geschichten gemeinsam ist die Darstellung der Natur in ihren mannigfaltigen Erscheinungen und in ihrem wechselseitigen Verhältnis zum Menschen, das sich – wie im Folgenden gezeigt werden soll – mit den Begriffen Anpassung, Verführung und Täuschung kennzeichnen lässt. Ungewöhnliche Naturansichten treten in Kronauers Erzählungen vor allem an den Schnittpunkten zwischen Leben und Tod, zwischen Gegenwart und Vergangenheit, zwischen Erinnern und Vergessen zu Tage. Das Geschehen geht an diesen Stellen von einer äußeren Anschauung in eine Innenschau, vom Realen ins Irreale und Utopische über.

Als Folie der Lektüre der Kurz- und Kürzesterzählungen kann in erster Linie der Text »Fünfzehnmal Natur?« gelten, den die Schriftstellerin zeitgleich mit der Geschichte »Die Wiese« verfasste und der wohl kaum zufällig als Nachwort an

---

5 Brigitte Kronauer: Die Wirksamkeit auf der Zunge. Vorbemerkung. In: Favoriten, S. 9–13, hier S. 12.
6 Gisela Ullrich: Utopie und ihre Verwirklichung. In: Text+Kritik (1991), H. 112: Brigitte Kronauer. Hg. von Heinz Ludwig Arnold S. 26–32, hier S. 30.
7 Thomas Steinfeld: Wir sind uns ein verzwicktes Rätsel. Brigitte Kronauers Erzählungen bei Reclam. In: Brigitte Kronauer: Die Tricks der Diva. Die Kleider der Frauen. Geschichten. Mit einem Nachwort von Thomas Steinfeld. Stuttgart 2010, S. 251–258, hier S. 253.
8 Steinfeld, S. 254.
9 Sie bedient sich in ihrem Schreiben mit Vorliebe der rhetorischen Mittel der Alliteration und der Onomatopoesie. Bereits in den knappen, größtenteils sehr allgemein gehaltenen Titeln der Erzählungen wird gezielt mit dem hellen Klang der i-Vokale gespielt: »Im Gebirg'«, »Stille mit finsterer Figur«, »Dri Chinisin«, »Die Tiere«, »Ihr Gesicht«, »Zwielicht«, »Sie!«, »Die Wiese«, »Die Tricks der Diva«, »Liedchen«, »Wie!«, »Wirre Witwen, wissender Witwer«, »Wink«, »Spitzfindig«, »Die Wirtin«.

das Ende des Bandes setzte. Kritisch beleuchtet sie dort die Tatsache, dass heutzutage bei der Beschreibung von Natur eine »faustdick demonstrierte sogenannte *Gebrochenheit*« gefordert wird, da ein romantisch naiver empathischer Ton »als intellektuell-künstlerisch peinlich« erscheine.[10] Entschieden tritt sie gegen eine solche Auffassung ein und plädiert für die Aufrechterhaltung einer Naturdarstellung »mit dem Ernst des weder Entsetzen noch Überschwang scheuenden Hinsehens«.[11] Als Vorbilder dafür zitiert sie Vertreter aus den unterschiedlichsten Epochen und Stilrichtungen, wie etwa Sappho, Eichendorff, Jean Paul aber auch Gerard Manley Hopkins oder Arno Schmidt. Hebt sie hervor, dass für letzteren »die Fähigkeiten eines Autors beim beschreibenden Suggerieren von Natur bekanntlich das wichtigste Kriterium für dessen Beurteilung« war, so lässt das auf ihre eigenen Prioritäten schließen.[12] Tatsächlich könnte Kronauers Schreiben als literarischer Versuch der Arterhaltung[13] bezeichnet werden, denn mitverantwortlich für das Aussterben einer poetischen, die Natur feiernden Literatur ist ihrer Meinung nach die systematische Umweltzerstörung:

> Wenn die von der Natur hervorgerufenen, in Verse geformten Halluzinationen und Tröstungen nur noch taugen als wehmütig zu goutierende Historie, als Reminiszenzen und Museumsstücke, [...] dann stirbt, gerechterweise, mit der Natur auch die ihr gewidmete Literatur. Erzielt diese nämlich nicht mehr im resonierenden, respondierenden Leben ihre Treffer, hat sie das ihrige ausgehaucht.[14]

Die mangelnde Verankerung des Fiktionalen in der Wirklichkeit hat Brigitte Kronauer raffiniert in der Erzählung »Sie!« gestaltet. Dort ist es jedoch gerade die die Natur feiernde Literatur, die vom Publikum intuitiv verstanden und positiv rezipiert wird.

Ein sich aufdringlich anbiederndes Erzähler-Ich zieht sein Gegenüber, ein titelgebendes »Sie!«, sogleich mit hinein in den Sog des Fabulierens: »Nehmen Sie beispielsweise mich hier, nehmen Sie mich zum Beispiel, versetzen Sie sich an meine Stelle!«[15] Der im Plauderton vorgebrachte Appell nach mehr Empathie geht über zur Klage, zur Anklage und zur Unterstellung, denn wenig später heißt

---

[10] Brigitte Kronauer: Fünfzehnmal Natur? Ein Nachwort [1990]. In: Die Tricks der Diva. Die Kleider der Frauen, S. 95–100, hier S. 95.
[11] Kronauer: Fünfzehnmal Natur?, S. 100.
[12] Kronauer: Fünfzehnmal Natur?, S. 97.
[13] Vgl. dazu Tanja van Hoorn: Biodiversität im Text? Brigitte Kronauers Roman *Gewäsch und Gewimmel* (2013). In: Weimarer Beiträge 61 (2015), H. 4, S. 518–530.
[14] Kronauer: Fünfzehnmal Natur?, S. 96 f.
[15] Brigitte Kronauer: Sie! [2004]. In: Die Tricks der Diva. Die Kleider der Frauen, S. 40–46, hier S. 40.

es: »Tun Sie, Sie hier, nicht so, als verständen Sie nicht, wovon ich spreche.«[16] Es geht offensichtlich um eine Lesung, während derer sich in der Dialektik von »tatsächlich vorhandener Neugier« und unverkennbarer »Ablehnung« eine zunehmend feindliche Stimmung zwischen der oder dem Vortragenden und dem Publikum aufbaut, dessen Perspektive im Folgenden eingenommen wird: »Eben war sie noch abwartend, die Stimmung, die ominöse, Ihnen geneigt allerdings nur im aller-, allerersten Augenblick, jetzt ist alles entschieden. Zu Ihren Ungunsten.«[17] Kronauer schildert einen Rezeptionsprozess, der aufgrund einer rational nicht zu erklärenden, negativen, im Text auch als »Fluidum« bezeichneten, im Raum befindlichen Atmosphäre von Anfang an zum Scheitern verurteilt ist:

> Sie wollen es nicht wahrhaben, aber spätestens nach Ihrem ersten Satz ist es nun definitiv aus, alles weitere ist nur noch eine Bestätigung dessen, da hilft kein Zappeln. Sie werden die Kluft zu den Zuhörern nicht überspringen. Mit feiner und gemeiner Nase haben die erschnüffelt, daß es zwischen ihren eigenen Gemütern oder Gehirnen und Ihren Zumutungen andererseits keine Verbindung gibt, keine Entsprechung zwischen Ihren Sätzen und deren Leben.[18]

Die fehlende Verbindung des Vorgetragenen mit der Erfahrungswelt der zu Feinden mutierenden Zuhörer liegt der hier beschriebenen, von Anfang an instinktiv entstandenen Ablehnung zu Grunde. Eindringlich wird an das Einfühlungsvermögen appelliert und an die Fähigkeit, sowohl die Perspektive zu wechseln als auch die unmittelbare Umgebung mit allen zu Verfügung stehenden Sinnen wahrzunehmen. Ein Versuch, sich der äußerst unangenehmen Situation zu entziehen, besteht in der Strategie einer gedanklichen Entfremdung, und zwar in der Assoziation der kleidungsartigen Fellzeichnung eines rotschenkligen vietnamesischen Kleideraffen mit einer auffällig ähnlich gekleideten Frau aus dem Publikum:

> Vielleicht wenden Sie nun einen Trick an, mit dem Sie sich zeitweilig aus der Situation retten könnten. Bei jedem Aufsehen konzentrieren Sie sich auf jene Frau, die, auch wenn sie keinen Bart trägt, mit schwarzer Kappe, grauem Kleid, roten Strümpfen und schwarzen Schuhen zum Verwechseln so aussieht wie der hübsche vietnamesische Kleideraffe. Sie malen sich aus, wie die Frau, während Sie selbst fort und fort den eigenen Mund bewegen, in den Urwäldern turnt und hangelt, auch kleine Früchte zu sich nimmt.[19]

---

16 Kronauer: Sie!, S. 41.
17 Kronauer: Sie!, S. 40.
18 Kronauer: Sie!, S. 41.
19 Kronauer: Sie!, S. 42.

Dieser vom Erzähler-Ich empfohlene »Trick«, der in der imaginären Überblendung der Bilder von Mensch und Tier besteht, ist ein von Brigitte Kronauer häufig verwendeter »eindrucksvolle[r] Akt erzählerischer Mimesis«[20]. Er kann, wie es ausdrücklich heißt, nur »sehr kurzfristig« funktionieren, bleibt er doch innerhalb eines von aufgezwungenen Konventionen bestimmten Kontextes gefangen. Ein »Abbruch« der Lesung wäre ein »Etikettenbruch« und damit für die oder den Vortragenden ein »Debakel«[21]. Nur ein drohendes Verschwinden, Sich-Selbstauflösen, führt die Wende und damit den erneuten Perspektivenwechsel herbei: »Genau da fällt Ihnen der kleine Weg ein! Nein, mir fällt er ein, Ihnen gerade nicht [...].«[22]

Die nun folgende Passage kann als literarische Umsetzung der in den Tübinger Vorlesungen vorgetragenen grundlegenden narrativen Überzeugung Kronauers gelten, es sei »der berechtigte Größenwahn des Kunstwerks, die Jugendlichkeit einer ursprünglicheren Welt wiederherstellen zu können.«[23]

Das Erzähler-Ich begibt sich auf einen der Phantasie entsprungenen, wohl die Poesie vergangener Zeiten symbolisierenden magischen Pfad, der mitten in eine fiktive, verführerisch lockende utopische Märchenlandschaft »weit entrückter Tage« führt und die ersehnte Erlösung verspricht:

> Aber der Pfad, um den es hier geht, krümmt sich noch eindrucksvoller, nämlich nicht in die blau-dunstige Ferne, sondern ins Dunkel, in den schwarz glimmenden Waldgrund hinein, kurvt aus einer harmlosen Graslandschaft mit Spitzwegerich in die sich plötzlich aufrichtende Waldfinsternis, durchglitten, durchschlüpft dieser Tümpel der Möglichkeiten von den kleinen Kröten und Dämonen weit entrückter Tage, anfangs nur ahnbar, aber ich mache mir keine Sorgen, sie werden sich zeigen, aufzuckende Flämmchen im Moosigen, Zungen im Anhauch der Waldschwüle.[24]

Die poetische und emphatische Schilderung der in einer nicht zu verortenden fernen Vergangenheit liegenden Landschaft steht deutlich der chiffrenhaften Bildlichkeit einer romantischen Naturauffassung nahe: Davon zeugen die oben zitierten Formulierungen wie »blau-dunstige Ferne«, der »schwarz glimmende[ ] Waldgrund«, die »Waldfinsternis« und wenig später die »Beklemmung des Wald-

---

[20] Meike Fessmann: Gezielte Verwilderung. Modernität und Romantik im Werk von Brigitte Kronauer. In: Sinn und Form (2004), H. 4, S. 487–503, hier S. 497.
[21] Kronauer: Sie!, S. 43.
[22] Kronauer: Sie!, S. 43.
[23] Kronauer: Wirkliches Leben und Literatur, S. 21.
[24] Kronauer: Sie!, S. 44.

einsamkeitsdämmern[s]«, die »goldgrüne[n] Tiefen« und der ewige organische Kreislauf des Lebens.[25]

Das in melodramatischem Ton beschriebene Abgleiten in die Wildnis einer imaginären Landschaft ist zugleich eine Hommage an Joseph Conrad, an dessen Schreibkunst die Autorin unter anderem die Fähigkeit bewundert, »heftige akustische, taktile, vor allem optische Wirkungen auf unser Gefühl zu erwirtschaften, die vergänglichen Erscheinungen in allen Schattierungen aufblühen zu lassen und für Momente zu bannen mit der gesamten, in ihnen wohnenden irisierenden Macht.«[26] Die Natur wird nämlich im Folgenden wie ein sinnlich erfahrbares Kunstwerk dargestellt, die Erzählerin selbst ist gebannt von der Kraft der evozierten Gefühle, die Körper und Geist in zwei verschiedenen Sphären weilen lassen, und versucht, den Leser mit in den Bann zu ziehen: Vollkommen der gegenwärtigen Situation entrückt, begibt sich ein Teil des erzählenden Ichs auf den Weg einer höheren Offenbarung.

Das literarische Erlebnis soll, so Kronauer, »exzessiv«[27] und vereinnahmend sein – die Wegkrümmung, mit der das Ich zu verschmelzen scheint, ist dafür das metaphorische Pendant:

> Ah, ich fühle sie [die Waldschwüle] schon, während ich Ihnen das hier von einem Blatt ablese mit fortplätschernder Stimme, Sie ablenke durch Anwesenheit und Singsang meiner Stimme, bin ich unterwegs, bin dabei, in die Wegkrümmung endgültig einzubiegen, die mich mitnimmt, zusammenfaßt und einatmet.[28]

Kindheitserinnerungen werden in Form von Gefühlen und Gerüchen wach. Es kommt zu einem umfassenden, alle klassischen Sinnesmodalitäten, das Fühlen, das Sehen, das Hören, das Riechen und das Schmecken aufrufenden Fest der Sinne:

> Riechen Sie die Brennesseln [...] die guten, alten, wenn auch bösen Kindheitsbrennesseln, sehen Sie die hübscheren, aber auf den ersten Blick im Vergleich ein wenig trotteligen, eunuchischen Taubnesseln mit den weißen, violetten, gelben, ganz leicht, wenn man

---

25 »[...] außerdem Morast und Schlamm, in dem es sacht glühend fault und verwest. Das sind die unzähligen kleinen Leichen des beinahe lautlosen, mörderischen Waldlebens, die Totenpartikelchen, die sich als frischer Organismus schon wieder zu regen beginnen.« (Kronauer: Sie!, S. 45)
26 Brigitte Kronauer: »Er machte mich unsicher«. Zu Joseph Conrad. In: Favoriten, S. 29–40, hier S. 38. – Zu Kronauers Conrad-Bezügen vgl. im vorliegenden Band den Beitrag von Matthias N. Lorenz.
27 Kronauer: Fünfzehnmal Natur?, S. 99.
28 Kronauer: Sie!, S. 44.

sein Ohr dicht daran hält, zwitschernden Vogelkopf-Blüten? [...] Saugen Sie die Luft tief, tief ein. Tanne? Fichte? Auch! Richtig! Auch dabei. Holz natürlich unverzichtbar. Doch die Mischung erraten Sie nie!²⁹

Auch der bereits evozierte exotische vietnamesische Kleideraffe fügt sich nun stimmig in dieses geheimnisvolle Naturtableau. Das Erzähler-Ich nimmt den Leser erklärend bei der Hand und verweist ihn auf einzelne Bildsegmente seines Phantasiegemäldes: »Und dort, entdecken Sie in den Ästen schwingend den Vietnamesischen Kleideraffen? Da ist er ja wieder und fühlt sich endlich wohl und zu Hause.«³⁰ Mit dem vollkommenen Eintauchen in diese mysteriöse Naturlandschaft geht der Text in eine, in preisendem Ton vorgetragene, feierliche Aufzählung der Erscheinungsphänomene der imaginierten Landschaft über:

> [...] absurde Pilznamen im Wurzelwerk, Steinläufer, Laufkäfer, Waldmaus, der molchische Kleinkram im glitschigen Schattenreich sowieso, Stämme, Baumkronen, Farn um goldgrüne Tiefen herum, Scheinabgründe, Summen der Lichtungssäume, flüchtige Lichtpunkte, unvorhersehbar tastende Schatten [...].³¹

Dem folgt daher notgedrungen die Frage, wie man denn von diesem rauschartigen Zustand wieder in die Realität zurückkehren kann, denn alle zeitlichen und räumlichen Koordinaten sind völlig abhandengekommen, einen Weg zurück scheint es nicht zu geben: »Der Weg muß sich, wie die Zeit – Sie bringen hier etwas durcheinander, wo glauben Sie denn den gesamten Abend über zu sein? –, klammheimlich zurückgezogen haben, aufgerollt, zusammengeschnellt, vielleicht mit einem kaum hörbaren Glucksen?«³² Das Wiederauftauchen aus der poetischen Naturemphase, in der die Kommunikation zwischen Vortragendem und Publikum »wie geschmiert«³³ funktioniert, zurück in die Realität der Ausgangssituation, erfolgt am Ende der Erzählung durch eine komplette Änderung des Sprachregisters. Mit prosaischer Geschwätzigkeit berichtet das Erzähler-Ich von einem herzkranken Mann, dem durch die »stürmische[ ] Lebenslust«³⁴ eines mexikanischen Rankgewächses der Tod droht, denn, so die unterschwellige Botschaft, es ist die vitale Natur, die den Menschen bezwingt und nicht umgekehrt.

---

29 Kronauer: Sie!, S. 44.
30 Kronauer: Sie!, S. 44.
31 Kronauer: Sie!, S. 45. – Zu den erzählten Landschaftsräumen Kronauers vgl. im vorliegenden Band den Beitrag von Alexander Honold.
32 Kronauer: Sie!, S. 45.
33 Kronauer: Sie!, S. 45.
34 Kronauer: Sie!, S. 45.

Dieser sensationslüsterne Klatsch leitet direkt über auf die Erzählung »Die Wiese«. Die von einer diesmal eindeutig weiblichen Ich-Erzählerin in einem hemmungslosen Wortschwall hervorgebrachten Klagen über lästige Alltagsprobleme finden erneut die entscheidende Wende in einer imaginierten Flucht aus der Realität und einer glücklichen Verschmelzung des eigenen Körpers mit der Natur, genauer gesagt, mit den Gräsern der Juniwiesen: »Ich selbst, was das Schönste wäre, im Ernst: möchte unsichtbar sein. Weg und verschwunden, von der Bildfläche federleicht weggeweht, ein Samenflöckchen, wie reizend, ein Hauch. Was für ein Glück: nicht mehr da, nicht mehr da. Weg und vergessen, doch lebendig noch.«[35] Bei der Beschreibung dieses ekstatisch-utopischen Moments geht die Prosa in einen schwärmerisch-lyrischen, die Vielfalt der Natur feiernden Ton und einen elliptischen Satzbau über:

> Bin verrückt danach, Juniwiesen, hohe Gräser, kein Halm geschnitten, wie sie blühen und zittern und tun und machen und geschoben werden wie Wassermassen und plötzlich auch kreiseln, Inselchen, rundumgeschwenkt, im Spaß, im Wind, dieses Dunstige, schaumartig Leichte, ob die Sonne dafür sorgt, das Blühen, der Regen, ich weiß es nicht. Knäuelgras und Rohrglanzgras. Wollgras und Kammgras und Wiesenfuchsschwanz und gleichzeitig: alles egal, die Namen und wiederum: keine Namen, alles Wiese, schlägt gegen Waldränder, trüber Himmel am besten, vielleicht.[36]

Eine Abkehr von der desillusionierenden Wirklichkeit vollzieht sich ähnlich in der Erzählung »Wie!«. Geschildert wird die idealisierende Erwartungshaltung der Menschen gegenüber der am Meer verbrachten Urlaubswochen, die sich als das enttäuschende »alte, alljährliche Übel« erweisen.[37] In den wimmelbildartig dargestellten Szenen mit Menschen in unterschiedlichen Situationen und Gruppierungen spiegeln sich Langeweile, Griesgrämigkeit, ja sogar Verzweiflung. »Dabei ist es in Wirklichkeit leicht«, so die überraschende Wende im Text und weiter:

> Man muß sich nur einreden, daran zu glauben. Muß glauben gegen den Augenschein, sich mit aller Kraft einbilden, es gäbe das Meer. Man kann anfangs ruhig die Augen schließen und sich sagen: Das hier ist es, das Bild des Meeres und das Meer selbst, so ist das Meer in meinem Kopf und außerhalb, mit meinen Augen und ohne sie. Das Meer ist in Wahrheit sichtbar, wahrhaftig DAS MEER.[38]

---

[35] Brigitte Kronauer: Die Wiese [1992]. In: Die Tricks der Diva. Die Kleider der Frauen, S. 47–48, hier S. 48.
[36] Kronauer: Die Wiese, S. 48.
[37] Brigitte Kronauer: Wie! [2004]. In: Die Tricks der Diva. Die Kleider der Frauen, S. 61–64, hier S. 61. – Zum Meer bei Kronauer vgl. im vorliegenden Band den Beitrag von Dörte Linke.
[38] Kronauer: Wie!, S. 64.

Der Rückzug aus der äußeren in die innere raum- und zeitlose Anschauung scheint die Voraussetzung für eine geglückte Naturerfahrung zu sein. Der Mensch muss sich die Gesetze der Natur zu Eigen machen, denn betrachtet werden darf das Meer nicht als eine menschliche Projektion sommerlicher Sorgenfreiheit, sondern als das seit Urzeiten existierende, Ewigkeit symbolisierende Element, das sämtlichen Konturen und Maßstäben trotzt: »Zeit und Leben, Raum und Tod halten den Atem an: Das Meer tritt in Erscheinung [...].«[39] Selbstvergessenheit ermöglicht ein mystisches Verschmelzen mit der Natur,[40] so lautet der geheime, angeblich einfache Trick in »Wie!«. Auch in »Die Wiese« gesteht die Erzählerin zunächst schuldbewusst ihre unverzeihliche Vergesslichkeit ein, relativiert jedoch anschließend die Wichtigkeit des Erinnerns angesichts der Endlichkeit des Lebens[41] (»Dagewesen und wegrasiert. Was war dann aber das Ganze wert? Da kann man doch gleich das Gedächtnis verlieren!«) und wünscht sich kurz darauf »unsichtbar«, »vergessen, doch lebendig noch« zu sein.[42]

Das Binom Erinnern und Vergessen, ein geschickt variiertes Thema des Erzählbandes, bildet das Leitmotiv der ersten, vielleicht rätselhaftesten Geschichte »Im Gebirg'«.

Der sehnliche Wunsch, die Erinnerung an die eigene Vergangenheit zurückzuerhalten, treibt einen Mann namens Herbert in die gefährlichen Höhen eines sich als feindlich erweisenden Gebirges. An diesem symbolträchtigen Ort verspricht er sich durch die Begegnung mit seinem ehemaligen Kindermädchen, Frau Mafelukow, auch Tante Liligi genannt, von seiner Vergangenheit zu erfahren. Irritierend, nämlich mit dem Ausruf »Hornochse!«, beginnt die aus der Rückschau aufgerollte Erzählung.[43] Obwohl die in ironisch-augenzwinkerndem Ton sogleich nachgeschickte Bemerkung »Das böse, sehr böse Wort« die Bedeutung des Ausrufes im Sinne von Trottel, einfältiger Mensch, Idiot bestätigt, bleibt die

---

39 Kronauer: Wie!, S. 64.
40 »[D]ie Konturen der eigenen stammelnden Person [...] darf man schwimmend vergessen, muß sie vergessen« (Kronauer: Wie!, S. 64).
41 In »Liedchen« besinnt sich das personifizierte, als erzählendes Ich auftretende Windröschen, das anfangs kokettierend und hochnäsig seine mythologische Entstehungsgeschichte als »Ramsch« bezeichnet, am Ende angesichts der eigenen Vergänglichkeit eines Besseren: »Ah, wir Kleinen, wir flüchtigen Buschwindröschen, wie profitieren wir von der unvergänglichen, von der mythologischen Konfusion! Wie sind wir uns ein verzwicktes Rätsel, wie bin ich's mir selbst – ach, und schon entblättert. Für ewig verweht.« (Brigitte Kronauer: Liedchen. [2004]. In: Die Tricks der Diva. Die Kleider der Frauen, S. 58–60, hier S. 60).
42 Kronauer: Die Wiese, S. 48.
43 Kronauer verwendet hier sprechende bzw. tönende Figurennamen, sie spielt mit dem Gegensatz der dunklen und hellen Vokale (Liligi Mafelukow) und mit der Alliteration und der Korrespondenz der Vokale innerhalb der beiden ›Namen‹ (Herbert, Hornochse).

Überblendung von Mensch und Tier bzw. Natur eine Konstante der Erzählung, denn dass der hier wenig schmeichelhaft ins Geschehen eingeführte Protagonist der Tierwelt durchaus nahesteht, unterstreicht der Vergleich mit einem »Tier, das für seine lauernden Muskeln endlich Auslauf bekommt, der kleine Lackaffe.«[44] Äußerlich hat sich Herbert vorbildlich auf die Bergtour vorbereitet, sich seiner Umgebung sogar mimetisch angepasst: »Er kennt zwar die Gegend nicht, aber Hemd und Hose sind geröllgrau, der Rucksack leicht, kein Gramm zuviel darin. An den Schuhen gibt es nichts auszusetzen. Nur etwas wenig Knöchelschutz vielleicht? Frisch eingekleidet für die Bergwelt. Alles paßt.«[45] So wird der unerfahrene und im Landleben offensichtlich völlig unkundige Bergsteiger ironisch im Werbestil für eine Bergausrüstung beschrieben. Auch die Alpenkühe »mit den Glocken am breiten Lederband«, die Herbert ausdrücklich nur aus dem Buch kennt, werden in Anlehnung an die für Schokolade werbende Sprache als »sahnig und nougatbraun« beschrieben.[46]

Frau Mafelukow ist jedoch an einem Gedächtnisleiden erkrankt und kann das richtige Wort nicht mehr treffen, geschweige denn die verlorene Familiengeschichte des Protagonisten rekonstruieren. Ihren ehemaligen Zögling nennt sie schlichtweg »Hornochse«, denn ihr Sprachvermögen funktioniert bezeichnenderweise lediglich in der Kunst, im Gesang, und ganz plötzlich stimmt sie bei einer bestimmten Geste der drei Frauen, in deren Begleitung sie sich befindet, das Lied »Im Gebirg', im Gebirg'« an.[47] Resigniert muss Herbert erkennen, dass Tante Liligi, »das wandelnde Gedächtnis seiner [...] Familie«,[48] beinahe verstummt ist. So kahl wie die Höhen des Gebirges erscheinen nun die Memoiren von Herberts Familie. Von einem »Kahlschlag endgültig in ihrem zuverlässigen Gehirn« ist schließlich die Rede.[49] Auch der klägliche Versuch des Protagonisten, das Erinnerungsvermögen der alten Dame durch das Erzählen einzelner besonders denkwürdiger Episoden aus der Vergangenheit anzuregen, bleibt ergebnislos. Herbert macht sich auf den Heimweg und projiziert eigene Erinnerungen aus der Kindheit halluzinatorisch auf Landschaft und Natur.[50] Soweit das ungefähre

---

44 Brigitte Kronauer: Im Gebirg' [2004]. In: Die Tricks der Diva. Die Kleider der Frauen, S. 7–20, hier S. 7.
45 Kronauer: Im Gebirg', S. 7.
46 Kronauer: Im Gebirg', S. 7.
47 Kronauer: Im Gebirg', S. 11.
48 Kronauer: Im Gebirg', S. 9.
49 Kronauer: Im Gebirg', S. 9.
50 Vgl. dazu Leonie Silber: »Die Gesteine brauchen sein Gedächtnis nicht«. Über Erosion von Berg, Selbst und Erinnerung bei Max Frisch und Brigitte Kronauer. In: Das Erschreiben der Berge. Die Alpen in der deutschsprachigen Literatur. Hg. von Johann Georg Lughofer. Innsbruck 2014,

Geschehen der Geschichte, deren besonders hermetischer Charakter durch den Perspektivenwechsel der Narration,[51] die Vieldeutigkeit der Figuren, die Überblendbarkeit der Erscheinungen und die zahlreichen Anspielungen auf literarisch überlieferte Traditionen hervorgerufen wird. Die drei kartenspielenden Frauen, die gemeinsam mit Liligi Mafelukow auf einer Bank vor einem Holzhaus sitzen, erinnern an hinterhältige Hexen, oder an die drei Parzen,[52] die statt dem Faden ein – ebenfalls für das Schicksal symbolisches – Kartenspiel in den Händen halten. Sie könnten aber auch als Personifizierung der Felsbrocken selbst gedeutet werden (»Was sollten ihn die drei Weiber, die grinsenden Brocken stören!«[53]) oder andere Naturerscheinungen darstellen. Darauf scheinen die aufwendigen Dekorationen der schwarzen Kleider von zwei der drei Frauen zu verweisen: Das eine ist verziert mit »Hunderten von Gänseblümchen«, das andere »über und über mit weißer Litze eingefaßt«,[54] die an späterer Stelle nicht zufällig mit den weißen Handschwingen der Hornraben assoziiert werden. Oder sind die drei Frauen alle Hornraben? Betrachtet man die Physiognomie der Vögel, so scheint darauf abermals der als »Spangen« oder »Brosche[n]« bezeichnete Halsschmuck bzw. das Beben der Kehlsäcke der Frauen hinzudeuten.[55] Der einsame Rückweg des Protagonisten ist symbolisch, nämlich als Erinnerungsweg Herberts zurück in die Kindheit zu verstehen. Er wähnt sich nun im Inneren von Liligis Gedächtnis und meint, in einzelnen Gesteinsformationen vergangene Szenen oder Figuren wiederzuerkennen: »Ja, da denkt er und täte es besser nicht in diesem Moment, daß er eigentlich in Frau Mafelukows Kopf hockt. [...] Hockt also in Liligis leerem Kopf oder verwechselt ihn mit der Landschaft, humpelt durch ihr grau versteinertes, ausgeleertes Gedächtnis.«[56] Doppeldeutig ist auch die durch ein Fernrohr wahrgenommene bilderbuchartige Bergwelt, die sich plötzlich zur lebensbedrohlichen Landschaft verwandelt. »Wie das wechselt! Jetzt ist der Lackaffe ein Pechvogel geworden.«[57] Auch der letzte Satz »Alle haben Angst davor« kann

---

S. 219–230. Ulrike Vedder: Erzählen vom Zerfall. Demenz und Alzheimer in der Gegenwartsliteratur. In: Zeitschrift für Germanistik 22 (2012), H. 2, S. 274–289.
51 Einem neutralen Erzähler weicht gegen Mitte der Erzählung die Perspektive der drei alten Frauen.
52 Der Weg des Protagonisten an den Parzen vorbei in die Öde des Gebirges ist ein intertextueller Bezug zu Joseph Conrads Novelle *Heart of darkness*.
53 Kronauer: Im Gebirg', S. 9.
54 Kronauer: Im Gebirg', S. 10 und S. 11.
55 Kronauer: Im Gebirg', S. 10.
56 Kronauer: Im Gebirg', S. 17.
57 Kronauer: Im Gebirg', S. 16.

vielseitig interpretiert werden: Ist es die Angst vor der Erinnerung oder vor deren Verlust?[58]

Dass sich gerade die Natur als Träger der von Kronauer in allen ihren Texten zelebrierten Vieldeutigkeit eignet, dass es sich »um Natur als Stimulans und einzigartigen Projektionsträger« handelt, erklärt die Autorin in »Fünfzehnmal Natur?«:

> Natur, die immer beides ist, geordnet und chaotisch, verschwenderisch und ökonomisch, triebhaft und rituell, zunehmend reglementiert und um so eher entgleisend, direkt und zeichenhaft, geschminkt, simulierend, erweist sich als Speicher von Kindheitserinnerung, als Trost und Zurückweisung, als schiere Oberfläche und Struktur, Stimmungserzeugerin und -zerstörerin, beispielsweise durch kleine meteorologische Schwenks, als sprechend und stumm, als Vorbild und Abschreckung: Sie wirft dezidierte Gestalten, bleibt dabei wesensgemäß aber immer vieldeutig und macht den zum Narren, der glaubt, ausgerechnet sie als eindeutige, ob praktisch oder abstrakt, vereinnahmen zu dürfen. Freilich kann man sie vorübergehend stilisieren, zur Rachegöttin, zur Mutter, zur Maschine, ganz nach Geschmack. Nicht um Verabschiedung [...] von Perspektiven auf die Natur geht es, sondern um Zugewinn von – auch extremen – Sichten.[59]

Der Moment einer kleinen, aber doch besonderen Naturerscheinung, wie das Aufblühen einer nicht genauer spezifizierten Glockenblume, wird in »Wink« als fesselndes Ereignis gefeiert: In ausdrucksstarker und hochpoetischer Sprache wird dies zeitlupenartig beschrieben und mit der Musik einer italienischen Oper unterlegt, denn Natur und Musik interpretieren sich gegenseitig.[60] Die Klimax der kurzen Erzählung bildet das mit dem Crescendo der Arie einhergehende, hymnisch gepriesene und vom Ausruf des Staunens begleitete Aufplatzen der Knospe, das wiederum, so der Kunstgriff, wie ein ekstatischer Moment des absoluten Stillstandes geschildert wird. Die Szene erstarrt zum Tableau:

> Schließlich aber, im Anschwellen, o Gott, schwillt das an! im wulstigen Aufplatzen des ominösen Eis beginnt das Wunder der Arie, formt und modelliert, moduliert sich in weißen und erblauenden Linien, in Bogen und Schwung und Raum herrlich geschweift die jungfräuli-

---

[58] Kronauer: Im Gebirg', S. 20. – Als Vorarbeit zu diesem Text lesen sich Kronauers Überlegungen zu Eckhard Henscheids zweitem Band der *Trilogie des laufenden Schwachsinns* zum Phänomen Berg (Brigitte Kronauer: Henscheids Poesien. In: B. K.: Literatur und schöns Blümelein. Wien 1993, S. 43–70).
[59] Kronauer: Fünfzehnmal Natur?, S. 98 f.
[60] Vorschreiben oder »verbieten« lässt sich das Erzähler-Ich, die wahre Aussage der Musik »von niemandem [...] auch vom strengsten Musikbesserwisser nicht«. (Brigitte Kronauer: Wink [2004]. In: Die Tricks der Diva. Die Kleider der Frauen, S. 78 f., hier S. 78) – Zu Kronauers Bezugnahmen auf Musik vgl. im vorliegenden Band auch den Beitrag von Andreas Vejvar.

che Glockengestalt, die atemberaubende, in der Farbe des tiefblausten Sommerhimmels und steht inbrünstig still, als wären Stunde und Tage ausgelöscht.[61]

Während die Vielfalt der Natur erzählerisch schillernd ausgebreitet wird, werden die auftretenden Personen meist nur als Typen bzw. Vertreter einer bestimmten Gesellschaftsschicht dargestellt. Das heuchlerische Milieu der Reichen oder Prominenten und dessen Kehrseiten enthüllt Kronauer in drei Erzählungen der Sammlung. Eine zynische Persiflage auf die allgemein verbreitete gesellschaftliche Unsitte der öffentlichen Preisgabe der Privatsphäre berühmter Persönlichkeiten wird in »Die Tricks der Diva« geliefert. Während die Protagonistin die Eigenheiten ihrer ehemaligen Liebhaber schildert, scheint die beunruhigende und dunkle Ahnung einer längst vergessenen und verdrängten Wahrheit immer stärker an die Oberfläche zu treten. Mit dem zunehmenden Bewusstsein, dass ihre eigentliche Sehnsucht nicht den Männern, sondern der Natur gilt, und dass in ihr die wahre Verlockung besteht, nimmt das intime Geständnis der Diva eine unerwartete Wende. Das Bekenntnis des Liebesleids geht mit immer leiserer und unklarer werdender Stimme und unter zunehmendem Missfallen des Managers in eine Klage der Trauer um verpasste Naturerfahrungen über: »Haben Sie jemals als Kind krank im Bett gelegen und draußen unerreichbar die Geräusche des Sommers gehört, des gottverdammten Sommers? Man vergeht vor Kummer, etwas Wichtiges nicht mitzukriegen.«[62] Die Natur wird auch hier zum Flucht- und Projektionsraum. Am Ende des Interviews entflieht die Diva »in den flackernden Oktober, ins Freie«.[63]

Vom Ausbrechen aus einer künstlich geschaffenen, scheinbar perfekten Welt handelt ebenfalls die Geschichte »Dri Chinisin«. Dargestellt wird mit beißendem Spott die Oberflächlichkeit reicher Frauen aus der Perspektive ihrer Kinder, die ihren Müttern lediglich zur eitlen Selbstbespiegelung dienen und »Alibis«[64] für deren Sinnleere, Konsumrausch und Verschwendungswahn sind. Deren Rebellion äußert sich zunächst im instinktiv wutentbrannten Auf-den-Boden-Stampfen und kulminiert im makabren nächtlichen Treiben der Kleinen auf dem Friedhof, dem Ort, an dem der natürliche Kreislauf der Natur spür- und erfahrbar wird und daher eine geheimnisvolle Anziehung auf sie ausübt. Liest sich diese Geschichte wie eine zeitgenössische literarische Version des Vanitas-Motivs und dessen Symbols, des *Memento mori*, so geht es in »Die Wirtin« blutrünstig zu.

---

61 Kronauer: Wink, S. 79.
62 Brigitte Kronauer: Die Tricks der Diva [2004]. In: Die Tricks der Diva. Die Kleider der Frauen, S. 49–57, hier S. 55.
63 Kronauer: Die Tricks der Diva, S. 57.
64 Brigitte Kronauer: Dri Chinisin [2004]. In: Die Tricks der Diva. Die Kleider der Frauen, S. 25–30, hier S. 25.

Geliefert wird dort eine scharfzüngige Analyse der heutigen Gesellschaft und gleichzeitig ein Märchen von sozialer Gerechtigkeit und Rache. Messerscharf beschrieben wird der scheinbar serienmäßig hergestellte Typ Geschäftsmann, der tadellos gekleidet mit seinem Coffee to go und einem rollenden Handgepäck-Koffer am Bahngleis auf den Zug wartet. Das Geschehen wird aus der Sicht der Obdachlosen erzählt, die ganz im Gegensatz zu den Geschäftsmännern am Nicht-Ort Bahnhof »scheinbar als kofferlos Wartende«[65] den Ort ihrer Bleibe gefunden haben: »Für uns ist der Bahnhof ein schöner Aufenthaltsort, nicht eine lästige Durchgangsstation.«[66] Eine ungewöhnliche Wende bringt das plötzliche Abtauchen in eine parallele Gedankenwelt, ein sich plötzlich öffnender »Eingang zu einer verschollenen Welt, mitten in der Öffentlichkeit«.[67] In die Alltagsmisere der von Abschiebung bedrohten Obdachlosen tritt nun eine feenhafte Gestalt, die sich für deren Existenz einsetzt, indem sie jeden einzeln zu sich lockt, mit kulinarischen Köstlichkeiten, mit Medikamenten, Männermagazinen und mit Kleidung versorgt und überhaupt allgemein in einen glückseligen Zustand versetzt. Dass für diese Verteidigung der gesellschaftlich Verschmähten die reichen Geschäftsmänner ihr Leben lassen müssen, ist das grausame Geheimnis der mysteriösen Dame. Die existentielle Situation der beiden sich diametral gegenüberstehenden gesellschaftlichen Gruppen kehrt sich ins Gegenteil. Zynisch geben die Erzähler ihr Genugtun über das mörderische Geschäft ihrer Rächerin preis:

> Sie ist, ganz recht, eine Mörderin, es ist uns mit Entsetzen klargeworden, nur fürchten wir uns nicht. Wir haben keinen Grund dazu. Sie geht ihrem blutigen Geschäft nach, sie wird sich Ihrer noch vor dem Vergnügen, mit dem Sie rechnen, entledigen. Es gibt hier genug Möglichkeiten der Lagerung und Entsorgung, wie Sie in Ihrem ordentlichen Leben sagen, wenn es um Abfälle geht.[68]

Dass diese verführerische Frau, die selbstherrlich über Leben und Tod entscheidet, die Natur bzw. eine ihrer Erscheinungen versinnbildlicht, liest man im Text immer wieder zwischen den Zeilen. Allein ihr erster, märchenhaft anmutender Auftritt legt dies nahe:

> Eines Tages, eines frühen Nachmittags, in dieser bleichgrauen Stunde öffnete sich die Tür unter der Rouletteschreibe und ganz selbstverständlich, mit energischem Schritt wie eine spanische Tänzerin, ist eine junge Frau herausgekommen, ein frischer Luftzug, Geruch

---

[65] Brigitte Kronauer: Die Wirtin [2004]. In: Die Tricks der Diva. Die Kleider der Frauen, S. 84–94, hier S. 85
[66] Kronauer: Die Wirtin, S. 87.
[67] Kronauer: Die Wirtin, S. 88.
[68] Kronauer: Die Wirtin, S. 93.

nach Heidekraut und Sand, Erinnerung an Falkenschreie hoch in der Luft, eine Frau mit glühendem Haar, herunter bis zwischen die Schulterblätter. Was für ein sanftes, weißhäutiges Gesicht mit den allerweichsten Lippen, kerzengerade in ihrem kurzen rotbraunen Kleid und einem aufflatternden Mantel darüber aus geflammtem Stoff.[69]

Rätselhaft bleibt jedoch die Herkunft der in »rot und grün glänzenden Insektenkleidern«[70] schillernden januskӧpfigen Gestalt, die zwischendurch in der Bahnhofshalle bedient und am Ende das Bild der flammenden Herbstmoore evoziert. »Niemand hat sie je essen oder trinken gesehen«,[71] so das letzte Indiz für eine Interpretation der Figur als übermenschliches, die Vielfalt der Natur symbolisierendes Wesen, das die Einfalt gesellschaftlich angepasster Menschen entlarvt.

Der Zweifel um die Tatsächlichkeit zeigt sich auch in Form von tableauhaft beschriebenen Naturszenen, wie sie in »Zwielicht« oder auch in »Spitzfindig« geschildert werden. Beschrieben wird in beiden Erzählungen eine Art Zwischenzeit, in der sich Mond und Sonne gleichzeitig am Himmel zeigen und je nach der Sicht des Betrachters interpretieren lassen: »Wenn ich vortrete, ist es schon verschwunden, und der Himmel zeigt als Hinterlassenschaft den erhaben zentrumslosen Schein vor dem Aufgang des Erdtrabanten oder den nach seinem Untergang. Mal so, mal so, wie man es sich zurechtlegt und will.«[72] Ähnlich in »Spitzfindig«: »Eine graue Sonne stand jetzt plötzlich am Himmel. Oder leichenbleich der Vollmond schon?«[73]

Ein erster Eindruck, der durch eine zweite konkurrierende Meinung erweitert wird, ist ebenfalls das Hauptmotiv der sich im Titel als Stillleben auszeichnenden Erzählung »Stille mit finsterer Figur«. Die beschriebene Landschaft ist idyllisch und todesschwanger zugleich, denn sie befindet sich an einer kurvenreichen und daher bei Motorradausflüglern beliebten, aber äußerst gefährlichen Straße. Zahlreiche Blumenarrangements säumen den Straßenrand zum Gedenken an die Verunglückten. Die im Selbstgespräch gemurmelte Äußerung eines durch seine Kleidung mimetisch an die Umgebung angepassten Mannes, der sich zufällig am selben Ort wie die Ich-Erzählerin befindet, steht emblematisch für die Doppeldeutigkeit der Umgebung: Sie kann sowohl als Ausdruck einer künstlerischen Inspiration wie auch eines realen, tragischen Schicksalsschlages gedeutet werden. Den

---

69 Kronauer: Die Wirtin, S. 88.
70 Kronauer: Die Wirtin, S. 90.
71 Kronauer: Die Wirtin, S. 94.
72 Brigitte Kronauer: Zwielicht [2004]. In: Die Tricks der Diva. Die Kleider der Frauen, S. 38–39, hier S. 39.
73 Brigitte Kronauer: Spitzfindig [2004]. In: Die Tricks der Diva. Die Kleider der Frauen, S. 80–83, hier S. 82.

entscheidenden Unterschied bildet eine geringe sprachliche Abweichung, die leicht überhört werden kann: »Hier müßte es passieren!« als mögliche Kulisse für ein Ereignis bzw. eine Gewalttat oder »Hier mußte es passieren!« als schmerzlicher Ausdruck der Erinnerung an den Unfalltod eines geliebten Menschen.[74]

Die Atmosphäre des Ambivalenten und Widersprüchlichen, des Changierens zwischen dem künstlerischen Versuch der Darstellung der Wirklichkeit und dem Abschweifen in die utopische Imagination ist, wie gezeigt wurde, allen hier vorgestellten Erzählungen Kronauers gemeinsam und bildet eine Charakteristik ihres Schreibens, wie Gisela Ullrich prägnant formuliert:

> Daß die Welt, unerschöpflich in ihrer Vielgestaltigkeit, Geheimnisse enthält, die erkannt sein wollen, ist der utopische Hintergrund, vor dem sich in Brigitte Kronauers Geschichten der Alltag abspielt. Den verlieren sie zwar nie aus dem Auge, kommen in ihm aber auch nie zur Ruhe. Sie bestehen darauf, daß die Tatsächlichkeit nicht die endgültige Wirklichkeit sein kann, und sie beschwören uns geradezu, gegen den Augenschein an dieser Erwartung festzuhalten.[75]

Die Wichtigkeit der Erwägung »mögliche[r] Alternativen zu unserer Sicht auf Leben und Welt« begründet Brigitte Kronauer in ihren poetologischen Selbstaussagen.[76] Kunst unterstehe zwar keinem Diktat, ihre Rezeption und Interpretation folge der persönlichen Freiheit und der momentanen Empfindung, sei jedoch immer im Zusammenhang mit vorgeprägten Modellen zu verstehen – so hebt sie in ihrer zweiten Tübinger Vorlesung »Vom Umgang mit der Natur und wie sie mit uns umspringt« hervor:

> Der uns oft gar nicht bewußte Einfluß von Mustern, der Dichtkunst wie der gesellschaftlichen Verabredungen, auf die ungezügelte Lebenswirklichkeit ist ein nützlicher, strukturierender. Zugleich ein ungeheuer zwielichtiger, problematischer. Und doch ist das Bedürfnis danach mindestens ebenso stark wie das nach Freiheit, Anarchie, Formlosigkeit.[77]

Der Trick der ›Diva‹, so ließe sich am Ende behaupten, ist die narrative Gestaltung der Synthese beider Bedürfnisse, d. h. der in Form einer plötzlichen Wende auftretende Einbruch einer zweiten Dimension, die Beunruhigendes, Zwiespältiges, Visionäres, oder Surreales einführt und damit in ihrer Vieldeutigkeit bekannte

---

[74] Brigitte Kronauer: Stille mit finsterer Figur [2004]. In: Die Tricks der Diva. Die Kleider der Frauen, S. 21–24, hier S. 24.
[75] Ullrich, S. 32.
[76] Brigitte Kronauer: Vom Umgang mit der Natur und wie sie mit uns umspringt [2. Vorlesung]. In: Wirkliches Leben und Literatur, S. 25–41, hier S. 28.
[77] Kronauer: Vom Umgang mit der Natur und wie sie mit uns umspringt, S. 29.

Erzählmuster unterläuft. Um gegen die von ihr als ›diktatorisch‹ definierte »Hartnäckigkeit einer einzigen Sicht, die sich für die Realität ausgibt« anzukämpfen, lockt Kronauer die Erwartungen der Leser absichtlich in die Falle.[78] Der menschlichen Sehnsucht, mimetisch mit der Natur zu verschmelzen, um vor den Sorgen des Alltags zu fliehen, stellt sie literarisch inszenierte, dem Phänomen der Mimikry vergleichbare Täuschungsmanöver gegenüber. Der an vorgegebenen Modellen geschulte Blick des Lesers soll geöffnet werden für extravagante Naturansichten, für die von Verführung und Täuschung geprägte »ungezügelte Lebenswirklichkeit«.[79]

Literaturverzeichnis

Brigitte Kronauer

Kronauer, Brigitte: Zwei Klappentexte [1974/75]. In: Text+Kritik (1991), H. 112: Brigitte Kronauer. Hg. von Heinz Ludwig Arnold, S. 3–5.
Kronauer, Brigitte: Die Tricks der Diva. Die Kleider der Frauen. Geschichten. Mit einem Nachwort von Thomas Steinfeld. Stuttgart 2010.
– darin: Im Gebirg' [2004], S. 7–20.
– darin: Stille mit finsterer Figur [2004], S. 21–24.
– darin: Dri Chinisin [2004], S. 25–30.
– darin: Zwielicht [2004], S. 38–39.
– darin: Sie! [2004], S. 40–46.
– darin: Die Wiese [1992], S. 47–48.
– darin: Die Tricks der Diva [2004], S. 49–57.
– darin: Liedchen [2004], S. 58–60.
– darin: Wie! [2004], S. 61–64.
– darin: Wink [2004], S. 78–79.
– darin: Spitzfindig [2004], S. 80–83.
– darin: Die Wirtin [2004], S. 84–94.
– darin: Fünfzehnmal Natur? Ein Nachwort [1990], S. 95–100.
Kronauer, Brigitte: Favoriten. Aufsätze zur Literatur. Stuttgart 2010.
– darin: Die Wirksamkeit auf der Zunge. Vorbemerkung, S. 9–13.
– darin: »Er machte mich unsicher«. Zu Joseph Conrad [2007], S. 29–40.
– darin: Wovor man scheut, wonach man verlangt. Eine Rede auf Eduard Mörike [2004], S. 113–123.

---

[78] Brigitte Kronauer: Zwei Klappentexte [1974/75]. In: Text+Kritik (1991), H. 112: Brigitte Kronauer. Hg. von Heinz Ludwig Arnold, S. 3–5, hier S. 3.
[79] Kronauer: Vom Umgang mit der Natur und wie sie mit uns umspringt, S. 29.

Kronauer, Brigitte und Otto A. Böhmer: Wirkliches Leben und Literatur. Tübinger Poetik-Dozentur 2011. Hg. von Dorothee Kimmich et al. Künzelsau 2012.
— darin: Brigitte Kronauer: Wirkliches Leben und Literatur [1. Vorlesung], S. 7–24.
— darin: Brigitte Kronauer: Vom Umgang mit der Natur und wie sie mit uns umspringt [2. Vorlesung], S. 25–41.
— darin: Brigitte Kronauer: Die Gewalt der Bilder [3. Vorlesung], S. 43–59.

Forschungsliteratur

Fessmann, Meike: Gezielte Verwilderung. Modernität und Romantik im Werk von Brigitte Kronauer. In: Sinn und Form (2004), H. 4, S. 487–503.
Hoorn, Tanja van: Biodiversität im Text? Brigitte Kronauers Roman *Gewäsch und Gewimmel* (2013). In: Weimarer Beiträge 61 (2015), H. 4, S. 518–530.
Silber, Leonie: »Die Gesteine brauchen sein Gedächtnis nicht«. Über Erosion von Berg, Selbst und Erinnerung bei Max Frisch und Brigitte Kronauer. In: Das Erschreiben der Berge. Die Alpen in der deutschsprachigen Literatur. Hg. von Johann Georg Lughofer. Innsbruck 2014, S. 219–230.
Steinfeld, Thomas: Wir sind uns ein verzwicktes Rätsel. Brigitte Kronauers Erzählungen bei Reclam. In: Brigitte Kronauer: Die Tricks der Diva. Die Kleider der Frauen. Geschichten. Mit einem Nachwort von Thomas Steinfeld. Stuttgart 2010, S. 251–258.
Ullrich, Gisela: Utopie und ihre Verwirklichung. In: Text+Kritik (1991), H. 112: Brigitte Kronauer. Hg. von Heinz Ludwig Arnold, S. 26–32.
Vedder, Ulrike: Erzählen vom Zerfall. Demenz und Alzheimer in der Gegenwartsliteratur. In: Zeitschrift für Germanistik 22 (2012), H. 2, S. 274–289.

Alexander Honold
Selbstbegegnung auf gewundenem Pfad
Erzählte Landschaftsräume in Kronauers
Berittener Bogenschütze

Landschaft ist ein traditionsreicher Begriff mit vieldeutigen Referenzen und nur schwach ausgebildeter Trennschärfe.[1] In Bilddarstellungen etwa präsentiert sich Landschaft meist aus perspektivisch zielgerichteter Distanz, als eine dem Betrachter vor Augen liegende *Gegend*. In der Bezeichnung *Landschaftsraum* indes wird die dreidimensional aufgefaltete Architektur der Landschaft betont, im Sinne eines topographisch gegliederten, erfahrbaren und begehbaren Ganzen. Dem Konzept der »erzählten Landschaftsräume« liegt die Vorstellung eines topographisch zu durchmessenden Gebildes zugrunde.[2] Die Formulierung zielt dabei insbesondere auf das zweifache Spannungsverhältnis, das sich einerseits zwischen bildhafter Totalität und räumlichem Erkundungsprozess – und damit in literarischer Hinsicht zwischen Beschreibungskunst und Erzähldramaturgie – auftut, und das andererseits die konstruktiven Anteile der kulturell erzeugten Landschaft mit der Kontingenz des jeweils naturwüchsig Vorgefundenen in Beziehung zu setzen hat.[3] In der Landschaft bilden, nicht anders als im literarischen Text, vorgefundene und selbstgeschaffene Bestandteile, oder sagen wir: Natur und Artistik, ein komplexes Ganzes.

Brigitte Kronauer hat in den Landschaftsentwürfen ihrer Romane, Erzählungen und Essays wiederholt Fragen der Mensch-Natur-Verhältnisse aus gesellschaftspolitischer, ökologischer und auch wirtschaftlicher Sicht beleuchtet und dabei die Dialektik von Schutz und Zerstörung, Erhaltung und Veränderung als einen der intrinsischen Grundkonflikte des westlich-industriellen Lebensstils nachgezeichnet. Die nach draußen, ins Klischeehafte und Ferienmäßige abgedrängte Natur wird (etwa in *Teufelsbrück* oder auch in *Der Scheik von Aachen*) zum Abenteuerfeld der Projektionen, sie lädt sich zunehmend auf mit den verdrängten Wunsch- und Angstvorstellungen einer funktionalisierten Lebenswelt.

---

[1] Vgl. grundlegend Manfred Smuda (Hg.): Landschaft. Frankfurt a. M. 1986.
[2] Zu poetologischen Grundannahmen des topographischen Schreibens vgl. Alexander Honold: Der Erd-Erzähler. Peter Handkes Prosa der Orte, Räume und Landschaften. Stuttgart 2017.
[3] Schon in der Antike (etwa in Plinius' *Naturalis Historia*) wird konzeptuell das Menschengemachte (*factitius*) von dem auf der Erde Gewachsenen (*terrigenus*) begrifflich geschieden; vgl. hierzu Hartmut Böhme: Fetischismus und Kultur. Eine andere Theorie der Moderne. Reinbek bei Hamburg 2006, S. 92 und S. 179.

Im wild wuchernden instrumentellen Flächenverbrauch rund um die Schrittmacher-Kräfte zivilisatorischen Fortschritts herum bilden Ordnung und Anarchie keinen Gegensatz mehr, sondern brüten ein gemeinsames Drittes aus, nämlich die Tristesse unterkomplexen, gestaltungsarmen Flachsinnes. Wenn Kronauers Figuren ihre biographischen Selbstentwürfe zwischen großstädtischen Wohnquartieren und den geographischen Extremsituationen der Küstengebiete und Hochgebirgszonen aufspannen, dann kann die profanierte Landschaft der außer Kontrolle geratenen Raumerschließung in den Vorstädten, an ausgegliederten Einkaufszentren und Industriebrachen nur mehr als ein böser Albtraum dazwischenfunken, wie es etwa den Buspassagieren der Geschichte »Errötende Mörder« widerfährt, oder auch den wie aus Ensors Gemälden entstiegenen Halbwelt-Figuren im belgischen Seebad Oostende.

Die erzählten Landschaftsräume sind in den Werken Brigitte Kronauers freilich nicht nur Indizien gesellschaftlicher Konfliktlagen, sie ermöglichen auch Rückschlüsse bezüglich der existentiellen Nöte und Wünsche des Figurenpersonals. Innerhalb der jeweiligen Erzählgefüge treten immer wieder Auseinandersetzungen mit bestimmten, klar umrissenen Landschaftsräumen hervor, die sich insofern jeweils auch als topographische Verdichtungen eines umfassenderen Handlungsverlaufs lesen lassen. An der durchlaufenen, beschriebenen und erzählten Landschaft sind deshalb insbesondere die poetologischen Überlegungen und Verfahrensweisen der Autorin besonders aufschlussreich herauszuarbeiten, denn an diesen gewinnt Kronauer die prägnanten Modelle ihrer kalkulierten Verschränkungen von Natur und Artefakt.

Berittener Bogenschütze, der 1986 erschienene, einer losen Trilogie zugeordnete Roman um eine literarisch-akademische Mischexistenz,[4] eröffnet die Präsentation eines außerordentlichen Landschaftsraumes in klassischer Manier, nämlich als Antritt einer in der Ferienzeit unternommenen Reise:

> Weg, weg, hatte er sich in den letzten Tagen des Semesters immer wiederholt. Bloß auf und davon, drei Tage hier, fünf Tage dort, von Stadt zu Stadt, zickzack, aber insgesamt Richtung Süden dabei! Weg von allem, von der Dachwohnung und Frau Bartels, von Arbeit und Schlimmerem. (BB, 200)

Ein Verlangen nach Veränderung, nach Befreiung, mit der Südrichtung als Fluchtlinie; die zunehmende Beklemmung des Protagonisten durch deutsche Arbeits- und Lebensverhältnisse verlangt nach jenem räumlichen und zeitlichen Gegengewicht, das sich für gewöhnlich am ehesten durch die Unternehmung

---

4 Brigitte Kronauer: Berittener Bogenschütze. Roman. Stuttgart 1986. Im Folgenden: [BB].

einer Urlaubsreise verwirklichen lässt. Die Destination Italien als Sehnsuchtsort Nr. 1, wir kennen sie aus Goethes *Italienischer Reise*, von den romantisch-sentimentalen Romreisenden des neunzehnten Jahrhunderts und aus den Therapieprogrammen blockierter oder malader Schriftsteller, wie sie Thomas Mann imaginär in der Novelle *Tod in Venedig*, Franz Kafka realiter mit seinen Kuraufenthalten in Riva und Meran sowie auch mit seinen Reiseberichten aus der Innerschweiz und aus Oberitalien demonstrierte.[5] Denn seit sich im späten achtzehnten Jahrhundert durch den Ausbau der Passstraßen, später durch Brückenschläge und Tunnelvortriebe die Passierbarkeit der Alpen immens verbessert hatte, wird auch dieser montane Schwellenraum aus nördlicher Sicht in das Szenario einer Reise in den Süden mit aufgenommen.[6]

Matthias Roth, Literaturwissenschaftler an der Universität einer ungenannten (jedoch in verschiedenen Details an Göttingen erinnernden)[7] norddeutschen Provinzstadt, lebt in überschaubaren Verhältnissen, die durch regelmäßig wiederkehrende alltägliche Abläufe, eine fürsorgliche Vermieterin sowie drum herum einen vergleichsweise stabilen Kreis näherer Freunde und Bezugspersonen bestimmt sind. Auch gewisse Abwechslungen sind Teil des regelmäßigen Programms, sie bestehen vor allem aus den Spaziergängen durchs eigene Viertel, den kleinen Freuden des städtischen Konsumangebots und den von Ferne leuchtenden Abenteuergeschichten seines literarischen Spezialautors Joseph Conrad.[8] Privat, das heißt beziehungstechnisch, ist der junge Mann nicht sehr festgelegt; seine bisherige Geliebte ist, als die Erzählgegenwart des Romans einsetzt, gerade im Begriff, ihn für einen anderen zu verlassen, woraufhin der Held eine zaghafte Affäre mit der Frau seines besten Freundes beginnt. Ob Matthias Roth auf seine Umgebung aktiv einwirkt oder eher diese ihn nach vorgegebenen Mustern formt, bleibt für lange Zeit in der Schwebe, weil der Protagonist stets einen gewissen

---

5 Hartmut Binder: Mit Kafka in den Süden. Eine historische Bilderreise in die Schweiz und zu den oberitalienischen Seen. Prag 2007.
6 Vgl. Boris Previšić (Hg.): Gotthardfantasien. Eine Blütenlese aus Wissenschaft und Literatur. Baden 2016.
7 Reinhard Baumgart: Das Licht, das keine Schatten wirft. Versuch, die Einzigartigkeit der Schriftstellerin Brigitte Kronauer zu beschreiben. In: Die Zeit Nr. 51, 15.12.1989, S. 66 f.
8 Wie Anna E. Wilkens herausgearbeitet hat, ist es trotz der Vorliebe des Protagonisten für den Autor Joseph Conrad plausibel, Matthias Roth »für einen Germanisten zu halten«; hierfür sprechen sowohl seine Interessensschwerpunkte der Gespenstergeschichten bzw. der Phantastischen Literatur als auch der Umstand, dass Roth die Werke Conrads ausschließlich nach deutschen Übersetzungen zitiert, weiterhin zudem auch die »relative Unwissenschaftlichkeit« der zu Conrad angestellten Überlegungen (Anna E. Wilkens: Kunst, Literatur und Wirklichkeit in Brigitte Kronauers *Berittener Bogenschütze*. Würzburg 2012 [Epistemata. Bd. 756], S. 33).

Beobachterabstand zur Handlungsebene seines eigenen Lebens zu wahren scheint.[9]

Innerhalb des ungefähr ein Kalenderjahr umfassenden Geschehenszeitraums, von dem der Roman berichtet, sind gelegentliche Ausfahrten aufs Land, bei welchen dann auch das vegetative Voranschreiten der Jahreszeiten stärker in den Blick tritt, neben den erwähnten Veränderungen des Liebeslebens sowie einem Todesfall in der Nachbarwohnung schon die größten bemerkenswerten Vorkommnisse. Mitten in dieser Erzählstrecke, chronologisch gesehen nach dem Abschluss des akademischen Sommersemesters, unternimmt Matthias Roth eine Urlaubsreise an norditalienische Küstenregionen, die ihm ein besonderes, nachhaltig fortwirkendes Landschaftserlebnis verschafft, dessen Ästhetik nun ein wenig genauer betrachtet werden soll.

Bedeutungsvoll erscheint dem Protagonisten die Ortsveränderung zunächst jedoch als Choreographie einer Deformation, die durch das Vorandringen in der für die Eisenbahn geschlagenen, mit dem Zug durcheilten Schneise entsteht.

> Alles, was das Land hergab, links und rechts vom Fenster aufgereiht zu sehen, stundenlang, und diese seltsame, paarweise Anordnung von Schrebergärten, Industriegeländen, Waldstücken für das tatsächliche Aussehen des durchfahrenen Gebiets zu halten, egal, in welche Richtungen man es durchschnitte, immer würde etwas in dieser Art dabei herauskommen, ritschratsch, ein Land, einzig und allein für den Eisenbahnfahrenden hingelegt und aufgestellt und zu nichts anderem nutze, als in zwei Hälften gespalten zu werden, ein wenig auseinanderzurücken, und fort flog man durch die so entstandene Erdoberflächenlücke davon, davon, wohin, war gleichgültig, daß man erst einmal wegkam, war wichtig. (BB, 200 f.)

Landschaft, wie sie hier ins Bild gesetzt wird, ist eine durchquerte, eine hälftig und mit klarer geometrischer Kantenlinie zerschnittene Fläche. Die optischen Struktureffekte des gebahnten Weges werden hierbei nicht aus der Kartographie abgeleitet, sondern als Serie von Bewegtbildern durch die sich verschiebende Wahrnehmungsposition eines erlebenden Subjekts erzeugt. Die Schilderung der Fahrt erfolgt, erzähltechnisch gesprochen, im Modus erlebter Rede, bei der Wortstellung und Tonfall dem Denken des Protagonisten entsprechen, Tempus und

---

[9] Die Titelformulierung ist einerseits als Referenz auf einen im Roman selbst beschriebenen Kunstgegenstand, nämlich eine in einem Bildband dargestellte chinesische Kleinplastik, zu verstehen (Wilkens, S. 158); andererseits hat sie eine emblematische Verweisungsfunktion, in der der aktiv/passiv-Gegensatz und die erotischen Verstrickungen des männlichen Protagonisten auf einen prägnanten Nenner gebracht werden. »Als metaphorisches Konzentrat des Themas des Romans ist in der Figur des berittenen Bogenschützen durch die Motivverflechtung das erotische Getroffenwerden ausgedrückt« (Wilkens, S. 165).

Person der Verbformen hingegen die Position eines extradiegetischen Erzählers erfordern. Die anfeuernde Wortwiederholung »davon, davon« und die unsystematische Abwägung zwischen Reisevorgang und Zielbestimmung geben einer Figurenpsychologie der Unentschlossenheit Ausdruck; schon weniger klar ist, auf wessen Konto das schnippische »ritschratsch« zu verbuchen ist, denn wörtlich genommen verweist der Gebrauch einer Schere auf das (literarische?) Handwerken mit Stoff und Papier.

Tatsächlich ist in dieser Schnitt-Geste ein metaleptischer Sprung, eine Intervention aus kompositorischer Warte zu erkennen. In ironischer Verknappung lässt der Text mit dem kantigen Charakter des Schienenweges die destruktive Komponente eines Beförderungsmittels hervortreten, das wirtschaftsgeschichtlich auf weit zurückreichenden Erkundungs- und Erschließungsprozessen beruht, mit einer von finanzkräftigen Industriellen in Auftrag gegebenen Bautätigkeit begann und sich letztlich einem komplexen Zusammenspiel von maschinentechnischen und infrastrukturellen Großleistungen verdankt.[10] Im aktuellen Fahrerlebnis wiederholt sich zwar diese industriegeschichtlich bedeutsame Leistung bei jeder Passage aufs Neue, doch reduziert sich die Schneise durch die Landschaft dabei, wie vom »ritschratsch« plastisch zum Ausdruck gebracht, zu einer Art von optischem Performativ.

Der Umstand, auf einer Trasse dahinzugleiten, wird nur am Auseinanderstreben der links und rechts vorbeiziehenden Flächenanteile sichtbar; so tragen Kulisse und Vehikel wechselseitig zum Eindruck einer Dynamik bei, die eigentümlicher Weise nicht der Fahrt selbst, sondern der sie aufnehmenden Landschaft zugeschrieben wird. Für den modernen Bahnpassagier, der die vorgespurte Strecke und das mit hoher Geschwindigkeit voraneilende, gleichwohl eine gewisse Bequemlichkeit bietende Vehikel ohne besondere Anstrengung oder finanziellen Aufwand einfach in Anspruch nehmen kann, sind all dies Selbstverständlichkeiten, Bestandteile seiner Lebenswelt.

Und doch; ein gewisses Grundrauschen, eine Grund-Berauschung vielmehr, ist dem Bahnfahren immer noch eigen. Die gleichförmige, durch kleine mechanische Erschütterungen und akustische Friktionssignale untermalte Fortbewegung ist ein immens produktiver Nährboden für die Entfesselung der psychischen Assoziationstätigkeit. Auch im Zusammenspiel von Gedächtnis und Einbildungskraft beginnen nun kleine Rädchen zu rattern, sie bringen aus verschiedensten Regionen Wort- und Bildgedanken heran, die dann, nicht immer in sinnvoller Fügung, sondern meist eher zufällig aufeinandertreffen.

---

[10] Wolfgang Schivelbusch: Geschichte der Eisenbahnreise. Zur Industrialisierung von Raum und Zeit im 19. Jahrhundert. München 1977.

Matthias Roth versetzt sich denkend, träumend, in die »Nähe roter Bauernhäuser«, wo er »in blühenden Juniwiesen gelegen« hatte, ihm fallen »Landschaften anderer Jahreszeiten« (BB, 201) ein, Bilder des Sommers, des Herbstes, des Frühjahrs in bunter Folge. Zurück in der gegenwärtig erzählten Fahrsituation, erweist sich auch der äußerliche, extrasomatische Raumbezug des Passagiers als eine Art Doppelbelichtung. Hier ist zum einen das eng umgrenzte, funktional eingerichtete Behältnis des Abteils in den Blick gefasst, in dem die Vorrichtungen und Dinge in statischer Verlässlichkeit ausharren, sie sind Reisebegleiter, die mit gleicher Geschwindigkeit vorrücken wie der Bahnpassagier selbst. Zum anderen aber bewegt sich die Zugkomposition durch einen rasch wechselnden landschaftlichen Umgebungsraum hindurch, in dem die Objekte mit enormem Tempo vorüber zu huschen scheinen – was selbstredend einem subjektiven, verfälschenden Projektionseffekt des seinerseits in Bewegung versetzten Betrachters geschuldet ist.[11]

> Über ihm der Koffer, neben ihm die Plastiktüte, auf und davon, Siedlungen, Gehöfte kreiselten vorbei, kleine, gestanzte Radfahrer standen an Schranken und wischten sich schematisch den Schweiß von der Stirn. In den Alpen warfen sich die Bäche aus dem Himmel, so sah es vom Zugfenster aus, silberne Stangen wurden von hoch oben heruntergereicht bis ins Tal, wo der Zug fuhr, blitzende Zollstöcke, die finsteren Berghänge vermessend. (BB, 202)

Während zunächst die vorwärtsdrängende, das Außengeschehen kulissenartig rückwärts werfende Eigengeschwindigkeit der Bahnfahrt das dominante Thema gebildet hatte, werden nun andere Blickachsen und Dimensionen entfaltet, etwa die nachbarschaftlichen Verhältnisse seitwärts und nach oben. Sämtliche Bestandteile sind, ihrer Flüchtigkeit ungeachtet, im gegebenen Moment dabei, zu einem gemeinsamen Bildeindruck zusammenzutreten, sich als etwas Gestanztes oder Geprägtes mit dauerhafter Form fixieren zu lassen. Da ist etwa, charakteristisch für die Trogtäler gewisser Bergregionen, der ungezähmte Wasserstrahl alpiner Sturzbäche, die in brausendem Schaum über Felswände herabschießen: In der blitzartigen Momentaufnahme mutiert dieser energisch bewegte Strahl zur lotrecht aufgeklappten Metallstange eines silberglänzenden Zollstocks, der die Höhendifferenz zwischen Sturzkante und Talboden anzeigt. Nicht nur die im Vorüberziehen erhaschten Gebärden der wartenden Radfahrer wirken in der Abbreviatur »schematisch«, auch auf die beschriebene Geometrie der Wasserfälle trifft das Attribut zu.

---

11 Auf diese ästhetischen Deformationen und Verfremdungseffekte durch die lineare Bewegung der Bahnreisenden hat Schivelbusch (bes. S. 51–66) hingewiesen.

Die Textstelle macht auf modellhafte Weise Kronauers Vorgehensweise bei der Evokation von Wahrnehmungen und Bildeindrücken deutlich; ein Verfahren, in dem sich beschreibende mit erzählenden Elementen mischen. Alle Phänomene, die räumliche Kopräsenz gewinnen sollen und insofern auch eine Simultaneität des Darstellens voraussetzen, sind innerhalb eines sprachlich-linearen Erzählvorgangs zunächst einmal als Fremdkörper zu betrachten, und es bedarf kunstvoller Vorkehrungen, um diese simultane Räumlichkeit in einen sukzessiven narrativen Modus zu integrieren. Die Autorin bedient sich zunächst der von alters her geläufigen Technik, dasjenige, was als bildhafter Gegenstand von Rechts wegen auf einen Blick und mit einem Mal dargeboten werden müsste, an die Abfolge menschlicher Wahrnehmungsschritte zu binden. So würde eine längere deskriptive Passage, die zum Zwecke der Einführung einer bestimmten Situation oder einer neuen Figur dient, im Handlungsgang zwar als eine unterbrechende Pause wirken, doch kann sie erzählerisch in das Beobachtungsverhalten einer beteiligten Figur übersetzt werden. Es sind, im gegebenen Falle, die hier- und dorthin springenden Blicke des fahrenden Protagonisten, anhand derer die Ekphrasis die nötigen Bausteine zur Evokation einer Berglandschaft mit Wasserfall und Eisenbahnstrecke zusammensetzt. Dann aber kommt zusätzlich ein fast gegenteilig wirkendes Verfahren ins Spiel, bei dem nicht die Verflüssigung eines instantanen Bildeindruckes betrieben wird, sondern die Verkürzung des Wahrnehmungsvorganges zu einer in größter Flüchtigkeit getätigten Momentaufnahme. Die Vorbeifahrt des Zuges erlaubt nicht mehr an Detailerfassung als einen visuellen Sekundenstil, so dass fließende Bewegungen wie diejenige des Wasserfalls eigentümlich stillgestellt erscheinen, und die zwei aufeinandertreffenden Geschwindigkeiten des Betrachters und des betrachteten Gegenstandes einander gleichsam aufzuheben scheinen. Durch diese Spannung zwischen Bewegung und Stillstand umreißt der Blick aus dem Zugfenster den poetischen Grenzwert des Erzählens gegenüber der Bildlichkeit, und er wirft damit ein auch für die weiteren Textformen der Ausbildung ästhetischer Landschaftserfahrung grundlegendes Problem auf.

In Genua gelangt der Protagonist dann ans Ende der beschriebenen Bahnfahrt, ist aber noch nicht wirklich am Ziel seiner Urlaubsreise. Mit dem Eintreffen in der touristisch nicht sehr einschlägigen Hafenstadt überbrückt der Text die formale Grenze vom dritten in das vierte Kapitel, welches die Autorin selbst als das strukturelle »Umbruchkapitel« des Romans bezeichnet hat.[12] Der Kapitelein-

---

[12] Brigitte Kronauer: Zur Trilogie *Rita Münster, Berittener Bogenschütze, Die Frau in den Kissen*. In: Die Sichtbarkeit der Dinge. Über Brigitte Kronauer. Hg. von Heinz Schafroth. Stuttgart 1998, S. 152–154, hier S. 153.

schnitt markiert zudem sowohl in der sechs Kapitel umfassenden Gliederung wie auch nach den Proportionen des Umfangs klar die Mitte des Werks; eine Mitte, die geographisch in weitest möglichem Abstand zum heimischen Hauptschauplatz lokalisiert ist und die im Laufe des vierten Kapitels dann tatsächlich jene Zäsur setzt, die eine merkliche innere Verwandlung des Protagonisten bewirken wird. Man kann also sagen, dass die ligurische Hafenstadt im Roman als eine Art Akklimatisierungsschleuse ins Mediterrane und Maritime fungiert; auch eine mögliche erotische Liaison deutet sich hier an, ohne in die Tat umgesetzt zu werden.

Die Eingangsszene des vierten Kapitels springt als interne Prolepse wiederum schon zur nächsten Reisestation voran, die sich möglicherweise auf der adriatischen Küstenseite befindet, da der Urlauber von diesem Standort aus in der Folge die Stadt Triest zu besuchen plant. Rückblenden in die Tage des Genueser Aufenthaltes (der ansonsten keine weiteren Nachwirkungen zeitigt) erfolgen aus typischer Denkerpose; der Held sitzt »bewegungslos auf einem warmen Stein« (BB, 213) und beobachtet einen kleinen Fisch, der sich in einer Wasserrinne im Sand verfangen hat, zwischen der vorgerückten Grenzlinie der Meereswellen und einem deutlich tiefer reichenden Wasserloch. Die Lage des Fisches ist prekär eingespannt zwischen der Herkunftsrichtung und dem landseitigen Bassin, das zur tödlichen Falle werden könnte.

»Das Loch nämlich stand über ein rötlich ausgewaschenes, an beiden Enden verengtes, etwa ein Meter langes Tal mit der sanften Meeresbrandung in Verbindung.« (BB, 213) Die eingezwängte Lage des Fisches bietet für den Strandbesucher ein Schauspiel, bei dem es für das aufs Meerwasser angewiesene Tier um die nackte Existenz geht. »Der im flachen Zwischenteil gefangene Fisch lauerte auf die Gelegenheit, mit dem Zurückweichen der Welle aus seiner Falle gerissen zu werden.« (BB, 213)

Soll Matthias Roth eingreifen und dem Fisch den dringend benötigten Rückweg bahnen? Immerhin hält der Beobachter bereits einen Stab in der Hand, mit dem er im Sand herumstochert. Er entschließt sich, dem gefangenen Fisch insofern zu helfen, als er die zweite Kammer der kleinen Wasserrinne, durch die der Fisch bei anbrandendem Wellenschub leicht in die tiefe Falle des Wasserlochs gespült werden könnte, mit seinem Stab verschließt. Mehr aber unternimmt der Betrachter nicht, obwohl er die Gefahrenstelle leicht und effizient auch mit einem größeren Stein abdichten und damit sogar die Wucht des Rückstaus erhöhen könnte, den der Fisch für den Weg ins Offene braucht. Die Frage hier ist: Soll der Mensch eingreifen in das Kräftespiel der Natur, oder soll er nicht? Gegenüber dem gefangenen Fischlein in seiner Not kann der mit Stock bewaffnete Mensch, dem die verzwickte Situation am Boden auf einen Blick klargeworden ist, sogar die Machtposition Gottes einnehmen, zumindest für die Dauer seines Herumspielens im Sand.

Der Universitätsdozent und Joseph-Conrad-Freund Matthias Roth gerät durch die kleine geographische Entrückung, die ihm die Bahnfahrt nach Italien ermöglichte, unversehens in Kontakt mit urtümlichen Szenen aus den ersten Schöpfungstagen, als Land und Meer noch ebenso wenig voneinander geschieden waren wie Gut und Böse. Je mehr der Protagonist zudem durch die stereotypen Urlaubsreaktionen der am Strand sich ausbreitenden Touristenfamilien verärgert wird, die ihrer Begeisterung für »Sonne, Himmel, Meer« in allerlei »kindlichen Aussage-, Ruf- und Fragesätzen« Ausdruck geben und damit die möglichen Verlockungen der Situation emotional besetzt halten, desto steiler und machtvoller erscheint in Abgrenzung davon seine demiurgische Überlegenheitsposition an dem wie ein Kolonialposten kontrollierten Wasserloch. »Ein Glück, daß ihm wenigstens der Fisch gehörte!« (BB, 214)

Die nachfolgenden Landschaftserlebnisse des Helden werden durch die kleine Szene in mehrfacher Hinsicht präludiert; erstens zeigt sie die psychologischen Kompensations-Mechanismen, zu welchen subjektive Betrachter vor dem Übermaß elementarer Landschaften neigen (Kant hatte aus diesem Rückstoßeffekt die Ästhetik des Erhabenen hergeleitet); zweitens wirft das hier exemplarisch zugespitzte Mensch-Tier-Verhältnis die Frage auf, wo und wie das menschliche Eingreifen und Mitgestalten Verantwortung übernimmt oder gar Schuld auf sich lädt; drittens schließlich kann das im Sand ausgeformte Arrangement als ein kleinräumiges topographisches Modell des Küstenreliefs überhaupt verstanden werden. Dasselbe Ensemble von Meereslinie, dazu querlaufend sogbildender Talrinne und einem hilflos in die landseitige Sackgasse eingezogenen Kleinlebewesen wiederholt sich nämlich, wie nun zu zeigen ist, in vergrößertem Maßstab an zwei während der folgenden Aufenthaltstage unternommenen Wanderungen des Protagonisten; es geht dabei um zwei Touren, die den Reisenden – ungeplant, aber schicksalhaft – weit in die durch Bergbäche ausgeschnittenen Quertäler der ansteigenden Küstenlandschaft hineinführen.

Die Wanderer-Episoden eröffnen, nur wenige hundert Meter vom routinierten Tagesbetrieb für die Strandurlauber entfernt, einen Raum voller seltsamer Formen und Zeichen. Der Gehende taucht dabei in eine Welt ein, in der die Vorposten der Zivilisation nach und nach spärlicher werden und verblassen. Je tiefer sich beim Weitergehen die Talsenke in den Berg einkerbt, desto mehr gerät der kleine Abweg des Strandurlaubers zur Exkursion in ein rätselhaftes Naturgeschehen, bei dem die Welt der ersten Schöpfungstage noch anzudauern scheint. Es sind, wie einst in Thomas Manns Venedig-Novelle, »stillere und stillere Wege«,[13]

---

[13] Thomas Mann: Der Tod in Venedig. In: Der Tod in Venedig und andere Erzählungen. Frankfurt a. M. 1974, S. 444–525, hier S. 444.

die den Gelegenheits-Wanderer beim ersten seiner neugierigen Erkundungsgänge fast nahtlos und ganz allmählich in das Bergtal hineinführen; von der großen Autostraße abzweigend, war der Protagonist zunächst auf einer breiten Oleanderallee bergan geschritten, hernach hat er bald nur mehr einen »grobgeschotterten Weg« unter den Füßen, dem dann ein eng durchs Pflanzendickicht sich windender, geschlängelter Pfad folgt.

An einem rostigen Eisentor ganz zu Beginn des Taleinschnittes war Matthias Roth bedenkenlos vorbeigegangen, obwohl dort ein Schild mit unleserlichen Buchstaben und mehreren Ausrufezeichen die Ankommenden augenscheinlich vor dem Weitergehen massiv zu warnen schien. Was also ist es, das den Wanderer ungeplant immer weiter in das Bergtal lockt und hineinzieht? Es scheint, merkwürdigerweise, die Wegführung selbst zu sein, von der die so plötzlich erwachende Erkundungslust ausgeht; und »der Weg selbst« ist es auch, »so ruhig in der Sonne daliegend und dabei den Berghang hochschwingend«, der, bei aller eigenen physischen Anstrengung des Bergaufgehens, den Wanderer »auf seinem höckrigen Rücken transportierte«; »ohne Widerspruch«, so heißt es im Text, gehorchte der Gehende »den Phantasien des Weges« (BB, 225).

Wiederum zeigt sich in der deskriptiven Entfaltung des Landschaftsraumes das schon erwähnte Gestaltungsmittel der erzählenden Linearisierung, indem der Text hier die räumliche Situation des Tales erst aus dem Wechselspiel des Gehenden mit den unablässigen Windungen und Steigungen seines Weges hervorgehen lässt. Doch muss die Lektüre dabei selbst überaus achtsam bleiben, um den Beginn dieses ›raumgreifenden‹ Geschehens, das zunächst nur eine ornamentale Episode darzustellen schien, nicht zu verpassen. Mit dem seitwärts in die Berge abdriftenden Urlauber, der durch die improvisierte Wanderung endlich das ersehnte Ausscheren aus den vorgeformten Ritualen des allgemeinen Strandlebens verwirklichen kann, ist eine anarchische Gebärde in den Text eingekehrt, die in formpoetischer Hinsicht als Beitrag zu einer *Ästhetik der Digression* eingeschätzt werden kann.[14]

Folgt man, wie es hier seitens des Protagonisten geschieht, gleich mehrfach den spontanen Impulsen der Ablenkung, so ist irgendwann kaum noch zu rekonstruieren, an welcher Stelle man sich gerade befindet. Auch das allgemein gehaltene ›man‹ der Lebensweisheit trägt dabei die unterschiedlichsten Gesichter. Wie der kleine Fisch im Sandkanal, so droht der Wanderer zwischen Herkunfts- und Zielrichtung den Ausweg zu verlieren: »Er sah das Meer und das Bergmassiv und

---

14 Vgl. zur Literaturgeschichte des aus- bzw. abschweifenden Erzählens in der Nachfolge Laurence Sternes v. a. Peter Michelsen: Laurence Sterne und der deutsche Roman des achtzehnten Jahrhunderts. 2. Aufl. Göttingen 1972.

befand sich ganz allein dazwischen.« (BB, 226) Damit beschrieben ist freilich auch und vor allem die Lage des Subjekts der Lektüre, das die Bedeutung der unversehens aufgekommenen Landschaftspartie in ihrer strukturellen Funktion für das Gesamtgefüge des Textes zunächst nicht recht einzuordnen vermag. Matthias Roth seinerseits stellt fest: »Je höher er mit dem Weg stieg, desto unübersichtlicher wurde überraschenderweise die eigene Position.« (BB, 226)

Die Krise, in die sich der Protagonist durch seine unbedachten stundenlangen Abwege bringt, beruht also auf der Diskrepanz zwischen Gehen und Sehen. In diesen beiden Tätigkeiten manifestieren sich, wie Michel de Certeau herausgearbeitet hat, zwei unterschiedliche alltagskulturelle Praktiken, den Raum zu organisieren, nämlich die zueinander komplementären Prinzipien der *Wegstrecke* und der *Karte*, der Übersicht und des sukzessiven Vorangehens.[15] Sich Schritt für Schritt mit einem bestimmten, in seiner Reliefgestalt unregelmäßigen Terrain auseinanderzusetzen, ist ein taktischer Vorgang, da hier permanent Berührungen und Friktionen im Spiel sind. Der Versuch, Überblick zu gewinnen und zu einem erst aus der Draufsicht konstruierbaren Plan des Territoriums zu gelangen, ist hingegen eine Frage der Strategie. Der strategische Blick gibt dem Raum eine deduktive Ordnung, während das Gehen im Gelände ein im Wortsinne anarchisches, herkunfts- und zielloses Mittendrin durchläuft. Die Dualität der Prinzipien von *Wegstrecke* und *Karte* hat indes, wie gerade die Beispiele des literarisch konfigurierten Landschaftsraumes zeigen, auch eine poetologische Bedeutung, geht es hier doch ebenso um das schwierig auszutarierende Zusammenspiel des simultanen Bildeindrucks mit der sukzessive erzählten Handlungslinie.

Sehen oder Gehen? Dieser Hiat wird zum Motor für den weiteren Anstieg des Helden und seine trügerische Hoffnung. »Der vermutliche Grat des gebirgigen Ausläufers verwischte sich, es schien allmählich so, als ließe sich ein höchster Punkt gar nicht ausmachen.« (BB, 226) Eine bildhafte Gesamtschau der eigenen Lage, wie sie die Draufsicht aus der Luft oder die kartographische Abstraktion einer Landkarte bieten, kann ein einzelner Wanderer auf seinem Wegstück aus den ihm unmittelbar zur Verfügung stehenden Sinnesdaten sich kaum erarbeiten. Er kann über den unmittelbaren Gesichtskreis hinaus lediglich extrapolieren und, mit ein wenig Übung in der Auswertung von Erd- und Himmelszeichen, eine navigierende Selbst-Orientierung provisorischer Art erstellen, die er nach und nach zu einer virtuellen Karte zusammensetzt.

Schon im Gestaltungsmittel der erlebten Rede waren wir auf eine vergleichbare Paradoxie gestoßen: die an den Protagonisten ergehende Zumutung, sich

---

[15] Michel de Certeau: L'invention du quotidien. Tomme I. Arts de faire. Paris 1980. Dt.: Kunst des Handelns. Übers. von Ronald Voullié. Berlin 1988, S. 220–226.

am eigenen Schopf zu ergreifen und aus distanzierter Erzählerwarte zu betrachten. Das Besondere an den küstennahen Talwegen, die ins bergige Hinterland führen, liegt nun in dem Umstand, dass es hier in gewundenen Schleifen aufwärtsgeht, bei welchen sich die Wegführung wiederholt ›selbst begegnet‹ und dadurch zu etwas Gestalthaftem wird. Und je weiter der eigene Standpunkt auf der Wegstrecke sich nach oben schraubt, desto mehr nähert er sich tatsächlich der externen Beobachterposition des bis dahin nur virtuell vorstellbaren Überblicks. Die Kammlinie des Berges wäre demzufolge idealiter jener topographisch ausgezeichnete Punkt, an welchem Handeln und Selbstbeobachtung, Erzählung und Beschreibung miteinander kongruent werden.

> Die Frage nämlich: wann kehre ich um? schwoll geradezu in ihm an, so daß er sie schließlich murmelnd aussprach. Das Meer wirkte nah, auch die Dächer mancher Häuser, aber das waren die Distanzen der Luftlinie. Tatsächlich trennten ihn alle abgegangenen Schleifen von den kleinen Siedlungen unten. Trotzdem wanderte er weiter, hielt nicht einmal an. (BB, 226)

Bei seinem Weg ins Bergtal hinein unternimmt Matthias Roth den Versuch, zum beobachtenden Akteur in einer Erzählung zu werden, die sich ihrer inneren Struktur bewusst ist und in welcher sowohl Held wie Leser genau wissen, wann sie wohin zu gehen haben. Die Ahnung des Ganzen als Antriebskraft: Es ist in dieser ersten Bergtal-Exkursion schön zu beobachten, wie der Erzählvorgang die problematische Lage des Protagonisten durch das sprachliche Zusammenspiel von absoluten Ortsindizes und situativer Deixis in Szene setzt.[16] Je mehr Matthias Roth die Möglichkeit zu perspektiv-unabhängiger Ortsreferenz verliert und sich durch deiktische Peilungen vorantasten muss, als desto enttäuschungsanfälliger erweisen sich die gefassten Pläne und Entschlüsse. Die digressive Episode Matthias Roths handelt deshalb, sofern man sie als ein erzähltechnisches Experiment versteht, von der Schwierigkeit, beim Wandern der bekannten aristotelischen Gelenkstellen eines narrativen Verlaufs gewahr zu werden, also rechtzeitig zu wissen, wann etwa die Gratlinie definitiv überstiegen oder der späteste Punkt zur Umkehr erreicht ist.

Stets ist es (auch dies ein Effekt der deiktischen *shifters*) der ›jetzt gerade‹ herannahende Wegabschnitt, der voller Trugschlüsse und schimärischer Perspektiven steckt:

> Da endlich, mit einem Ruck, bog der Weg noch vor Erreichen der äußeren Kehre ab, fast wuchsen die höheren Sträucher über ihm zusammen, und hörte kurz vor einem Steinschup-

---

16 Zum Einsatz personaler Deixis in Kronauers Erzählverfahren vgl. auch Ursula Renate Riedner: Sprachliche Felder und literarische Wirkung. Exemplarische Analysen an Brigitte Kronauers Roman *Rita Münster*. München 1996, bes. S. 43–49 und S. 69–73.

pen, der mit Wellblech ergänzt worden war, auf [...]. Eine Leiter lehnte an der Wand, ein Autoreifen lag daneben. Er näherte sich vorsichtig und konnte mit einemmal in das nächste Tal sehen, also war dies doch der Kamm! (BB, 227)

Die Szene illustriert geradezu lehrbuchhaft die intrikate Verlockungs- und Vertröstungsdynamik des Gehens, die den Wandernden wiederholt narrt und dennoch lange bei Laune hält. Und abermals zeigt sich, wie zur Bestätigung dieses Befundes, bei näherem Blick an der vermeintlichen Grenzstelle ein »schmaler Pfad«, der »auf eine eigentümliche, unerklärliche Weise dazu verlockte, ihm zu folgen.« (BB, 227)

Verhandelt wird bei diesen immer neuen Verweisungen auch die metafiktionale Frage, ob bzw. inwiefern das Vorangehen im Landschaftsraum sich selbst schon als eine handlungsbasierte Erzählung konstituiert. Mit dem Erreichen der Gratlinie wäre die Möglichkeit verbunden, in das andere Tal abzusteigen und von dort aus den Rückweg anzutreten, statt einfach auf dem schon bekannten Herweg umzukehren. Gratlinie oder Umkehrpunkt entsprechen insofern den von Aristoteles in der Poetik beschriebenen Strukturpositionen des Handlungsumschwunges bzw. Glückswechsels, der *Metabole* und der *Peripetie*.[17] Erst vom erreichten Punkt des Umschwunges her könnte die Handlung (oder hier modellhaft die zurückgelegte Wegstrecke) in ihrer inneren Dramaturgie gestalthaft erfasst werden, und würde sich aufklären, wie Auf- und Abstieg, Anmarsch und Rückweg zu einem in sich gegliederten Ganzen zusammentreten. Nach einer weiteren Erkundung der näheren Umgebung fasst Matthias Roth den ehrgeizigen Plan, »den Rückweg durch dieses Tal zu nehmen, das ja seinem Hotel näher war als das eben hochgewanderte.« (BB, 230) Die gegebene Begründung klingt rational, verdeckt aber den Umstand, dass ein Zurückgehen auf dem schon bekannten Weg auch den Charakter eines Rückzuges, vielleicht sogar einer Niederlage hätte – und zumindest bedeuten würde, dass bei der zweiten Weghälfte der Aspekt der Neugier und des Vorrückens in eine *terra incognita* als Motivationsquelle wegfiele. Genauso aber, wie es vermieden werden sollte, kommt es dann schließlich, weil der Versuch, ins benachbarte und schon erspähte Tal zu traversieren, an der Unwegsamkeit des Geländes scheitert.

Nicht an einen Scheitelpunkt, an die Kuppe in neue Gefilde ist der Wanderer vorgedrungen, sondern ins »Herz« seiner selbst, in »das innerste Zimmer eines Bedürfnisses, eines unklaren Verlangens, das ihn hergelockt hatte [...], er war an seinem eigenen, geheimen Punkt angelangt, als hätte etwas Unbestimmtes endlich Gestalt angenommen.« (BB, 231) Dieser emphatische Moment der Selbst-

---

17 Aristoteles: Poetik. Übers. und hg. von Manfred Fuhrmann. Stuttgart 1982, 1450b 7.

begegnung ist, wie verschiedentlich bemerkt wurde, implizit nach jener krassen Schlüsselszene aus Joseph Conrads *Heart of Darkness* gestaltet,[18] in der die Exkursion des englischen Kapitäns Marlow zu einem Stützpunkt im inneren Kongo-Gebiet die Schreckensherrschaft des durchgedrehten Kolonialagenten Mr. Kurtz offenbart. Der Anflug eines unbestimmten Grauens mag sich zu gewissem Grade dieser intertextuellen Reminiszenz verdanken; er hat indes wohl auch damit zu tun, dass der Wanderer just an diesem Punkt die zuvor erstellte Planszene vom Abstieg in das Nebental definitiv revidieren muss, zugunsten einer Rückkehr auf demselben Wege, und das heißt: mittels einer rekursiven Spiegelung des bisher Durchlaufenen in sich selbst. Matthias Roth, so sagt es der Text mit resoluter Schiedsrichter-Attitüde, »kehrte nun [...] endgültig und gehorsam um.« (BB, 231) Impulse demutsvoller Zerknirschung und der auf trittfester Piste wiedererlangten persönlichen Souveränität halten sich bei diesem Rückzug die Waage. Alle bereits bekannten Stationen treten ein zweites Mal auf, nun in der umgekehrten Reihenfolge und versehen mit einer Markierung des *déjà vu*, die dem von Freud skizzierten Effekt des *Unheimlichen* nahekommt.

Seit seiner Wiederkehr aus dem verwunschenen Bergtal und anhaltend weit über die restliche Aufenthaltszeit hinaus geht in Matthias Roth, diesem mittleren Helden in mittlerer Stellung, eine außerordentliche Veränderung vor. Er hat, ohne die alltägliche Berührung mit dem üblichen Urlaubspublikum zu scheuen, eine unsichtbare Trennwand zwischen sich und dem vorgefertigten Leben der Durchschnittstouristen gezogen. Angesichts der zahlreichen Familien, denen die blanke Verdrossenheit ins Gesicht geschrieben steht, weil ihr aufgespartes Urlaubs-Zeitmaß von nichts als von sinnlosem Leerlauf aufgezehrt wird, schätzt Matthias Roth sein eigenes Leben als »das kleinere Übel« (BB, 243). Nicht allerdings ohne das Zugeständnis, dass er aus der Sicht derjenigen, die tagtäglich von »ständigen familiären Schlachten« allerhand »Schrammen, Beulen, Dellen« davontragen, aufgrund seines Mangels an solchen Gebrauchsspuren längst auf dem Weg zum »Wunderlichen, zum Einsamen« sei (BB, 243). Nach einer unbestimmten Zahl wenig spektakulärer Urlaubstage, die das Auseinanderklaffen zwischen diesem Protagonisten und der restlichen Gesellschaft am Ferienort in verschiedensten Varianten unterstreichen, steht schließlich die Ab- und Weiterreise bevor, und an diesem Punkt schert der Held nochmals aus der für ihn vorgesehenen Aufenthaltszone aus.

---

18 Vgl. Matthias N. Lorenz: Distant Kinship – Entfernte Verwandtschaft. Joseph Conrads *Heart of Darkness* in der deutschen Literatur von Kafka bis Kracht. Stuttgart/Weimar 2017 (Schriften zur Weltliteratur. Bd. 5), S. 328–330. Vgl. auch im vorliegenden Band den Beitrag von Matthias N. Lorenz.

»Etwas wollte er nachprüfen vor seiner Abreise, eine kleine Erledigung stand noch aus.« (BB, 260) Ein zweites Mal zieht es Matthias Roth in die Berge, wiederum einem quer zur Küstenlinie verlaufenden Tal entlang. »Es handelte sich um den oberen, durch die kurvige Autostraße vom unteren abgetrennten Teil des sich zum Strand hin verbreiternden Taleinschnitts, in dem er die Wochen verbracht hatte.« (BB, 260) Im Hotel und am Strand hatte er sich vorrangig im Bereich einer hedonistischen Landschaftszone befunden, ohne das Küstenrelief gestalthaft zu sehen, das heißt, es als Effekt einer aus dem Hinterland hervorgehenden topographischen Formation zu begreifen. Nun am Ende seiner Zeit als Tourist versucht er, das Bild umzudrehen und gleichsam auf die Knüpfseite des Gewebes zu gelangen, oder, mit technisch aufgerüsteter Metaphorik gesprochen: den Programmiercode seines Urlaubsprogramms offenzulegen.

> Er sah es erst jetzt, beim zweiten Mal, deutlich und meinte, sicher unterscheiden zu können, wie diese große Landschaftsfurche von exakt seinem Standort aus zum Meer abfiel und zur Gebirgsbarriere hin aufstieg. (BB, 261)

Der deutsche Literaturwissenschaftler macht am italienischen Küstengebirge eine Entdeckung, die schon in Goethes *Italienischer Reise* zu den bahnbrechenden Erkenntnissen gezählt hatte und für die Plastizität der dort wahrgenommenen und beschriebenen Geographie sorgte. Nur durch anschauliche Nachbildung, nur durch eine plastisch-genetische Rekonstruktion ihres einstigen Bildungs- und Werdeganges lässt sich die Bedeutung eines Landschaftsraumes wirklich ermessen.[19] Die Schönheit der großen, schroffen Steine am Strand wird dem Betrachter in dem Moment fasslich, als er sie endlich in einem Wirkungszusammenhang mit den Kräften der Gebirgssauffaltung und den Einfurchungen der Erosionsprozesse zu sehen lernt. »Jetzt konnte er sich vorstellen, wie das Meer sie über viele Jahre aus dem Ufermassiv geformt hatte« (BB, 247). Das Vermögen, die formenreiche Gliederung der Landschaft analytisch durchdringen zu können, steht im Bunde mit einer schöpferischen Einbildungskraft, die im Zeitraffer das Gegeneinander von Land und Meer seit Anbeginn nochmals durchläuft.

Wie »zwei außermenschliche Machthaber« lagen sich hier Bergmassen und Meer einander »gegenüber in wuchtiger Ausdehnung«, denkt Matthias Roth, »und das Tal zwischen ihnen war der lange Tisch, die Zeremonie, die sie aneinanderband und auseinanderstemmte.« (BB, 261) Auf der poetologischen Kommentarebene paraphrasiert: Das Prinzip segmentierender Gliederung trennt, indem es verbindet (und umgekehrt). Die verbindende Funktion allerdings

---

[19] Vgl. Norbert Miller: Der Wanderer. Goethe in Italien. München 2002.

muss, um sich zu realisieren, performativ (als Zeremonie) vollzogen werden. So führt den Protagonisten sein zweiter, erneuter Weg in die Höhenzüge denn auch ganz gezielt durch jenes Tal, auf das er bei der früheren Exkursion schon getroffen war, als sich kein Querweg hatte ausfindig machen lassen. Gab es denn einen solchen Weg überhaupt, oder war er einem Phantasma nachgegangen? »Das war es [...], was er, wie eine Verpflichtung hatte es sich in seinem Kopf eingenistet, kontrollieren mußte.« (BB, 261) Auf dieser zweiten Wandertour nun wiederholen sich die bekannten Mechanismen der lockenden Schneisen und trügenden Windungen; Handlungsgeschehen und topographische Trassierung schrauben sich in enger Verschränkung durchs Gelände voran. Wieder wird alsbald ein Punkt des Innehaltens erreicht, bei dem unklar ist, ob er schon als strukturgebend gelten kann.

> Er stand jetzt an dem Flüßchen, dem Urheber dieser Landschaftsformation, der tatsächlich Wasser führte und in unmittelbarer Nähe auch deutlich rauschte. Matthias Roth setzte sich auf einen Stein, [...] und er saß eine Weile. Nun wußte er, was er wissen wollte, der Weg endete hier [...]. Sein Gesichtsfeld war zur Abwechslung angenehm begrenzt. (BB, 262)

Aber der Wanderer kann, wie fast schon zu erwarten stand, dann doch noch eine »Fortsetzung« des Weges »in der alten Richtung« ausmachen. Beim Weitergehen streicht sein Blick der Gratlinie hoch droben entlang, die sich mit »ausholender Bewegung« dem Meer nähert und damit auf ebenjene geologische Verbindung abzielt, die der Gehende nun *in situ* und *in actu* herstellt.

> Er erinnerte sich ja gut an den Felsabbruch am Strand und begriff ihn nun als Schlußphase dieses Hingleitens der steinigen Auftürmungen im Inneren zur See. Während er auf dieses Innere zuging, schwang sich neben ihm unentwegt in der verstreichenden Zeit als etwas mit ihr Fließendes der sonnige Grat in entgegengesetzter Richtung, nämlich dem Meer zuströmend. (BB, 262)

Zwei Wirkkräfte korrespondieren miteinander; der einwärts und aufwärts führende menschliche Gang, die aus- und abwärts weisende natürliche Neigung. Aus der Dynamis dieser opponierenden Tendenzen, die beiderseits ›Zug‹ in das stehende Bild bringen, geht die raumgreifende Geste dieser erzählerischen Mit- und Nachgestaltung hervor, die der folgende Satz als poetisches Verfahren sogar ausdrücklich benennt: »Das Tal war voller räumeschaffender Vögel, echowerfende Räume bauten sie.« (BB, 262) Der Luftraum als Trägermedium wird hier in seinen physikalischen Dimensionen ausgemessen, indem die tönende Sprache ihn mit Schwingungen erfüllt und in Wellengängen durchzieht.

Anders als bei der ersten Talwanderung setzt die zweite nicht mehr die Präexistenz landschaftlicher Gegebenheiten voraus, die von Seiten des menschlichen Akteurs nur mehr zur Kenntnis genommen werden können. Nun erweist sich vielmehr der beschriebene Landschaftsraum seinerseits als ein funktionaler Effekt des literarischen Erkundungs- und Erfassungsvorganges. Die frühere Episode liegt der späteren als kontrastierende, Distanz schaffende Folie zugrunde. Gespielt wird offenkundig für gewisse Zeit das Programm: Wir geraten in eine Abenteuergeschichte.

> Er hoffte, der Weg würde ihn nicht so abrupt im Stich lassen, aber ständig mußte er darauf gefaßt sein. [...] Der Pfad lief geradewegs, diesmal ohne übersehbare Abzweigungen, auf das Flüßchen zu. Matthias Roth erschrak. Selbst wenn er über die Felsbrocken im Bachbett geklettert wäre, es zeigte sich nicht die geringste Andeutung einer Weiterführung auf der anderen Seite. (BB, 263)

Prima vista wiederholt sich das schon skizzierte Erzählprinzip metonymisch verketteter Krisenpunkte und Trugschlüsse, die eine Fortsetzbarkeit des Kursus immer wieder unmöglich erscheinen lassen. Nach den ersten Haltepunkten am Bachgrund folgen nun überraschende Gartenanlagen, »tief vergraben im Schoß des Tales« (BB, 264), es wird zusehends enger, überwachsener und verwunschener. Der mit Mühe Weitergehende scheint sich durch all diese Hindernisse, wie es heißt, »auf ein Heiligtum [...] zuzubewegen«, auf einem durch Spalten und Treppen markierten, feierlichen »Pilgerpfad« (BB, 265). Über die Abenteuergeschichte schiebt sich zusehends ein theatral organisiertes Geschehen, das Zeremoniell einer Initiation beispielsweise, mit schrittweisem Einrücken des Helden in ein Arkanum, welches durch ein wildbewachsenes Dickicht am Berghang vor den Blicken Unzuständiger geschützt bleibt. Auf dem geheimnisumwitterten Weg kommt es dennoch nicht zu Bedrängnis noch Gefahr. Das wiederholt anzitierte Grundbild der Pyramide[20] unterwirft die gesamte konsekutive Handlung einem übergeordneten Sinnzeichen, gegenüber dessen fast metaphysischer Autorität ein Straucheln des Protagonisten ganz ausgeschlossen werden kann. Sein Weg ist nicht (mehr) wirklicher Landschaft ausgesetzt, sondern ganz und gar getragen von der literarischen Form eines halb chevaleresken, halb kolonialhistorischen Abenteuers – einer Romanze zwischen der Natur und ihrem Eroberer. Und wenn in dieser Romanze ein selbstironisches, inner- und interliterarisches Reflexionsspiel mitläuft, so auch mit dem Zweck, die heroische Façon des Subjekt-Objekt-Verhältnisses zu unterlaufen durch die Vermutung, dass mindestens ebenso stark die Umgebung sich ›ihren‹ Helden zurechtformt wie dieser seinerseits die von ihm ins Visier genommene Landschaft.

---

20 Vgl. BB, S. 266. Vgl. hierzu in vorliegendem Band den Beitrag von Birgit Nübel.

> Den Weg, meinte er, könnte man sich auch gut als langes Liebesgedicht denken, als den Verlauf einer Liebe sogar, und alle Ereignisse einer leidenschaftlichen Beziehung würde der Weg selbst mit jeder neuen Wende vorschreiben. Wenn er zuerst nur ein Entzücken über den Anblick, die Unberührtheit der Wildnis gespürt hatte, so bekam er nun eine Ahnung von der Richtigkeit und Art und Weise, wie sie ihm auf Leib und Gemüt geschrieben war. Der kleine Anstieg, die Verengung, die Vertiefung, das Aufragen eines seitlichen Felsklotzes, die Verstrickung im Buschwerk: Als würde er endlich mit seinem weichen Körper in die für ihn vorgesehene Form gebracht, oder als würde sie durch diese Einschnürungen und Lockerungen erst freigelegt und für ihn selbst veranschaulicht. (BB, 267)

In Form gebracht und auf den Leib geschrieben – hier nimmt die komplementäre Ausgestaltung des Raumes und seines Erkunders den Charakter eines Vorgangs wechselseitiger Anerkennung an, mit dem beide Bestandteile ihre Plätze neben- und füreinander finden. Immer schon war, wenn es für den Helden galt, bestimmte Wegstrecken abzulaufen, Täler und Bergrücken zu erkunden, das Vorankommen in einer Landschaft der Erzählung potentiell mitgemeint. Das buchstäbliche Wandern und das Wandern in den Buchstaben sind über die genuine *Isomorphie von Schrift und Weg* abbildungsgetreu ineinander übersetzbar,[21] so dass am handfesten landschaftlichen Relief die subtilen Text-Operationen des Zusammenfügens und der Entzifferung wiederkehren, respektive überhaupt erst Gestalt gewinnen.

Es bleibt nun nicht mehr bei der trivialisierten Einsicht, der Weg selbst sei das eigentliche Ziel. In Kronauers Landschaftspassagen vielmehr gilt: Die Strecke und ihr Bewandern formen zusammen das Narrativ. »Wie hatte er sich schon als kleiner Junge alle Strecken in heitere und düstere Abschnitte gegliedert, um sie ertragen zu können, in erfreuliche, erwartungsvolle Zonen und Katastrophenbezirke.« (BB, 267) Einteilung ist alles, das wissen erfahrene Bergwanderer ebenso wie aktive Leistungssportler. Die Einteilung innerhalb einer Erzählstrecke geschieht durch markante Schwellen und Wendepunkte, die als Anhalt zur Segmentierung dienen. Die List des jungen Matthias Roth behandelte Freuden und Leiden im außermoralischen Sinne, indem sie das eigene Leben einer Grammatik der Zellteilung unterzieht. Wird ein kontinuierlicher Darstellungsträger gefaltet, gebogen oder verknotet, so entstehen Hälften und abermals Hälften der Hälften, bei welchen je gegenüberliegende Teile sich ineinander gespiegelt finden.

Als erinnerte Kindheitsleistung mag diese *Erfindung der Struktur* auf nicht sehr glückliche Lebensphasen zurückdeuten. Der eigentümlich hermetische Raum des zweiten Tales, in den Matthias Roth wie durch topographische Fügung

---

21 Vgl. zu diesem Konzept Alexander Honold: Die Stadt und der Krieg. Raum- und Zeitkonstruktion in Robert Musils Roman *Der Mann ohne Eigenschaften*. München 1995, S. 78.

zu guter Letzt aufgenommen wird, kommt diesen bescheidenen Jugend-Reminiszenzen mit der Ernsthaftigkeit eines existentiellen Endpunktes entgegen. An einem Wasserfall angelangt, der in diesem Moment ganz und ausschließlich »für ihn«, wie Matthias Roth nun erkennt, seinen Sturzbach ins Tal ergießt, entsinnt sich der Protagonist des ihm auferlegten Zwangs, »sich jeden Ort, jede Landschaft als möglichen Todesort vorzustellen« (BB, 269). Die Stelle am Wasserfall, sie wäre wohl, so glaubt der Held, ein durchaus passender Ort für den Schluss, ja, er war es sogar »vollkommen«. Immer noch sind wir erst im Mittelstück des Romans, obwohl an dieser Stelle die Extreme des Anfangs und Endes miteinander deckungsgleich werden und in eine Anrufung romantisch-todessehnsüchtiger Waldeinsamkeit münden:

> »... dumpf und verworren hörte er die Alte sprechen, den Hund bellen und den Vogel sein Lied wiederholen«, sagte er vor sich hin. Das waren die Schlußsätze zum unglücklichen Tod des Blonden Eckbert, schon immer aber hatte er, Matthias Roth, diesen Satz als etwas zum Glücklichen Gefügtes empfunden und, wie er nun meinte, auch dafür immer einen richtigen Platz gesucht, so daß es seine eigenen Worte werden konnten. (BB, 270)

Der Wanderer kehrt nach dieser frommen Literaturstelle an Leib und Seele unversehrt aus dem hinteren Winkel des Bergtales zurück; einmal mehr kann er sich der offenen Küstenlandschaft erfreuen und der Behaglichkeit des Hotels. Ganz wie geplant wird er später auch in seine Dachwohnung in der mittelgroßen Universitätsstadt heimkehren und dort seine vertraute Existenz weiterführen, fast wie zuvor. Nur von Zeit zu Zeit verkriecht sich der Heimgekehrte dann noch in eine Gedankenwelt, in der ihm das sommerliche italienische Tal als Ahnung eines anderen Lebens nachleuchtet. Als ihm kurz vor Ende des Romans die Liebeskrankheit und eine Nacht auf dem winterkalten Balkon so schwer zusetzen, dass die Vermieterin um sein Leben fürchtet, kommt ein zweites Mal die zitierte Schlussformel aus Tiecks Erzählung vom »Blonden Eckbert« über seine Lippen (vgl. BB, 406), doch zum Sterben ist es auch jetzt viel zu früh. Um ihn herum zeigen sich immer mehr Muster und Linien, als würden die Formgesetze des Lebens zur Sichtbarkeit hervordrängen. »Was man auch tat oder unterließ, es ergab als Linie oder Lücke den Teil eines Ornaments.« (BB, 408)[22]

---

[22] Zur Ästhetik des Ornaments in *Berittener Bogenschütze* und seiner Schwellenfunktion zwischen »innerem Wesen und äußerer Gestalt« vgl. Wilkens, S. 53 ff. und S. 79.

Literaturverzeichnis

Brigitte Kronauer

Kronauer, Brigitte: Berittener Bogenschütze. Roman. Stuttgart 1986.
Kronauer, Brigitte: Zur Trilogie *Rita Münster, Berittener Bogenschütze, Die Frau in den Kissen*. In: Die Sichtbarkeit der Dinge. Über Brigitte Kronauer. Hg. von Heinz Schafroth. Stuttgart 1998, S. 152–154.

Weitere Primärquellen

Aristoteles: Poetik. Übers. und hg. von Manfred Fuhrmann. Stuttgart 1982.
Mann, Thomas: Der Tod in Venedig. In: Der Tod in Venedig und andere Erzählungen. Frankfurt a. M. 1974, S. 444–525.

Forschungsliteratur

Baumgart, Reinhard: Das Licht, das keine Schatten wirft. Versuch, die Einzigartigkeit der Schriftstellerin Brigitte Kronauer zu beschreiben. In: Die Zeit Nr. 51, 15.12.1989.
Binder, Hartmut: Mit Kafka in den Süden. Eine historische Bilderreise in die Schweiz und zu den oberitalienischen Seen. Prag 2007.
Böhme, Hartmut: Fetischismus und Kultur. Eine andere Theorie der Moderne. Reinbek bei Hamburg 2006.
Certeau, Michel de: L'invention du quotidien. Tomme I. Arts de faire. Paris 1980. Dt.: Kunst des Handelns. Übers. von Ronald Voullié. Berlin 1988.
Honold, Alexander: Die Stadt und der Krieg. Raum- und Zeitkonstruktion in Robert Musils Roman *Der Mann ohne Eigenschaften*. München 1995.
Honold, Alexander: Der Erd-Erzähler. Peter Handkes Prosa der Orte, Räume und Landschaften. Stuttgart 2017.
Lorenz, Matthias N.: Distant Kinship – Entfernte Verwandtschaft. Joseph Conrads *Heart of Darkness* in der deutschen Literatur von Kafka bis Kracht. Stuttgart/Weimar 2017 (Schriften zur Weltliteratur. Bd. 5).
Michelsen, Peter: Laurence Sterne und der deutsche Roman des achtzehnten Jahrhunderts. 2. Aufl. Göttingen 1972.
Miller, Norbert: Der Wanderer. Goethe in Italien. München 2002.
Previšić, Boris (Hg.): Gotthardfantasien. Eine Blütenlese aus Wissenschaft und Literatur. Baden 2016.
Riedner, Ursula Renate: Sprachliche Felder und literarische Wirkung. Exemplarische Analysen an Brigitte Kronauers Roman *Rita Münster*. München 1996.
Schivelbusch, Wolfgang: Geschichte der Eisenbahnreise. Zur Industrialisierung von Raum und Zeit im 19. Jahrhundert. München 1977.
Smuda, Manfred (Hg.): Landschaft. Frankfurt a. M. 1986.
Wilkens, Anna E.: Kunst, Literatur und Wirklichkeit in Brigitte Kronauers *Berittener Bogenschütze*. Würzburg 2012 (Epistemata. Bd. 756).

Verzeichnis der Beiträgerinnen und Beiträger

Julia Bertschik
Prof. Dr., Gastprofessorin am Institut für Deutsche und Niederländische Philologie der FU Berlin
Anschrift: Habelschwerdter Allee 45, 14195 Berlin
E-Mail: bertschik@germanistik.fu-berlin.de

Studium der Germanistik, Theaterwissenschaft und Kunstgeschichte an der FAU Erlangen-Nürnberg und der FU Berlin. Dort Promotion 1993 mit einer Arbeit *Zum Verhältnis von Geschichte und Anthropologie in Wilhelm Raabes historischen Erzähltexten* (Tübingen: Niemeyer 1995) und Habilitation 2003 mit einer Untersuchung zum Verhältnis von *Mode und Moderne* in der deutschsprachigen Literatur zwischen 1770 und 1945 (Köln: Böhlau 2005). Zahlreiche Gast- und Vertretungsprofessuren in Peking, Lodz (Polen), Oxford (Ohio, USA), Klagenfurt, Duisburg-Essen, Bonn, Frankfurt am Main sowie an der FU Berlin. Von 2008–2011 und 2014–2017 Kooperationspartnerin des FWF-geförderten Forschungsprojekts an der Universität Klagenfurt zur österreichischen Literatur der Zwischenkriegszeit 1918–1933/38 in ihren (inter-)kulturellen Kontexten und transdisziplinären Konstellationen. 2016 Kuratorin der Ausstellung »Am I Dandy? Anleitung zum extravaganten Leben« im Schwulen Museum* Berlin. – Forschungsschwerpunkte: Literatur vom 18. Jahrhundert bis zur Gegenwart; Drama und Theater; Kultur-, Medien-, Verlags-, Bildungs- und Wissensgeschichte; Diskursanalyse; Gender und Fashion Studies. Aktuell: Fontane-Handbuch; Ästhetik der Oberfläche in/von Literatur.

Alke Brockmeier
Dr., Lehrerin am Neuen Gymnasium Wilhelmshaven
Anschrift: Mühlenweg 63/65, 26382 Wilhelmshaven
E-Mail: alke.brockmeier@ngw-online.de

Studium der Germanistik, Romanistik und Biologie an der Georg-August-Universität Göttingen. Dort 2011 Promotion mit einer Arbeit über *Die Rezeption französischer Literatur bei Thomas Mann. Von den Anfängen bis 1914* (Würzburg: Königshausen & Neumann 2013). Seit 2012 Lehrerin für Deutsch, Französisch und Biologie am Neuen Gymnasium Wilhelmshaven. – Forschungsschwerpunkte: Deutsch-französische Literaturbeziehungen; Fragestellungen zur literarischen Darstellung von Natur.

Mandy Dröscher-Teille
Dr., wissenschaftliche Mitarbeiterin am Deutschen Seminar der Leibniz Universität Hannover
Anschrift: Königsworther Platz 1, 30167 Hannover
E-Mail: mandy.droescher-teille@germanistik.uni-hannover.de

Studium der Germanistik und Philosophie an der Leibniz Universität Hannover. Seit 2012 Wissenschaftliche Mitarbeiterin am Deutschen Seminar. 2017 Promotion mit einer Arbeit über *Autorinnen der Negativität. Essayistische Poetik der Schmerzen bei Ingeborg Bachmann – Marlene Streeruwitz – Elfriede Jelinek* (Paderborn: Fink 2018). – Forschungsschwerpunkte: Nachkriegs- und Gegenwartsliteratur; Österreichische Autor/inn/en; Gendertheorie; Verhältnis von Literatur, Schmerz und Erinnerung; Selbstreferentialität von Literatur. Zuletzt erschienen die Artikel »Schulische Rezeption« und (zusammen mit Birgit Nübel) »Intertextualität« im *Robert-Musil-Handbuch* (Berlin: de Gruyter 2016) sowie der Aufsatz »Literarisch-mediale

Politikkritik. Marlene Streeruwitz' Internetroman *So wird das Leben*« (in: *Der Deutschunterricht* 2017).

Ludwig Fischer
Prof. Dr. em., Professor für Neuere deutsche Literatur und Medienkultur an der Universität Hamburg
Anschrift: Dorfstraße 14, 27386 Kirchwalsede
E-Mail: fischer.benkel@breitband.nord.de

Studium zunächst der Biologie, dann der Theologie und Rhetorik in Basel, Zürich und Tübingen. Dort 1967 Promotion mit einer Arbeit über Dichtung und Rhetorik in der literarischen Theorie des Barock (*Gebundene Rede*. Tübingen: Niemeyer 1968). Lehrtätigkeit an den Universitäten Stockholm und der TU Berlin, dort 1976 Habilitation, von 1978 bis 2004 Professor an der Universität Hamburg. – Forschungsschwerpunkte: Sozialgeschichte der deutschen Literatur, besonders der Nachkriegszeit; Massen- und Unterhaltungsliteratur; Film und Fernsehen, vor allem dokumentarischer Film; Kulturtheorie und Kulturgeschichte, insbesondere Theorie und Geschichte des Naturverhältnisses und seiner medialen Vermittlungen. Zahlreiche Veröffentlichungen zur deutschen Literatur, zur Kultur- und Mediengeschichte, u. a.: *Literatur in der Bundesrepublik bis 1967* (Hg., München: dtv 1986); *Programm und Programmatik. Kultur- und medienwissenschaftliche Analysen* (Hg., Konstanz: UVK 2005). Studien zur Naturästhetik, Landschaftstheorie, zur gesellschaftlichen Rolle des Naturschutzes, zur Regionalgeschichte und Entwicklung der ländlichen Räume, u. a. *Unerledigte Einsichten. Der Journalist und Schriftsteller Horst Stern* (Hg., Münster/Hamburg: Lit 1997); *Projektionsfläche Natur. Zum Zusammenhang von Naturbildern und gesellschaftlichen Verhältnissen* (Hg., Hamburg: HUP 2004); *Küstenmentalität und Klimawandel* (Hg. mit Karsten Reise, München: oekom 2011). Zuletzt auch belletristische Arbeiten und literarische Sachbücher, u. a. *Folgelandschaften. Gedichte* (Ottersberg: Hever 2015); *Brennnesseln. Ein Portrait* (Berlin: Matthes & Seitz 2017).

Günter Häntzschel
Prof. Dr. em., Professor am Institut für Deutsche Literatur der Ludwig-Maximilians-Universität München
Anschrift: Von-Erckert-Straße 40, 81827 München
E-Mail: g-haentzschel@t-online.de

Promotion mit einer Arbeit über *Tradition und Originalität. Allegorische Darstellung im Werk Annette von Droste-Hülshoffs* (Stuttgart: Kohlhammer 1968), 1976 Habilitation über *Johann Heinrich Voß. Seine Homer-Übersetzung als sprachschöpferische Leistung* (München: Beck 1977). Bis zur Emeritierung Professor an der LMU München. – Forschungsschwerpunkte: Deutsche Literatur des 18. Jahrhunderts, der Restaurationsepoche und der 1950er Jahre; literarische Übersetzung; Anthologie-Kultur. Monografien u. a. zu Gottfried August Bürger (München: Beck 1988) und Wolfgang Koeppen (mit Hiltrud Häntzschel, Frankfurt a. M.: Suhrkamp 2006) sowie über *Die deutschsprachigen Lyrikanthologien 1840–1914* (Wiesbaden: Harassowitz 1997). Herausgeber des Hebbel-Jahrbuchs 1991–1999; Mitherausgeber von *treibhaus. Jahrbuch für die Literatur der fünfziger Jahre* (2005 ff.); Mitherausgeber der vierbändigen Werkausgabe von Annette Kolb (mit Hiltrud Häntzschel, Göttingen: Wallstein 2017).

Alexander Honold
Prof. Dr., Professor für Neuere Deutsche Literaturwissenschaft an der Universität Basel
Anschrift: Deutsches Seminar, Nadelberg 4, CH-4051 Basel
E-Mail: alexander.honold@unibas.ch

Studium der Germanistik, Romanistik, Komparatistik und Lateinamerikanistik an der LMU München und der FU Berlin. Dort 1994 Promotion über die *Raum- und Zeitkonstruktion in Robert Musils Roman »Der Mann ohne Eigenschaften«* (München: Fink 1995). Lehrtätigkeit an der Universität Konstanz. 2002 Habilitation an der HU Berlin mit einer Studie über Astronomie und Revolution im Werk Friedrich Hölderlins (*Hölderlins Kalender*, Berlin: Vorwerk 8, 2005). Seit 2004 Professor an der Universität Basel. Forschungsaufenthalte an der New York University und der Stanford University. Mitherausgeber des *Jahrbuchs der Deutschen Schillergesellschaft* und des *Hofmannsthal-Jahrbuchs zur Europäischen Moderne*. – Forschungsschwerpunkte: Erzählforschung, hierzu u. a. *Das erzählende und das erzählte Bild* (Hg. mit Ralf Simon, München: Fink 2010), Forschungs- und Bildungsreisen seit der Goethezeit, Landschafts-, Raum- und Fremdwahrnehmung in der Literatur, u. a.: *Das Fremde. Reiseerfahrungen, Schreibformen und kulturelles Wissen* (Hg. mit Klaus R. Scherpe, Bern, Berlin u. a.: Peter Lang 2000, 2. Aufl. 2003). *Reiseliteratur der Moderne und Postmoderne* (Hg. mit Michaela Holdenried und Stefan Hermes, Berlin: Erich Schmidt 2017).

Tanja van Hoorn
PD Dr., DFG-Stelle am Deutschen Seminar der Leibniz Universität Hannover
Anschrift: Königsworther Platz 1, 30167 Hannover
E-Mail: tanja.van.hoorn@germanistik.uni-hannover.de

Studium der Germanistik und Sozialpsychologie an der Leibniz Universität Hannover. 2002 Promotion mit *Dem Leibe abgelesen. Georg Forster im Kontext der physischen Anthropologie des 18. Jahrhunderts* an der Universität Duisburg-Essen (Tübingen: Niemeyer 2004). Anschließend Wissenschaftliche Mitarbeiterin am IZEA in Halle im DFG-Projekt *Vernünftige Ärzte,* dazu u. a. *Entwurf einer Psychophysiologie des Menschen* (Hannover: Wehrhahn 2006). Lehrtätigkeit an der Carl-von-Ossietzky-Universität Oldenburg. 2008–2016 Akad. Rätin a. Z. an der Leibniz Universität Hannover, dort 2012 Habilitation mit einer Arbeit zur *Naturgeschichte in der ästhetischen Moderne. Max Ernst, Ernst Jünger, Ror Wolf, W. G. Sebald* (Göttingen: Wallstein 2016). Gast- und Vertretungsprofessuren in Oldenburg (WS 2014/15), Cincinnati, Ohio (USA) (Max Kade, spring quarter 2013) und an der FU Berlin (WS 2016/17 bis WS 2017/18). – Forschungsschwerpunkte: Konstellationen von Literatur und Wissen seit der Frühen Neuzeit, dazu u. a. *Naturkunde im Wochentakt. Zeitschriftenwissen der Aufklärung* (Hg. mit Alexander Košenina, Bern u. a.: Lang 2014); Deutschsprachige Gegenwartsliteratur, dazu u. a. (Hg.): *Zeit, Stillstellung und Geschichte im deutschsprachigen Gegenwartsroman* (Hannover: Wehrhahn 2016); derzeit im Rahmen einer eigenen DFG-Stelle Arbeit am Projekt *Im Alphabet der Fakten und Fiktionen. Das Lexikon als Literatur.*

Dörte Linke
M. A., Doktorandin am Institut für deutsche Literatur und Nordeuropa-Institut der Humboldt-Universität zu Berlin
Anschrift: Unter den Linden 6, 10099 Berlin
E-Mail: doerte.linke@hu-berlin.de

Studium der Skandinavistik, Neueren deutschen Literatur und Evangelischen Theologie an der HU Berlin sowie der Religionswissenschaften an der Universität Uppsala (Schweden). Seit 2015 Lehrtätigkeit am Nordeuropa-Institut. Arbeit an einer Dissertation zu Naturkonzeptionen in der deutschen und dänischen Gegenwartsliteratur. Initiatorin und Mit-Verantwortliche der Ringvorlesung *Sprachen des Unsagbaren. Zum Verhältnis von Theologie und Gegenwartsliteratur* im SoSe 2016 an der HU Berlin, Mitherausgeberin des gleichnamigen Bandes (Wiesbaden: Springer 2017). – Forschungsschwerpunkte: Konzeptionen von Natur in der Literatur und deren Ideengeschichte; Verhältnis von Theologie bzw. Religion und Literatur; literarische Anthropologie.

Matthias N. Lorenz
Prof. Dr., Professor am Institut für Germanistik Universität Bern und Department of Modern Foreign Languages Stellenbosch University
Anschrift: Länggassstrasse 49, Postfach, CH-3000 Bern 9
E-Mail: matthias.lorenz@germ.unibe.ch

Studium der Kulturwissenschaften in Leipzig und Lüneburg. Dort 2004 Promotion mit der Studie *»Auschwitz drängt uns auf einen Fleck.« Judendarstellung und Auschwitzdiskurs bei Martin Walser* (Stuttgart: Metzler 2005). Lehrtätigkeit an der Universität Bielefeld. Untersuchung zur Freiheit der Kunst in der Bundesrepublik *Literatur und Zensur in der Demokratie* (Göttingen: Vandenhoeck & Ruprecht 2009). 2009 Vertretungsprofessur an der TU Dortmund, 2010 Hirschfeld-Mack-Gastprofessur für German Studies an der University of Western Australia, Perth. 2012–2017 Assistenzprofessor für Gegenwartsliteratur an der Universität Bern, dort Leitung zweier Projekte des Schweizer Nationalfonds: *Biografie- und generationengeschichtliche Brüche und Kontinuitäten in literarischen Texten von Autoren der Gruppe 47* sowie *›Christian Kracht‹ als Herausforderung für die literarische Öffentlichkeit. Diskursstörungen und Werkzusammenhang*. 2016 Habilitation in Bern mit der Studie *Distant Kinship – Entfernte Verwandtschaft. Joseph Conrads »Heart of Darkness« in der deutschen Literatur von Kafka bis Kracht* (Stuttgart: Metzler 2017). 2018 Lehrstuhlvertretung NDL, Universität Bern. Herausgeber des *Lexikons der ›Vergangenheitsbewältigung‹ in Deutschland* (Bielefeld: transcript 3. Aufl. 2015) sowie diverser Sammelbände zu literatur- und medienwissenschaftlichen Themen.

Birgit Nübel
Prof. Dr., Professorin für Deutsche Literatur vom 18. bis 21. Jahrhundert am Deutschen Seminar der Leibniz Universität Hannover
Anschrift: Königsworther Platz 1, 30167 Hannover
E-Mail: birgit.nuebel@germanistik.uni-hannover.de

Studium der Germanistik und Sozialwissenschaft an der Ruhr-Universität Bochum. Dort 1992 Promotion über *Autobiographische Kommunikationsmedien um 1800. Studien zu Rousseau, Wieland, Herder und Moritz* (Tübingen: Niemeyer 1994). 2003 Habilitation an der Universität

Kassel über *Robert Musil. Essayismus als Selbstreflexion der Moderne* (Berlin: de Gruyter 2006). Seit 2006 Professorin an der Leibniz Universität Hannover. – Forschungsschwerpunkte: Literatur des 18. bis 21. Jahrhunderts, Ästhetik, Autobiographik, Mode, Pornographie, Essayistik, Crossing gender, Multiperspektivität. Aufsätze zu Rousseau, Wieland, Herder, Moritz, Knigge, de Sade und Kleist, Musil, Schwitters, Mentalitätsgeschichte, Mode und Intersexualität. (Mit-)Hg. *Figurationen der Moderne – Mord, Sport, Pornographie* (zus. mit Anne Fleig, München: Fink 2011), *Robert-Musil-Handbuch* (zus. mit Norbert Christian Wolf, Berlin: de Gruyter 2016).

Michael Penzold
Dr., Projektmitarbeiter an der LMU München
Anschrift: Schellingstraße 3/RG, 80799 München
E-Mail: michael.penzold@germanistik.uni-muenchen.de

Promotion über *Begründungen weiblichen Schreibens im 19. Jahrhundert. Produktive Aneignungen des biblischen Buches Rut bei Bettine von Arnim und Thomasine Gyllembourg.* (Würzburg: Königshausen & Neumann 2010). Lehrtätigkeit am Lehrstuhl für die Didaktik der deutschen Sprache und Literatur sowie des Deutschen als Zweitsprache an der LMU München. Mitarbeiter im Projekt *Nähe und Distanz – Holocaust Education Revisited.*

Andreas Vejvar
Mag. Dr., Assistenzprofessor am Institut für Musikwissenschaft und Interpretationsforschung der Universität für Musik und darstellende Kunst Wien
Anschrift: Seilerstätte 26, A-1010 Wien
E-Mail: vejvar@mdw.ac.at

Studium der Musikwissenschaft sowie der Musik (Konzertfach Orgel) in Wien. Verschiedene Tätigkeiten als Journalist, Redakteur, Korrektor, Lektor, Musiker und Musikwissenschaftler; seit 2014 Lehrtätigkeit zunächst als Universitäts-Assistent, seit 2016 als Assistenzprofessor an der Universität für Musik und darstellende Kunst Wien. Veröffentlichte zuletzt zusammen mit Markus Grassl und Stefan Jena (Hg.): *Arbeit an Musik. Reinhard Kapp zum 70.Geburtstag* (Wien: Praesens 2017) sowie ebenfalls mit Markus Grassl (Hg.): *Avec discrétion. Rethinking Froberger* (Wien: Böhlau 2018). – Aktueller Forschungsschwerpunkt: Vladimir Jankélévitch.

Ute Weidenhiller
Prof. Dr., Assistenzprofessorin am Dipartimento di Lingue, Letterature e Culture Straniere der Università degli Studi Roma Tre
Anschrift: Via del Valco di San Paolo 19, 00146 I-Rom
E-Mail: utechristiane.weidenhiller@uniroma3.it

Studium der »Lingue e Letterature Straniere« an der Università degli Studi di Roma »La Sapienza«. 2002 Promotion an der Università degli Studi di Pavia mit einer Arbeit über *»All dieß wirre Bilderwesen...«. Fiktionale Ekphrasis und Imagination in Eduard Mörikes Roman »Maler Nolten«* (Würzburg: Königshausen & Neumann 2012). 2002–2017 Ricercatrice für Lingua e Letteratura Tedesca an der Università degli Studi Roma Tre. Februar 2018: Antritt des Dienstes als professore associato an der Università degli Studi Roma Tre. – Forschungsschwerpunkte: Eduard Mörike; intermediale Beziehungen von Wort und Bild; deutschsprachige Gegenwartsliteratur (v. a. Herta Müller, Kathrin Schmidt und Thomas Bernhard).

Sachregister

Afrika 81–82
Aisthesis 189
Aisthetik 6, 187, 189, 191–192, 197, 200
Alltag 1, 3, 13, 16, 23, 25–28, 31, 33, 43–44, 47, 50, 52, 54, 59, 73–74, 95–96, 109–110, 118, 141–142, 147, 152, 178, 193, 205, 213, 218, 225, 231, 233–234, 238, 246, 249
Ambivalenz 3–4, 48, 52, 73, 84, 93, 98, 114, 125, 175, 189, 200
Anpassung 218–219
Arterhaltung 220
Ästhetik 189, 191, 239, 244–245, 254
Auflösung 28, 41, 44, 46–50, 95–96, 102, 105, 107, 110, 112–113, 150, 152, 173, 198, 211, 213
Autorschaft 64, 109
Avantgarde 6, 69, 214

Bildbetrachtung 113, 142
Bildung 26, 31, 103, 107, 125, 157, 165, 172, 242, 250
Bildungsroman 3, 23, 25–26, 35, 105, 165
Binnenerzählung 15–17
Biodiversität 187
Biografie 30, 35
Brechungen 75

Cento 85, 93

delayed decoding 4, 81, 90
Digression 245

Ecocriticism 187–188
Einsiedler/Eremit 102, 108, 113, 208–209
Ekphrasis 242
Ekstase 102–103, 105, 163
Engagement 1, 5, 194–195, 200, 204
Erhabene, das 3, 6, 39, 52–54, 57, 95, 105, 194, 205, 208, 244
Erzählinstanz 64, 66, 75, 97, 121, 124, 128, 131

Erzähltechniken 30, 89, 92–93, 108, 110, 192, 234
Essayismus 105, 120, 122, 125–126, 128

Figurenrede 63–64, 66, 70, 97
Finsternis 68, 80, 83, 88–91, 177, 222
Fläche/Oberfläche 3, 13, 23, 25–29, 33–35, 39, 42, 45, 47, 50, 53–54, 72, 99, 103, 105, 121–133, 139, 145, 193, 213, 225, 229–230, 237, 239–240
Fragment 19, 89, 100, 104, 106–107, 114, 134, 171

Gegend 28, 91, 150, 209, 227, 236
Gehäuse 14, 31, 46–47, 121
Geometrie 120, 122, 241
Glanz 3, 20, 23, 25–28, 33–34, 109, 160, 162, 165, 167, 169–170, 181, 206, 232, 241
Gleichgültigkeit 82, 86, 91, 167, 178–181
Grauen, das 52, 68, 83, 91, 177, 213, 215, 249
Grenze 3, 6, 11–12, 16–19, 21, 33, 44, 48, 59, 63, 67, 101, 105, 126, 135, 143, 179, 197–198, 200, 204, 242
Groteske 3, 11–12, 17–20, 75, 155, 196, 206, 208, 210
Gruppe ›Zebra‹ 2, 23, 31, 34

hetero- und homodiegetisch; autodiegetisch 65, 113–114, 192
hollow man 91

Idylle 5, 11, 13, 18–19, 194
Imagination 39, 44, 50–51, 57, 73, 112, 114, 188, 197, 210, 233
Innere, das 12–13, 28, 30, 33–34, 46, 56, 66, 68, 74, 79, 81, 88–91, 98–99, 101–102, 110, 113, 226, 228, 243, 247–249, 251
Inszenierung 4, 73–75, 105, 109, 198
intra- und extradiegetisch 64, 66, 240
Ironie 3, 14, 42, 48, 72, 92

Katze 23–24, 98, 104–105, 111, 122, 156, 198, 204, 206

Sachregister

Komposition 18, 74, 171, 193, 219, 241
Kongo 63–64, 79, 83, 87, 89, 249
Konstruktion 6, 13, 35, 41, 45, 54, 57–58, 63–64, 95, 108, 113, 118–119, 121, 126, 131, 135, 139–140, 146, 192–193, 205, 214, 250

Landschaft 5–6, 11, 14, 18, 21, 23, 25, 41, 43, 53, 62, 86, 101, 133, 144, 156, 172, 190–195, 200, 203, 205, 211, 213, 215, 222–224, 227–228, 232, 236–237, 239–242, 244–246, 248, 250–254
Leere (des Universums) 41, 56, 74, 80, 82, 84, 87, 132, 209
Leidenschaft 16, 45, 54, 72, 84–87, 206, 253
Lyrik 120, 122, 132, 199

Masken 70–73
Meer 3–4, 14–15, 27–28, 39, 41–59, 66–71, 74–75, 86, 91–92, 130–131, 166, 170, 180, 225–226, 243–245, 247, 250–251
Mensch-Natur-Verhältnis 236
Metatextualität 5, 96, 98, 104–105, 112–113, 118–120, 122, 131–132, 135
Mimikry 6, 197, 234
Moderne (Literarische) 3, 18–19, 23, 31, 34, 42, 84, 105, 132, 139–140, 147–148
Mosaik 4, 96, 100–101, 105–106, 108, 112–113, 126
Multiperspektivität 2, 4, 77, 95, 97, 110, 113–114, 189, 203, 215
Musikalität 5, 167, 169, 174, 219
Muster 14, 40–41, 44, 54, 56–59, 118–119, 130, 132–135, 153, 178–179, 214, 233, 238, 254
Mystik 100, 105

Nachbildung 250
Natur 1–2, 5–6, 14, 21, 23, 25–28, 34–35, 39–42, 46, 51–52, 54–59, 67, 73, 75, 101, 104–105, 109, 119–121, 124, 128–129, 133, 145–146, 152–158, 162–167, 169–170, 178, 187–200, 203–209, 211–215, 218–220, 222–232, 234, 236–237, 243–244, 251–252
Naturansichten 2, 5, 41, 192–193, 219, 234

Naturschutz 5, 141, 144, 153, 155–156, 196–197
Nebensächlichkeit 1, 25, 109, 128
Neuer Realismus 3, 25, 34
Nouveau Roman 31

Oostende 3–4, 21, 62–71, 74–75, 237
Ordnung 12, 16, 26, 28, 30, 34, 65, 97, 119, 125, 138–139, 146–147, 178, 237, 239, 246

Parodie 79, 93, 97, 104, 207, 214
Parzen/Moiren 87–89, 228
Perspektive 2–4, 6, 13, 27, 39, 48, 59, 80, 97–98, 109, 113, 121, 123, 125, 127, 131, 134–135, 139, 175, 180, 189, 193, 198–199, 204, 207, 215, 221–222, 228–230, 247
Poetik/Poetologie 1, 5–6, 30, 41–42, 109, 112, 121–122, 129, 131, 134–135, 144, 160, 178, 180, 199, 248
Postmoderne 33, 106, 138–139, 147
Projektionen 39, 41, 43–44, 50, 62, 73, 226, 229–230, 236, 241
Pyramide 95–96, 99–100, 110, 113, 252

Rahmenerzählung 3, 12, 15–17,
Rätsel 4–5, 18, 40, 81, 120–121, 138, 140–142, 145–154, 156–158, 165, 171, 196, 199, 226, 232, 244
Raum 1, 3, 5–6, 11–12, 14–15, 17–19, 21, 33, 39, 41, 44, 48–49, 55, 57, 64, 66, 69, 80–81, 86, 91, 100, 123, 128, 139–140, 143, 145, 154, 166, 187–188, 190–193, 221, 224, 226, 229, 236–238, 241–242, 244–246, 251, 253
Realismus 23, 74–75
(Selbst-)Referentialität 119, 141
Romantik 6, 39, 47, 49–50, 54, 105, 138, 192, 214

Spiegel 4, 31, 45, 96–98, 101, 105–106, 108–112, 120, 126–127, 148, 188, 196, 198, 208, 214, 219, 225, 230, 249, 253
Spiel 4, 6, 20–21, 29, 33, 46–47, 54, 64, 73, 75, 81–82, 87, 103, 106, 110, 112, 114, 118, 122, 132, 148, 154, 160, 163, 167,

188–189, 194, 196, 204, 207–208, 219, 226, 228, 240, 242–243, 245–247, 252
Strand 39, 43–44, 47–48, 50–54, 56, 64, 66–67, 69, 87, 166, 243–245, 250–251

Täuschung 4, 6, 74–75, 191, 218–219, 234
topographisch 236–237, 244, 247, 250–251, 253
Treue 80, 82, 92
Tricks 2, 4, 59, 118–120, 140
Trost 27, 86, 151, 160, 162–164, 169–170, 173, 177, 203, 220, 229, 248

Utopie 6, 11, 51, 73, 99, 106, 203–205, 215

Verführung 44, 49, 104, 110, 173, 211, 218–219, 234
Vision 47, 80, 95, 106, 145, 197, 209, 233
Vitalismus 39, 46, 49, 53

Wahrnehmung 4, 6, 17, 25, 30–31, 67–68, 70, 72–73, 81, 84, 86, 90, 92–93, 96, 98, 121–122, 124, 126, 128, 130–131, 133–134, 156, 163–164, 173–175, 180, 189–193, 195, 197, 205, 214, 239, 242
Wildnis 86, 89–91, 204, 215, 223, 253
Wimmelbild/-buch 138, 141–143, 225

Zeit 3, 11, 14, 16, 26, 29, 31, 33–35, 40, 44–45, 48–51, 53, 57, 69, 71, 75, 80–81, 88–91, 100, 107, 111, 113, 118, 121, 124, 127, 129, 133, 140–141, 145, 163, 166, 176–177, 187, 195, 205, 207, 211, 221–222, 224, 226, 229–230, 232, 237–239, 241, 249–252, 254
Zitat 4, 66, 70–72, 92, 162, 164, 168–171, 181, 203
Zivilisation 43, 80, 82–83, 89–90, 244
Zweideutigkeit 4, 83, 189

Personenregister

Adorno, Theodor W. 126, 130
Andersen, Hans Christian 171
Asmus, Dieter 3, 23–25, 31, 34

Bach, Johann Sebastian 170
Bachmann, Ingeborg 106
Bachtin, Michail M. 11
Bahners, Patrick 160
Baumgarten, Alexander Gottlieb 6, 190–191
Beethoven, Ludwig van 170
Benn, Gottfried 196
Berner, Rotraut Susanne 141
Bertschik, Julia 1, 3, 23, 256
Blanchot, Maurice 125
Blumenberg, Hans 43–44
Boesch, Hans 169
Böhme, Gernot 6, 190–191
Böhme, Hartmut 45
Brentano, Clemens 138–139, 169, 191
Brockmeier, Alke 6, 41, 189, 193, 203, 256
Bruegel, Pieter der Ältere 141–142

Cardano, Girolamo 173, 177–178
Chamisso, Adalbert von 171
Christov-Bakargiev, Carolyn 187
Clausen, Bettina 2, 107–108, 113, 120
Conrad, Joseph 4, 21, 79–94, 181, 223, 238

Deleuze, Gilles 34
Döblin, Alfred 62
Dröscher-Teille, Mandy 5, 118, 256
Droste-Hülshoff, Annette von 163

Eichendorff, Joseph von 6, 163, 171–172, 203, 206, 214, 220
Ensor, James 4, 21, 63–64, 67, 69–75, 141, 237
Enzensberger, Hans Magnus 132
Ernst, Max 197

Fischer, Ludwig 3, 62, 180, 257
Foucault, Michel 43

Geertgen tot Sint Jans 208–209

Gluck, Willibald 161
Goethe, Johann Wolfgang von 23, 26, 45, 174, 238, 250
Grimm, Gebrüder 85
Grimmelshausen, Hans Jakob Christoffel 160, 168
Grünewald, Matthias 4, 95, 102, 105, 107, 113

Hamsun, Knut 218
Händel, Georg Friedrich 170
Häntzschel, Günter 3, 11, 208, 257
Haraway, Donna 187, 198
Heißenbüttel, Helmut 6, 203
Henscheid, Eckhard 174–177, 229
Hirschfeld, Christian Cay Lorenz 190
Hoffmann, Ernst Theodor Amadeus 18, 21, 104, 165, 204
Hölty, Ludwig Christoph Heinrich 170
Honold, Alexander 1, 6, 192, 205, 236, 258
Hoorn, Tanja van 1, 6, 41, 187, 204, 258
Hopkins, Gerald Manley 168, 188, 220

Jandl, Ernst 132
Jean Paul (d. i. Jean Paul Friedrich Richter) 2, 6, 18–19, 180–181, 203, 207–208, 220
Jürgens, Udo 161

Kafka, Franz 238
Kálmán, Emmerich 170
Kant, Immanuel 189, 244
Keller, Gottfried 20, 171–172, 195
Kołakowski, Leszek 177–179
Koschorke, Albrecht 47
Küster, Hans-Jörg 192

Latour, Bruno 187
Lefebvre, Henri 33
Liebertz-Grün, Ursula 43, 191–192, 204
Linke, Dörte 3, 14, 39, 67, 166, 225, 259
Lorenz, Matthias N. 4, 79, 223, 259
Lotman, Jurij M. 11

Mach, Ernst 214
Mann, Thomas 79, 238, 244

Mannheim, Karl 99
Melville, Herman 168, 175
Mendelssohn Bartholdy, Jakob Ludwig
    Felix 171
Mitgutsch, Ali 141
Montaigne, Michel de 177
Mörike, Eduard 168, 171
Mozart, Wolfgang Amadeus 169–170
Müller-Tamm, Jutta 119
Musil, Robert 104–105, 108, 112, 119, 123

Nabokov, Vladimir 169, 175
Nietzsche, Friedrich 27, 45, 162, 164–165
Novalis (d. i. Friedrich von Hardenberg) 18, 104
Nübel, Birgit 4, 95, 119, 189, 252, 259
Nussbaum, Felix 71

Offenbach, Jacques 161
Ovid (d. i. Publius Ovidius Naso) 199

Penzold, Michael 5, 138, 260
Plinius der Ältere (d. i. Gaius Plinius Secundus
    Maior) 236

Quinn, Freddy 169

Rauterberg, Hanno 187
Reil, Friedrich 170
Ritter, Joachim 192
Röder-Bolten, Gerlinde 86–87
Rossini, Gioachino 170, 197

Sappho 163, 220
Sarasate, Pablo de 171
Schaevers, Mark 71
Schiller, Friedrich 19, 190–191
Schlegel, Friedrich 19, 121
Schmidt, Arno 220
Schubert, Franz 169–170, 194
Schumann, Robert 171
Schwitters, Kurt 101
Smuts, Barbara 187
Spinoza, Baruch 162–165
Steinfeld, Thomas 219

Tieck, Ludwig 18, 85, 172–173, 254

Uhland, Ludwig 170
Ullrich, Gisela 215, 233

Vejvar, Andreas 5, 160, 229, 260

Walser, Robert 168–169
Weber, Andreas 187
Weidenhiller, Ute 6, 218, 260
Weidermann, Volker 71
Wieland, Christoph Martin 18, 20
Wolf, Christa 79
Wolf, Ror 2, 169, 218
Woolf, Virginia 169

Zapf, Hubert 188, 191
Zemanek, Evi 198
Zuckowski, Rolf 169

Werkregister (Brigitte Kronauer)

[Antrittsrede vor dem Kollegium der Deutschen Akademie] 188, 201
Aspekte zum Werk Robert Walsers und Ror Wolfs 164, 182
Aufsätze zur Literatur 12, 22, 114, 164, 180, 182, 219
Auftritt am Horizont. Zur Prosa Ror Wolfs 12, 22
Augenreim 192–193, 200, 207, 215–216

Berittener Bogenschütze 2, 4, 6, 21, 79, 95, 99–100, 116, 165, 171–172, 182, 192, 236
Böser Knopf 204, 216
Brott und Kreutzdonnerwetter? 168–169, 182
Bügeln 1 169, 183
»Bussard absegelt Planquadrat«. Laudatio auf Helmut Heißenbüttel 203, 216
Butterartiges Schmelzen 169, 182

Das allerletzte Stündlein 206, 210, 216
Das Bemerken der Tage 133, 136
Das Eigentümliche der poetischen Sprache 120, 129, 132, 135, 175, 182
Das Gemälde als Paradox. Zu Matthias Grünewald 95–96, 107–109, 114
Das Generationsmerkmal 122, 136
Das Idyll der Begriffe. Zu Adalbert Stifter 12, 22
Das Taschentuch 1, 21, 194, 201
Das Tüpfelkleid 170, 183
Das Wespennest 206, 216
Das Wunder einer Hypothese 122, 136
Der entscheidende Augenblick 13, 22
Der poetische Augenblick. Zu Hans Boesch 169, 182
Der Scheik von Aachen 161, 164, 167, 183, 236
Der Störenfried 209, 215
Der Tag am Meer 166, 182
Der unvermeidliche Gang der Dinge 2, 30, 123, 135, 161, 173, 181
Der Wind 213–214, 216
Die Einöde und ihr Prophet [Band] 36, 114, 120, 182, 216
Die Einöde und ihr Prophet. Zu Geertgen tot Sint Jans [Essay] 208–209, 216
Die Frau in den Kissen 2–3, 21–22, 42, 51, 57, 60, 95, 99, 171, 182, 192, 198, 200
Die gemusterte Nacht [Band] 2, 5, 13, 22, 118, 198, 200
Die gemusterte Nacht [Geschichte] 133, 136
Die Gewalt der Bilder [3. Vorlesung, Tübinger Poetik-Dozentur 2011] 34, 36, 95, 98, 103, 115, 142, 158, 178, 183, 235
Die kleinen Hunde an ihren Leinen 170, 183
Die Konstanz der Tiere 205, 216
Die Lerche in der Luft und im Nest [Band] 12, 22, 174, 182
Die Lerche in der Luft und im Nest. Zu Jean Paul [Essay] 207, 216
Die Niederelbe. »Schweiz meiner Seele«, im Flachland? 194, 201
Die Revolution der Nachahmung. Oder: Der tatsächliche Zusammenhang von Leben, Liebe, Tod 30, 32, 161, 174, 182
Die Sprache von Zungen- und Sockenspitze 25, 36
Die Tiere 207, 216, 219
Die Tricks der Diva [Geschichte] 219, 230, 234
Die Tricks der Diva [Sammlung] 3, 6, 40–42, 51, 58–60, 162, 166, 169–170, 182, 189, 198–199, 201, 203, 207, 211–213, 216, 218
Die Überraschung der Sängerin 170, 182
Die Verfluchung 170, 183
Die Weite 204, 216
Die Wiese [Band] 30, 35, 118, 121, 135
Die Wiese [Geschichte] 6, 197–198, 201, 213, 216, 219, 225–226, 234
Die Wirksamkeit auf der Zunge. Vorbemerkung 139–140, 147, 158, 219, 234
Die Wirtin 212, 216, 219, 230–232, 234
Dri Chinisin 169, 182, 219, 230, 234

Ein Augenzwinkern des Jenseits: Die Zweideutigkeiten der Literatur 125, 136, 169, 182
Eine ganz andere Person [Nachwort zu Conrad] 83, 93
Eine Konsequenz um ihrer Tröstungen willen 164, 182
Eine logische Sympathie 174, 182
Eine »Reportage« [1. Vorlesung, Zürcher Poetik-Dozentur 2012] 138, 158
Ein Mann bewegt sich vom Dorf die Straße hinauf bis zur Kurve 129, 136
Ein selbstgemachter Tag I 207, 209–210, 214, 216
Ein selbstgemachter Tag II 210, 216
Ein Spaziergang zum Ausgangspunkt zurück 122–129, 133, 136
Ein tadellos sprühender Glanz. Rede zum achtzigsten Geburtstag von Ror Wolf 25, 36
Ein Tag, der zuletzt doch nicht im Sande verlief 120, 131, 136
Ein Tag im Leben Ben Witters 130, 136
»Er machte mich unsicher«. Zu Joseph Conrad 80, 93, 223, 234
Errötende Mörder 3, 12, 15–16, 21–22, 237
»Es gibt keine Ideen außer in Dingen«. [Zu Dieter Asmus] 24, 36
Etwas Abenteuerliches 122, 136
Etwas für den Ernstfall. Zu Eckhard Henscheid 174, 182

Favoriten. Aufsätze zur Literatur 76, 80, 93, 138–139, 158, 160, 168–169, 177, 183, 188, 201, 203, 207, 216, 218–219, 223, 234
Frau Melanie, Frau Marta und Frau Gertrud 168, 182
Frau Mühlenbeck im Gehäus 3, 12–13, 18, 22–23, 48, 99–100, 114, 116
Fünfzehnmal Natur? Ein Nachwort 41, 59–60, 162–163, 183, 189, 191, 199, 201, 203, 216, 219–220, 223, 229, 234

Gewäsch und Gewimmel 1–2, 5–6, 95–97, 112, 115, 138, 170, 177, 183, 196–197, 200–201, 220, 235

Gott, das Erzbesondere und der Sprungrhythmus. Zum 150. Geburtstag des englischen Lyrikers Gerard Manley Hopkins 168, 183, 188, 201

Heißenbüttel? 206, 216
Henscheids Poesien 174, 182, 229
Hier bin ich, wo ich sein sollte. Über Tania Blixen 180, 182
Hotel Wald International 172–173, 182

Ihr Gesicht 219
Im Gebirg' 169, 182, 219
Ist Literatur unvermeidlich? 30–31, 34, 36, 118–119, 133–136, 140, 158, 205, 216

Junger Mann, dumme Jugend 205, 216

Kleine poetologische Autobiographie 31, 36, 40–41, 46–48, 54, 59–60, 98, 114–115, 118–119, 121, 134–136, 178–179, 182
Kleiner Beitrag eines Gerechten zur Vervollständigung der Todsünden. Zu Gerard Manley Hopkins 168, 182, 188, 201
Krähen 170, 183

Landschaft ist nicht Natur 192, 201, 204, 215–216
Leben; London; dieser Juni-Augenblick. Notiz zu Mrs Dalloway von Virginia Woolf 169, 183
Letzter Einfall 211, 216
Liedchen 1, 199, 201, 219, 226, 234
Literatur, Männer und Frauen 109, 114
Literatur und Literatur bzw. Leben 104, 114
Literatur und schöns Blümelein [Band] 23, 35, 104, 109–110, 114, 174, 182, 203–204, 216
Literatur und »schöns Blümelein«? [Essay] 162
Literatur und Staubmäntel 23, 25–26, 35, 110, 114
Lob der Nachtigall. Rede zum Grimmelshausen-Preis 160, 168, 183

Macht was ihr wollt!: Wie modern muß Literatur sein? 174, 182

Man muß es parat haben! 160–161, 164–165, 171, 174, 182
Maria wie Milch und Blut 98, 115

Nachwort [zu *Die Wiese*] 30, 34–35, 118, 121–122, 126, 129, 133–135
Natur und Poesie 1, 76, 188, 192, 201, 204–205, 216
Nehmen Gefühle immer ab? 132, 136

Poesie und Natur 1, 34, 36, 60, 76, 132, 136, 138, 141–142, 158, 188, 194, 201, 211, 216
Poetische Würde? Was soll das denn 30, 36, 122, 134, 136, 191, 201
Pointe eines Preises: Zur Verleihung des später zurückgegebenen Preises von ZDF/3sat und der Stadt Mainz 164, 182
Prachtexemplar des Geringen. Büchner-Preis-Rede 160, 183

Rita Münster 2, 4, 95, 124, 131–133, 135, 171, 175, 182, 192

Schnurrer 6, 192–193, 204–205
Schützende Gebilde und verbotener Blick. Zu Joseph Conrads Roman *Lord Jim* 80, 93
Sie! 219–224, 234
Skeptischer Riesengesang. Herman Melvilles Versepos *Clarel* 168, 183
Spitzfindig 213, 216, 219, 232, 234
Steigerung und Hervorrufung 126, 161, 182
Stille mit finsterer Figur 219, 232–234
Strophen zu einer Beobachtung 123, 132, 136

Tageslauf mit Unterbrechung und Gegner 200
Teufelsbrück 1–2, 21, 47, 95, 160, 180–182, 194–196, 201, 236
Tierlos. Zu Elias Canettis Tierbuch 205, 216

Über Avantgardismus [1. Vorlesung, Wiener Ernst-Jandl-Vorlesungen zur Poetik 2011] 110, 115, 132, 136, 181, 183, 211, 214, 216

Über Politik in der Literatur [2. Vorlesung, Wiener Ernst-Jandl-Vorlesungen zur Poetik 2011] 194, 201
Unbegreifliche Wiedergutmachung 206, 210, 216

Verlangen nach Musik und Gebirge 3, 21, 62, 162, 164, 176, 180–182
Vierzehn 170, 183
Vom Umgang mit der Natur 164, 166, 182
Vom Umgang mit der Natur und wie sie mit uns umspringt [2. Vorlesung, Tübinger Poetik-Dozentur 2011] 40, 55–56, 58–60, 98–99, 115, 166, 178, 181, 183, 233–235
Vorkommnisse mit geraden und ungeraden Ausgängen 13, 130, 136, 173, 182
Vorwort [zu Aufsätze zur Literatur] 12, 22, 108, 112, 114, 219
Vorwort [zu Zweideutigkeit] 5, 98, 115, 189, 201

Was hat sie davon? 193, 200, 208–209, 216
Wechselnde Ereignisse in gleicher Bewegung II 161, 173, 181
Wechselnde Ereignisse in gleicher Bewegung [umfasst I und II] 13, 123, 128–131, 133–134, 136
Wenn nicht dies, dann das! 133, 136
Wie! 3, 51, 58, 60, 166, 180, 183, 219, 225–226, 234
Wie beim Regen, wie beim Tortenessen 123, 136
Wie hat es das Naturschauspiel mir angetan. Zu Robert Walser 169, 183
Wink 219, 229–230, 234
Wirkliches Leben und Literatur [1. Vorlesung, Tübinger Poetik-Dozentur 2011] 169, 183, 218, 222, 235
Wovor man scheut, wonach man verlangt. Eine Rede auf Eduard Mörike 168, 183, 218, 234

Zauber und Zahl. Kleiner Rückblick auf Hubert Fichte zum 75. Geburtstag 177, 183
Zu Dieter Asmus 23, 36
Zu Ernst Jandls Büchnerpreis-Rede 132, 136

Zur Trilogie *Rita Münster, Berittener Bogenschütze, Die Frau in den Kissen* 2, 12, 22, 96, 98–100, 109, 112–114, 128, 131, 136, 242, 255

Zweideutigkeit [Band] 76–78, 80, 82, 93, 98, 115, 125, 136, 164, 168–169, 172, 174, 182, 188, 201, 205, 216

Zwei Klappentexte 32, 35, 234

Zwei schwarze Jäger 3, 12, 18, 22

Zwielicht 219, 232, 234

Zwischen Fixstern und Finsternis. Zu Joseph Conrad 80, 82–84, 93

www.ingramcontent.com/pod-product-compliance
Lightning Source LLC
Chambersburg PA
CBHW021939290426
44108CB00012B/892